놓아 보는 바둑책

놓아 보는 바둑책

놓아 보는 바둑책

아마추어들은 모르는 프로들의 생각   박승철 지음

B 361

지은이의 말

이 책의 불편함이
여러분을 강하게 만들 것입니다!

이 책은 프로들이 아마추어들에게 주는 하나의 메시지입니다. 한 판의 바둑을 시작하며 반상 위에 첫 수를 둘 때는 누구나 같은 입장입니다. 이 미지의 세계에 돌을 놓을 때마다 자신의 세계를 창조하는 것이지요. 첫 착수 때의 막막함은 아마추어나 프로나 마찬가지입니다.

이 책은 불편합니다. 일부러 불편하게 만들었습니다. 눈으로 읽는 것이 아니라, 손으로 읽으라는 의도입니다. 이렇게 공부해야만 책에 담긴 정석과 아이디어들을 자신의 것으로 만들 수 있습니다. 직접 놓아보고, 몇 번씩 반복하고, 실전에서 활용하고, 이러한 일련의 과정을 거쳐야만, 하나의 정석이 자신의 것이 됩니다.

지난 1년 동안 이 책으로 아마추어들을 직접 가르쳤습니다. 그 과정에서 책은 수정되고 보완되었지요. 그리고 눈으로 기력 향상을 확인하였습니다. 이 책으로 함께 공부한 많은 바둑 애호가들이 인터넷 바둑 사이트에서 승급하거나 승단하였습니다. 독자 여러분의 기력 향상에 많은 도움이 되길 바랍니다.

2014년 박승철

대한민국 최고의 바둑 명사들이 추천하는 책!

좋은 책이란 무엇일까? 생각하고 있는 걸 제대로 표현할 수 있다면 최고가 아닐까? 그동안의 고정관념에서 벗어나 천재 박승철의 패러다임이 나를 감동케 하고 전율케 했다. 감히 독자들에게 일독을 권하는 바이다.

_바둑국제학교(KIBA) 권갑룡 교장

연구생들의 지도사범으로, 국가대표팀 코치 등으로 활발하게 활동해온 박승철 7단의 그동안의 노력이 이 책 한 권에 오롯이 담겨 있는 것 같아 선배 기사로서 뿌듯하다. 책의 독특한 형식은 그의 재기와 감각을 그대로 닮아 있다. 무엇보다 바둑 애호가들에게 선뜻 선물할 만한 책이 생긴 것 같아 기쁘다.

_한국기원 양재호 사무총장

도끼자루가 썩는 줄도 모를 만큼 재미있다는 바둑, 그래서 옛사람들은 바둑을 '난가(爛柯)'라 불렀다. 늘 연구하는 기사 박승철 7단이 펴낸 이 책은 그 난가의 재미를 더한다. 세상 모든 것의 이치가 그러하듯, 바둑 역시 아는 만큼 보이기 때문이다.

_명지대 바둑학과 정수현 교수

노력을 이기는 재능은 없다. 하지만 그 노력의 길에 훌륭한 스승을 만나게 된다면, 그 노력은 더 환히 빛을 발할 것이다. 이 책은 더없이 좋은 스승이자 길동무이다. 같은 기사로서, 바둑이라는 세상에서 만난 한 사람으로서, 박승철 7단에게 감사와 박수를 보내고 싶다. _이창호 9단

참으로 묘한 바둑책이다. '손으로 읽는 바둑책'이라는 부제를 붙여주고 싶다. 책의 곳곳에 아마추어들이 모르는 프로의 생각들이 번뜩인다. 한 수 한 수 책을 따라가다 보면 어느덧 기력이 늘어가는 자신을 발견하게 될 것이다. _CJ E&M 강헌주 바둑사업국장

● 프로들이 가장 즐겨 쓰는 최신의 정석들을 엄
선했습니다. 매우 실전적인 수법들입니다. 기
력 향상에 도움이 될 것을 확신합니다.

● 바둑돌 모양을 빼고, 숫자로만 표기하였습니다.
유심히 살펴보고 직접 놓아 보라는 뜻입니다.

정석 옆구리 붙임

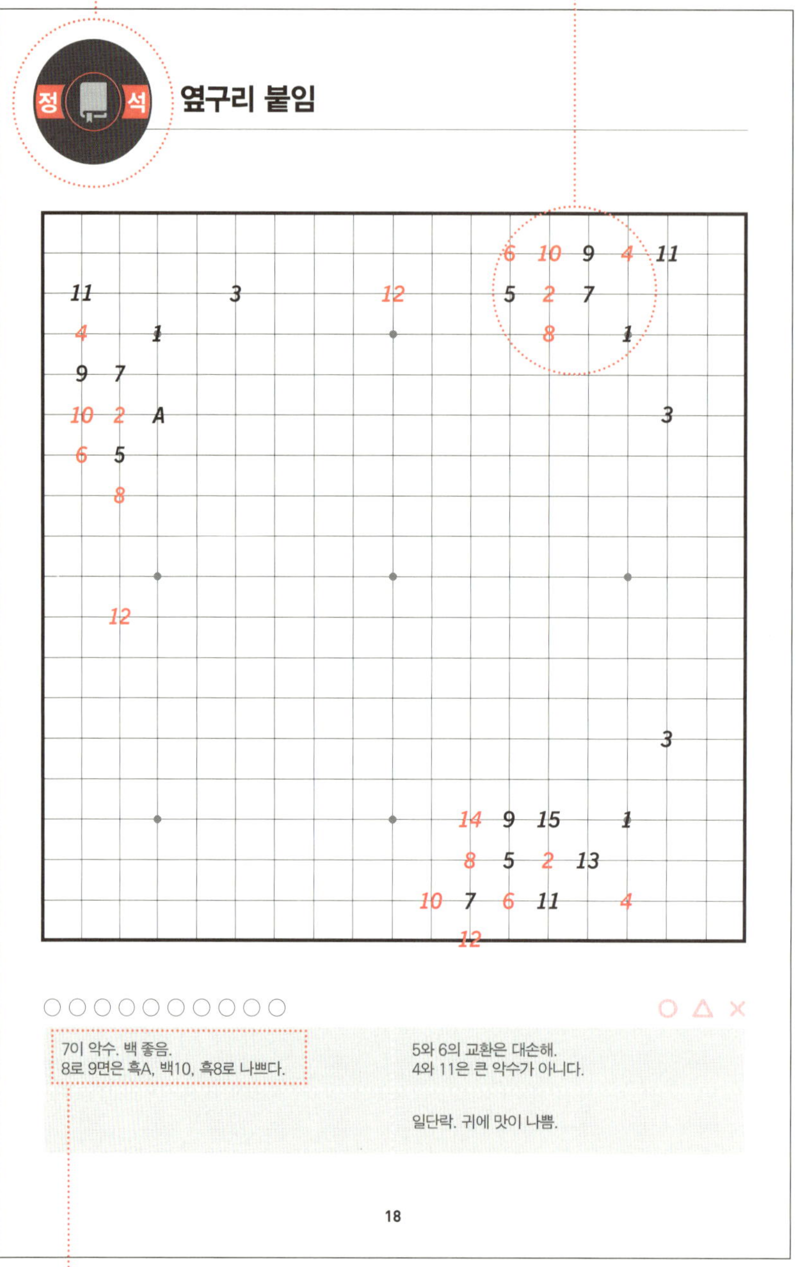

70이 악수. 백 좋음.
8로 9면은 흑A, 백10, 흑8로 나쁘다.

5와 6의 교환은 대손해.
4와 11은 큰 악수가 아니다.

일단락. 귀에 맛이 나쁨.

● 간단한 코멘트들을 달았습니다. 기풍에 따라
자신에게 맞는 정석들을 선택, 쉽게 공부할
수 있습니다.

바둑판, 바둑 노트, 또는 인터넷 바둑 프로그램 놓아보기를 활용해 반드시 직접 두어보시기 바랍니다.

한 칸 높은 협공

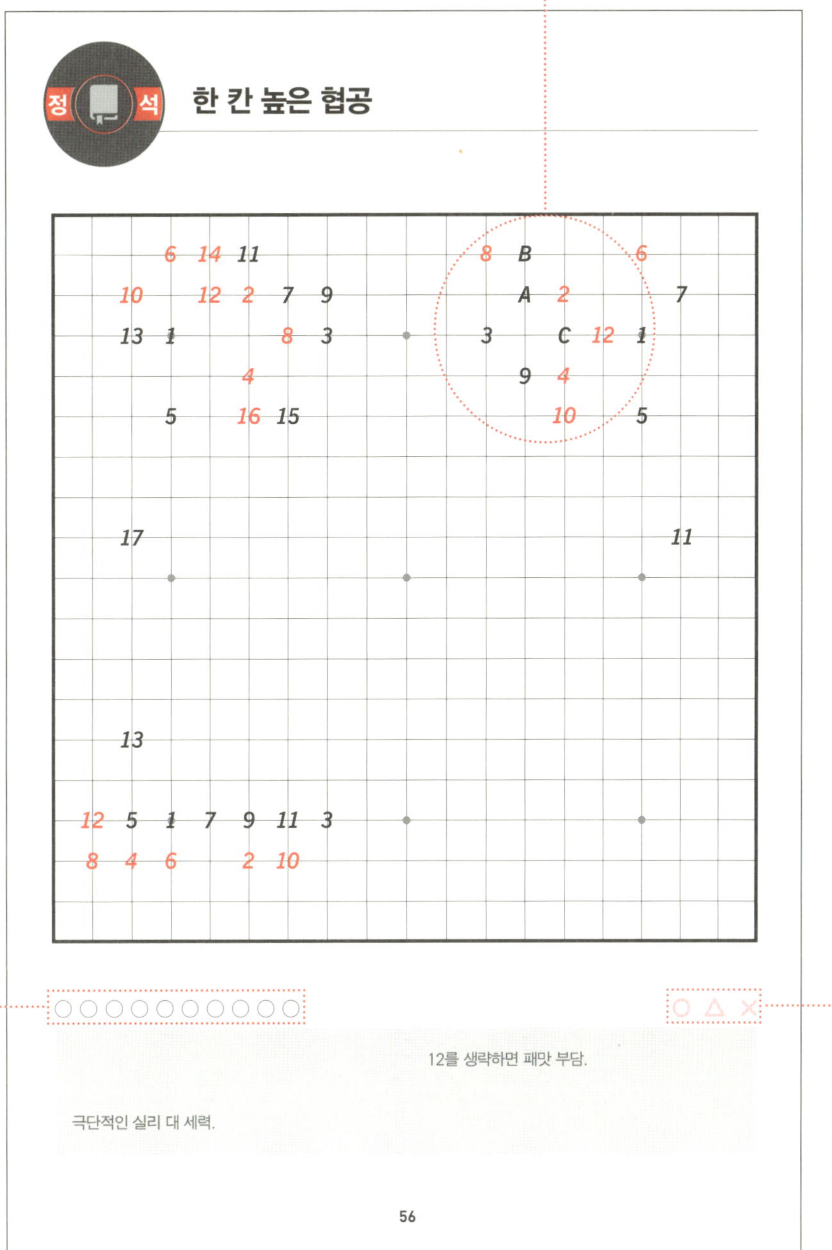

몇 번이나 반복했는지, 바둑도장 노트처럼 꾸몄습니다. 꼭 체크해보시길 권합니다.

숙달도 역시 체크하시기 바랍니다. 다음에 이 책을 다시 펼칠 때 부족한 부분을 중심으로 살펴보시면 좋습니다.

- 최신의 대국과 역사에 남은 명국들의 기보를 소개합니다. 실전만 살펴보셔도 기력 향상에 큰 도움이 될 것입니다.

- 정석을 실전에 이용해보세요. 연습 아이디를 따로 만들어서 내 것이 될 때까지 실전 경험을 쌓으십시오. 승패는 신경 쓰지 않아도 좋습니다.

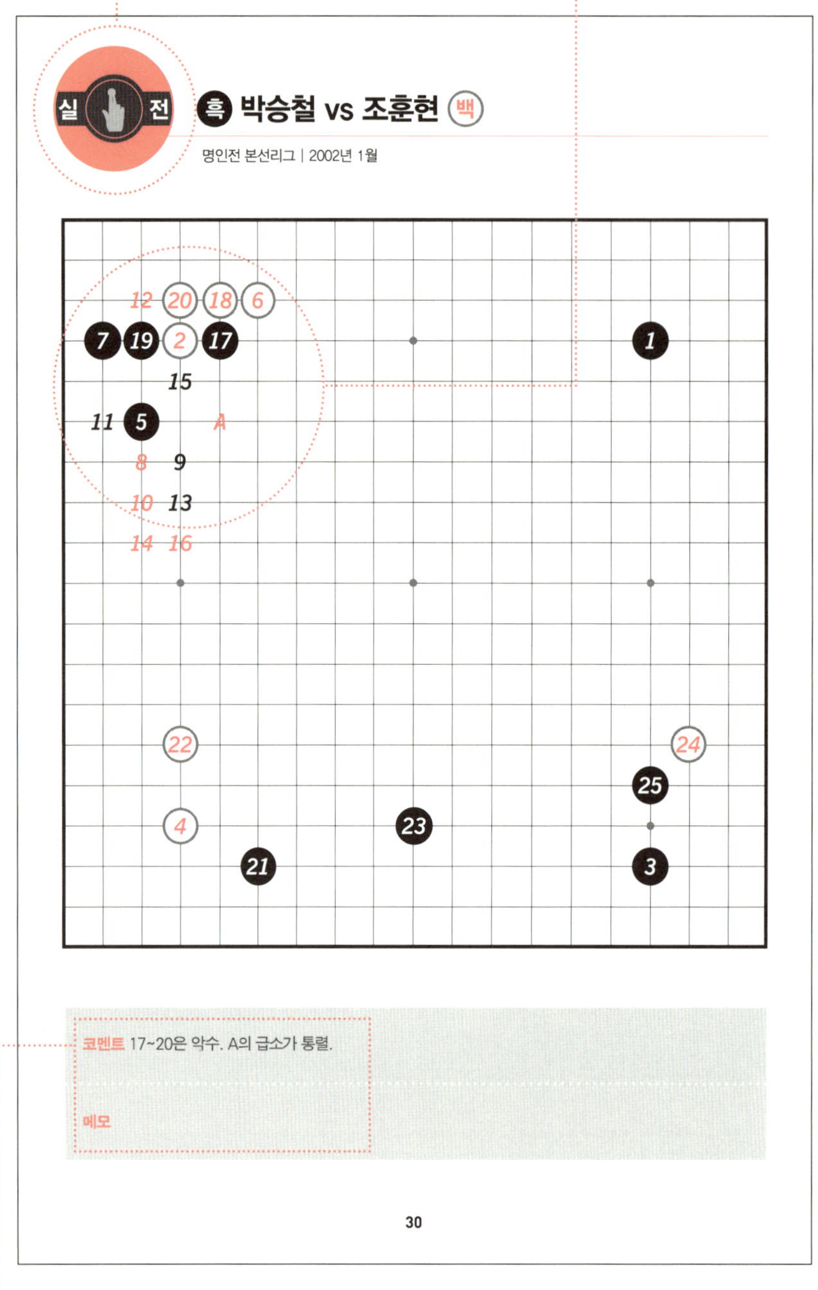

- 실전에서 정석이 활용된 부분을 간명하게 설명하였습니다. 메모하면서 학습하시기 바랍니다.

현재 활동하고 있는 대한민국 최고의 기사들의
생생한 인터뷰. 실제로 정석을 어떻게 활용하는
지 알 수 있습니다.

〈바둑 상식〉, 〈기력 향상 팁〉 등 흥미로운
이야기들을 담았습니다.

돌부처 이창호 9단 추천 정석

초반에 실리를 챙기는 데 아주 유력한 수법

박승철 옆구리 붙임을 추천해주신 이유가 있을까요?

이창호 일단 그냥 삼삼으로 받는 것은 싱겁고, 초반에 실리를 챙기는 데 아주 유력한 수법
이지. 주위 배석에 따라서 유력할 때가 많고, 특히 축이 유리하면 상당히 좋아.

박승철 사범님이 처음 두셨나요?

이창호 음. 그런 건 아니고, 소소회 연구회에서 나온 신수지. 내가 자주 둬서 그렇게 생각할
수도 있겠네.

박승철 사범님이 개발하신 신수가 굉장히 많던데요. 비결이 있나요?

이창호 아무래도 선생님(조훈현 9단)의 초반을 따라가려고 초반 연구에 많은 시간을 투자했
고, 그러다 보니 자연스레 새로운 수가 많이 나온 것 같아.

20여 년간 1인자의 자리를 지키셨던 이창호 9단입니다. 특히 끝내기에 관해서 새로운 지
평을 열었다고 할 수 있겠습니다. 오청원 9단이 신포석으로 바둑에 새로운 패러다임을 제시
했다면 이창호 9단은 끝내기로 또 다른 차원의 바둑을 보여주었습니다. 마치 난쟁이가 거인
의 어깨 위에서 세상을 바라보듯이, 이창호 9단이 보여준 끝내기는 충격이었습니다. 현대 바
둑의 수준을 한 단계 높였다고 해도 과언이 아닙니다. "세계가 이창호를 좇는 시대"라는 말도
있었죠. 이 시대의 진정한 거인 이창호 9단입니다.

자신의 기풍에 맞게 정석을 선택할 수 있도록
추천 이유를 설명했습니다.

차례

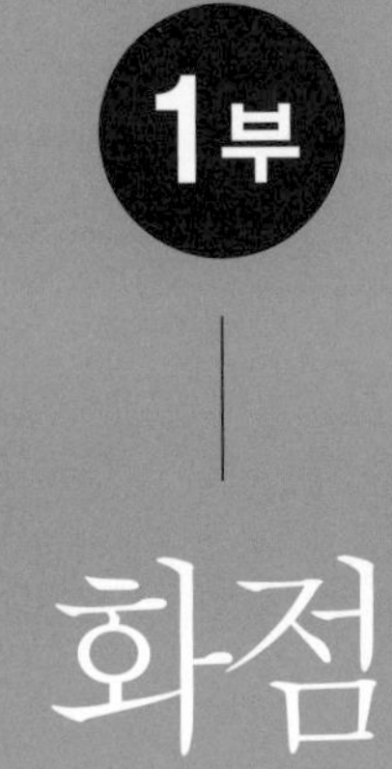

화점

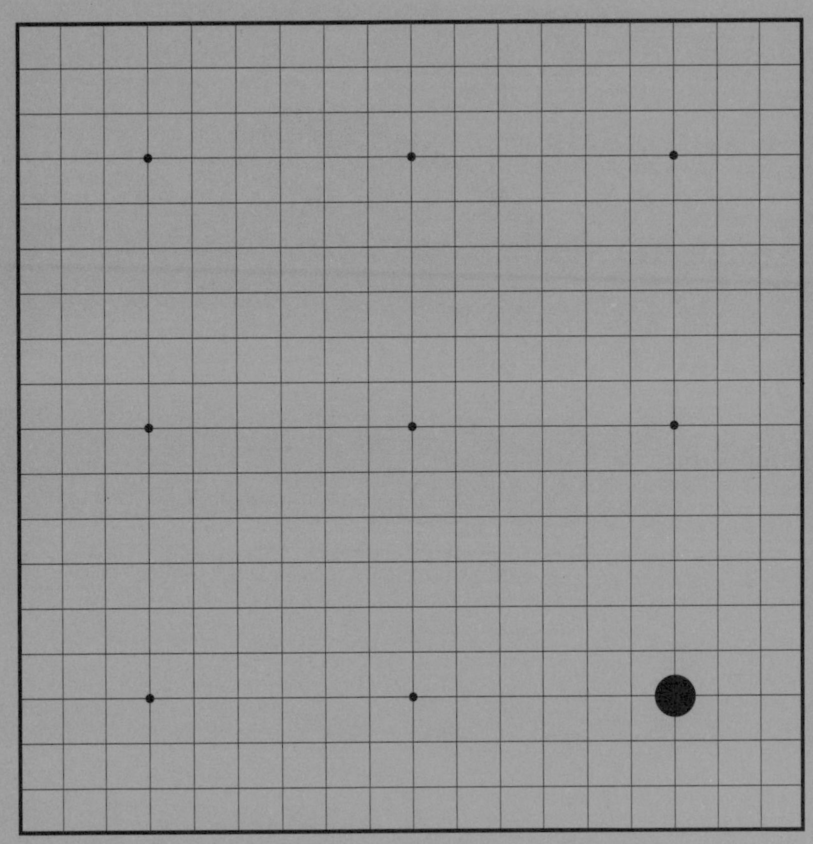

화점(花點)은 4선과 10선의 모든 교차점을 말하는데, 보통 귀에만 국한하여 4선의 교차점만을 일컫는다. 화점이란 이름은 옛 바둑판에서 화점 자리를 꽃문양으로 표시한 데서 유래한다고 한다. 정중앙의 교차점은 천원(天元)이라고 한다.

옆구리 붙임

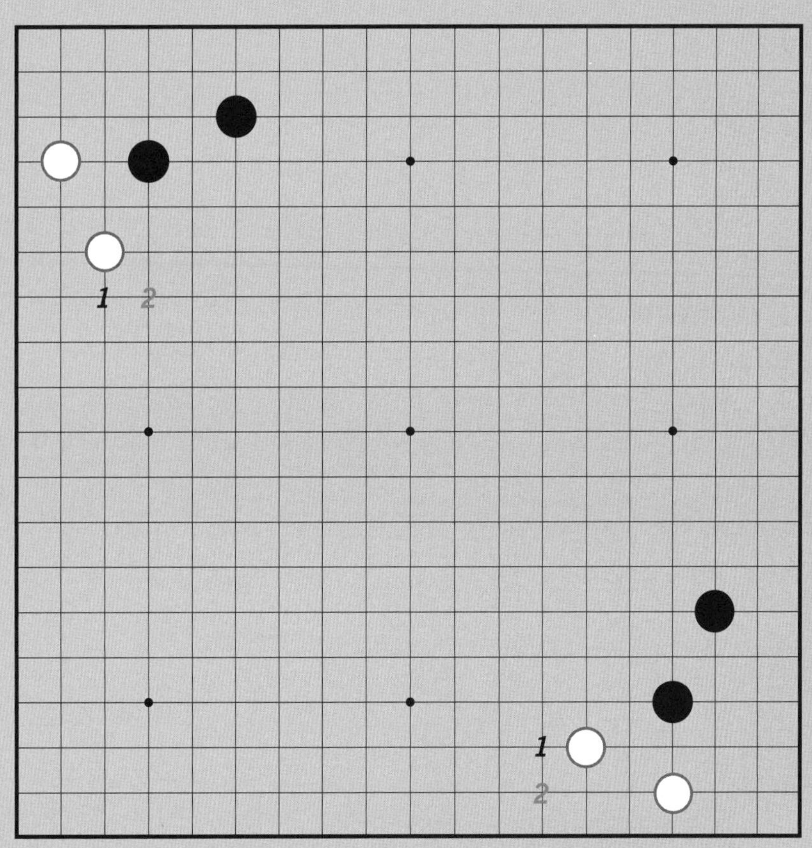

정석

옆구리 붙임

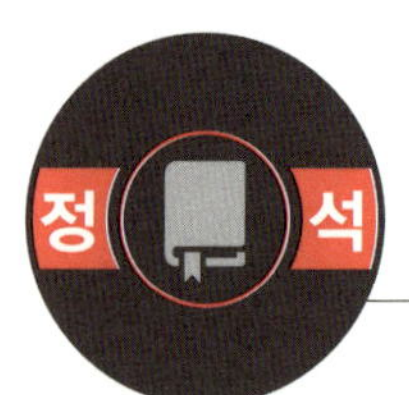

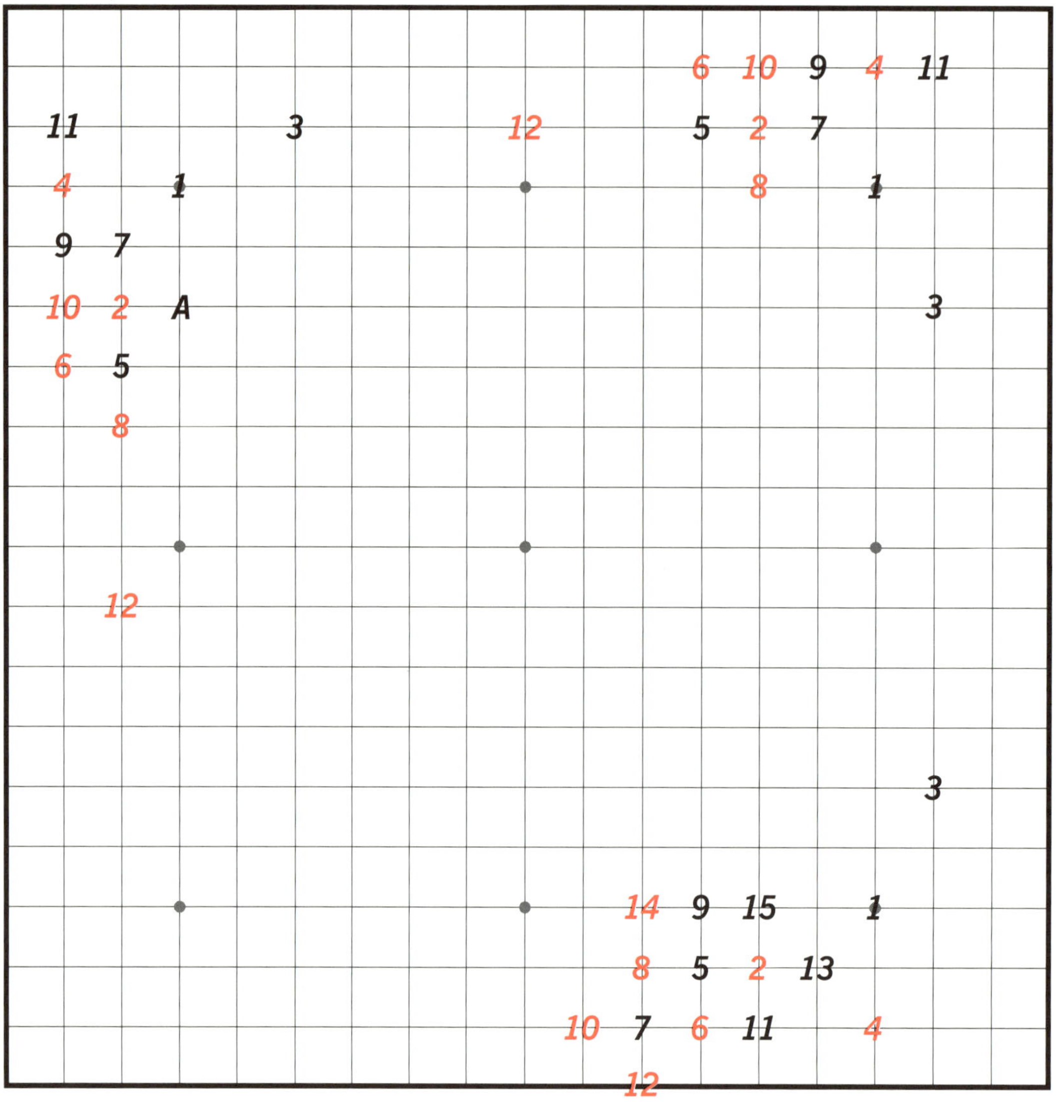

7이 악수. 백 좋음.
8로 9면은 흑A, 백10, 흑8로 나쁘다.

5와 6의 교환은 대손해.
4와 11은 큰 악수가 아니다.

일단락. 귀에 맛이 나쁨.

옆구리 붙임

2000년대 초반에 대유행.

8은 축 유리할 때 유력.

축 관계를 생각해야 함.

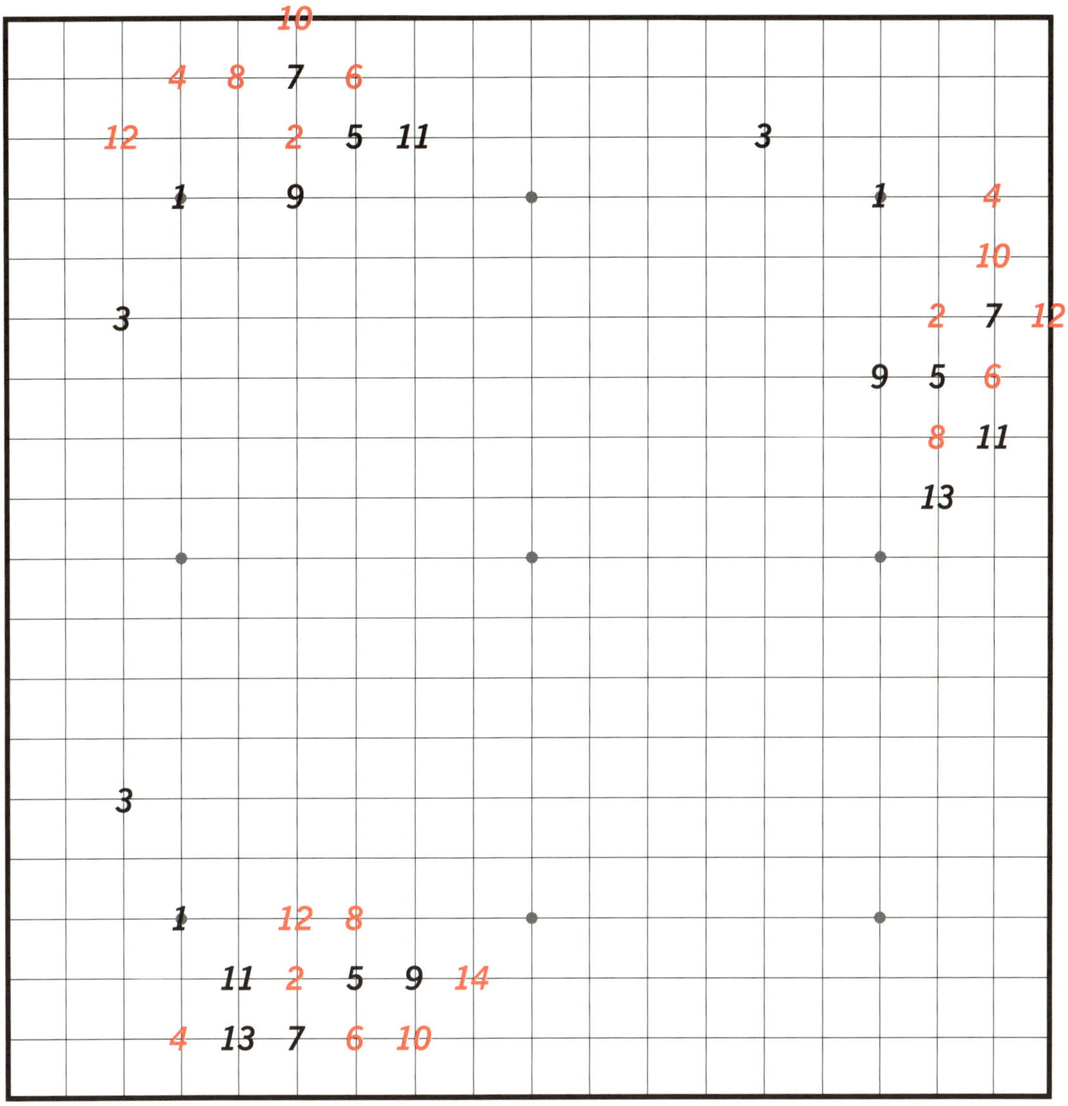

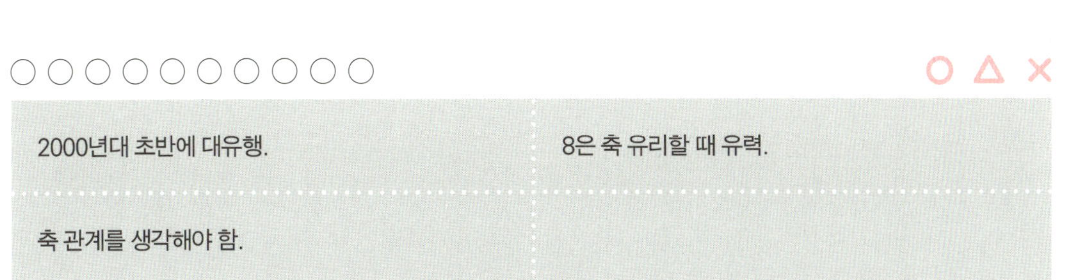

옆구리 붙임

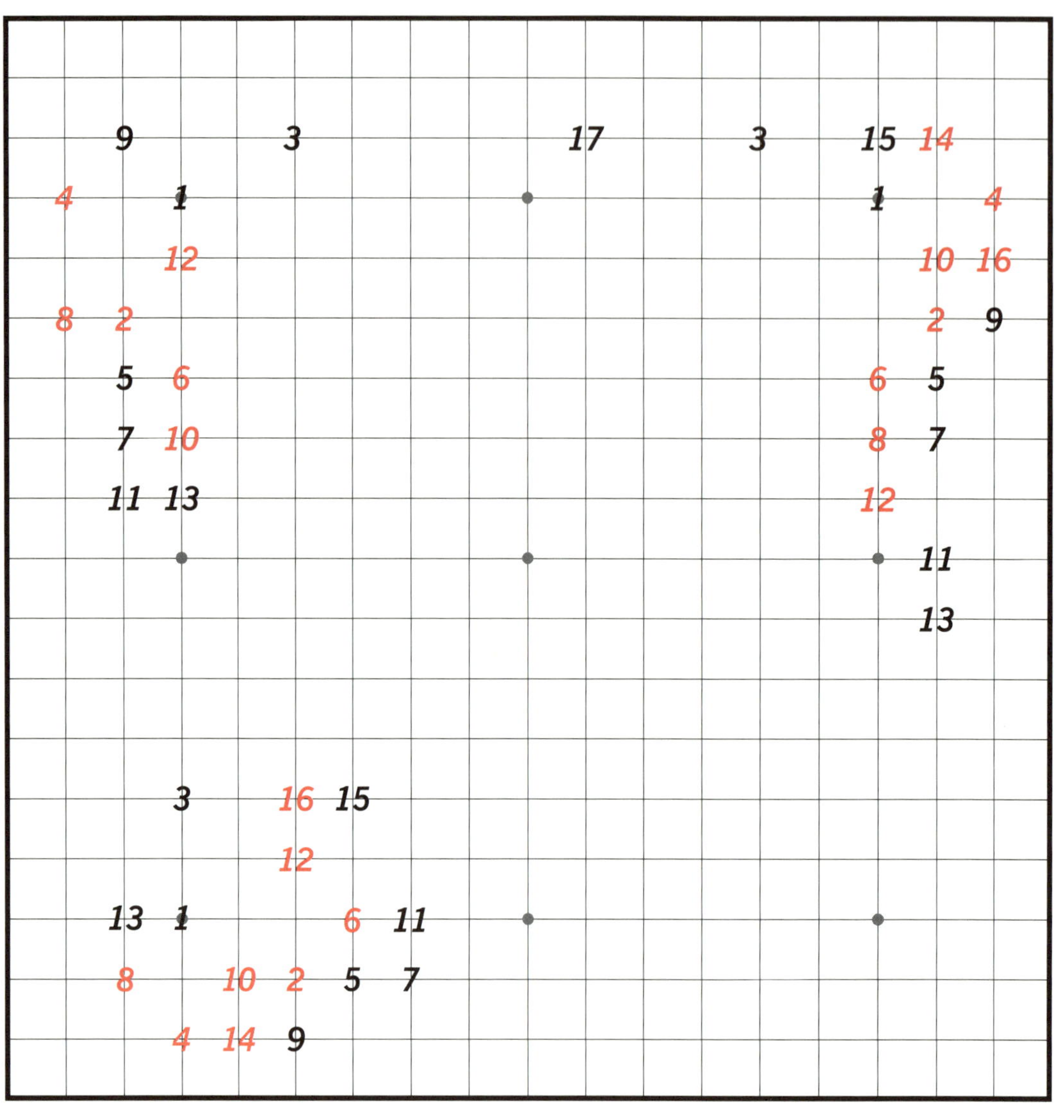

흑이 양쪽을 두었지만 백도 선수라 불만 없음.

위 젖힘 기본형.

옆구리 붙임

○ ○ ○ ○ ○ ○ ○ ○ ○ ○ ○ △ ×

	무난한 진행.
복잡한 정석. 피하는 게 좋음.	너무 복잡. 백이 잘 두지 않음.

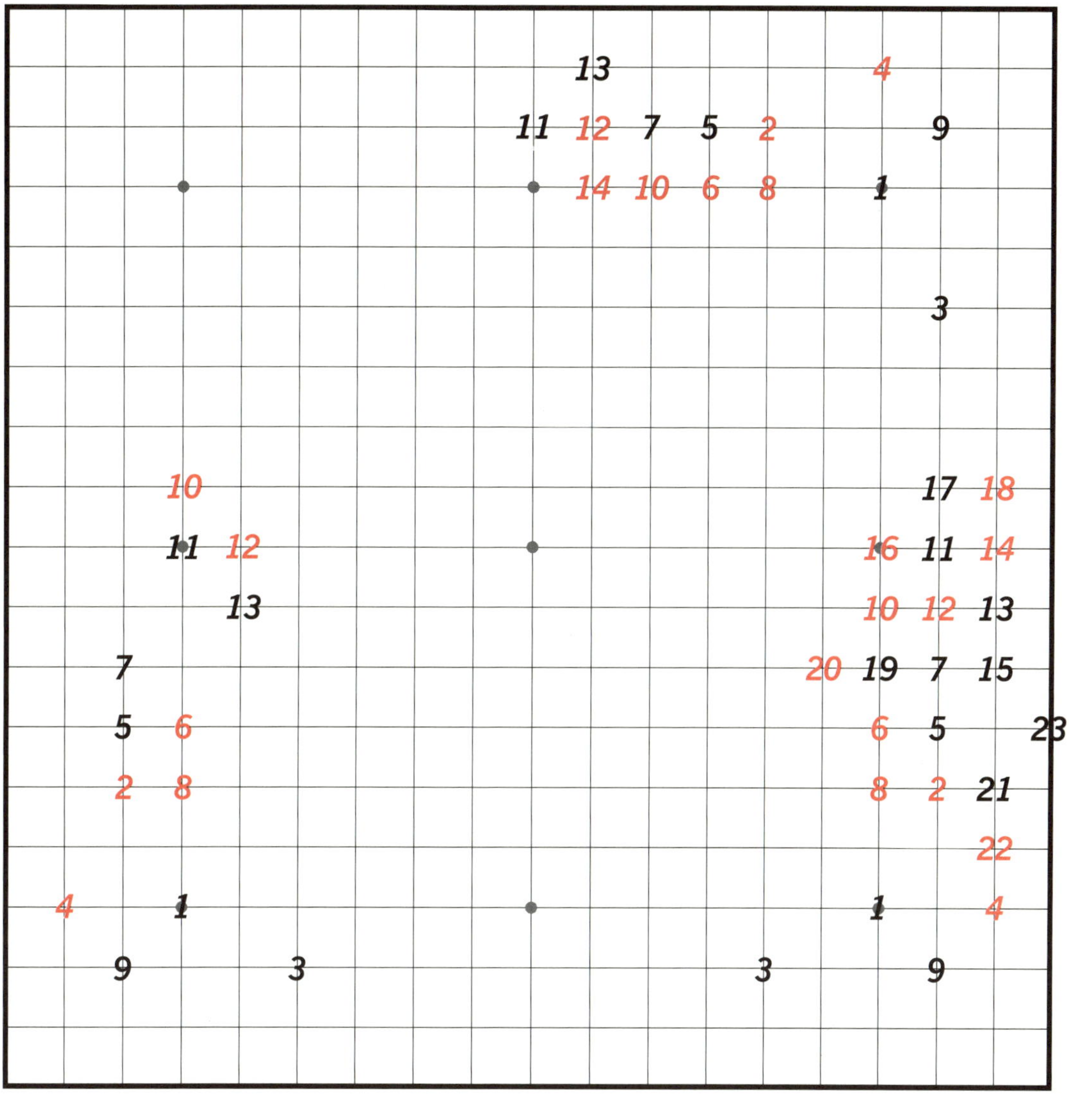

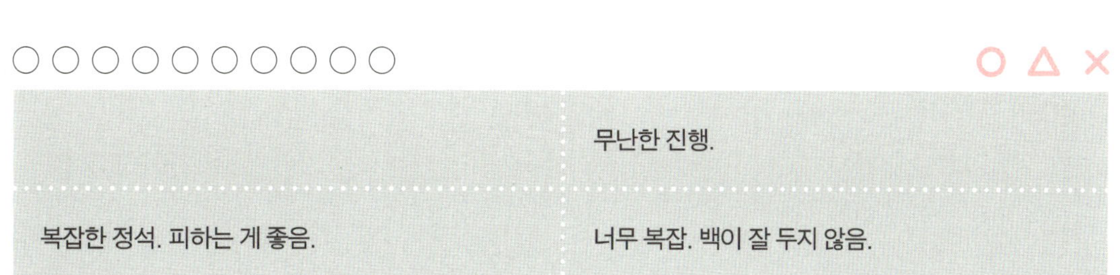

흑 사오웨이강 vs 이창호 백

LG배 16강 | 1997년 6월

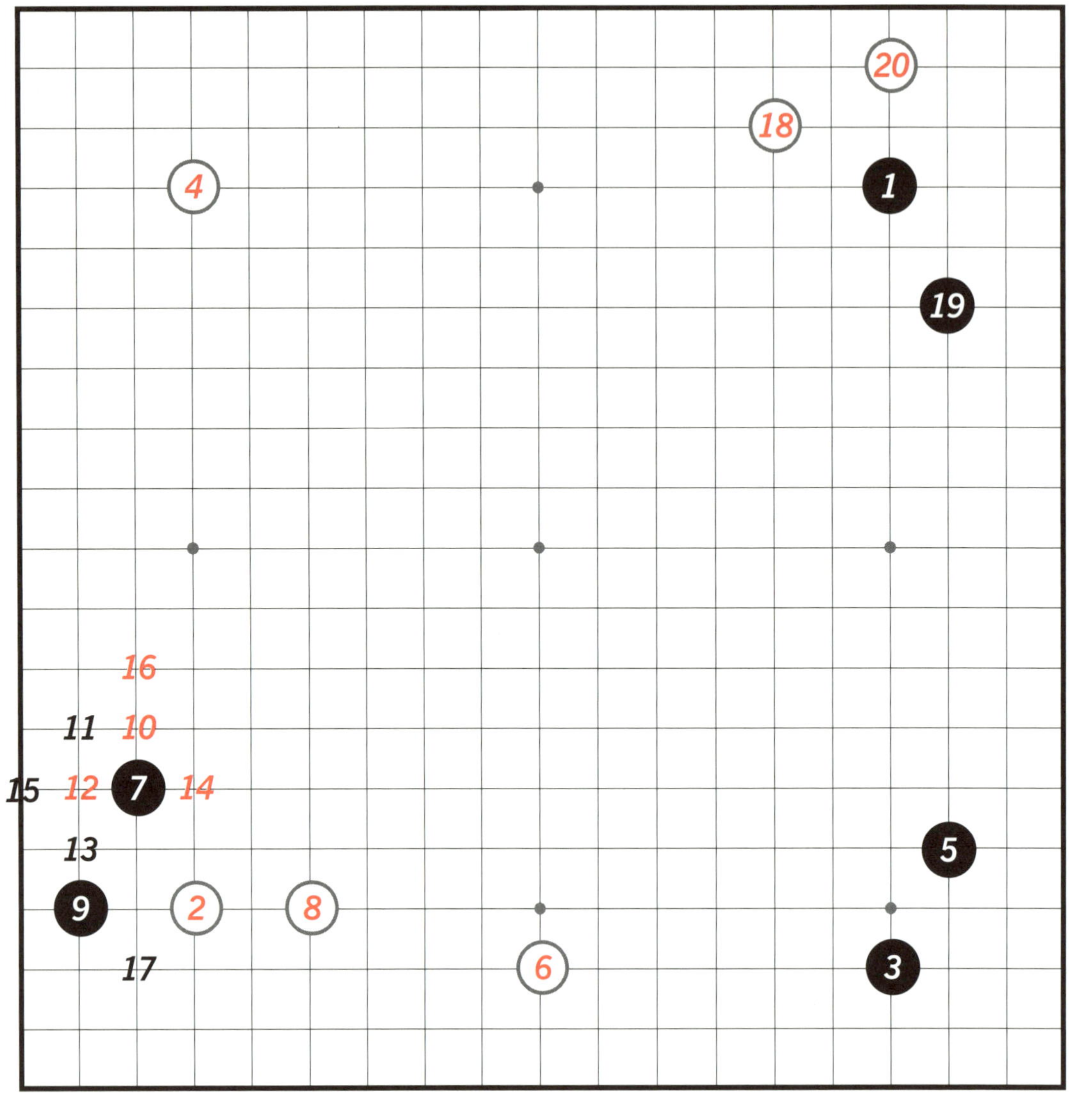

코멘트　육소룡(六小龍)의 일원. 현재 중국 남자 대표팀 감독.

메모

 ● 흑 조훈현 vs 이창호 ⊙ 백

기성전 도전기 | 1997년 7월

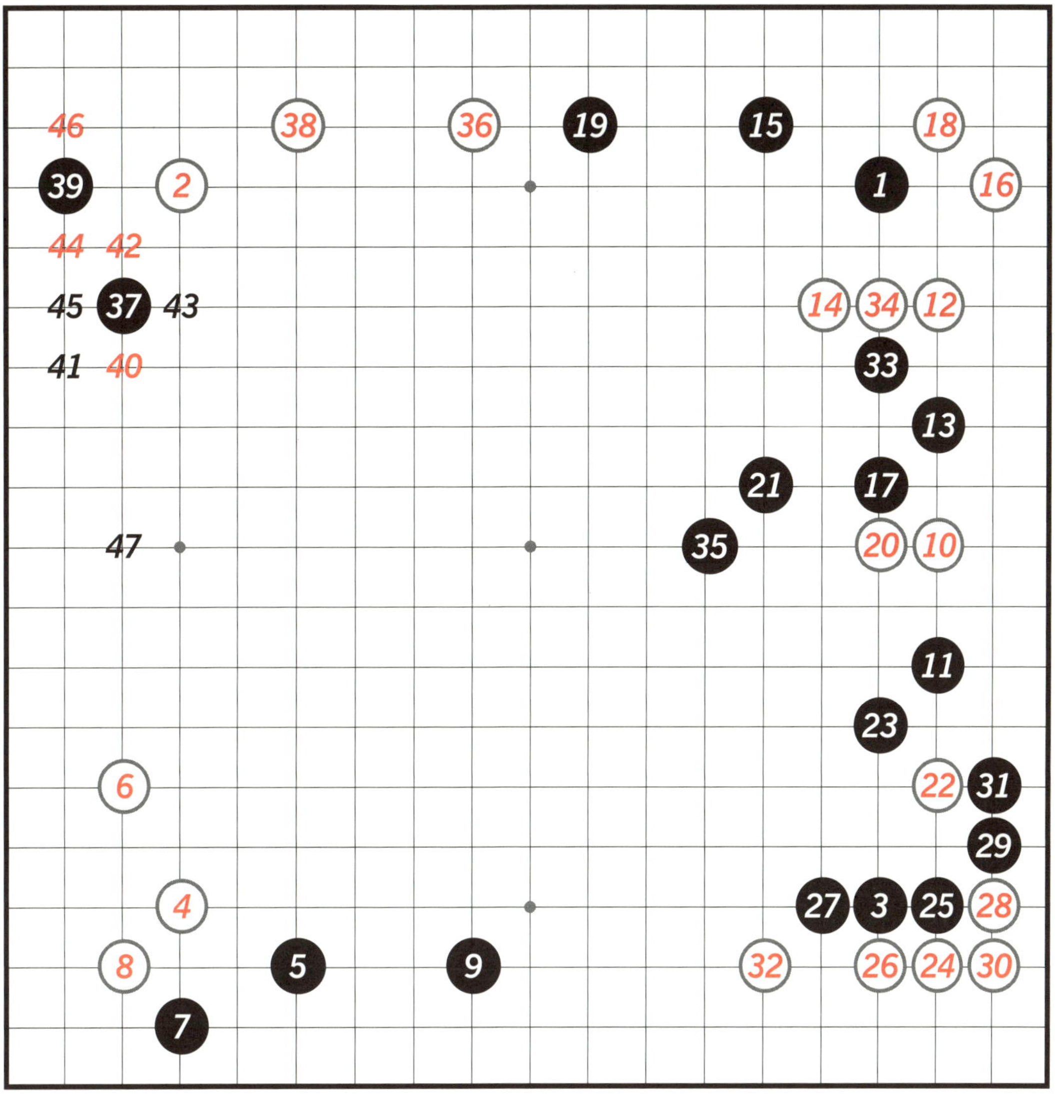

⚫흑 이창호 vs 이세돌 ⚪백

왕위전 도전2국 | 2002년 7월

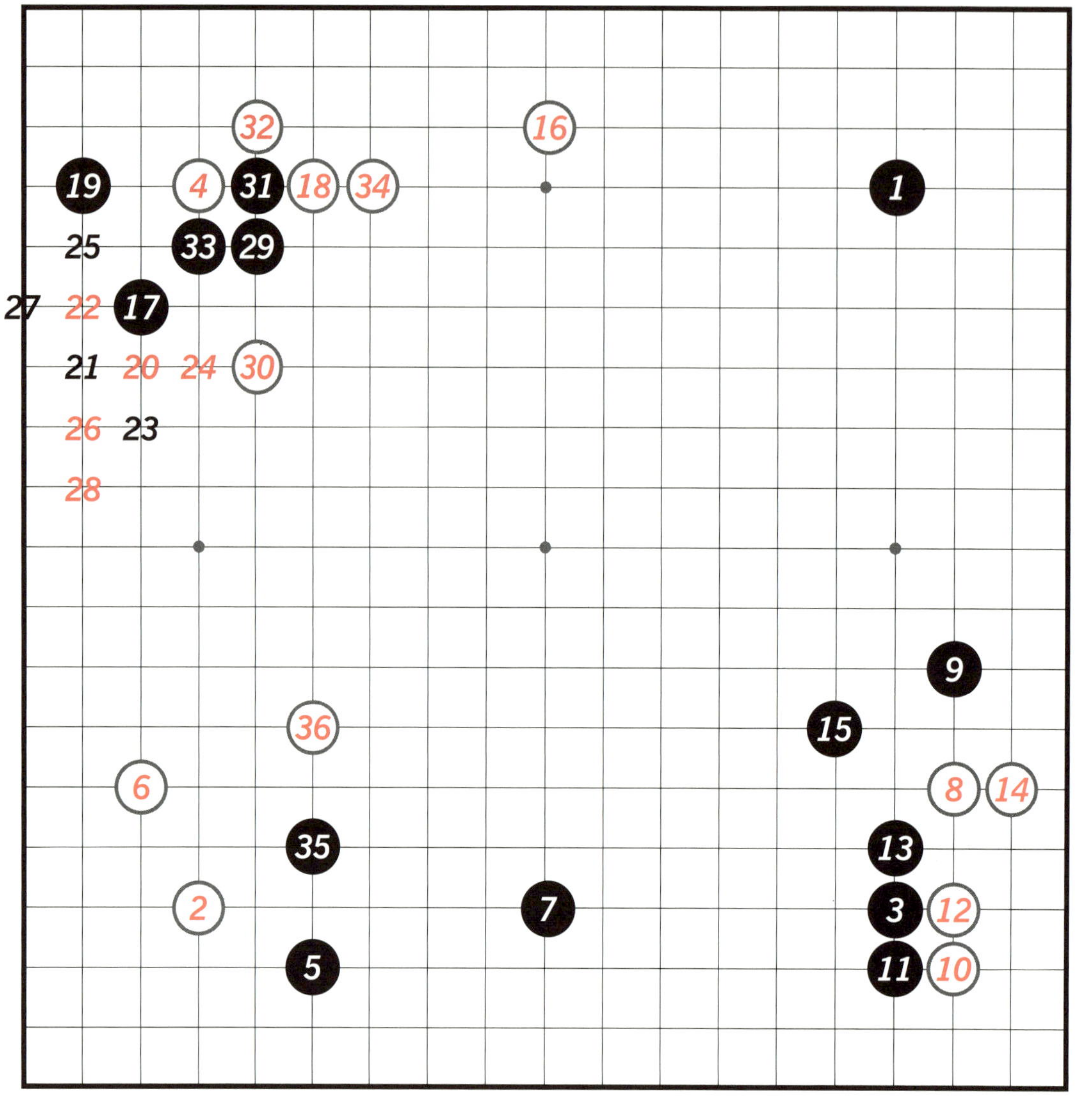

코멘트 최종국까지 가는 혈전. 이창호 9단이 3:2로 승리.

메모

⚫ 흑 이세돌 vs 조한승 ⚪ 백

왕위전 본선 | 2002년 4월

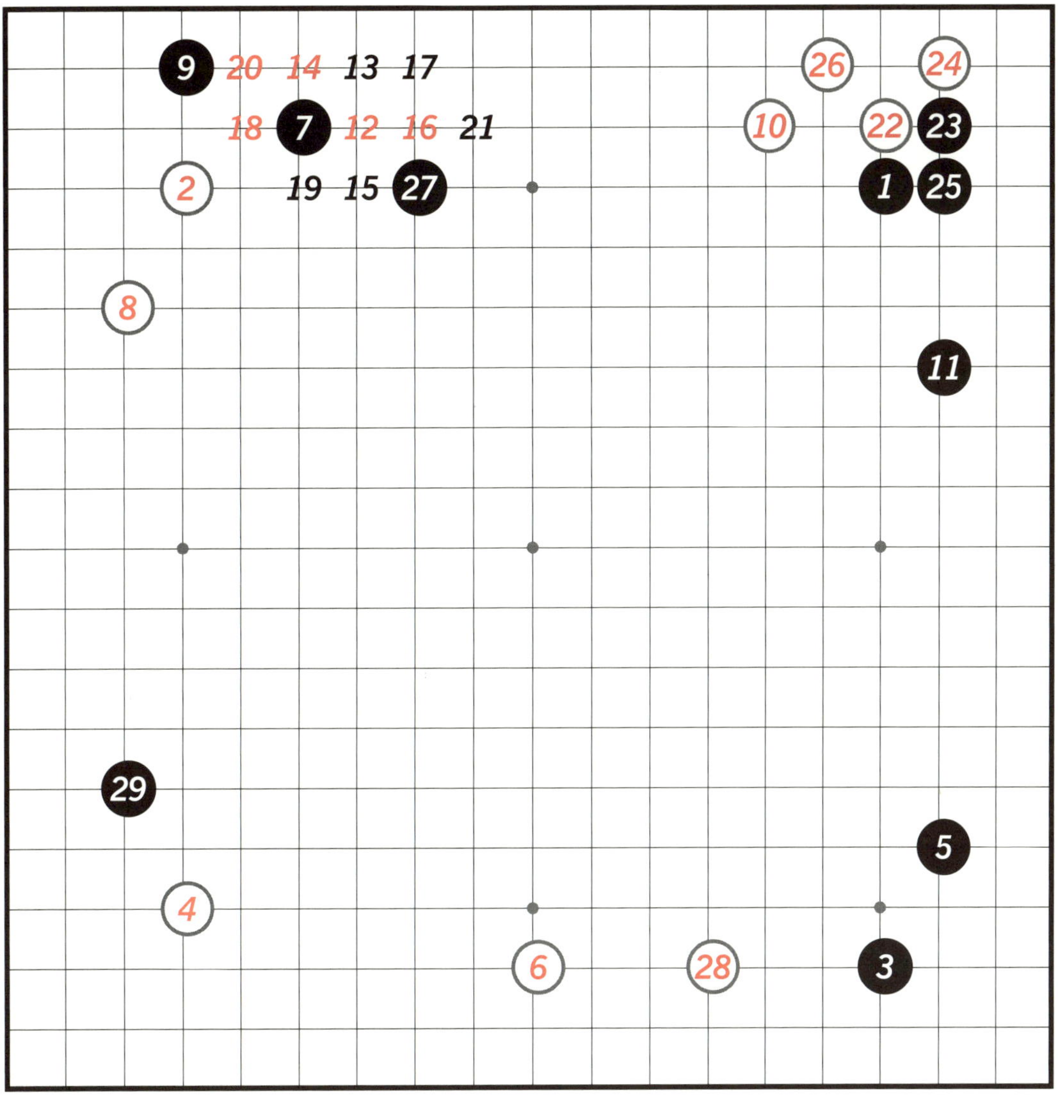

코멘트 입단 동기 라이벌 대결.

메모

흑 마효춘 vs 이창호 백

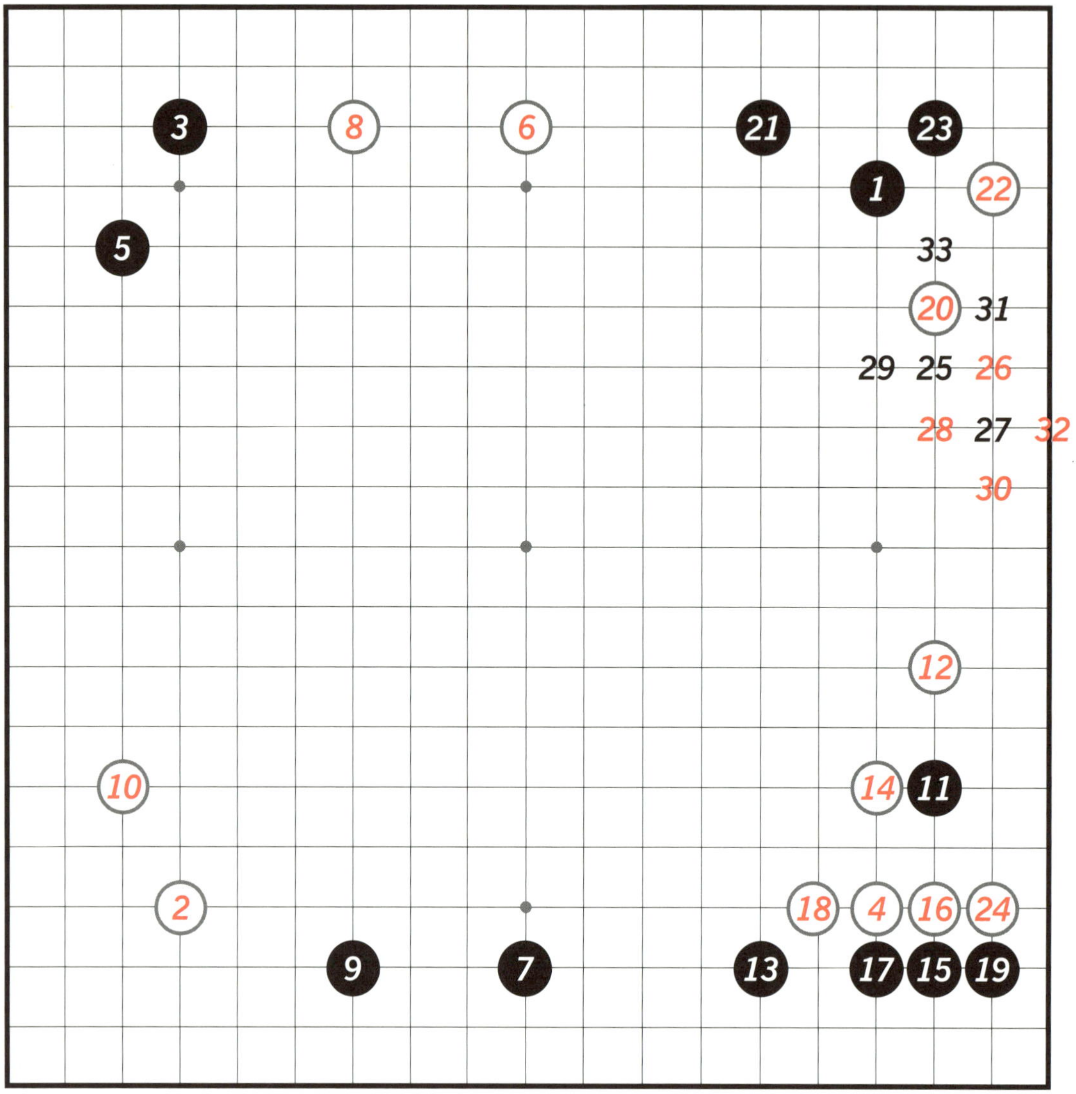

코멘트 결승 5번기 1:1 상황에서 3국. 이창호 9단 반집승.

메모

흑 이창호 vs 최명훈 백

명인전 본선 | 2009년 7월

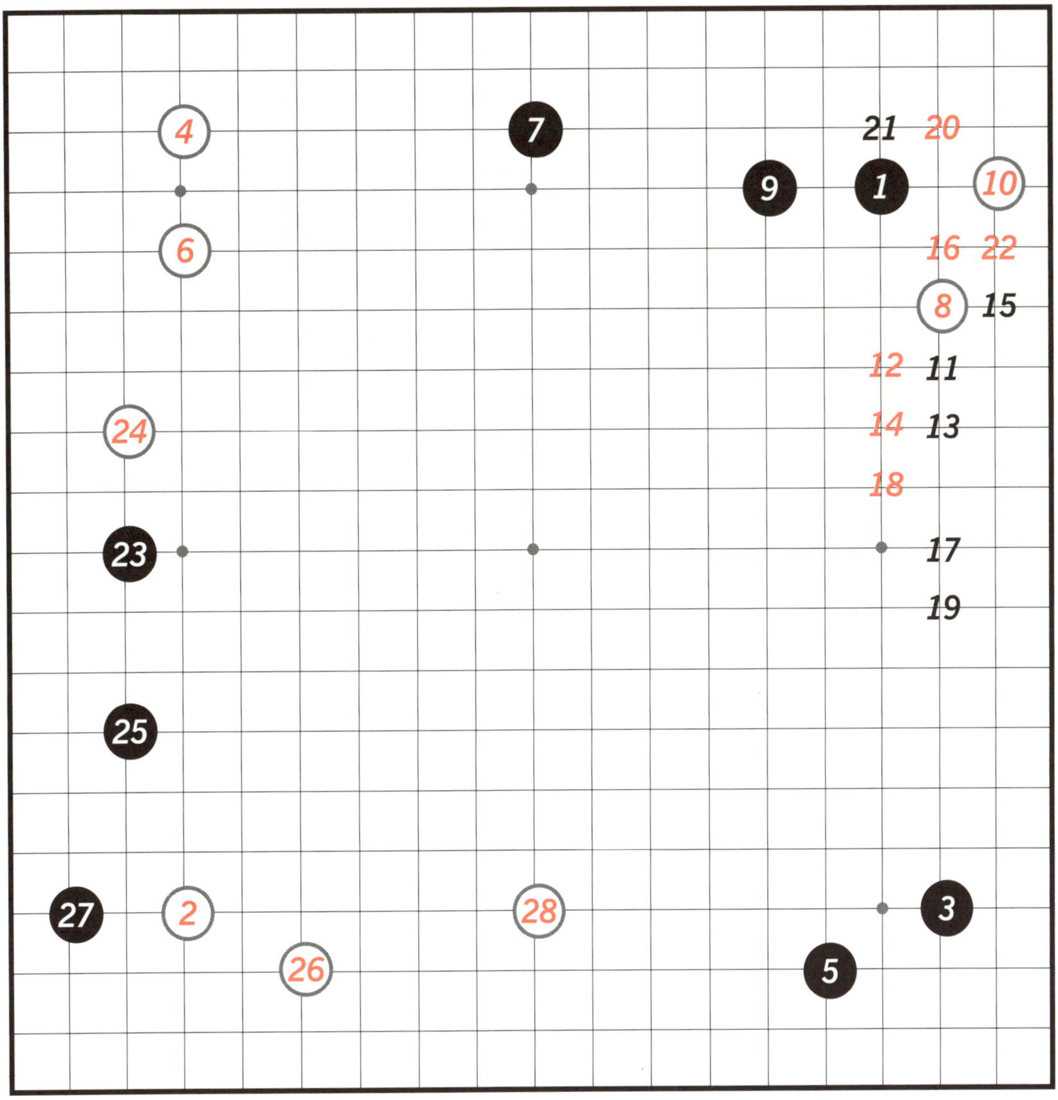

코멘트 위 젖힘 기본형. 모범 포석.

메모

흑 강동윤 vs 이창호 백

전자랜드배 결승3국 | 2007년 7월

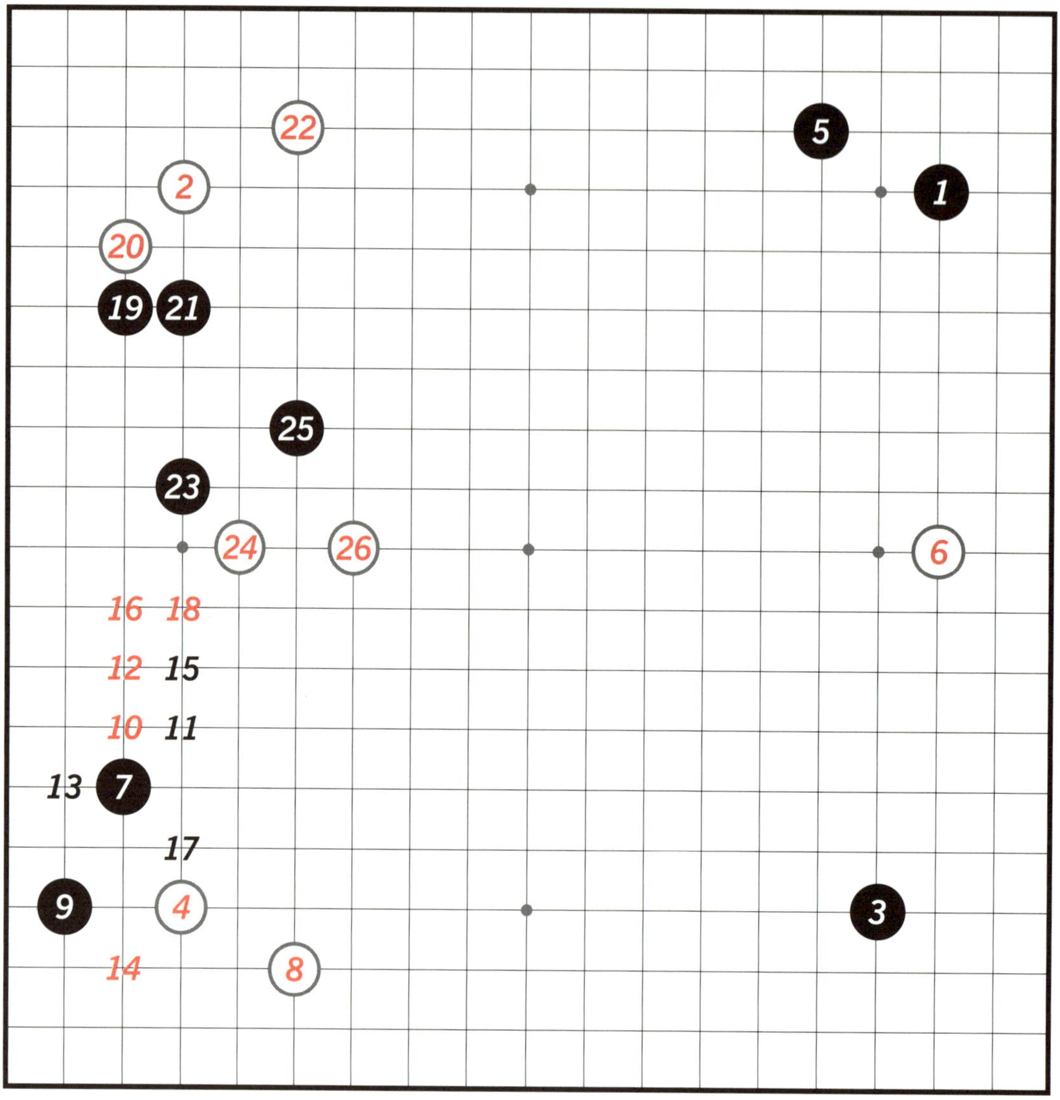

코멘트 이창호 킬러 강동윤의 본격 기전 첫 우승 기보.

메모

흑 이세돌 vs 백홍석 백

명인전 결승2국 | 2012년 12월

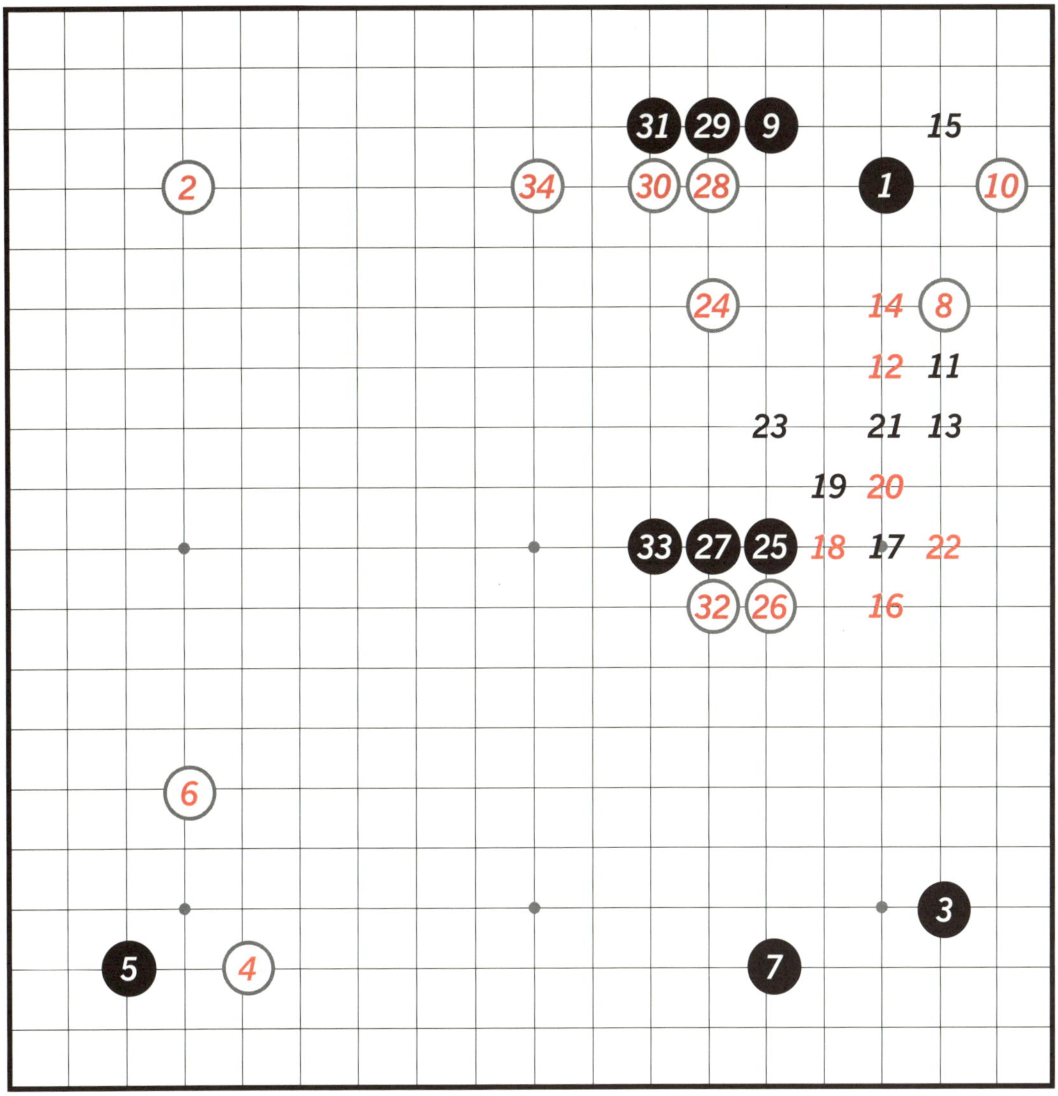

⚫ 박승철 vs 조훈현 ⚪

명인전 본선리그 | 2002년 1월

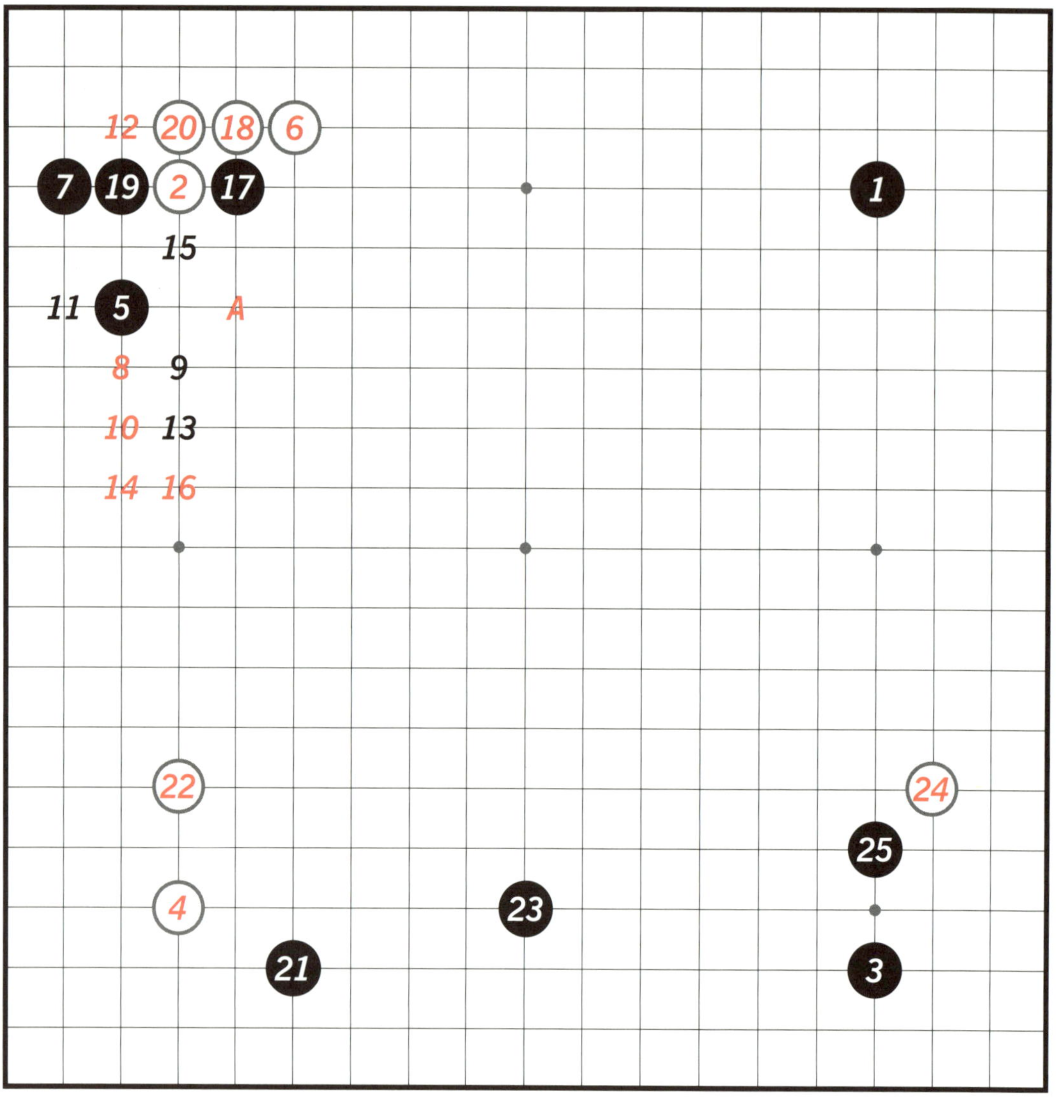

코멘트 17~20은 악수. A의 급소가 통렬.

메모

● 흑 씨에허 vs 이창호 ○ 백

응씨배 16강 | 2008년 5월

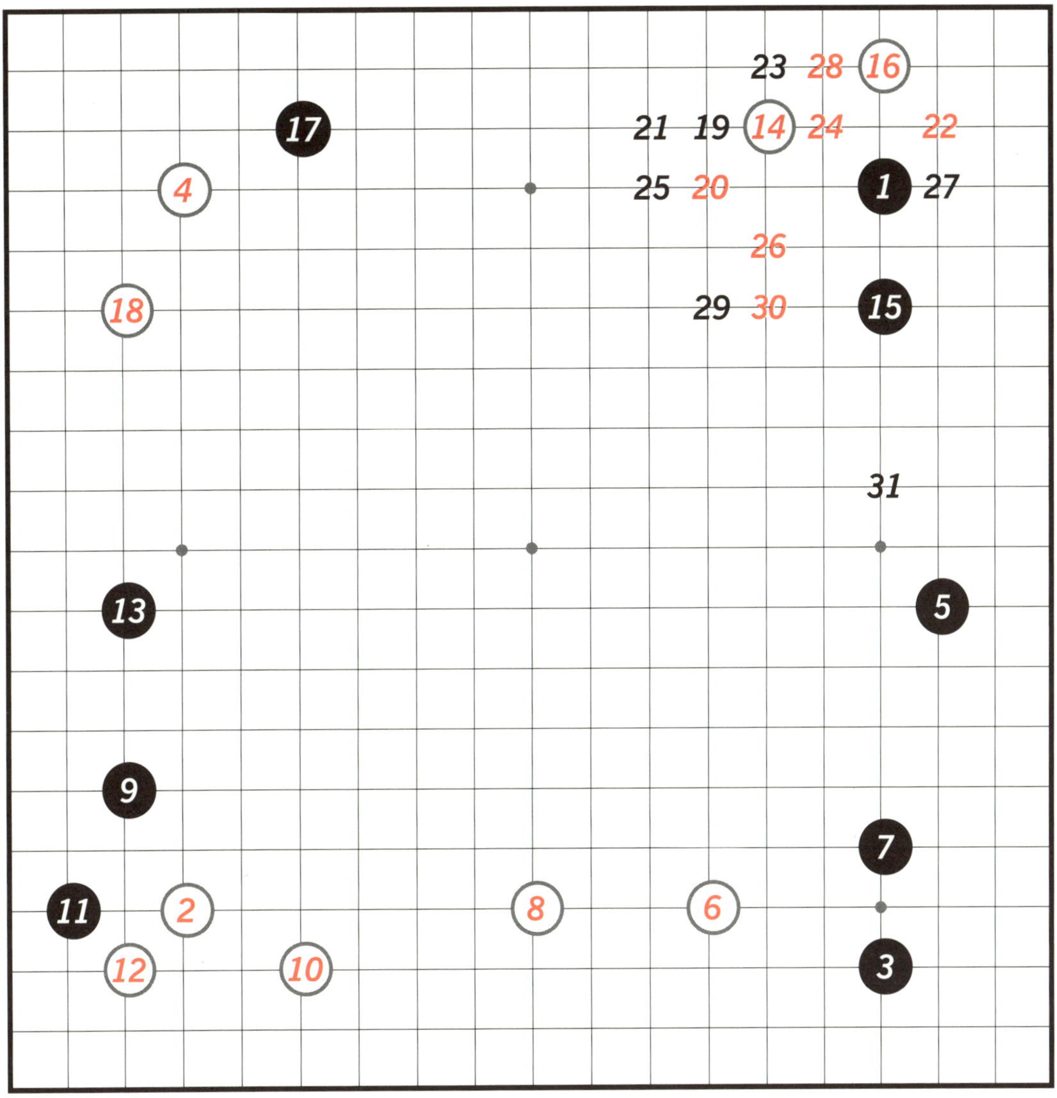

⚫ 흑 이창호 vs 박정환 ⚪ 백

응씨배 준결승 | 2012년 9월

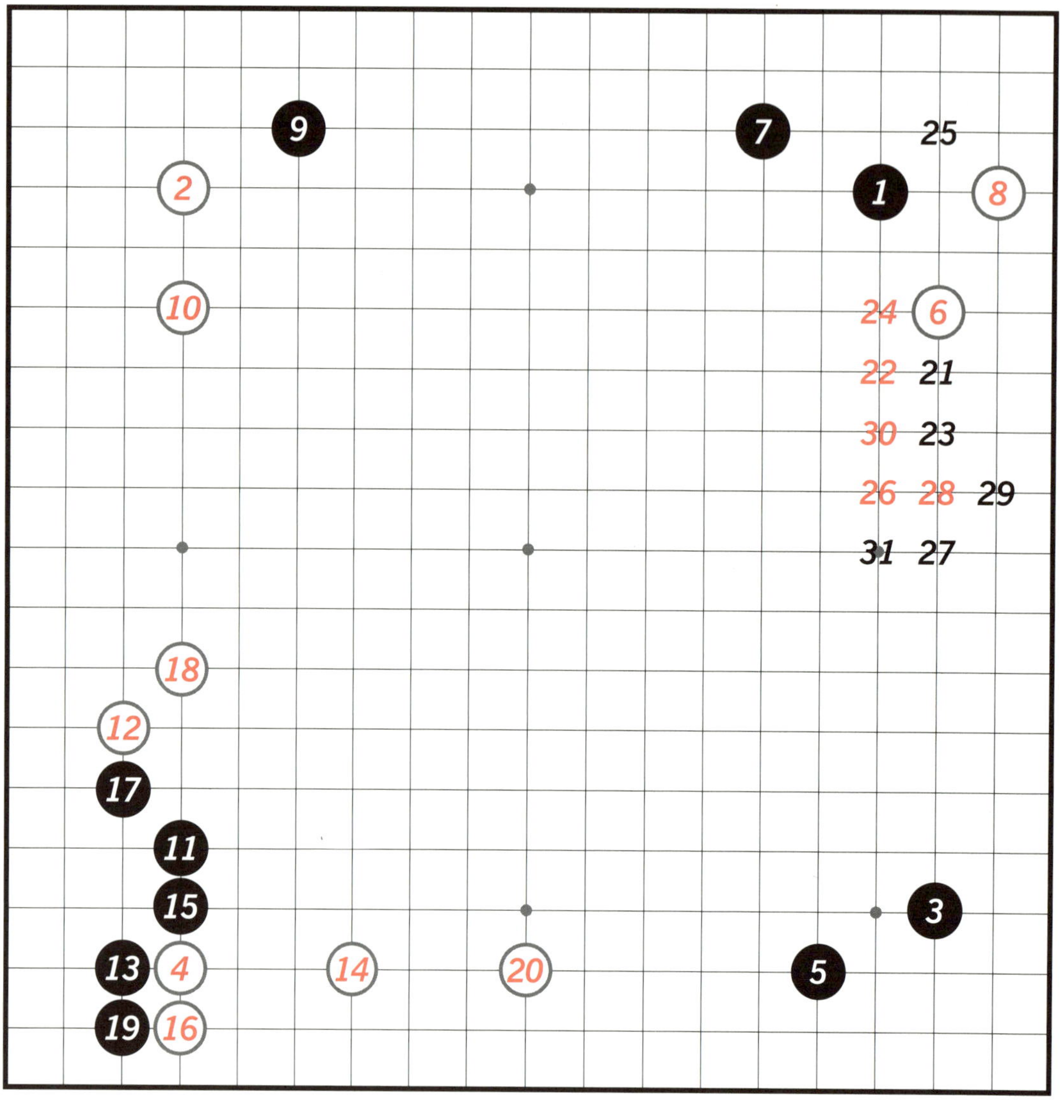

코멘트 백 불계승. 박정환 결승 진출. 이후 판팅위에 패. 준우승.

메모

흑 최철한 vs 이세돌 백

GS칼텍스배 결승 | 2006년 11월

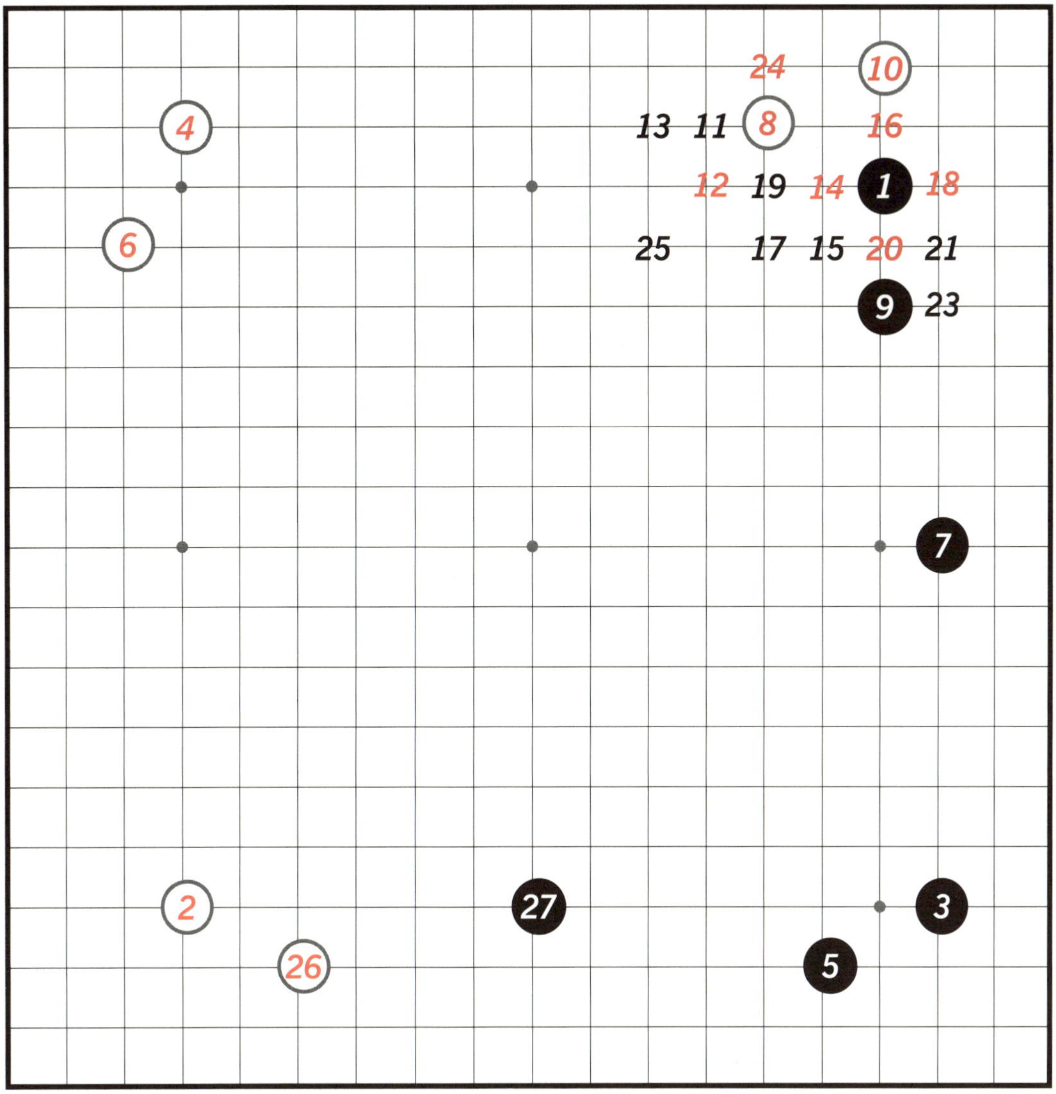

※22=1

코멘트 결승 5번기 3국. 이세돌 승리로 3:0 완승.

메모

돌부처 이창호 9단 추천 정석

초반에 실리를 챙기는 데 아주 유력한 수법

박승철 옆구리 붙임을 추천해주신 이유가 있을까요?

이창호 일단 그냥 삼삼으로 받는 것은 싱겁고, 초반에 실리를 챙기는 데 아주 유력한 수법
이지. 주위 배석에 따라서 유력할 때가 많고, 특히 축이 유리하면 상당히 좋아.

박승철 사범님이 처음 두셨나요?

이창호 음. 그런 건 아니고, 소소회 연구회에서 나온 신수지. 내가 자주 둬서 그렇게 생각할
수도 있겠네.

박승철 사범님이 개발하신 신수가 굉장히 많던데요. 비결이 있나요?

이창호 아무래도 선생님(조훈현 9단)의 초반을 따라가려고 초반 연구에 많은 시간을 투자했
고, 그러다 보니 자연스레 새로운 수가 많이 나온 것 같아.

20여 년간 1인자의 자리를 지키셨던 이창호 9단입니다. 특히 끝내기에 관해서 새로운 지
평을 열었다고 할 수 있겠습니다. 오청원 9단이 신포석으로 바둑에 새로운 패러다임을 제시
했다면 이창호 9단은 끝내기로 또 다른 차원의 바둑을 보여주었습니다. 마치 난쟁이가 거인
의 어깨 위에서 세상을 바라보듯이, 이창호 9단이 보여준 끝내기는 충격이었습니다. 현대 바
둑의 수준을 한 단계 높였다고 해도 과언이 아닙니다. "세계가 이창호를 좇는 시대"라는 말도
있었죠. 이 시대의 진정한 거인 이창호 9단입니다.

2장

되협공

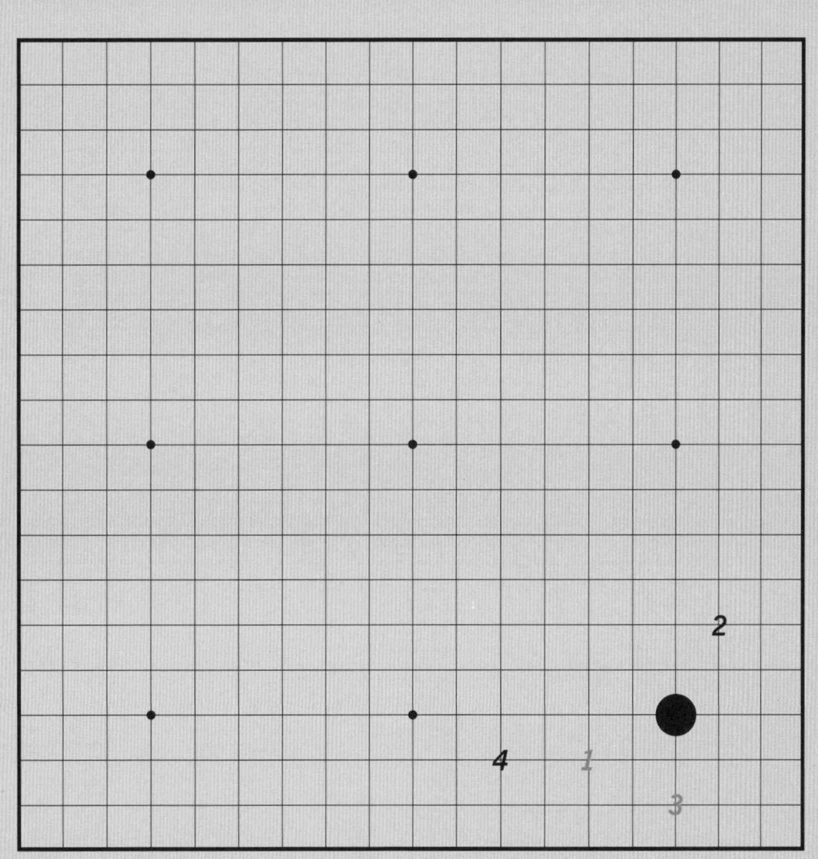

되협공

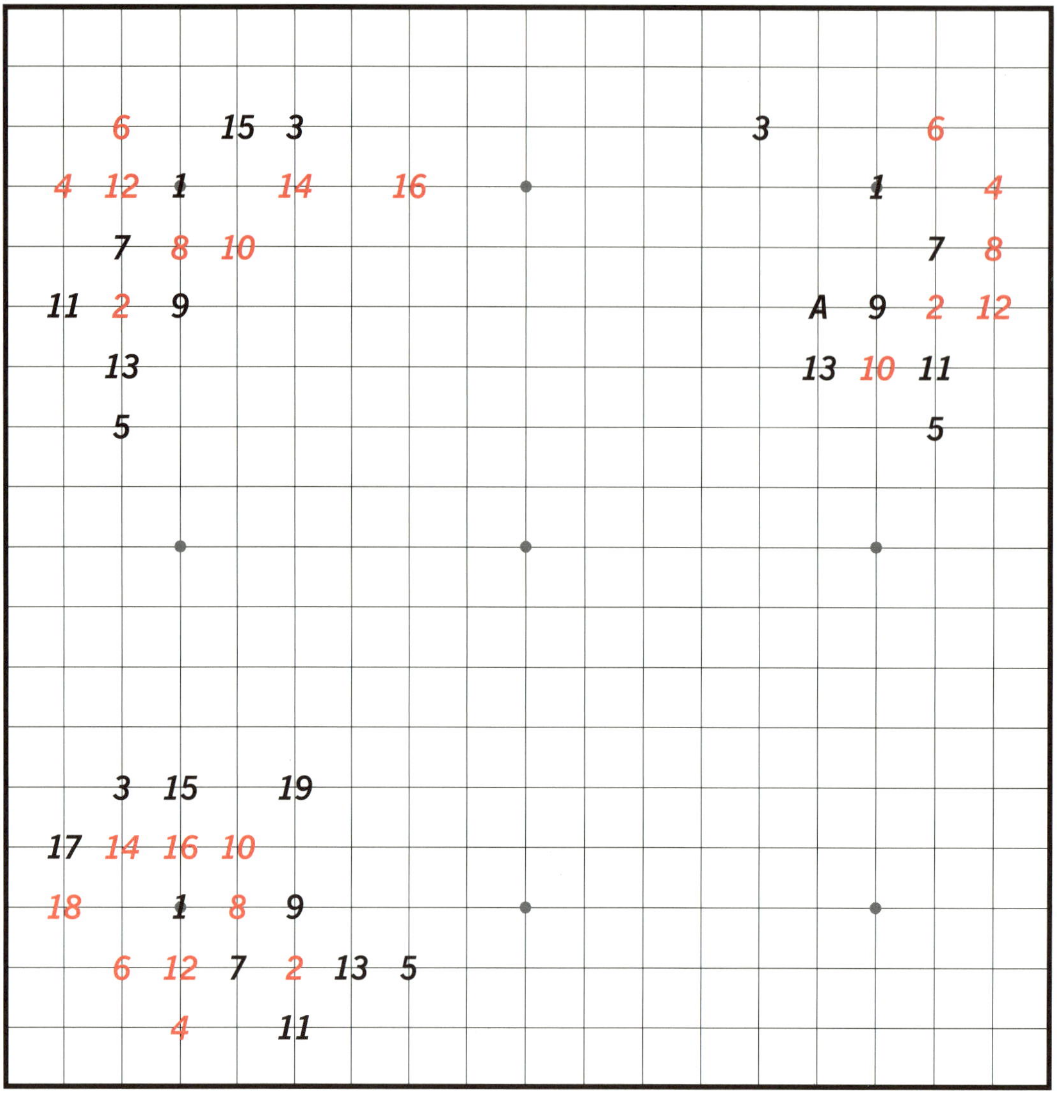

14는 이세돌의 신수. 결과는 별로!

기본형. 축 관계. 13으로 A에 둘 수도 있음.

봉쇄. 흑 좋음.

되협공

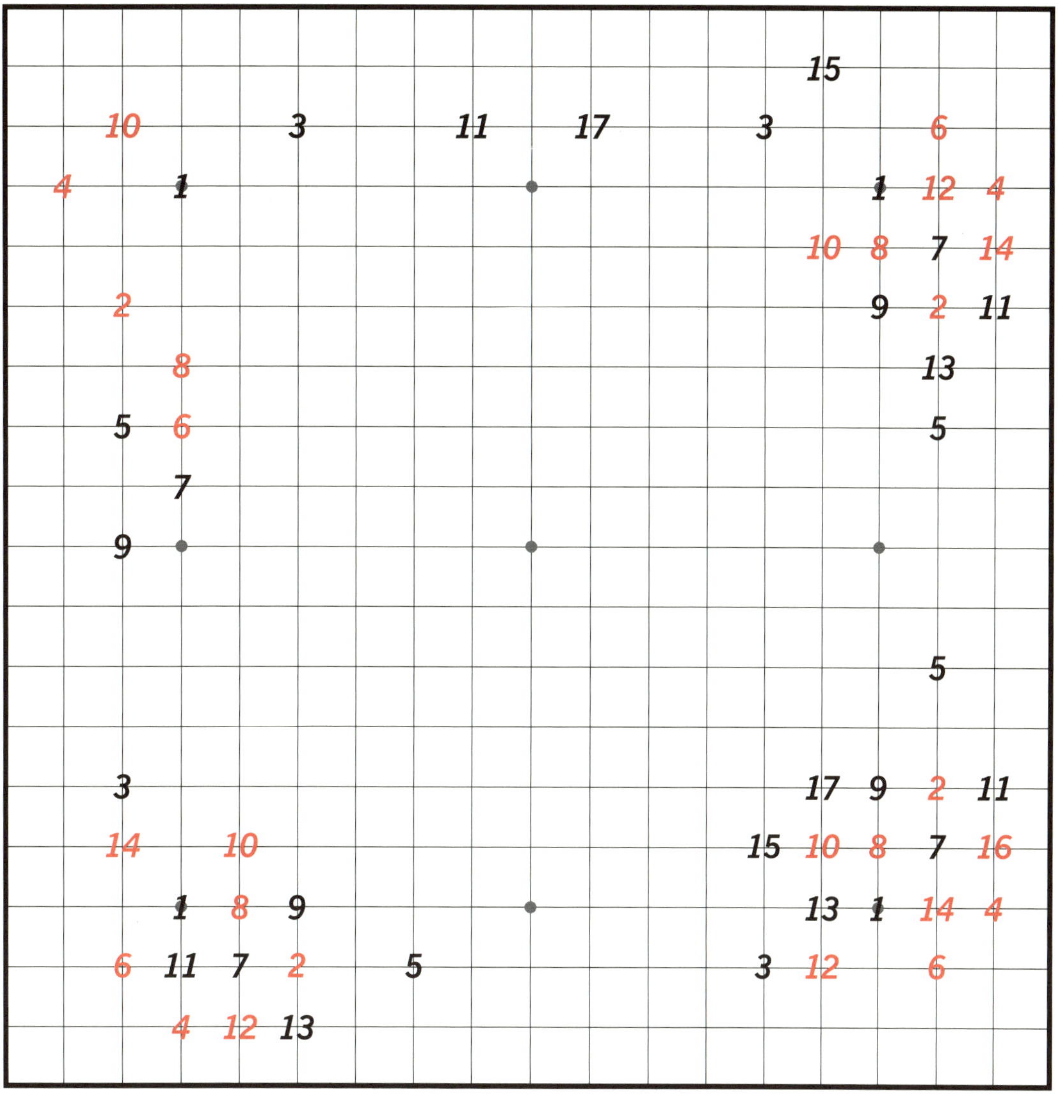

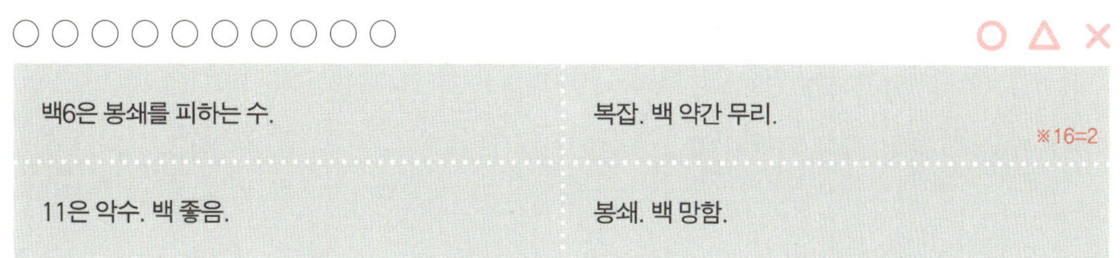

백6은 봉쇄를 피하는 수.

복잡. 백 약간 무리.

※16=2

11은 악수. 백 좋음.

봉쇄. 백 망함.

실전

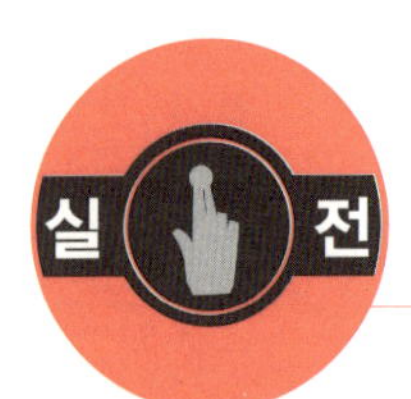

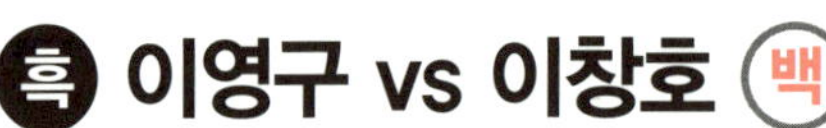

흑 이영구 vs 이창호 백

왕위전 도전3국 | 2006년 7월

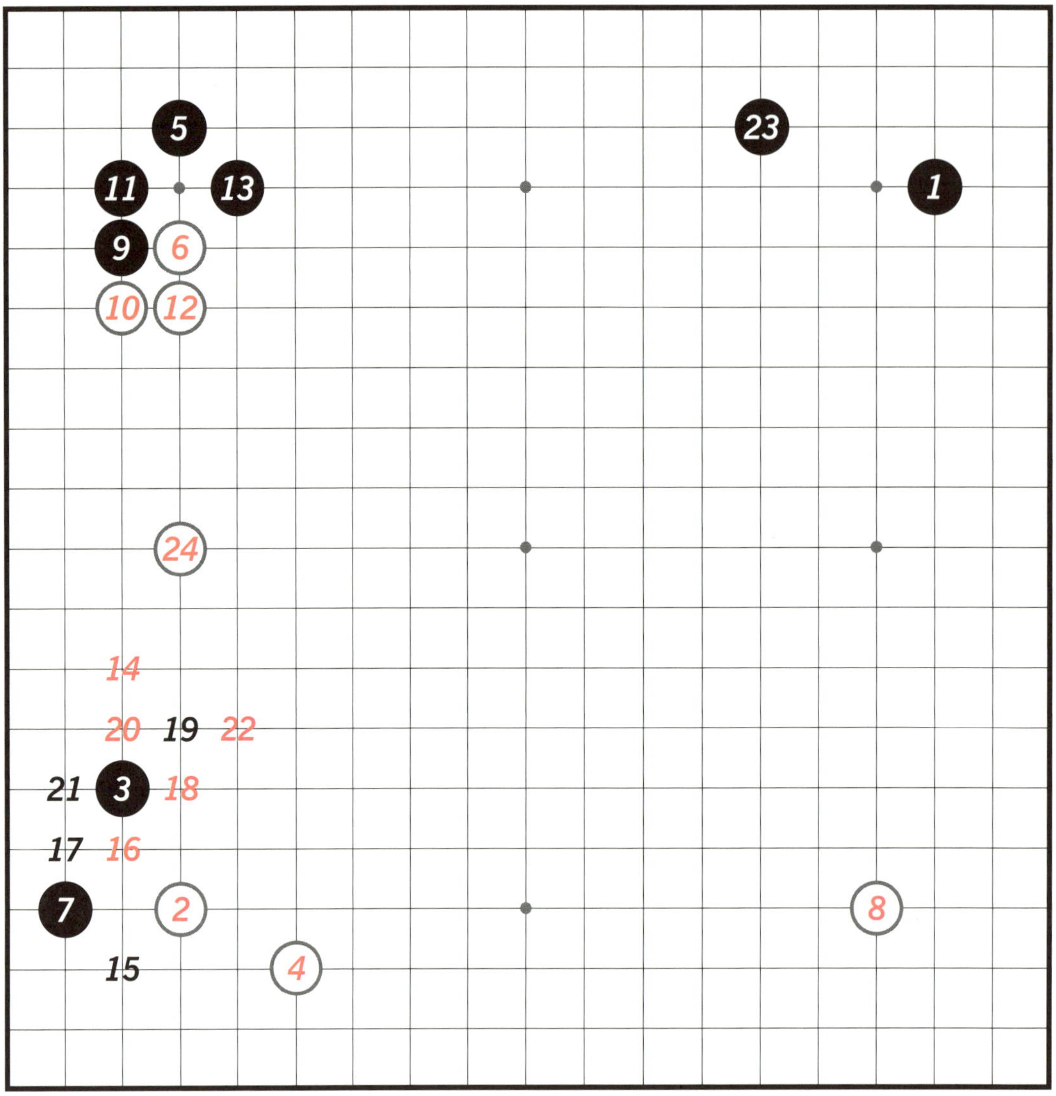

코멘트 19세 이영구, 이창호 9단에 도전. 결과는 영봉패.

메모

흑 천야오예 vs 김지석 백

중국리그 | 2013년 6월

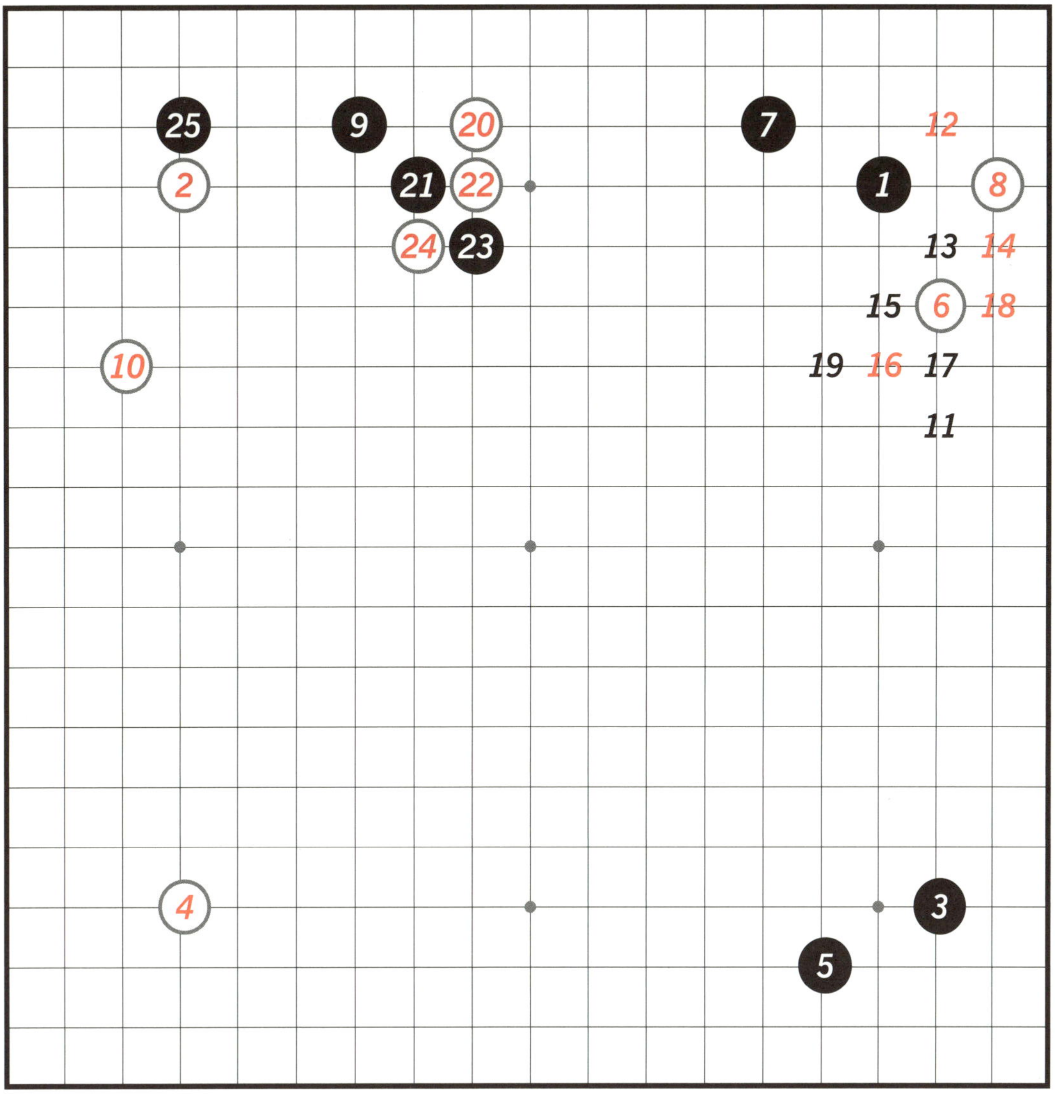

코멘트 9가 독특.

**메모

실전

흑 씨에허 vs 이세돌 백

춘란배 결승 최종국 | 2011년 6월

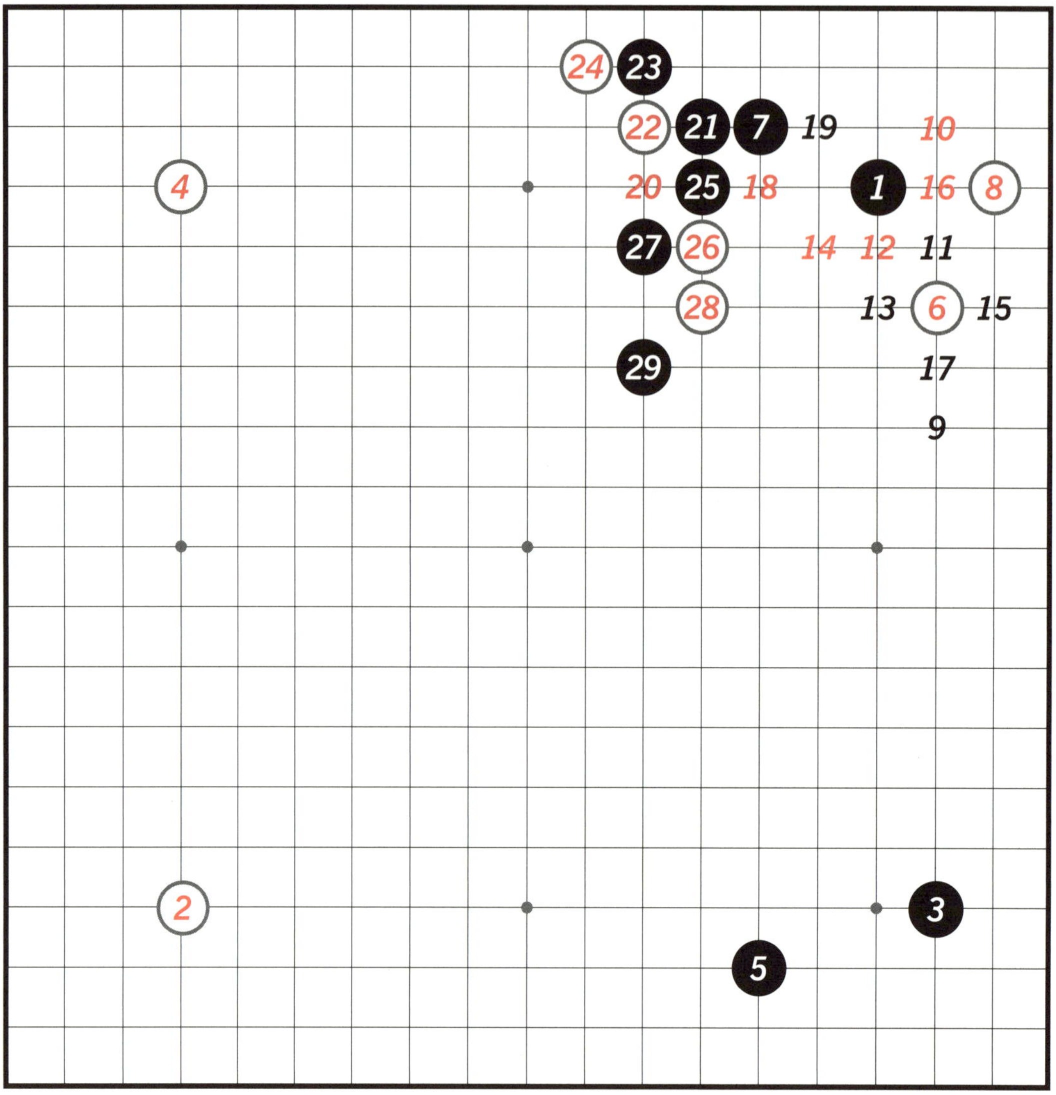

코멘트 백이 이겼으나 초반 진행은 별로였음.

메모

실전

흑 박정환, 최철한, 강동윤 vs 천야오예, 스웨, 저우루이양  **백**

주강배 결승(상담기) | 2013년 12월

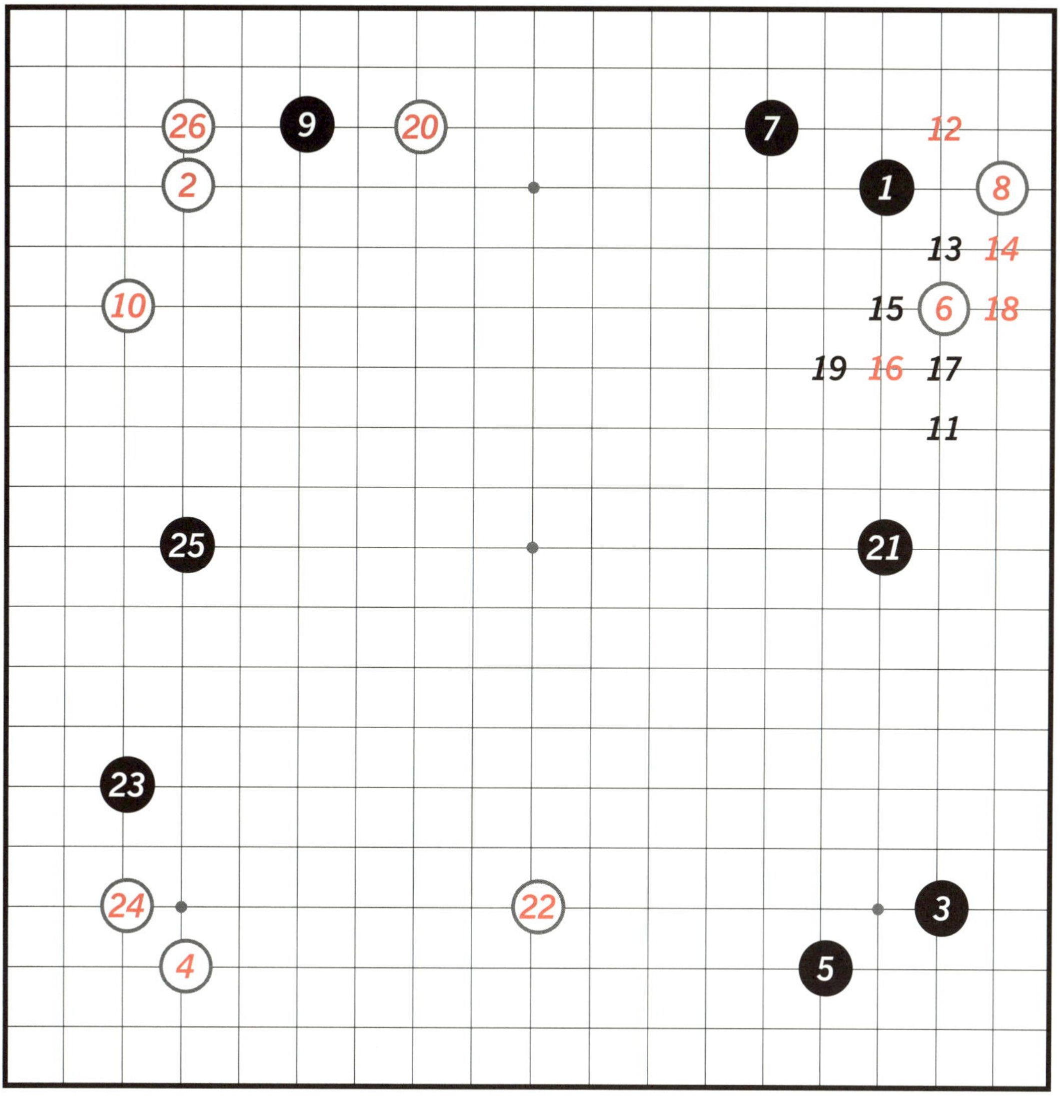

코멘트   우승 상금 3억 2천만 원이 걸린 단판 상담기.

메모

⚫ 흑 장웨이제 vs 최철한 ⚪ 백

중국갑조리그 17라운드 | 2013년 10월

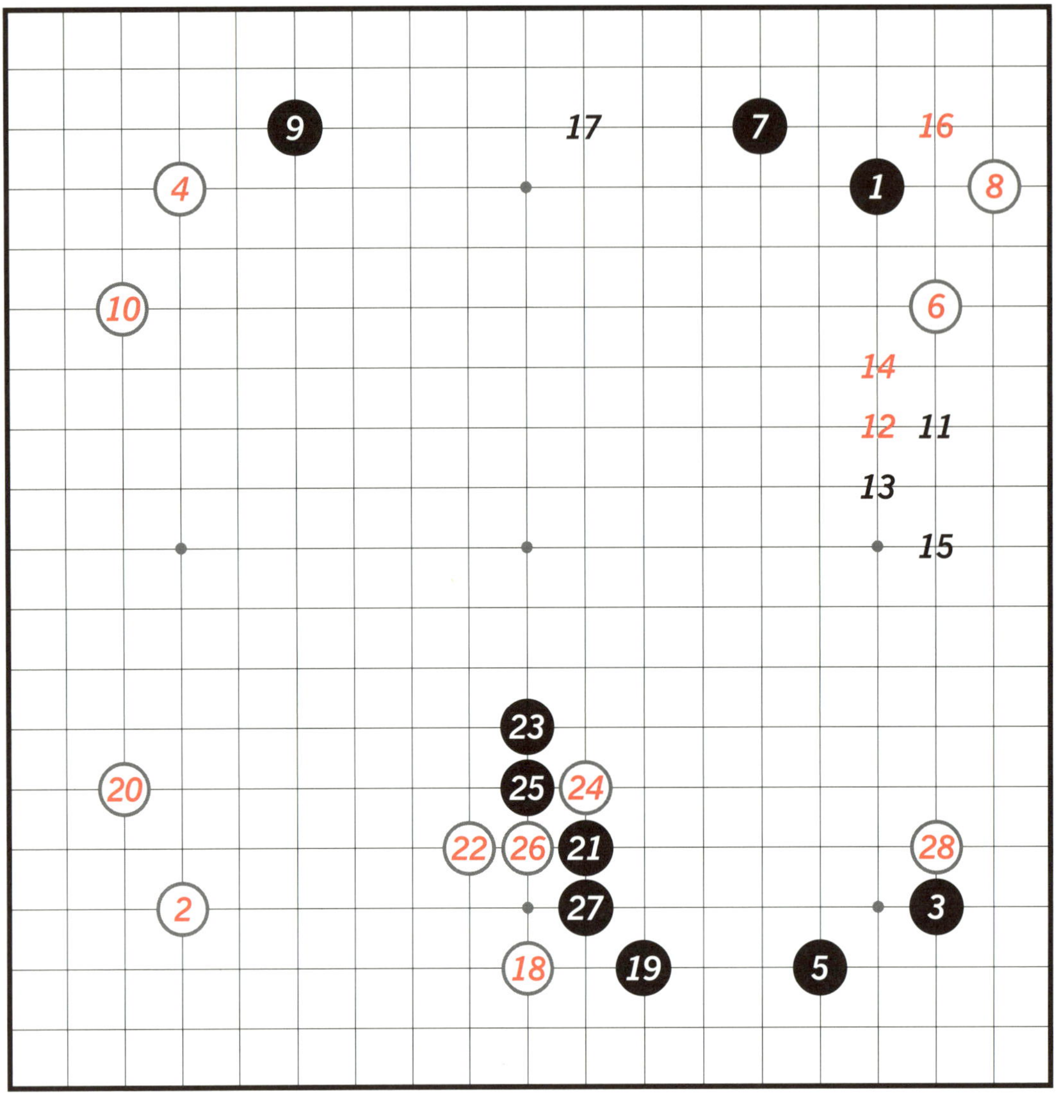

코멘트   2013 중국리그 최철한 15승 3패. 그 중 한 판.

메모

미소년 김지석 9단 추천 정석

실리보다는 전투를 즐기는 기풍

박승철 지석군. 이 정석 요즘 많이 두네. 흑이 좋은 거야?

김지석 네? 글쎄요. 모르죠.

박승철 네 바둑에서 많이 본 거 같은데. GS 결승 3국도, 한국리그 결승도 이거고, 중국리그도 그렇고…….

김지석 아. 제가 전투 바둑이라. 아무래도 두터운 게 편해서요. 그리고 유행하니까. 둬봐야 아니까요.

박승철 어떤 기풍의 아마추어에게 이 정석을 추천해야 할까?

김지석 아무래도 실리파보다는 전투를 즐기는 기풍에 어울리는 정석이죠.

박승철 이세돌과 결승에서 우승 결정국, 중국리그, 한국리그 등 중요할 때 항상 이 정석이 나오네. 김지석 정석이라고 해도 될까?

김지석 그러고 보니 중요한 판마다 제가 쓰긴 했네요.

둬봐야 안다는 것은 중요한 표현입니다. 혼자 연구해서 호각이라고 판단이 들어도, 실전에서 직접 두어보면 약간이라도 무게추가 기울 때가 있어요. 이럴 때 프로들은 기분 좋다, 나쁘다, 이런 표현을 쓰곤 하죠.

2013년 국내 최대 기전 2관왕에 오르고, 2012년에는 중국리그에서 10전 10승을 거두는 등 중국 기사들이 무서워하지만, 정작 세계대회 우승이 아직 없는 김지석입니다. 얼마 전에 결혼도 했고, 바둑도 안정감이 생기기 시작했습니다. 2014년에는 세계대회 우승을 기대해봅니다. 응원 많이 해주세요.

어떻게 하면 바둑이 늘 수 있나요?

사활 문제

제가 인터넷 해설을 할 때면 항상 듣는 질문 중 하나입니다.

저는 항상 수읽기의 중요성을 말하곤 합니다. 아무리 화려한 초식의 무공을 익혔어도, 그 무공의 변초들을 이해하고, 그에 맞는 내공이 있어야 원활하게 시전할 수가 있겠죠. 바둑도 어차피 나중에는 살고 잡히는 것에 승부가 갈리기 마련입니다. 꼭 사활 문제를 풀어보세요. 바둑의 질이 달라집니다. 일주일에 3시간 공부한다고 하면 주말 하루 3시간 공부보다 하루에 30분을 내어 꾸준히 하는 게 훨씬 효과적입니다. 예전에는 프로들도 사활 공부보다는 기보 공부에 많은 비중을 뒀었지만, 요즘 강자들 특히 김지석, 박정환 등의 기사들은 틈만 나면 사활 문제를 풉니다. 스마트폰이 있으니까 장소에 제약은 없죠.

현재 시중에 창작 사활이나 천룡도 등 어려운 문제도 많지만, 아마추어 여러분들은 인터넷 바둑 사이트 어플리케이션에 있는 사활 문제만으로도 충분합니다. 중요한 것은 실제 대국처럼 한 번에 풀어야 한다는 것입니다. 무르기 없습니다. 초급 상·하 정도까지는 거의 외우다시피 반복해야 합니다.

3장

한 칸 낮은 협공

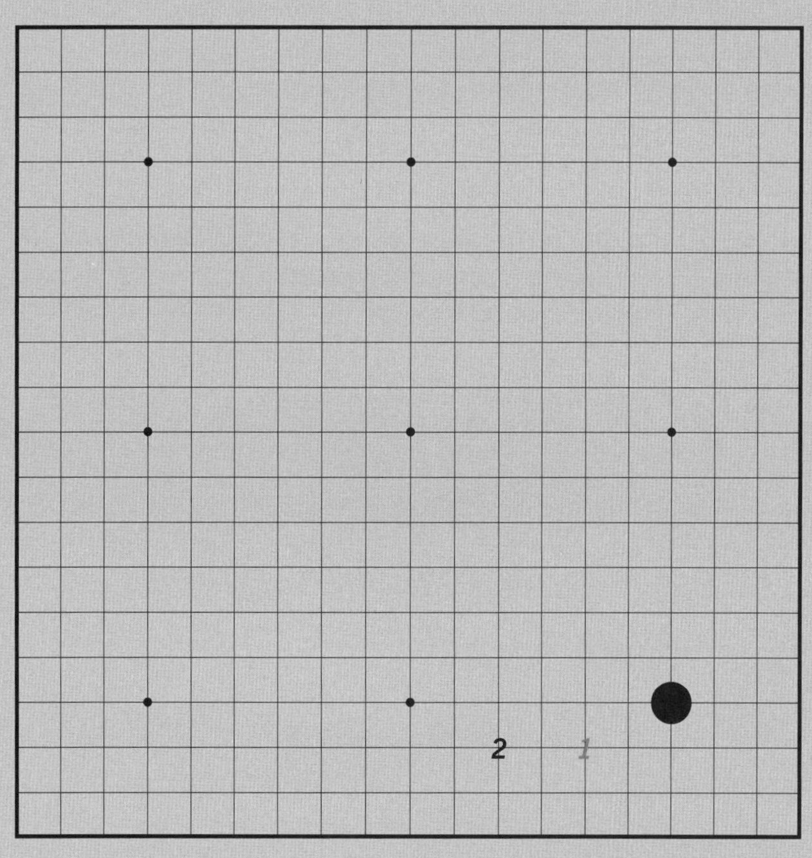

한 칸 낮은 협공

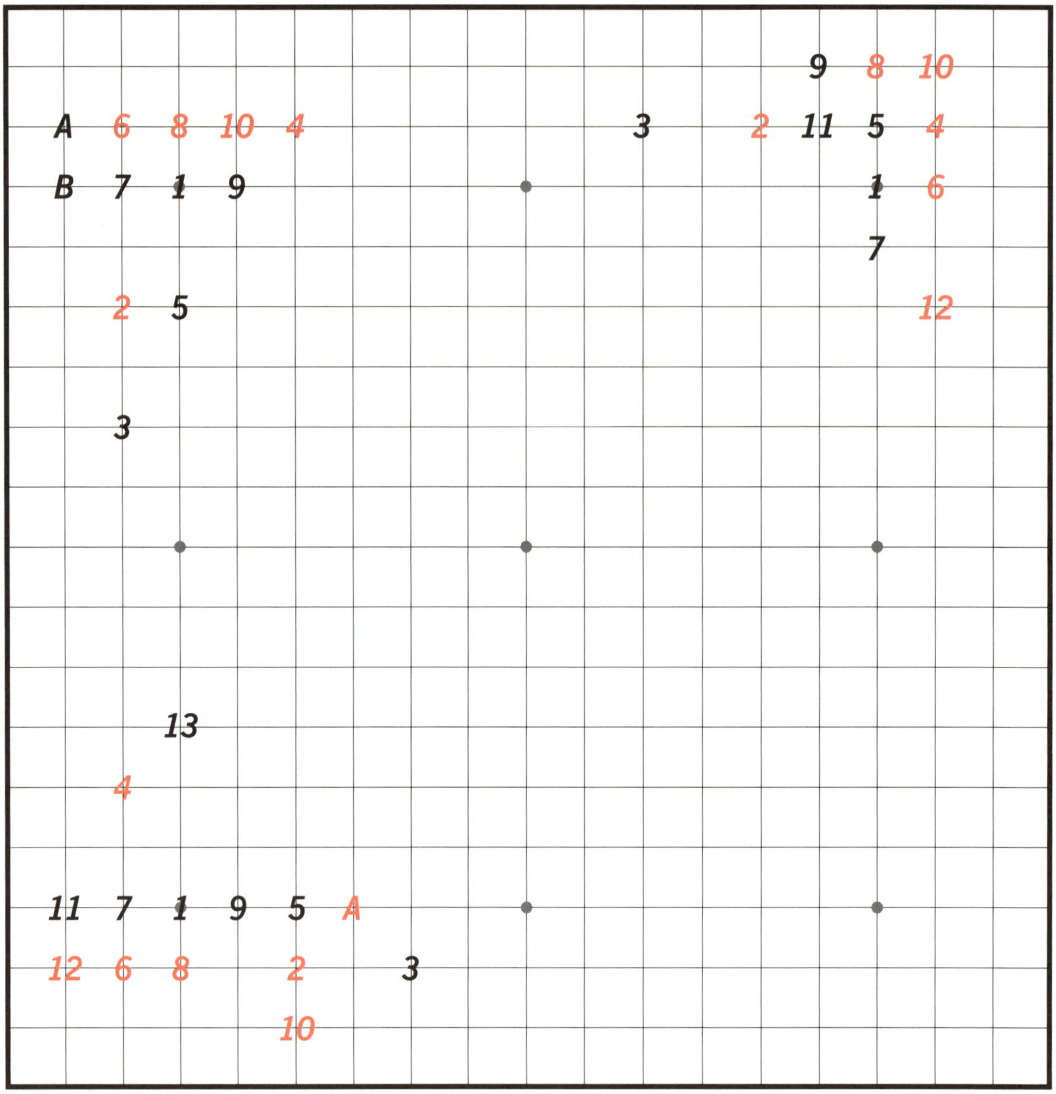

10은 흑A, 흑B일 때 손 빼는 것도 가능.

3의 협공에 손쉬운 대처법. 추천!

13은 A를 견제하는 수법.

한 칸 낮은 협공

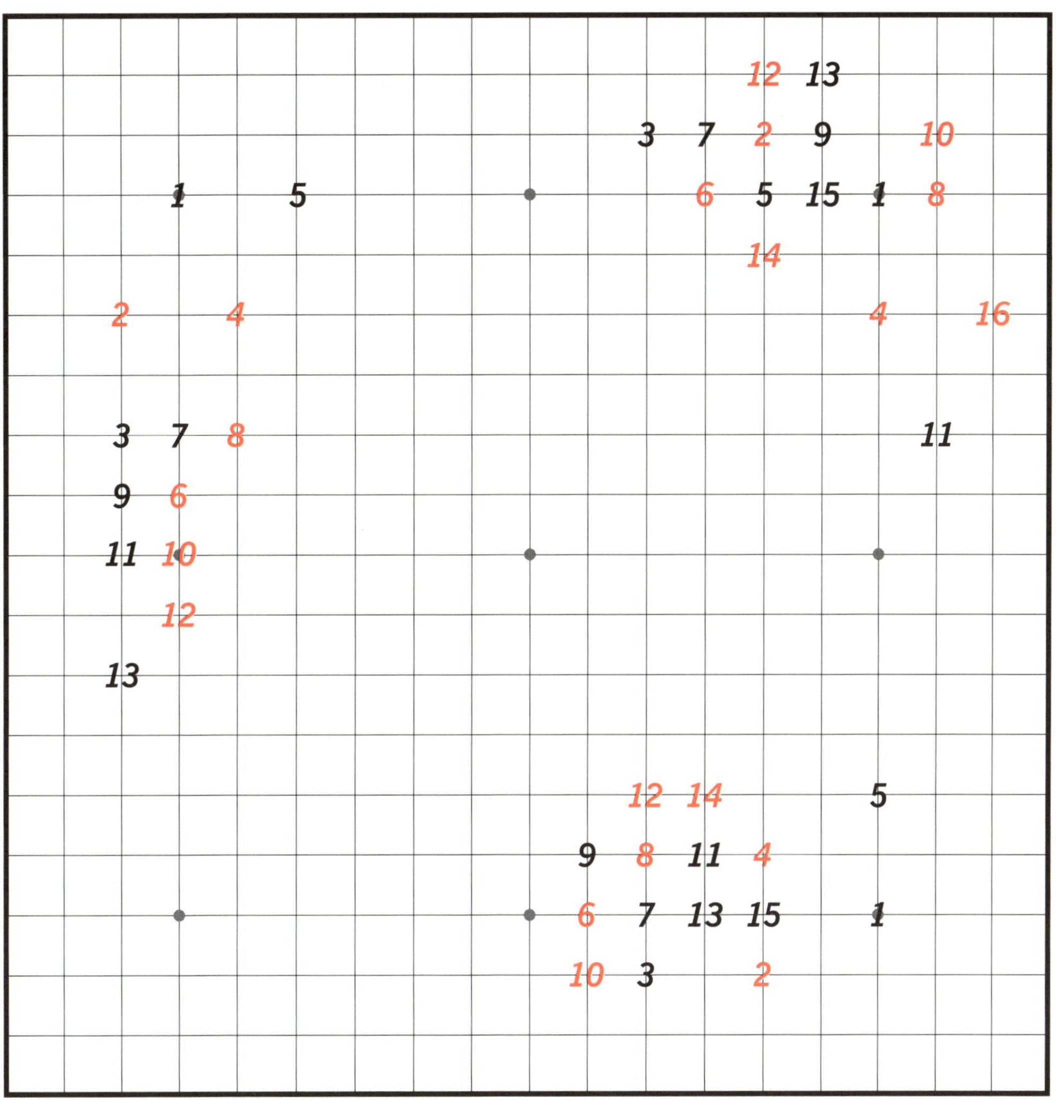

흑 이창호 vs 구리 백

한중일통합명인전 | 2010년 7월

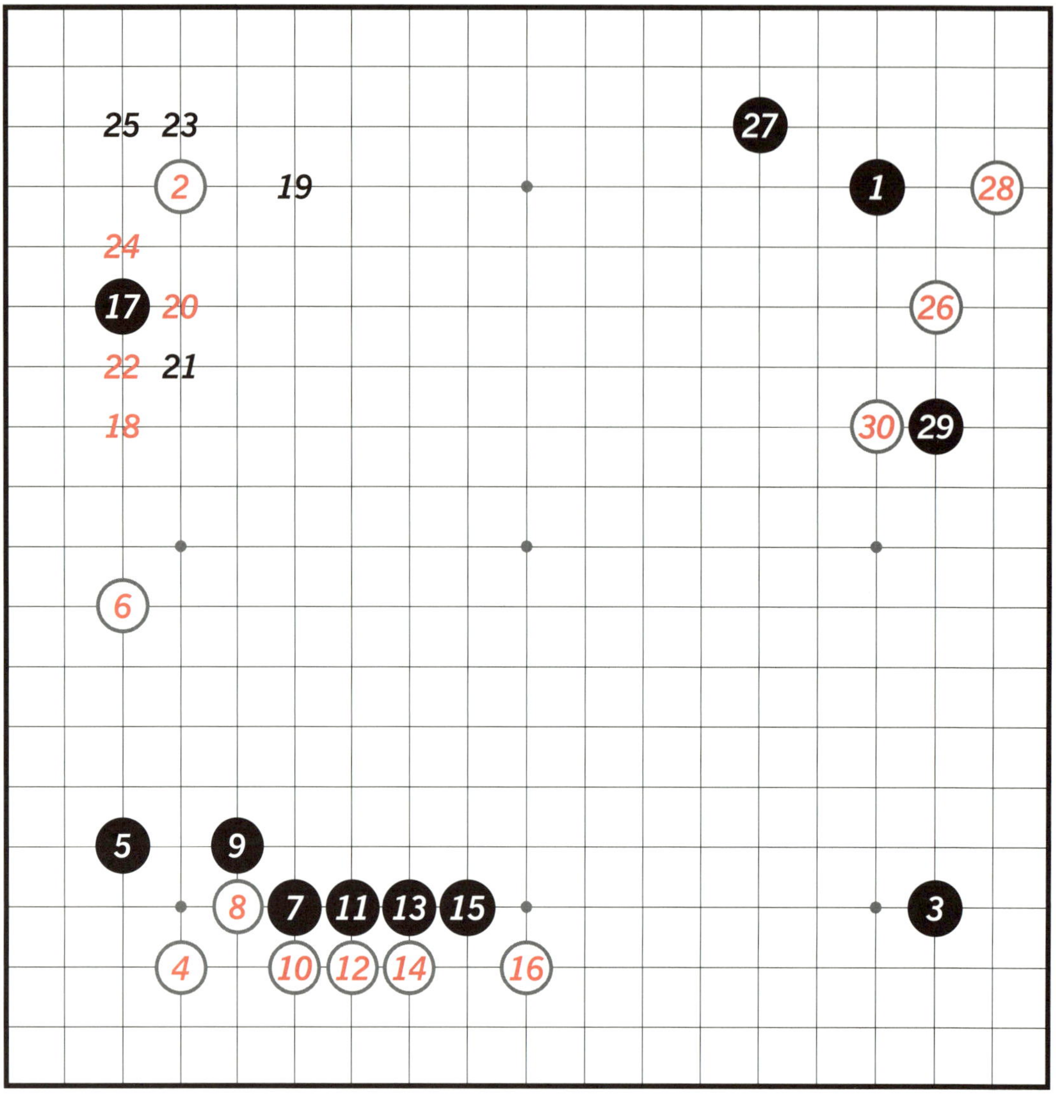

코멘트 좌하 6 협공은 중국 기사들이 즐겨 쓰는 수법.

메모

⚫ 조훈현 vs 조치훈 ⚪백

LG배 16강 | 1996년 6월

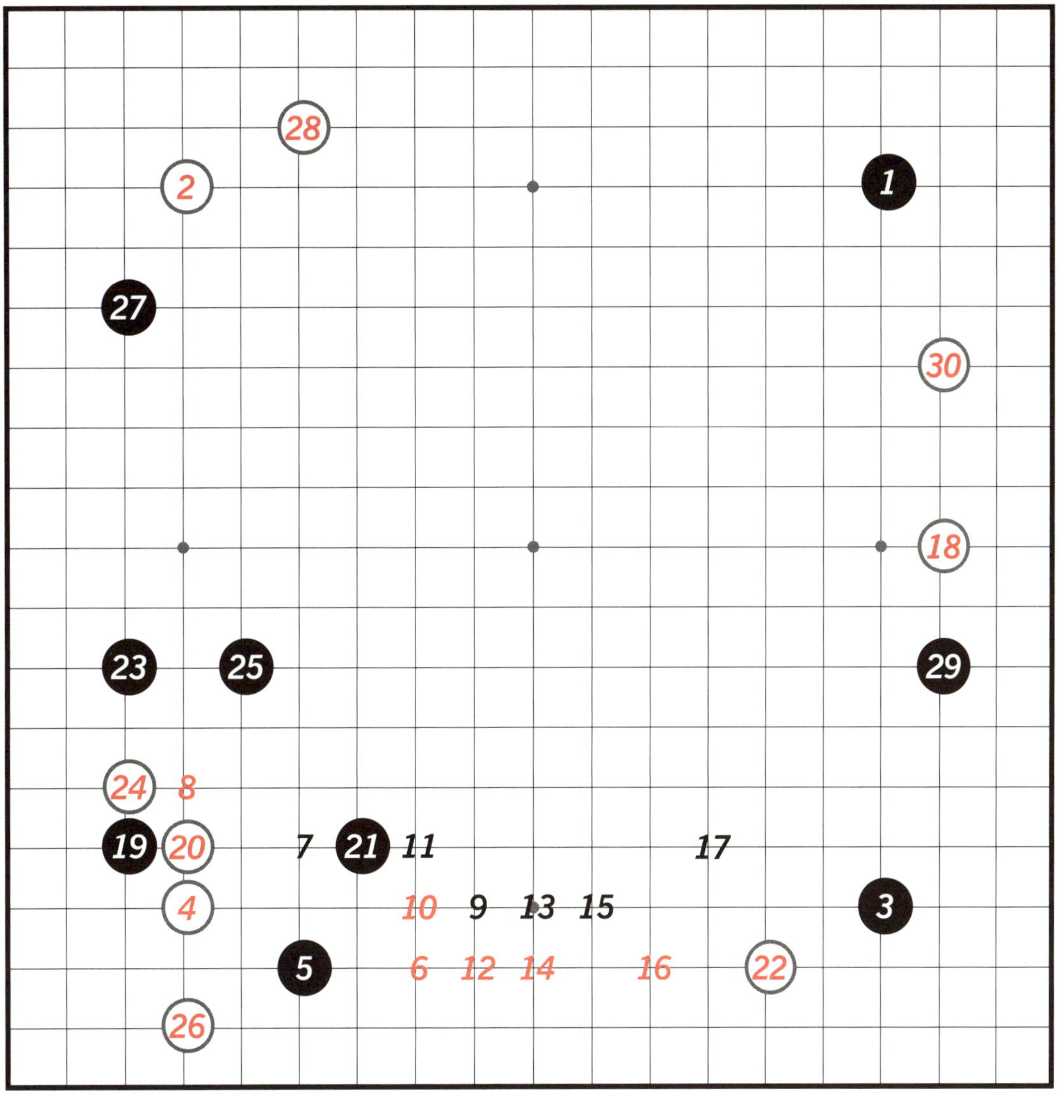

코멘트 제한시간 3시간. 50수 이전에 한 수에 2시간 이상 소비해서 더 유명한 바둑.

메모

SK엔크린배 명인전 본선25국 | 2003년 9월

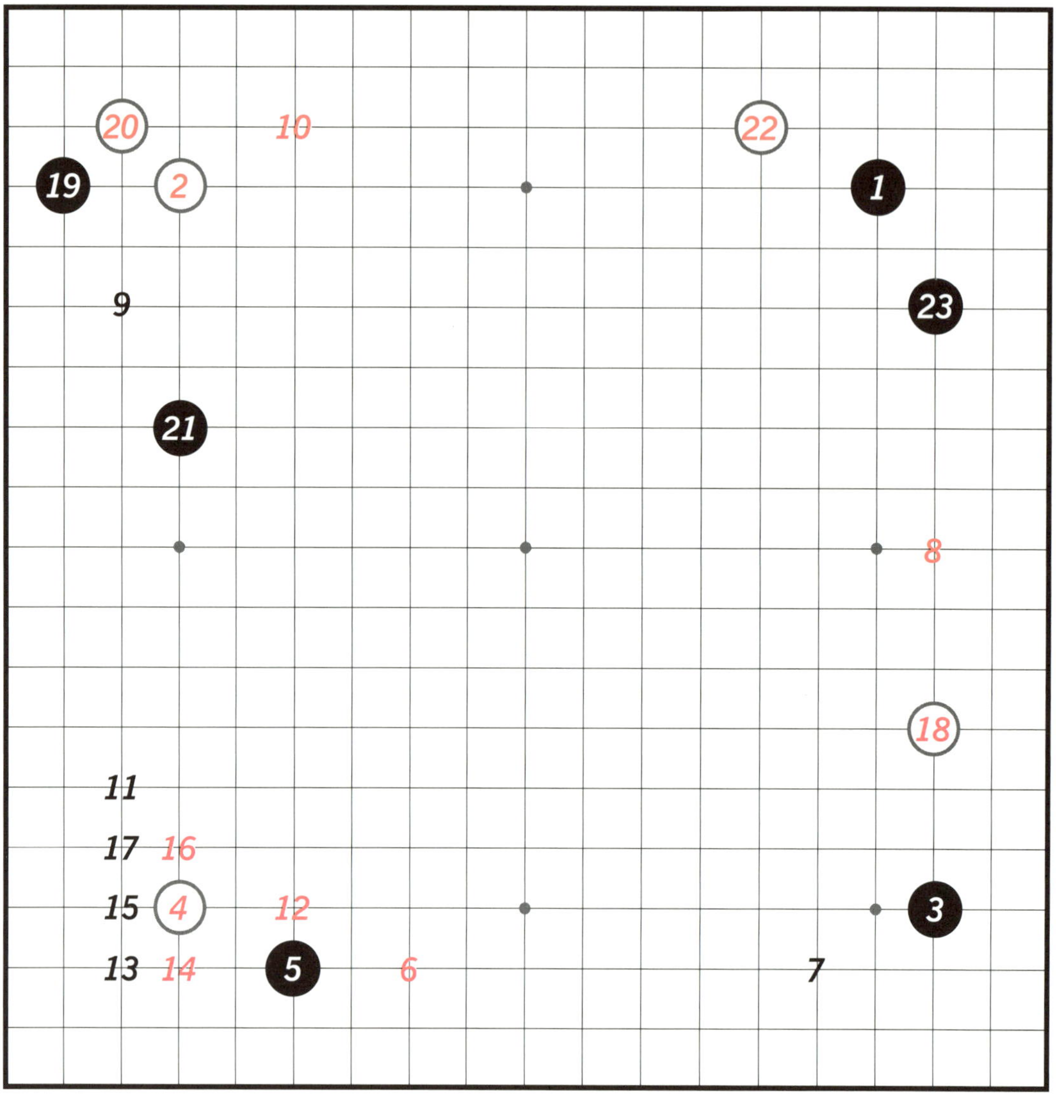

⚫ 흑 이세돌 vs 최철한 ⚪ 백

중환배 결승 단판승부 | 2005년 8월

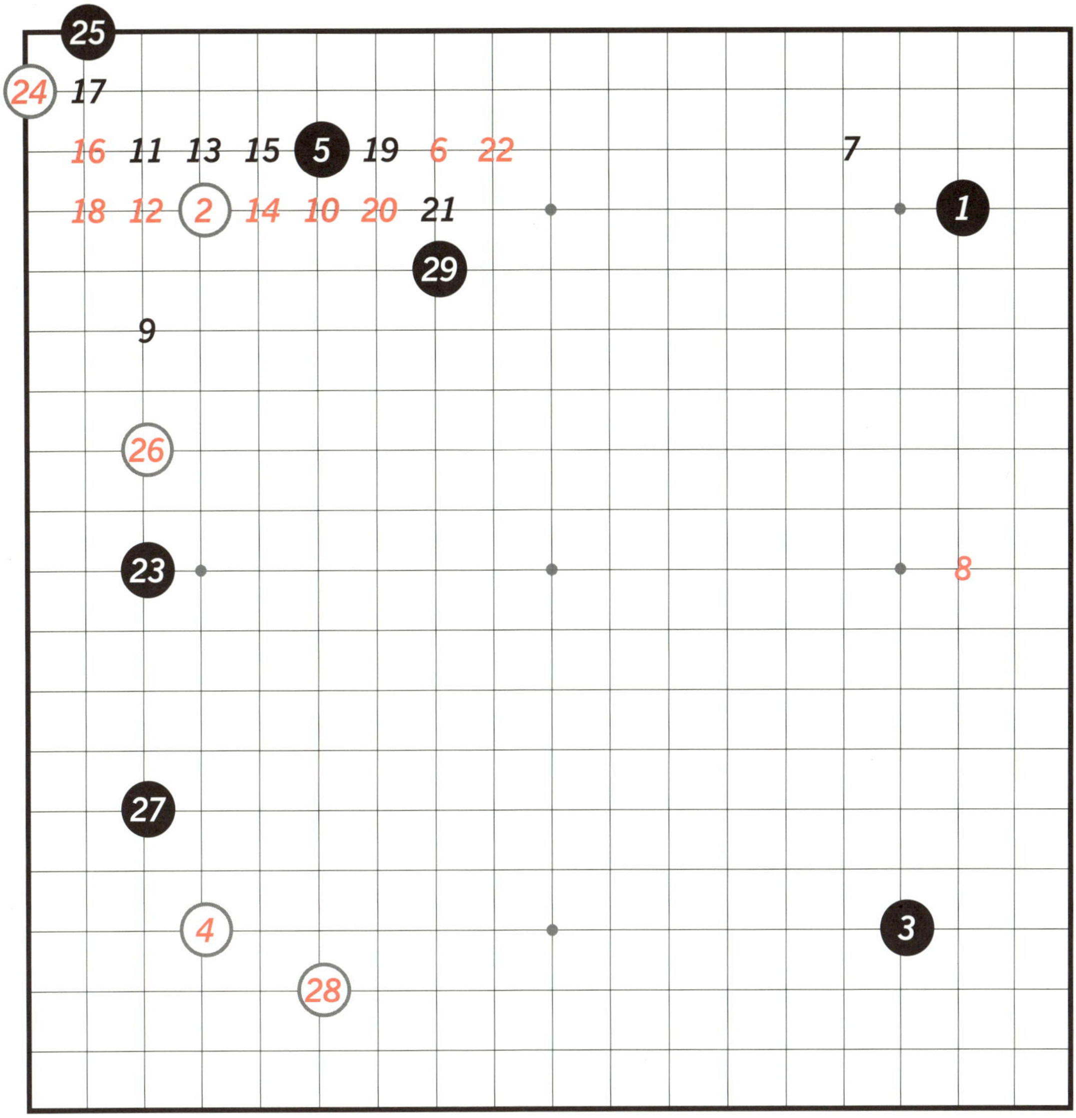

코멘트   최철한 첫 세계대회 우승 대국!

메모

흑 목진석 vs 조훈현 백

왕위전 본선리그 | 1997년 6월

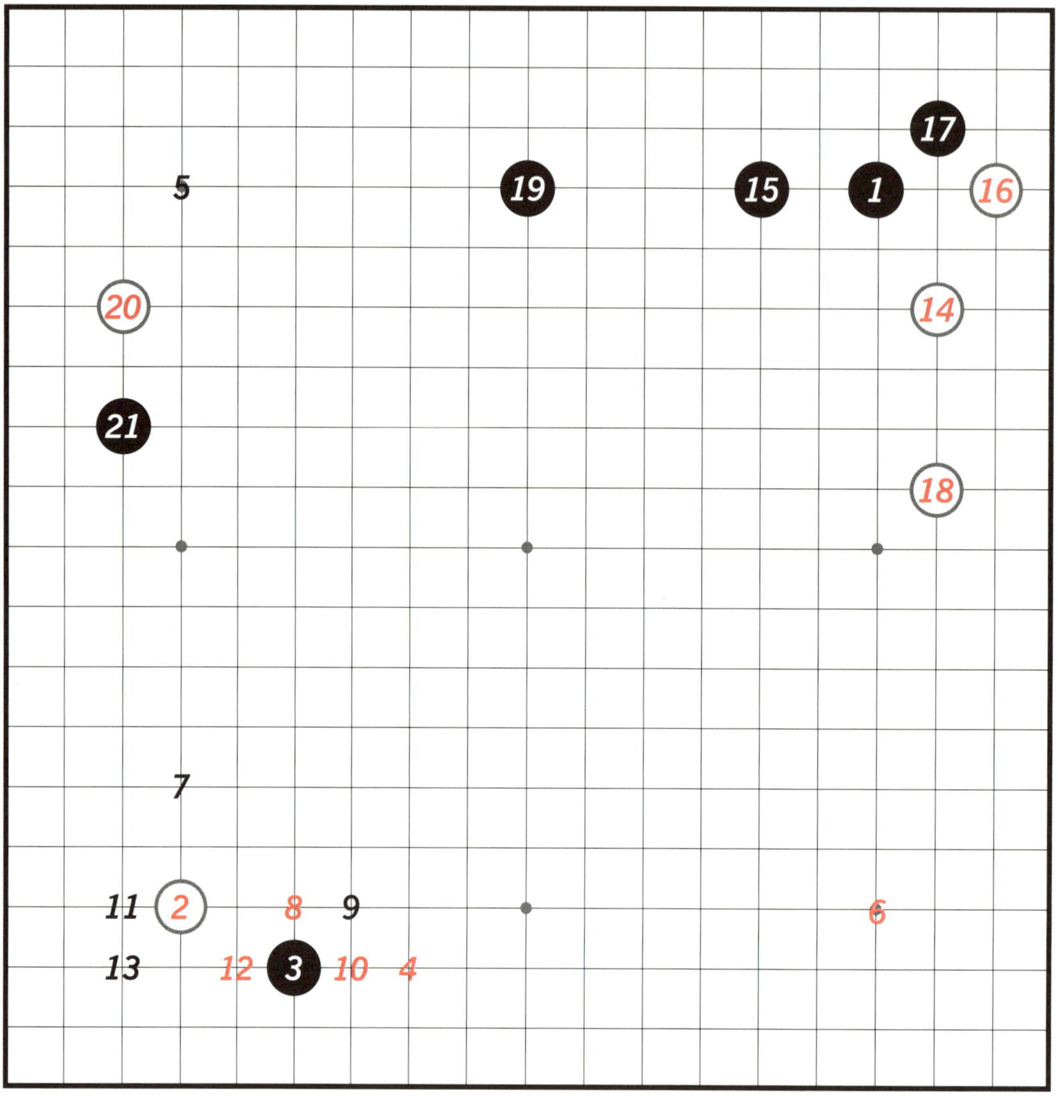

코멘트 흑3으로 먼저 걸치는 게 당시 유행.

메모

흑 박정상 vs 이세돌 백

KB국민은행 한국바둑리그 | 2006년 6월

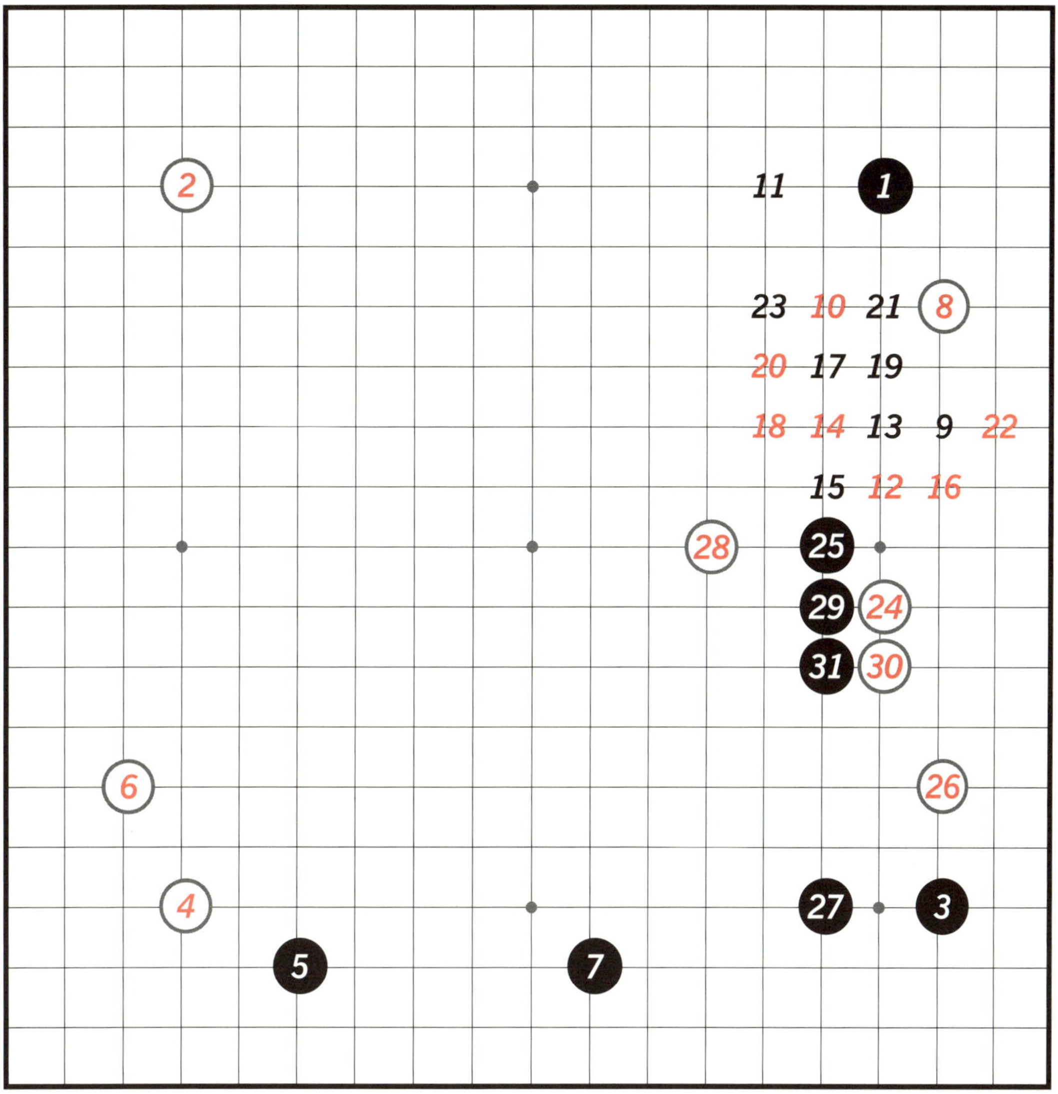

코멘트   13, 15로 급전. 축 유리해야 가능한 수.

메모

김지석, 강동윤 그리고 박정환

세 기사의 공통점은 무엇일까요?

젊은? 한국 톱 랭커? 권갑룡 도장 출신? 모두 맞는 말입니다만, 무엇보다 제 제자 같은 녀석들입니다.

지석이를 처음 본 것은 2000년입니다. 광주의 신동이 조국수님 댁에 들어갈 뻔 했다가 나왔다고 했죠. 딱 봐도 천재였습니다. 지석와 동윤이는 동갑인데, 이미 실력은 입단을 하고도 남을 정도였습니다. 동윤이가 입단 전에 10초 바둑 두면서 알밤 때리기를 했다면, 지석이는 입단 전에 공식적으로 스승님의 지시로 바둑을 둬주며 스파링을 했었죠. 그리고 2005년 말에 행현연구실(최철한, 윤준상, 김주호, 이용수, 최원용, 박승철이 모여서 만든 연구실. 김성룡 9단이 관리하며 도와주심)을 내고, 원성진, 박정상 등을 영입했습니다. 물론 지석이도 불러서 같이 공부했죠. 그 전까지는 수읽기는 엄청 강한데 전체를 보는 눈이나, 끝내기, 승리에 대한 집념 등이 약했습니다. 그 이후로 급성장해 지금은 랭킹 2위입니다. 2012년 24세에 결혼, 벌써 3년차네요. 얼굴도 잘생겼고, 바둑도 잘 두고, 일본어도 수준급이라 일본 여자 기사들한테 인기가 엄청났었죠.

동윤이는 생각보다 더 크지 못한 경우라고 할 수 있어요. 입단 초기부터 두각을 나타냈고, 특히 이창호 9단에게 강해서 안티팬이 좀 있었고요. 2009년에는 후지쯔배 세계대회에서 우승하면서 엄청난 기대를 받았었는데, 그 이후는 두각을 나타내지 못했습니다. 국내 대회 몇 번 우승, 바둑리그 MVP 등 성적은 있지만, 기대에는 못 미치죠. 어려서부터 승부를 하다 보니 좀 지친 면도 있습니다. 조한승 9단 같은 경우는 반대죠. 공부하는 모습을 거의 못 봤지만 늦게 군대 다녀오고, 바둑의 질이 좋고 기본기가 강합니다. 결론은 꾸준히 정진하는 게 가장 중요하네요.

정환이는 나이 차이가 좀 많이 나서 도장에서는 그냥 왔다 갔다 하면서 보는 정도입니다. 백홍석 9단이 많이 데리고 스파링을 했었죠. 입단 후 행현연구실에 오게 돼서 저와 같이 1년간 매일 공부했습니다. 현재는 중국 바둑세에 유일하게 버티는 한국의 희망이죠. 뛰어난 재주에 노력까지 겸비한 박정환을 많이 응원해 주시기 바랍니다.

한 칸 높은 협공

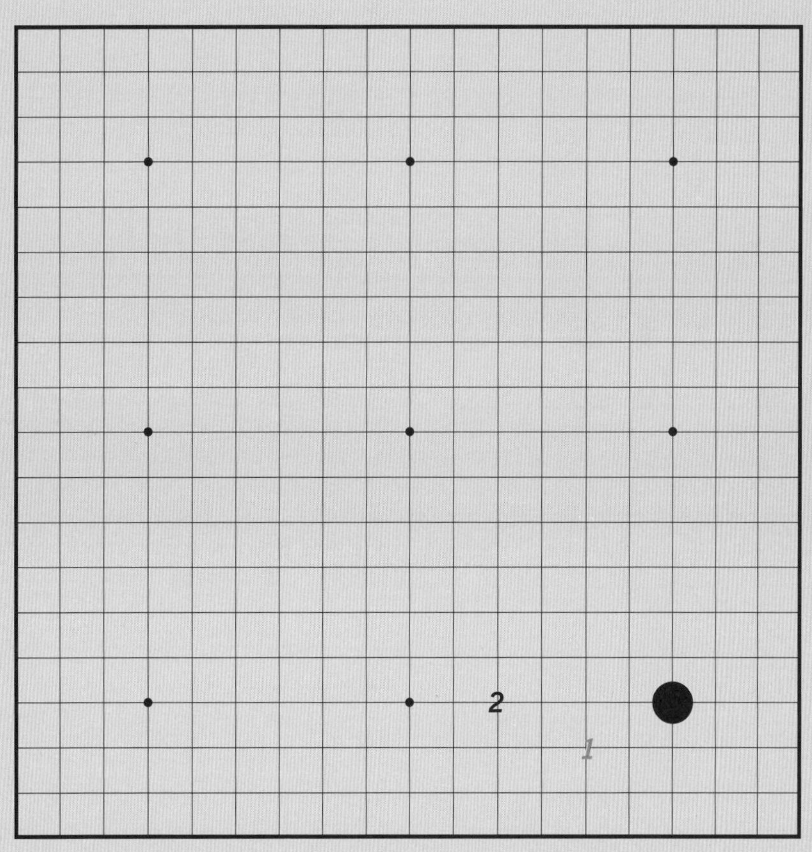

한 칸 높은 협공

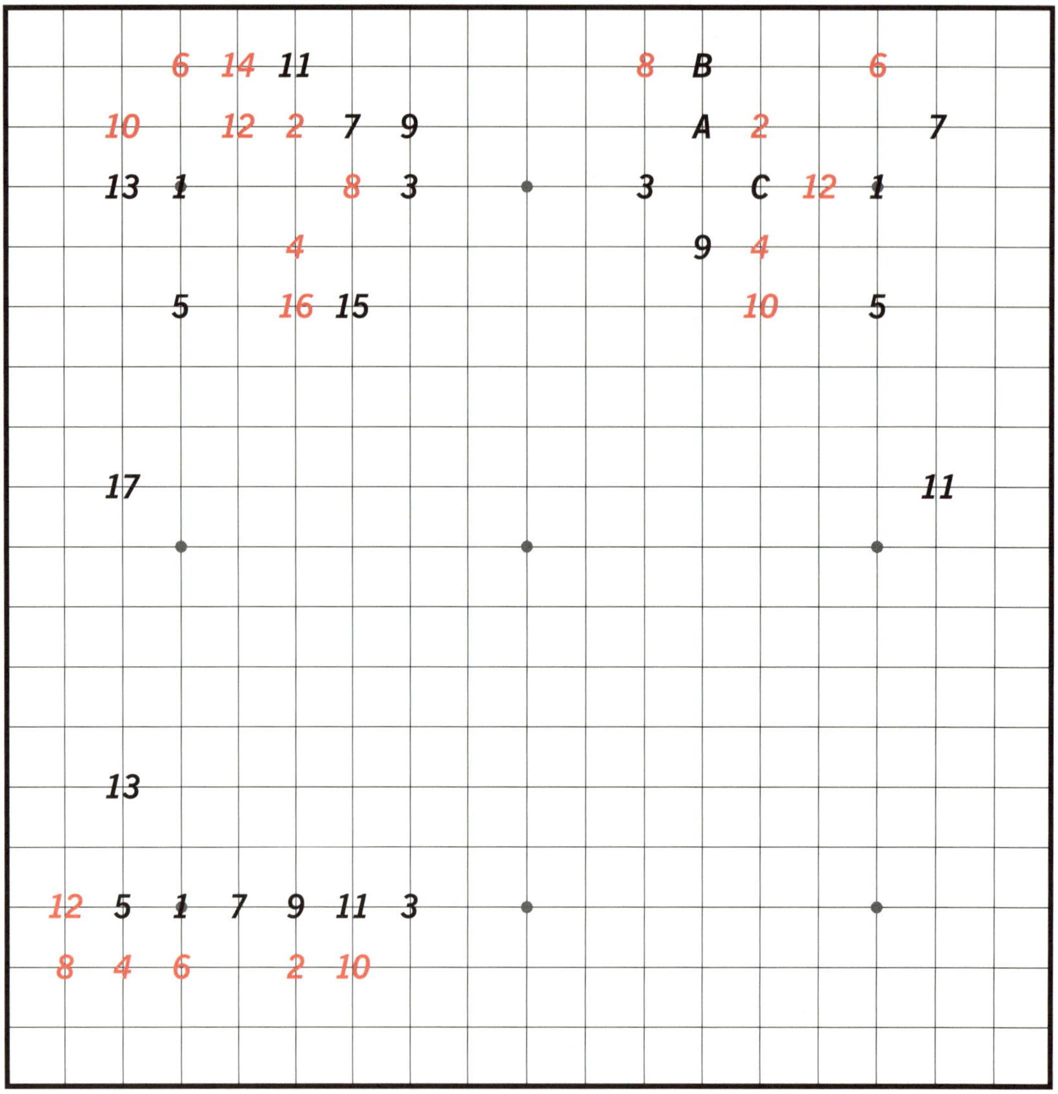

12를 생략하면 패맛 부담.

극단적인 실리 대 세력.

흑 이창호 vs 유창혁 백

국수전 도전자결정전 2국 | 2004년 12월

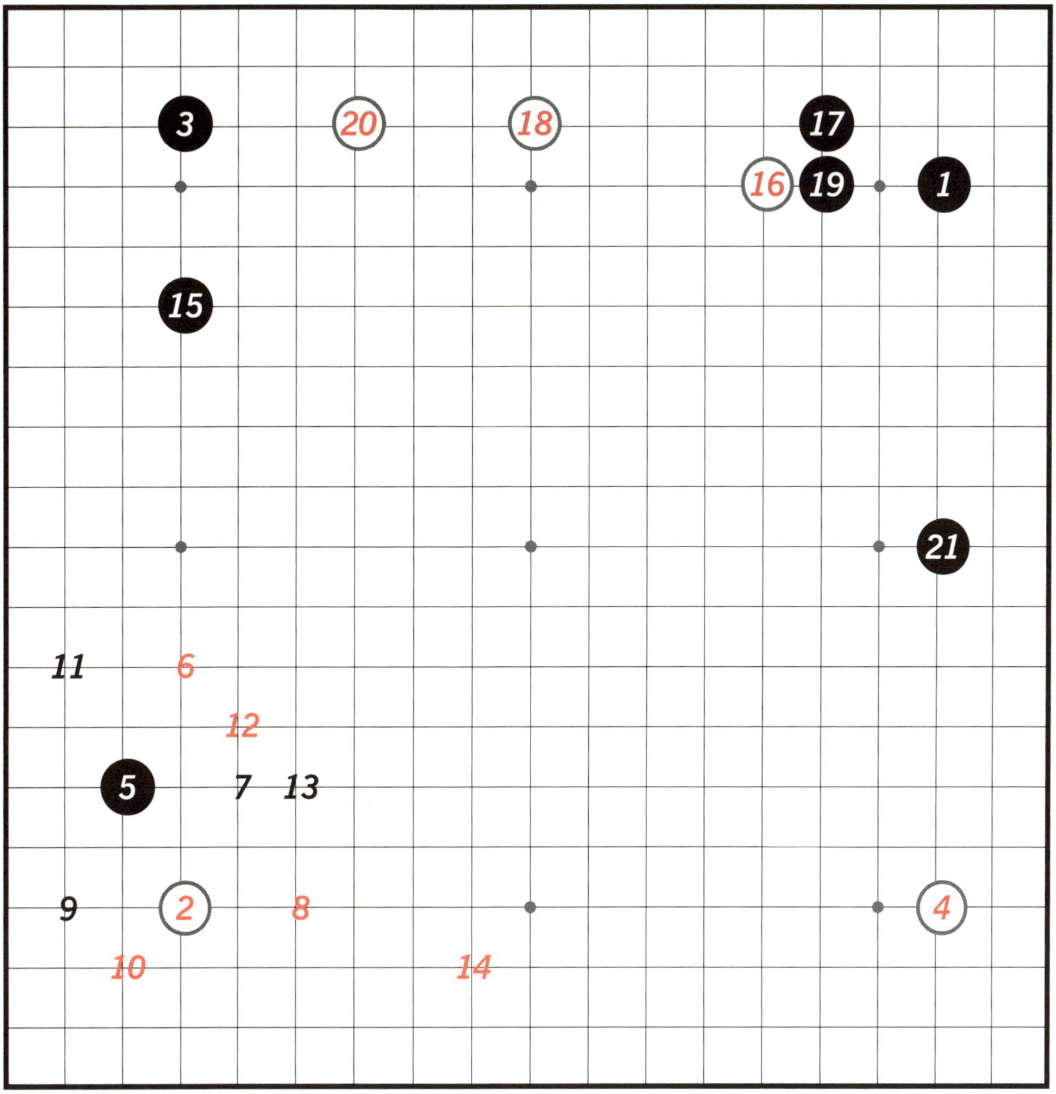

코멘트 흑15는 배석에 따른 수법.

메모

⚫ 흑 변상일 vs 이희성 ⚪ 백

KB바둑리그 | 2013년 11월

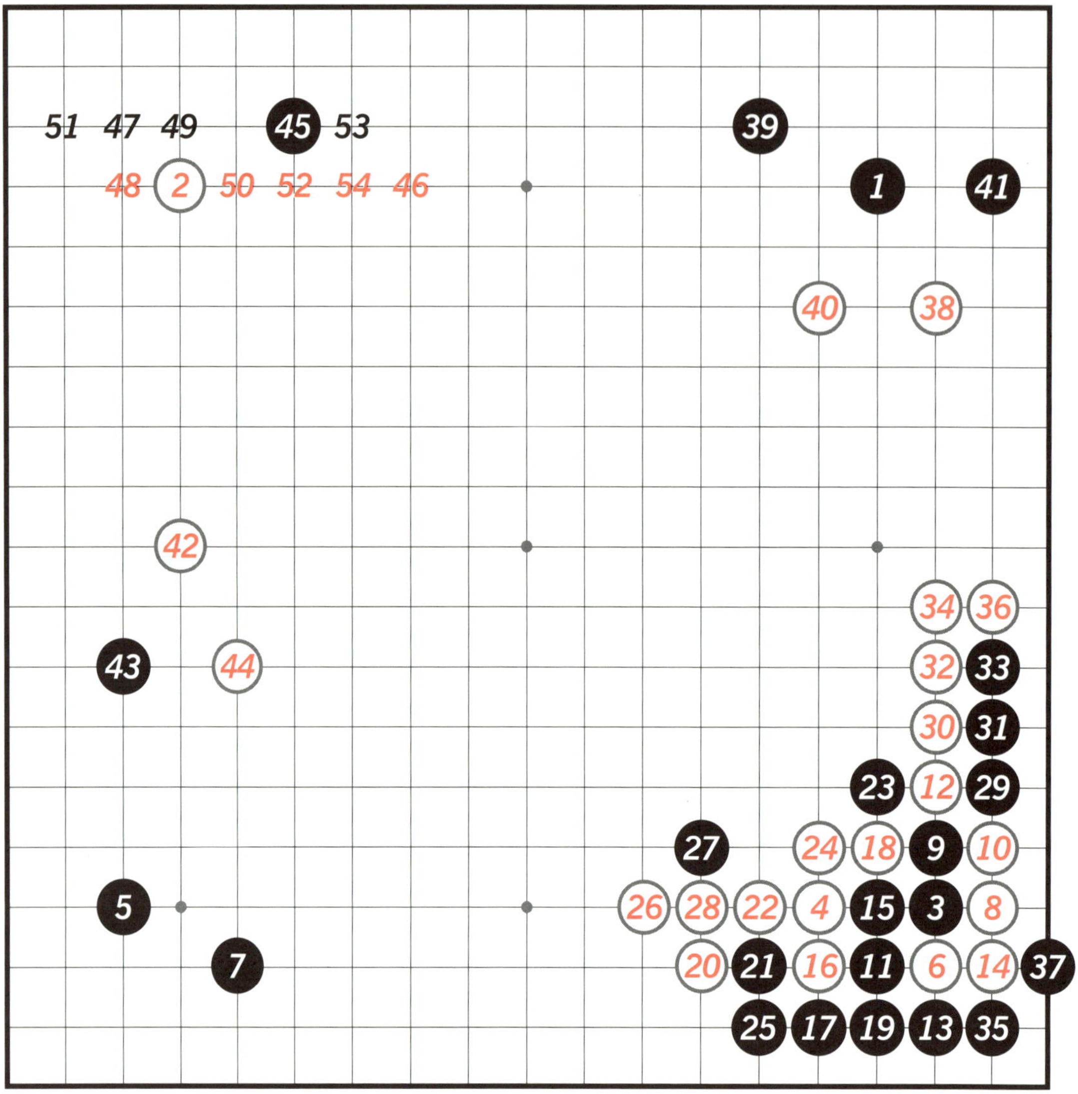

코멘트 우하 정석이 좋은 공부 재료.

메모

이성재 9단과의 인터뷰

한중 대전

박승철 요즘 중국에 많이 지고 있어요. 왜 이럴까요?

이성재 우리가 그동안 너무 이긴 면도 있어. 그렇다고 중국이 한참 아래는 아니었잖아. 이창호, 이세돌이 초인적으로 이겨준 게 크지.

박승철 우리 랭킹 10위 정도와 중국 랭킹 10위 정도까지는 비슷해 보여요. 중국리그 성적이나 단체전 성적 보면 우리가 절대 밀리지 않거든요. 문제는 그 밑에 중간층에서 많이 밀려요. 우리 랭킹 10~20위 정도 수준의 기사는 중국에 30여 명 있어요. 한국 랭킹 30위 기사가 중국 상위 랭커에게 거의 못 이기죠. 다섯 판에 한 판 정도 이기려나. 근데 중국 랭킹 30, 40위 정도가 한국 상위 랭커한테는 세 판에 한 판은 이기거든요.

이성재 그러네. 통합 예선에서 수적으로 밀리고, 한 칼 한 칼 맞다보면 4강쯤 가면 확률 상 1명 남기 쉽지 않겠군. 그렇다고 예전처럼 유럽 1명, 미주 1명, 한국 몇 장, 중국 몇 장, 일본 몇 장, 이런 식으로 초청전 할 수도 없는 거고.

박승철 또 하나는 젊은 피 수혈이죠. 요즘 신예들은 장고바둑을 둘 기회가 없어요. 입단 대회도 1시간, 바둑리그는 초 초 초 초속기. 상비군에서 연습을 하긴 하지만 이제 시작이라 경험이 부족해요.

이성재 상비군은 잘 돼가나? 중국처럼 강제로 훈련시킬 수 없을 것 같은데?

박승철 중국은 국가팀 생긴 지 40년 정도 됐어요. 중국 기원에 기숙사가 있어서 합숙훈련이 가능해요. 아침에 모여서 운동하고, 훈련 시작하는데 우리는 오전 9시에 모이기도 벅차요. 상위 랭커들도 자율 참여라 쉽지 않고…….

이성재 강의 나가면 질문을 많이 받아. 왜 이리 중국에 지냐고. 하지만 나는 한국 바둑계의 저력을 믿어. 현재 세계 랭킹 톱 10 중에 우리가 4명이야. 물론 앞으로가 더 문제겠지만, 역사적으로도 우리가 언제 중국에 수적으로 우위 이런 거 있었나? 무슨무슨 대첩 같은 거 보면 소수의 영웅이 이끈 거지. 병력 우위 이런 게 아니었거든. 난 오히려 이렇게 말하지. 팬들의 응원이 적어서 진 거라고. 더 큰 응원과 관심 부탁한다고.

중국리그를 아시나요?

이세돌 중국리그 19연승
최철한 작년 중국리그 수입만 2억 원 육박
이세돌 10:0 계약

중국리그에서 한국 최고의 기사들이 활약하는 뉴스를 자주 볼 수 있습니다. 기분 좋은 일입니다.

중국리그는 1997년 시작했습니다. 한국리그보다 약 6년 빠릅니다. 제도적으로도 배울 게 많습니다. 프로야구처럼 소속팀이 분명하고, 대국료 외에 월급이나 퇴직금 제도, 임대 시장의 활성화, 제한시간(세계대회를 준비하는), 홈&어웨이 제도 등 한국리그가 앞으로 가야 할 방향입니다.

2001년 중국리그는 용병 제도를 도입합니다. 유창혁, 목진석, 김영환 그리고 박승철이 갑조리그에 첫 출전했습니다. 녜웨이핑 9단 팀에서 용병을 찾는데, 저의 사문인 권갑룡 도장에 문의를 했죠, 이세돌, 최철한, 원성진 등 많았거든요. 하지만 무슨 연유인지 스승님은 저를 추천해주셨죠, 세계대회 16강이 경력의 전부인 저를요. 녜웨이핑 9단도 수락, 모험을 하신 셈이죠. 구이저우(貴州) 위시, 우리말로 구이저우 위성TV 정도네요. 녜웨이핑 9단, 현금 트레이드로 잡은 왕위후이 7단, 녜웨이핑 도장의 신예프로 3명, 그리고 저 이렇게가 한 팀이 되었습니다.

첫해는 대박이었죠, 장문동, 뤄시허, 씨에허 등 연파하고 6승 1패로 시즌 시작했습니다. 구리한테 졌지만, 바로 콩지에를 이기는 등 성적이 좋았어요, 재계약에도 성공, 하지만 2002 시즌에는 성적 부진으로 재계약에 실패했습니다. 2004 시즌에는 권효진 남편으로 유명한 웨량과 같은 팀으로 갑조 복귀, 2006 시즌 을조리그 참가가 마지막이네요.

돌이켜보면 2001년부터 2006년까지가 제 바둑이 가장 강했을 시기네요. 덕분에 중국어도 어느 정도 하고, 중국 바둑계를 잘 알고 있습니다. 또 2013 시즌부터 K-바둑에서, 중국리그 프로그램을 맡아 해설도 하고 있습니다. 여하튼 중국리그에서처럼 세계대회에서도 우리나라 기사들이 좋은 성적을 냈으면 하는 바람입니다.

5장

두 칸 높은 협공

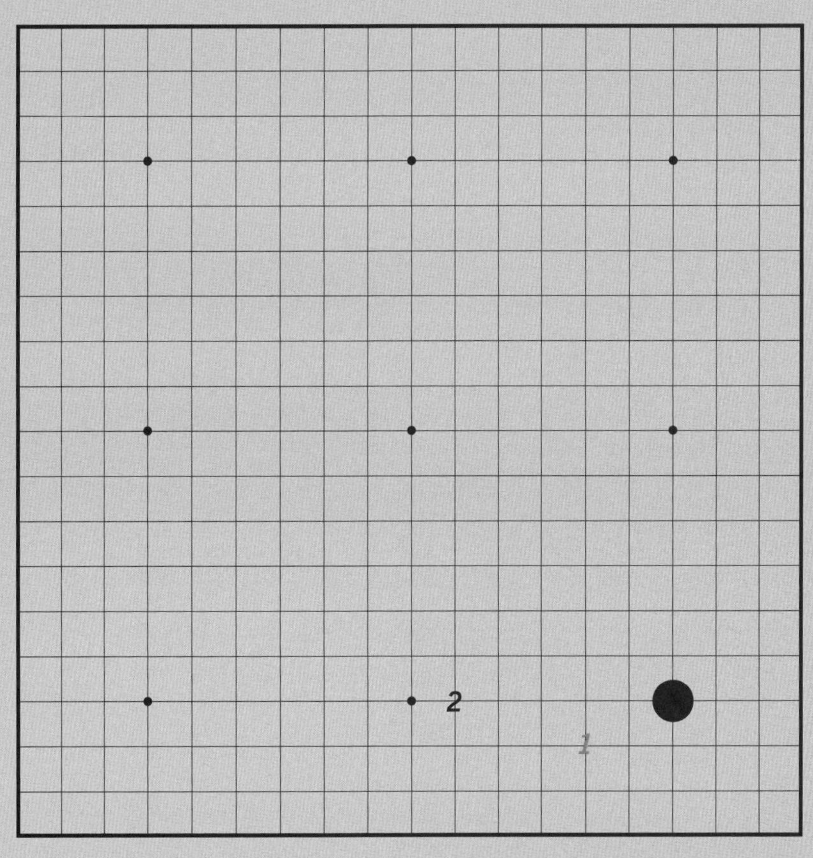

두 칸 높은 협공

정석

두 칸 높은 협공

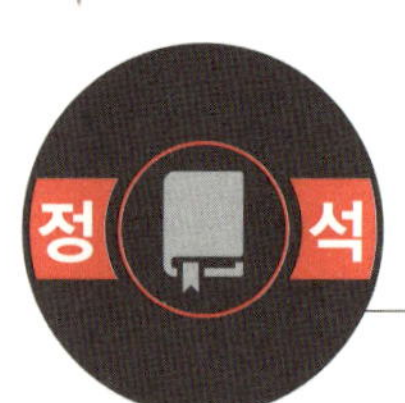

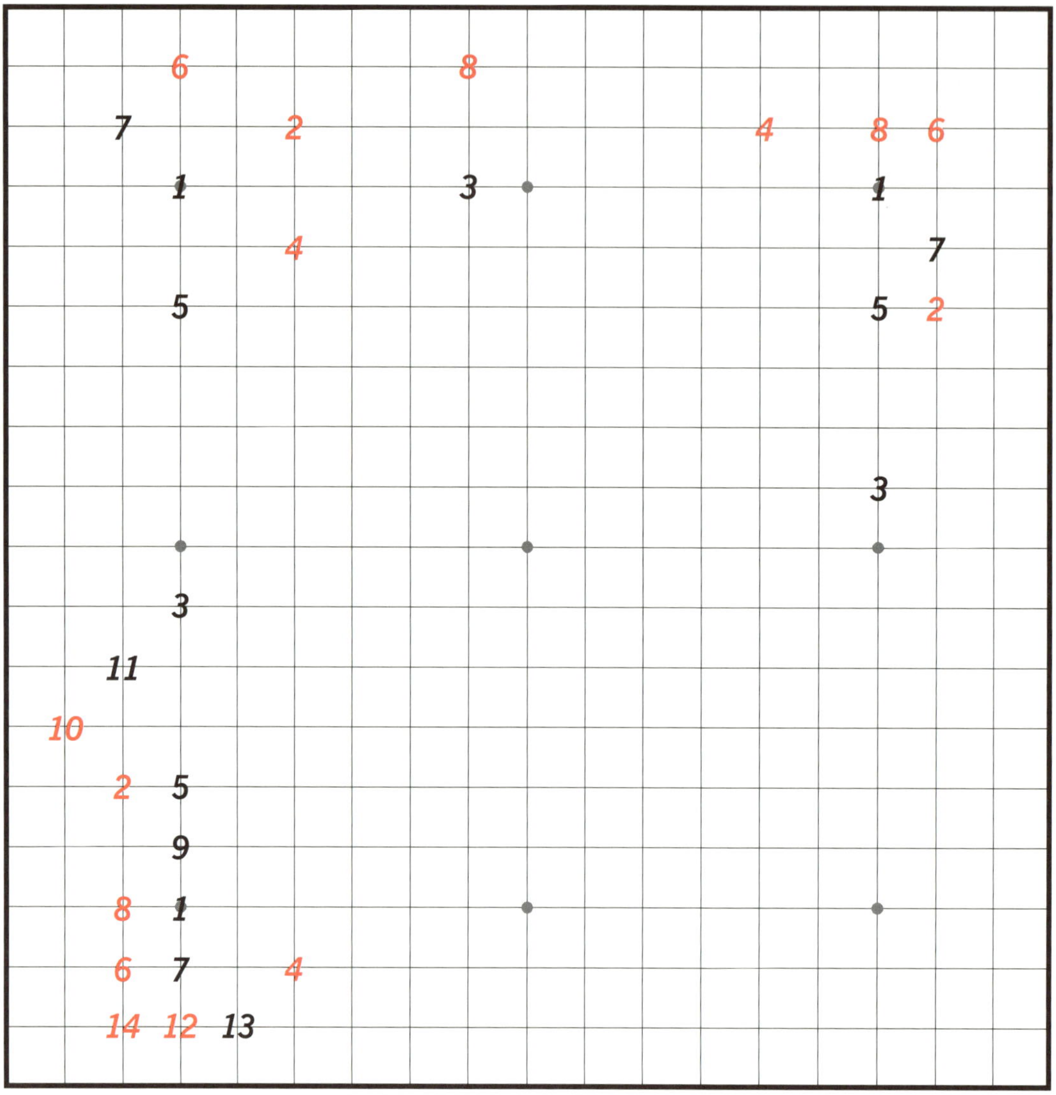

○ ○ ○ ○ ○ ○ ○ ○ ○ ○ ○ △ ×

4를 추천하기는 힘듦. 옳음.

간명.

배석에 따라 유력.

두 칸 높은 협공

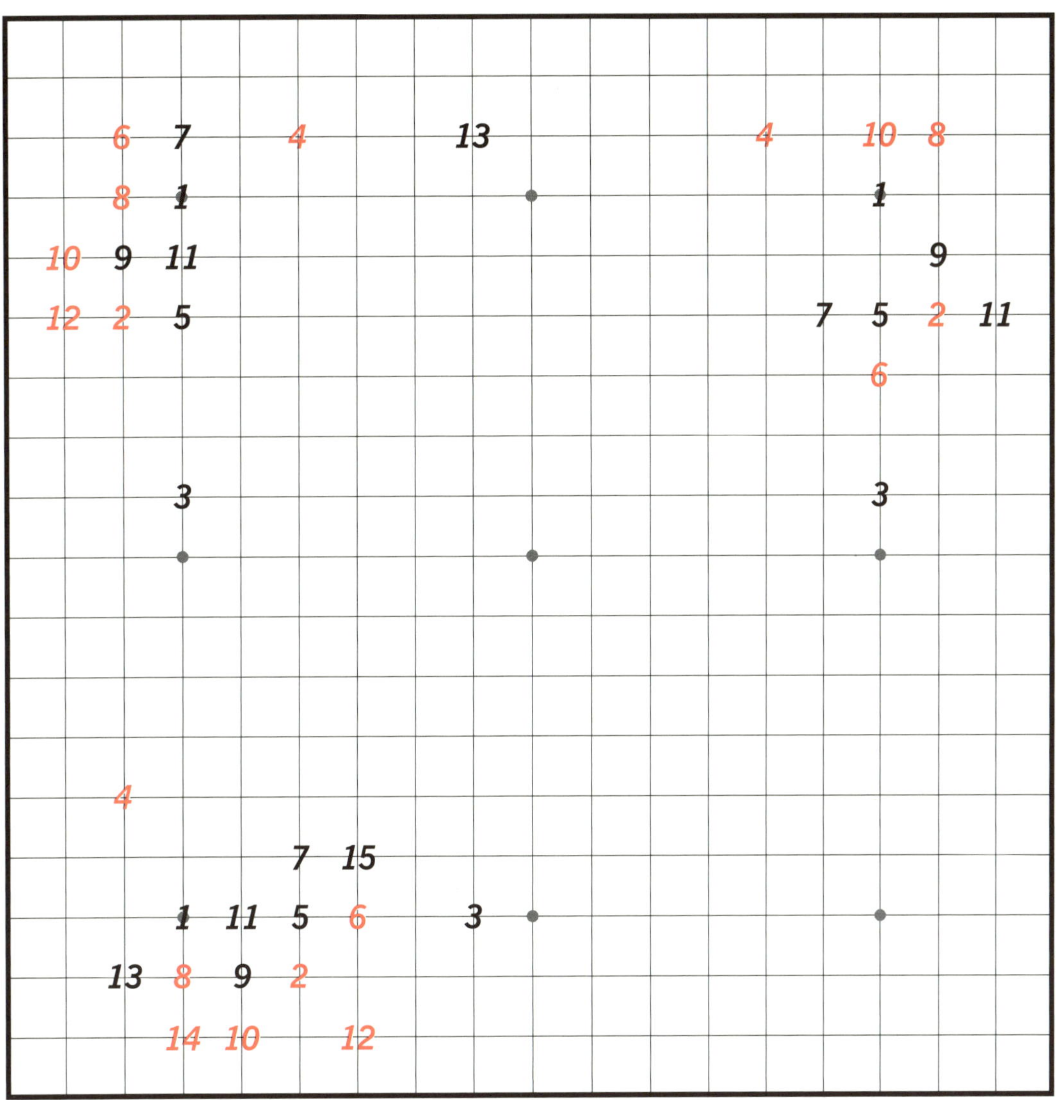

흑 안둥쉬 vs 박정환 백

중국갑조리그 14라운드 | 2013년 9월

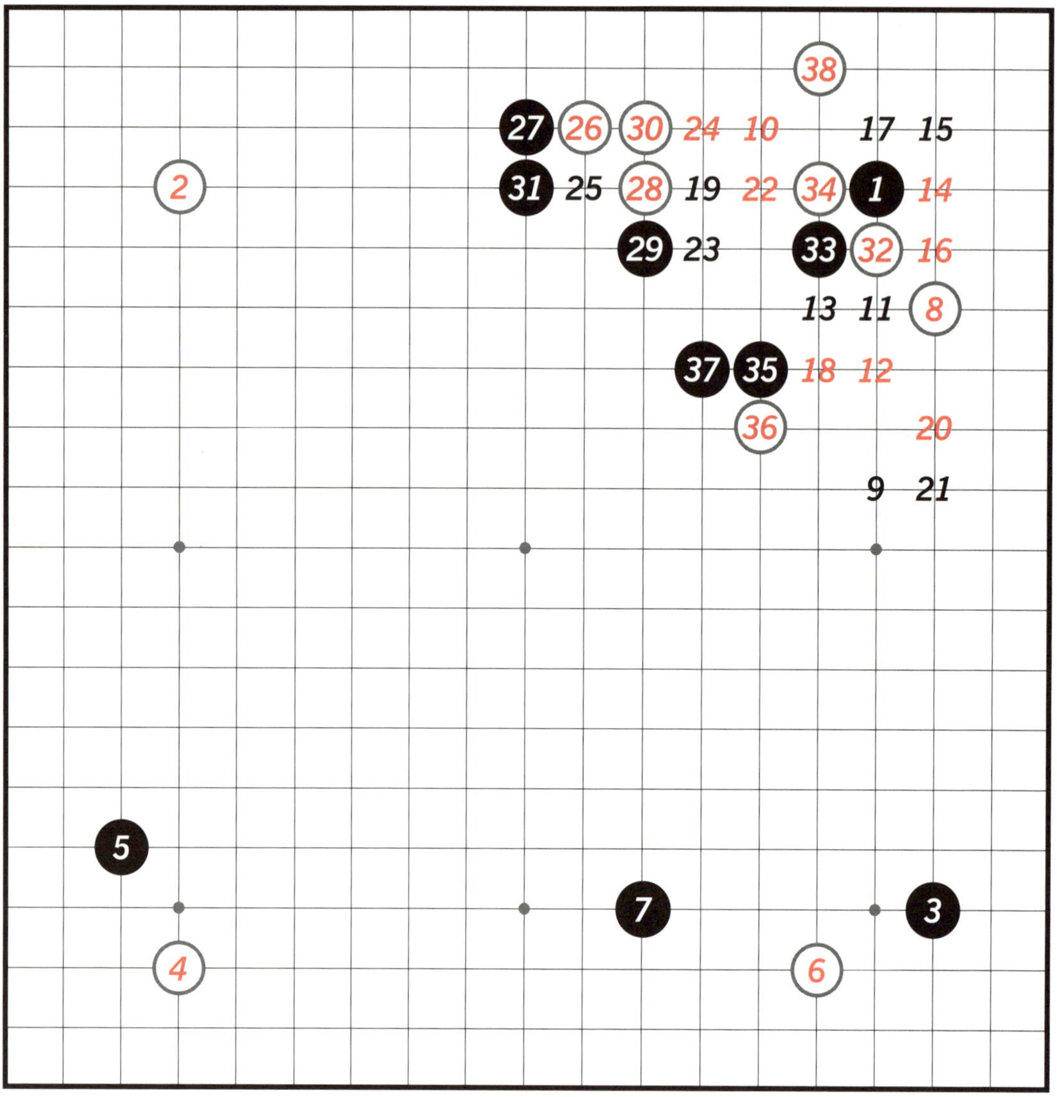

코멘트 중국리그 다롄(大連)팀 소속의 박정환 9단의 대국.

메모

⚫ 흑 이창호 vs 야마시타게이고 ⚪ 백

CSK배 2회전 | 2005년 5월

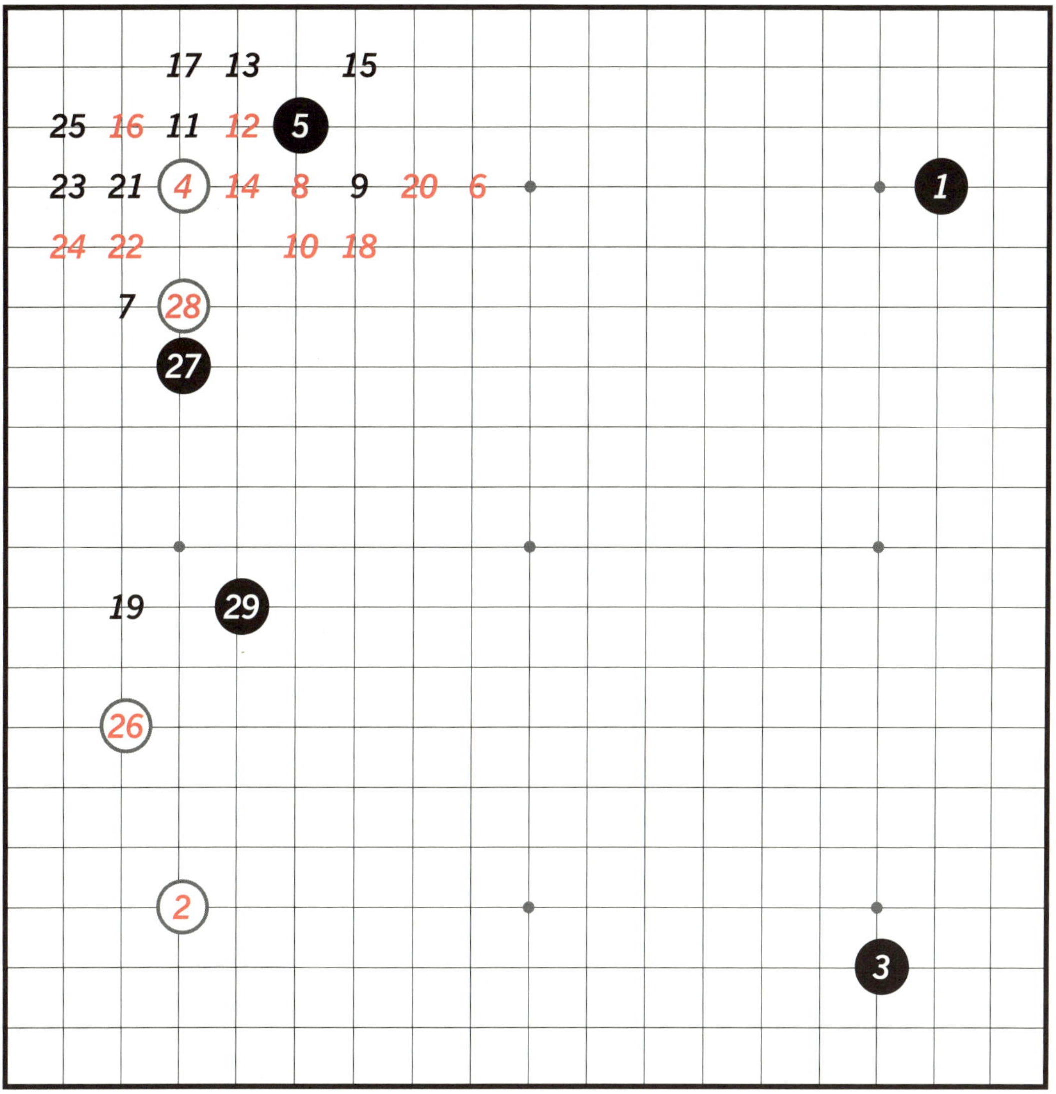

코멘트 백12, 14는 느린 느낌. 요즘에는 16 자리가 대세.

메모

흑 우광야 vs 이세돌 백

삼성화재배 준결승 2국 | 2013년 11월

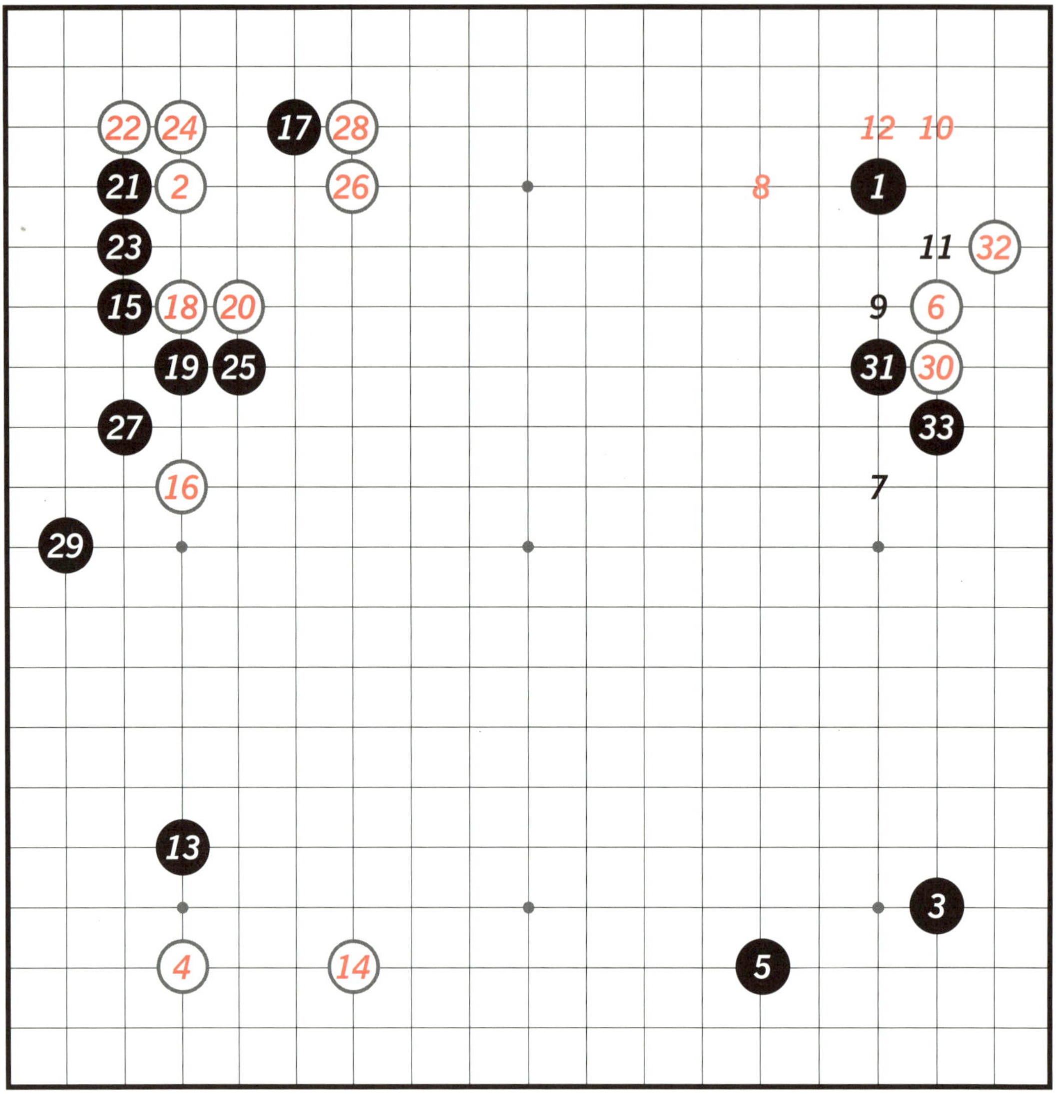

코멘트 좌상, 우상 두 개의 두 칸 협공 정석.

메모

⚫ 흑 이세돌 vs 박영훈 ⚪ 백

GS 칼텍스배 결승1국 | 2012년 4월

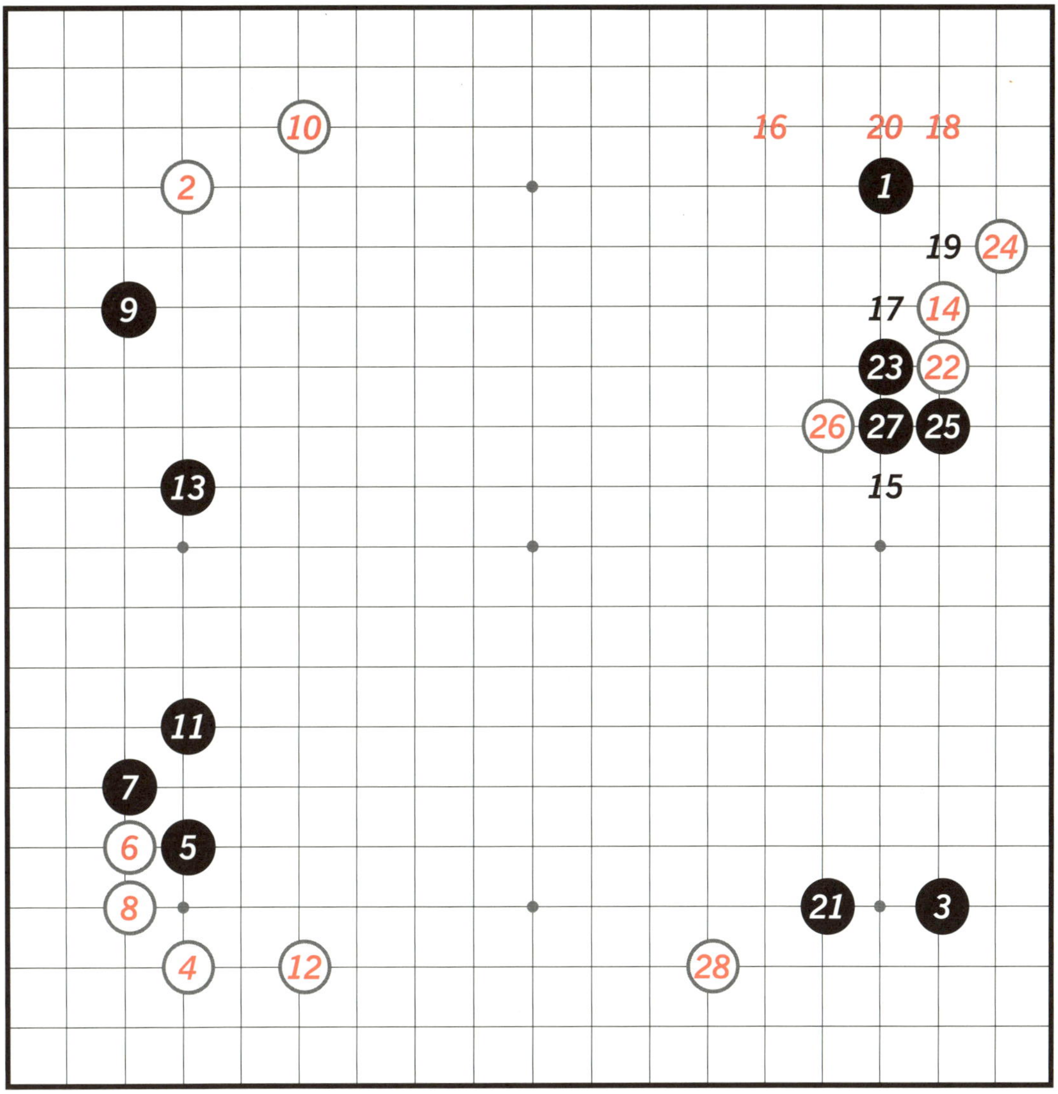

코멘트   9, 13이 요즘 유행하는 수법.

메모

독사 최철한 9단 추천 정석

기본 중의 기본-3·3 침입

박승철 철한아. 1999년인가 2000년인가, 너한테 물어 봤었지. 화점 걸침에 다른 기사들은 협공도 많이 했었는데 너는 무조건 노타임으로 받았었잖아. 기억나?

최철한 아! 그런 적 있다. 그때는 입단한 지 얼마 안 돼서 상대가 삼삼으로 실리를 챙기면 그게 너무 커 보여서 안 뒀었지.

박승철 요즘은 어때?

최철한 요새는 내 기풍이 좀 바뀌어서, 계산보다는 전투가 많잖아. 이래도 한 판 저래도 한 판이지만 되도록 두텁게 두려고 해.

박승철 내가 인터넷 대국을 좀 봤는데, 아마추어들은 삼삼 침입을 잘 모르는 경우가 많더라.

최철한 정말? 기본 중의 기본인데. 배석에 따라 선택을 했겠지.

박승철 나도 처음엔 그런 줄 알았는데, 협공에 거의 무조건 중앙으로 한 칸 뛰고 나서 전투 시작하는 패턴이 많더라고. 물어보니 몰라서 그렇다는 대답이 월등히 많고.

최철한 나는 삼삼 당하면 실리가 없어져서 피한 적도 있는데, 그렇게 전투 벌어지면 당연히 유리한 싸움이지.

정리하자면 협공에 삼삼은 가장 무난하고 쉬우면서도 실리로 앞서갈 수 있는 유력한 정석입니다. 실전에 활용해 보세요! 최철한 9단의 기풍은 잘 알려진 대로 전투적입니다. 적당한 타협이란 없죠. 약간이라도 유리한 싸움이면 마다하지 않는 기풍입니다. 그래서인지 중국 기사들이 가장 상대하기 꺼리는 한국 기사가 최철한 9단입니다.

두 칸 낮은 협공

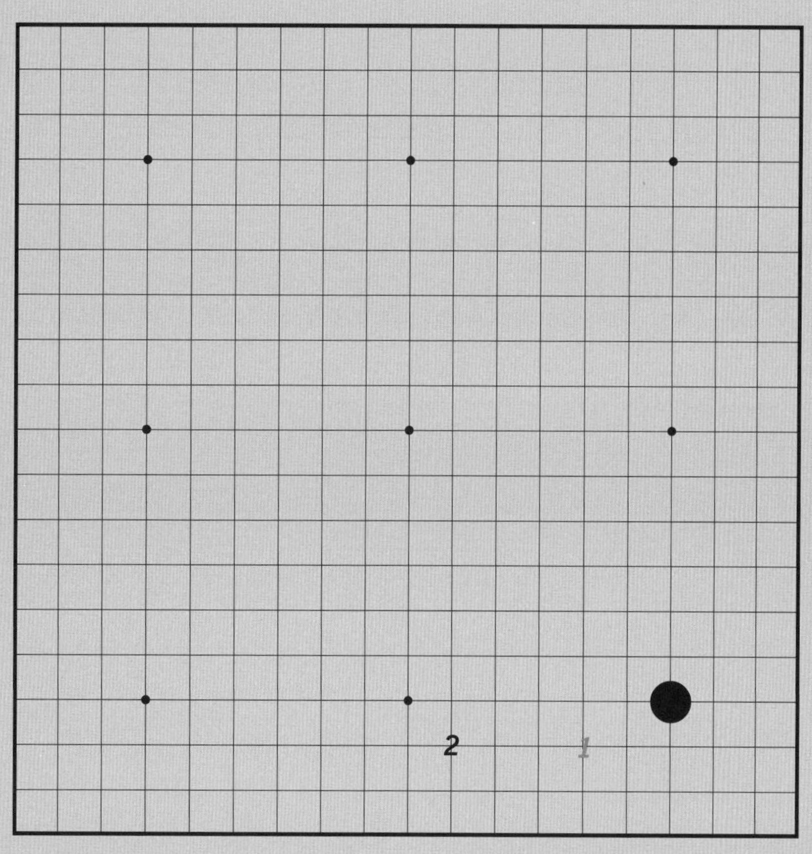

정석 두 칸 낮은 협공

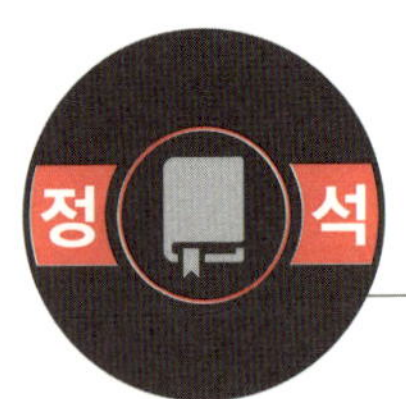

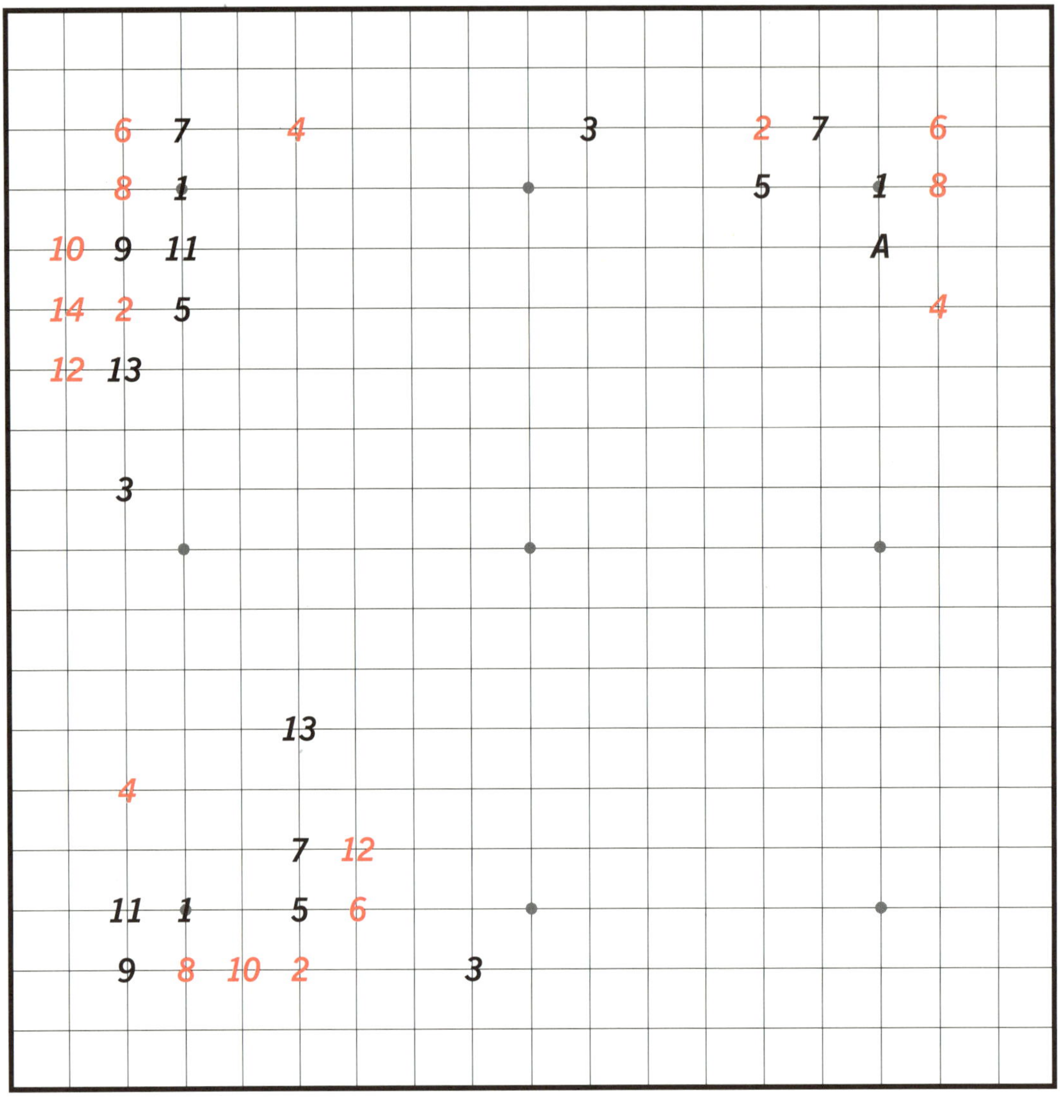

다음 수는 A의 응수 타진이 유력.

너무 복잡! 피하는 것도 방법!

두 칸 낮은 협공

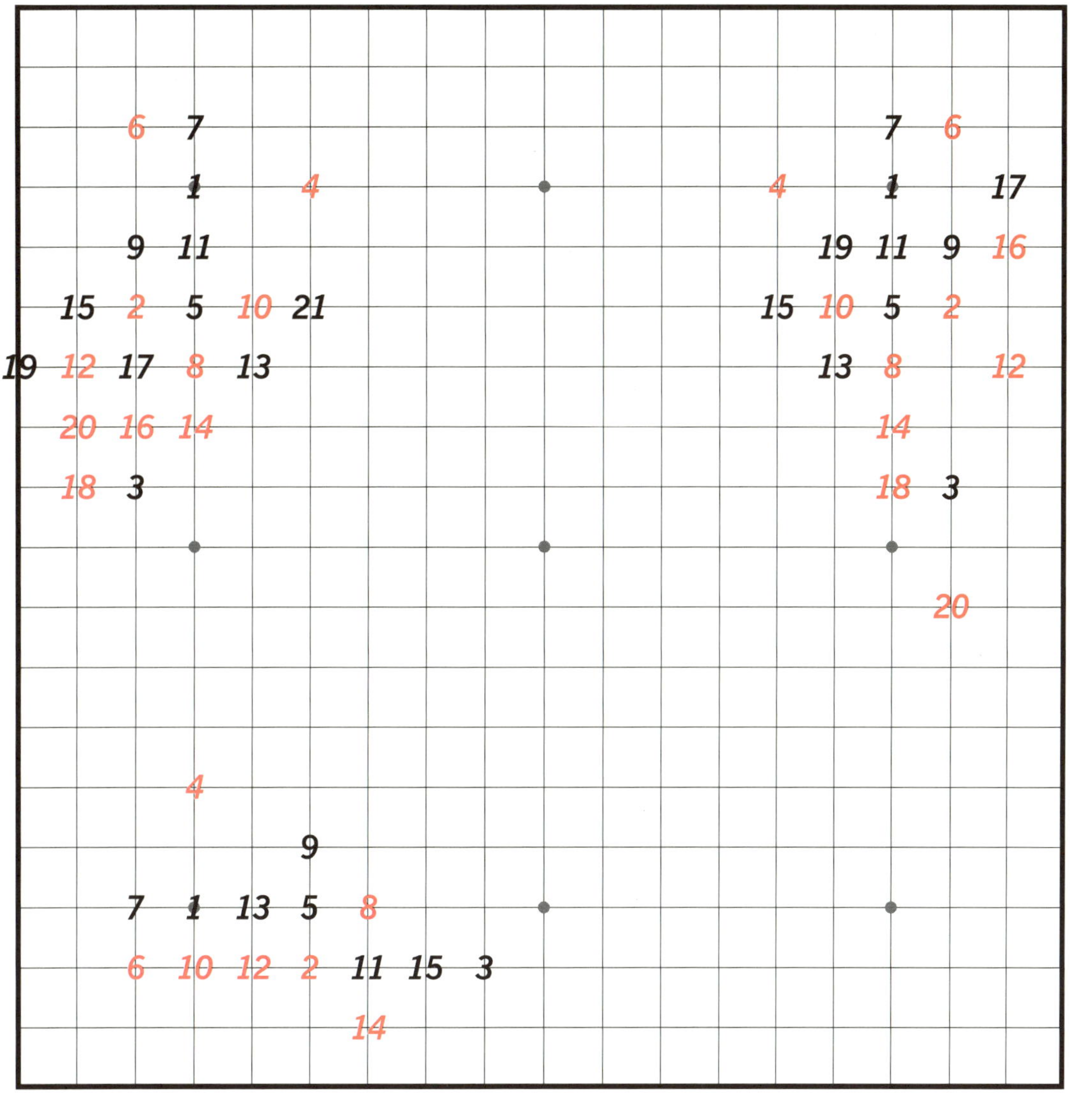

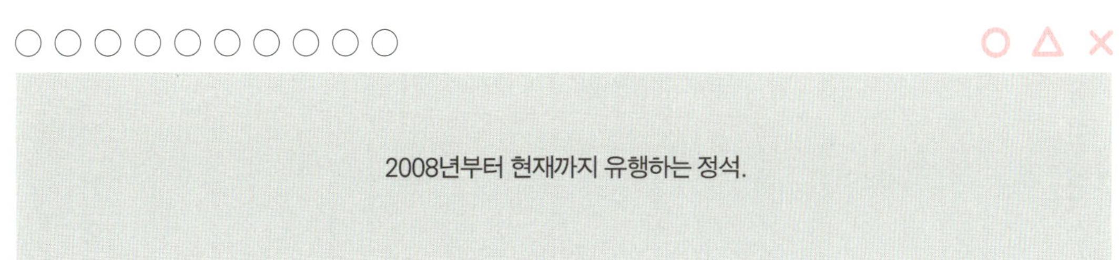

⚫ 흑 콩지에 vs 이창호 ⚪ 백

LG배 세계기왕전 결승2국 | 2010년 2월

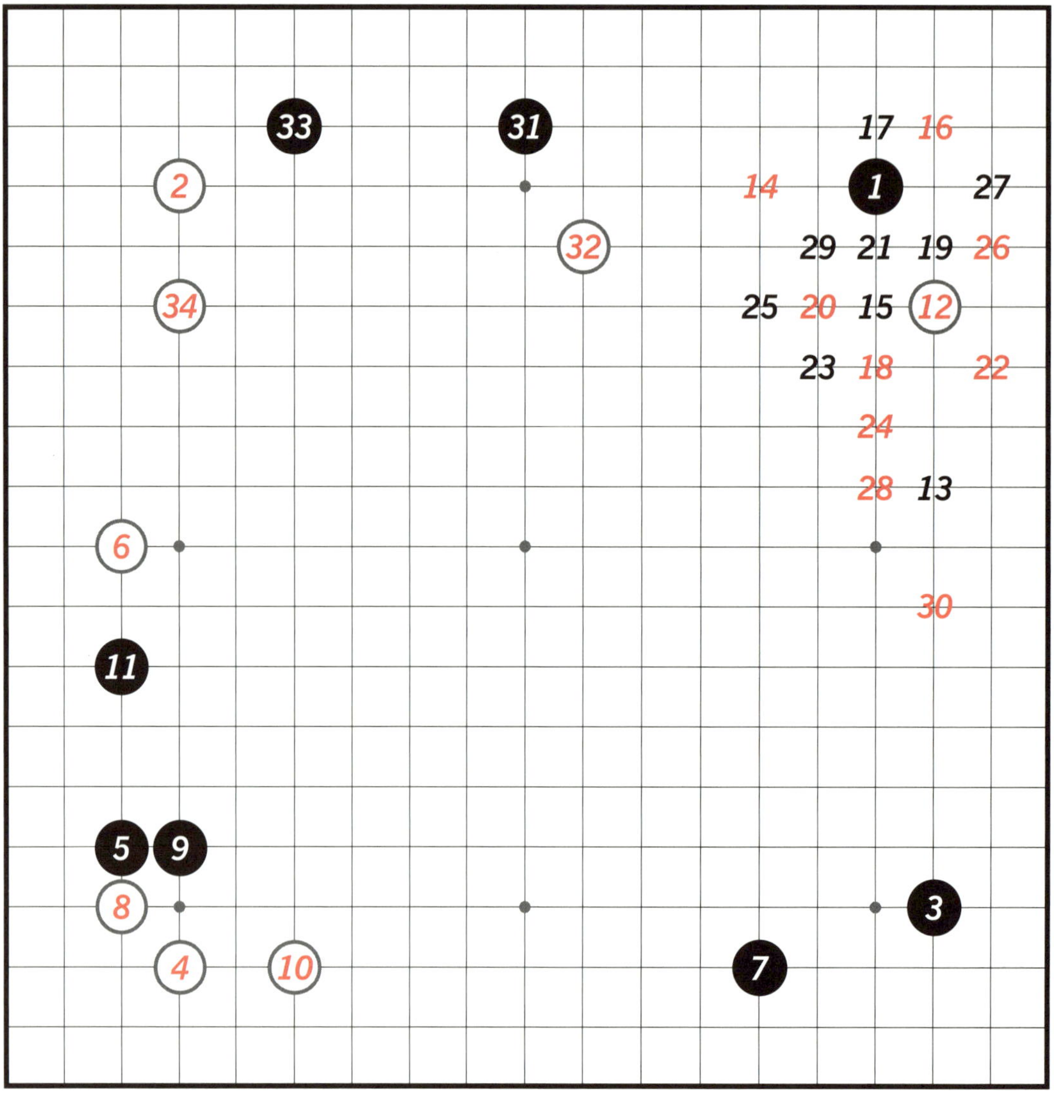

코멘트 이세돌의 휴직을 틈타 당시 세계대회 3관왕을 차지한 콩지에의 일국.

메모

● 흑 원성진 vs 조한승 ○ 백

GS칼텍스배 결승4국 | 2010년 11월

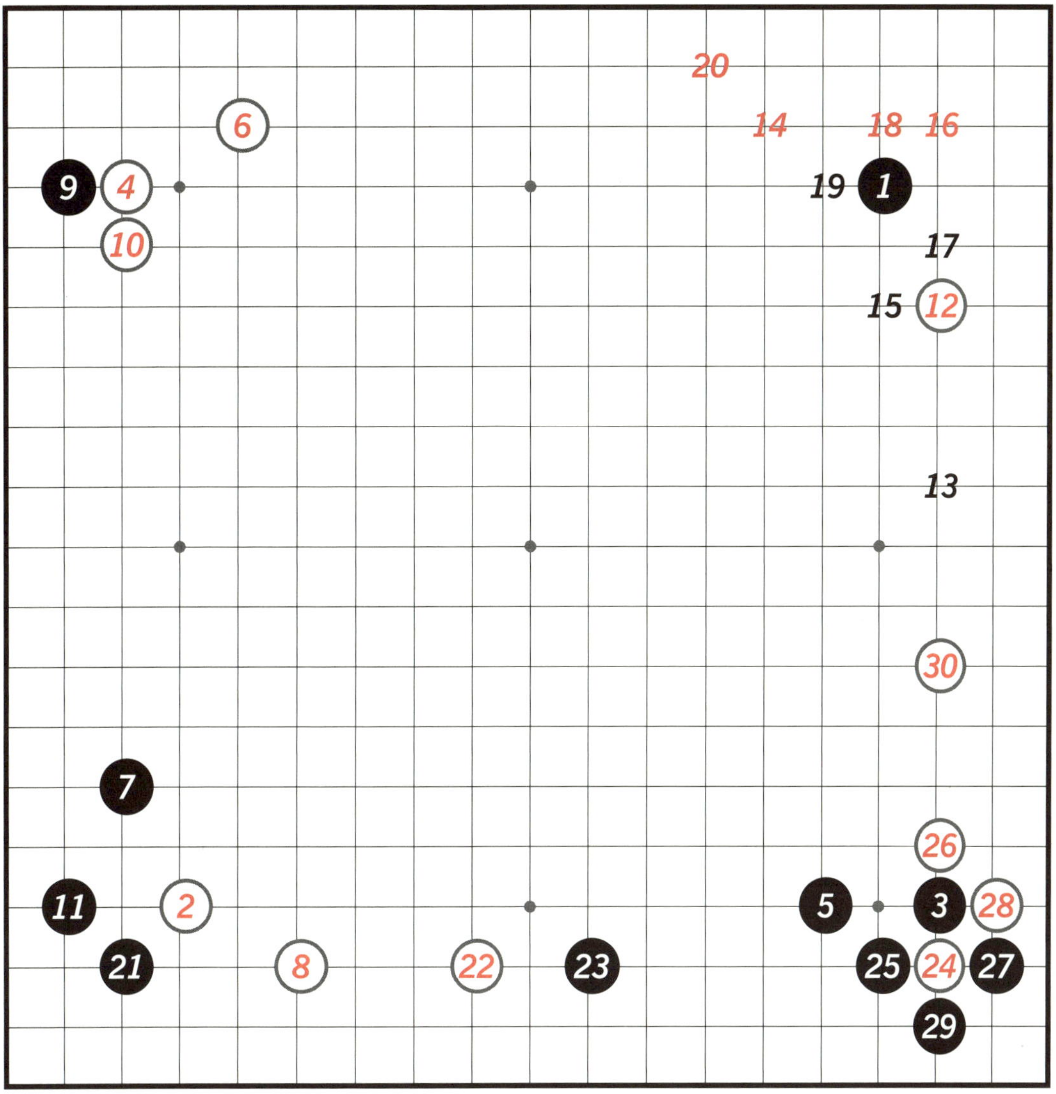

코멘트 대기만성 천재 기사 원성진의 국내 최대 기전 우승 결정국!

메모

⚫ 흑 천야오예 vs 구리 ⚪ 백

갑조리그 19라운드 | 2013년 11월

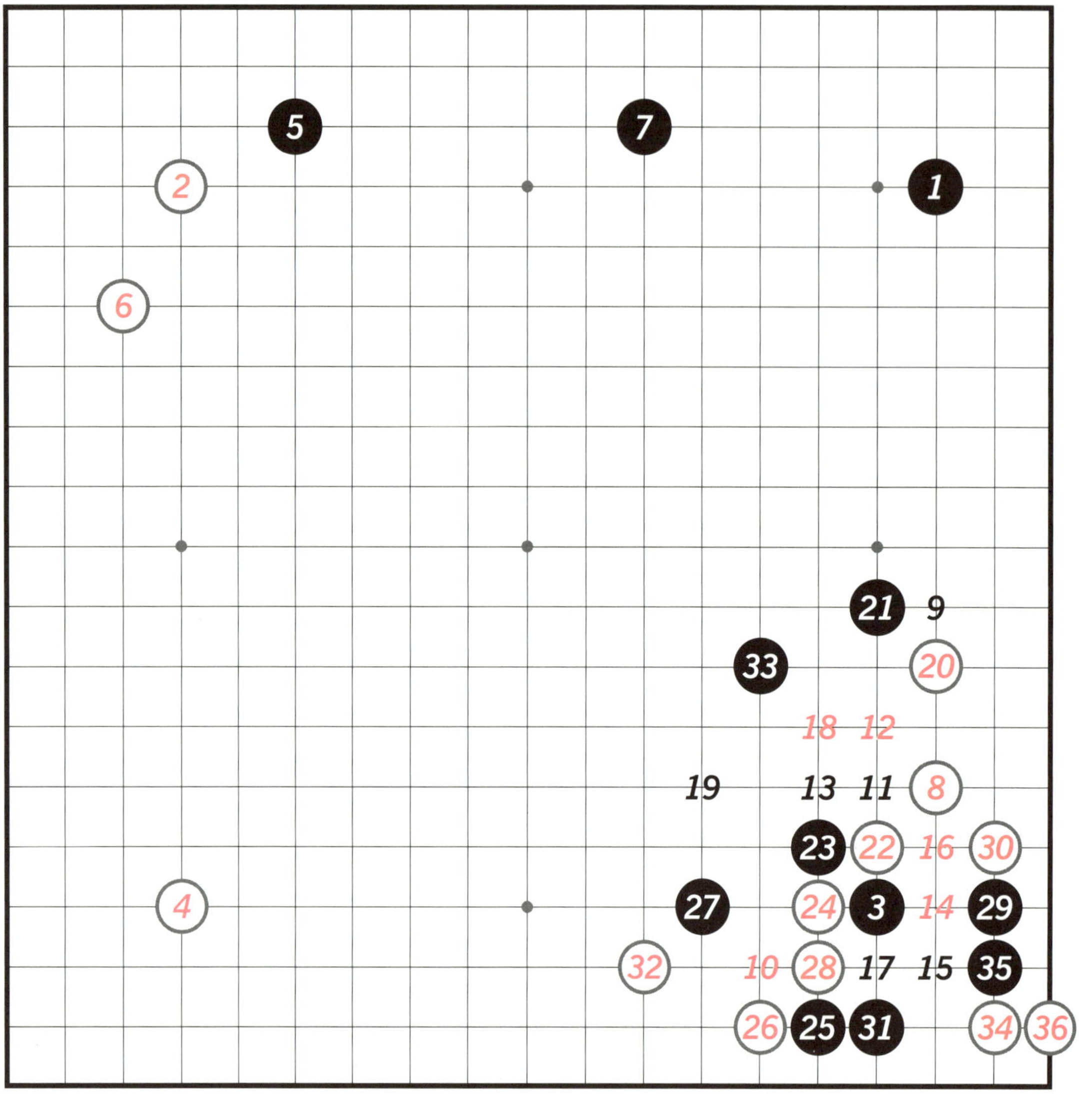

코멘트 우하 모양 복잡. 결국 우하에서 3패빅으로 무승부!

메모

흑 구링이 vs 이세돌 백

춘란배 준결승 | 2010년 12월

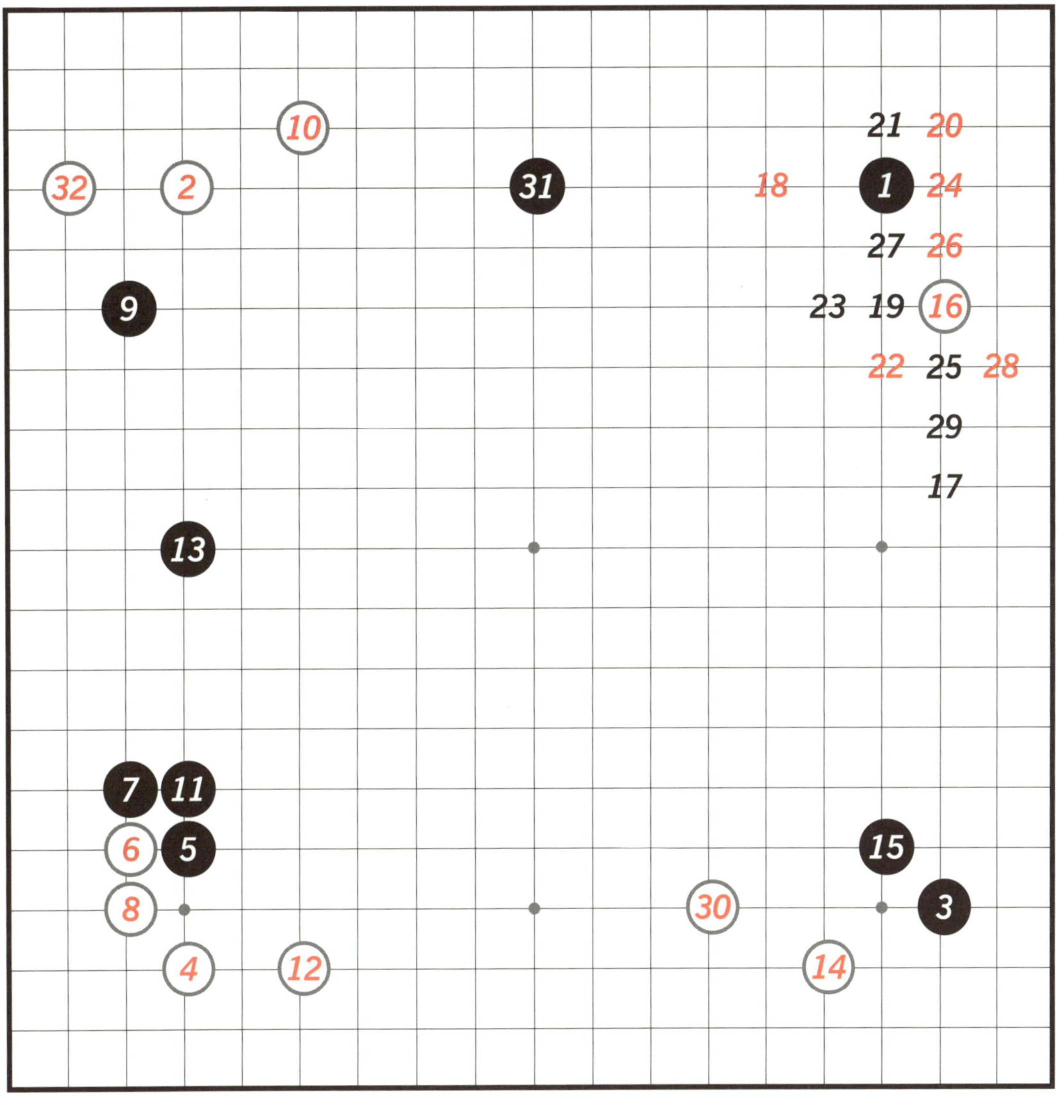

코멘트 백30이 흑 세력을 견제하는 배울 만한 수법.

메모

● 흑 최철한 vs 이창호 백

응씨배 결승5번기 3국 | 2009년 3월

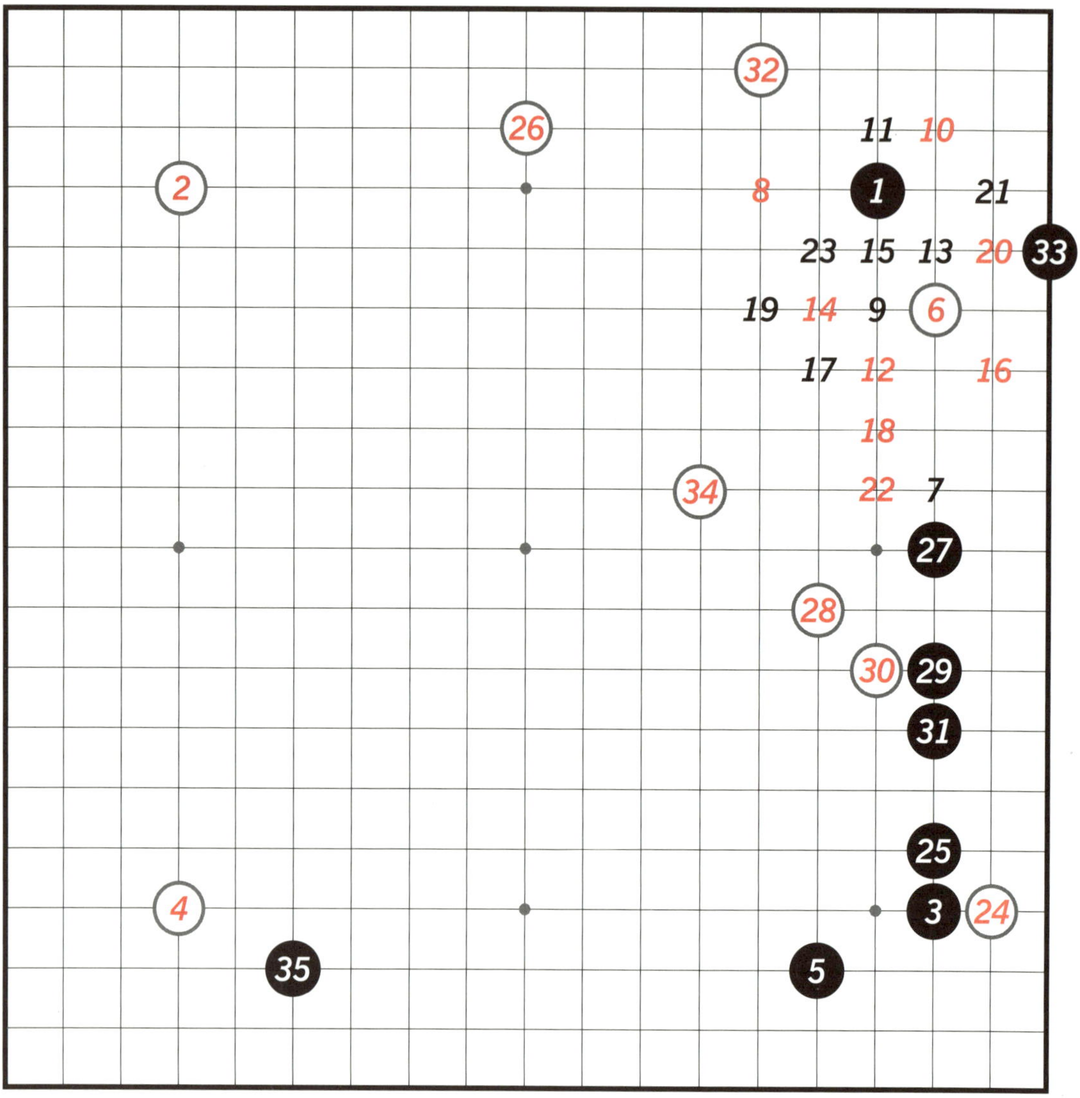

흑 최철한 vs 신민준 백

물가정보배 예선결승 | 2013년 4월

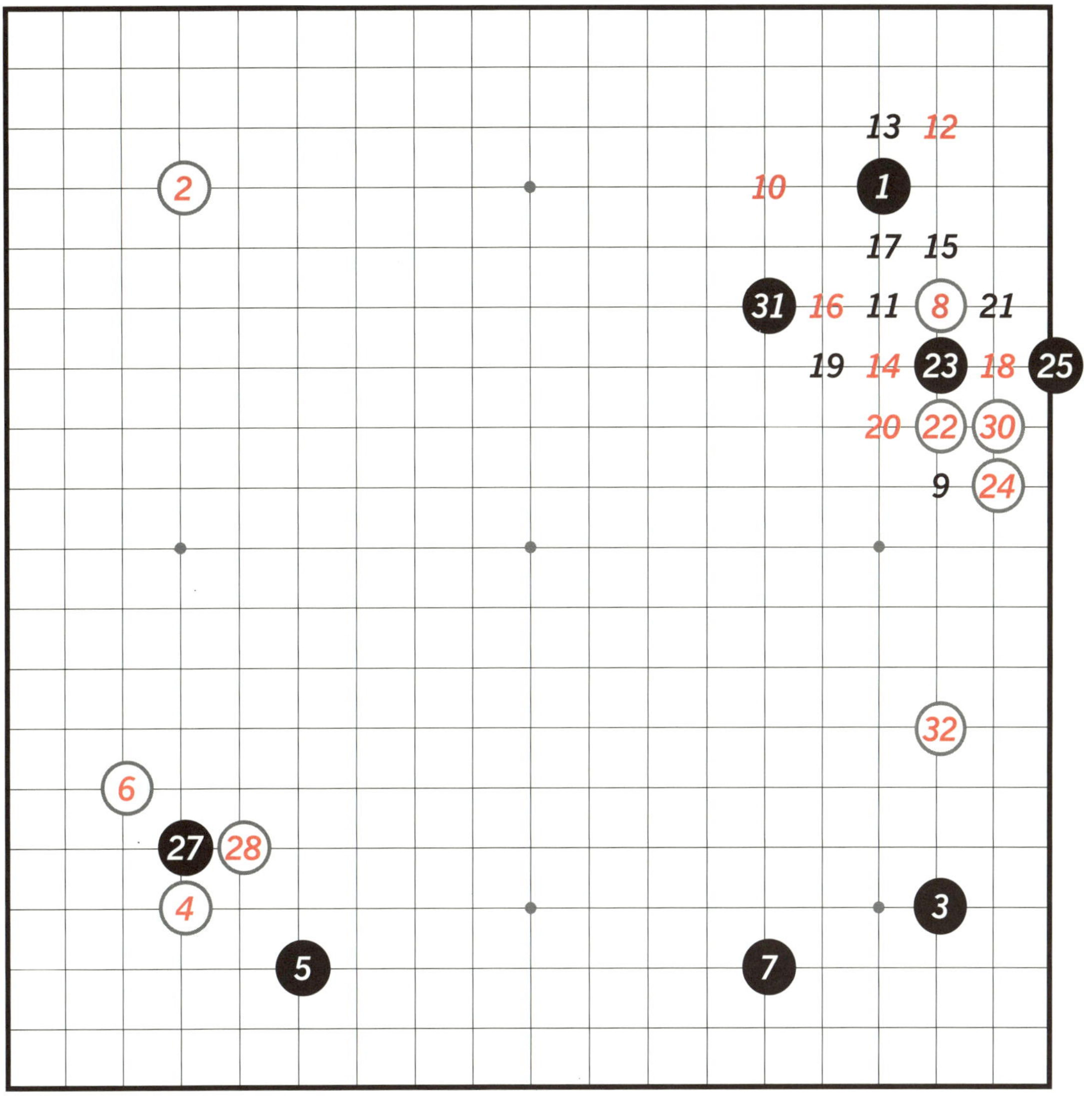

※26=8, 29=23

코멘트

메모

기부천사 조한승 9단 추천 정석

화점 시대 이후, 대유행하는 수법-협공

박승철 조사범. 요즘은 걸침에 협공이 많이 나오는데 이유가 있을까?

조한승 덤이 커져서 그런 거 아닌가? 요즘은 중국 대회가 많아서 7집반도 많으니까.

박승철 덤이랑 상관있나?

조한승 아무래도 흑이 적극적으로 둬야지. 협공에 삼삼 침입하면 세력을 만들 수 있고, 양 걸침이면 초반부터 복잡한 전투니까. 평범하게 두면 덤이 부담이지.

박승철 협공 중에 굳이 하나를 골라준다면?

조한승 두 칸 낮은 협공. 1990년대 화점 시대에는 한 칸 낮은 협공이 대세였고, 2000년 초 반부터 지금까지는 두 칸 높은 협공과 두 칸 낮은 협공이 대세지. 백이 삼삼 침입했 을 때 아무래도 한 칸이라도 넓게 있는 것이 낫거든.

조한승 9단은 동갑내기 친구입니다. 바둑에 관한 유연한 발상과 유장한 기풍은 누구도 흉 내 내기 어려운 경지입니다. 천재라고 할 수 있습니다. 국수전 3연패 중이죠. 바둑 외적으로도 기부 활동과 훌륭한 소신으로 후배들의 귀감이 되고 있습니다.

7장

삼연성 기본

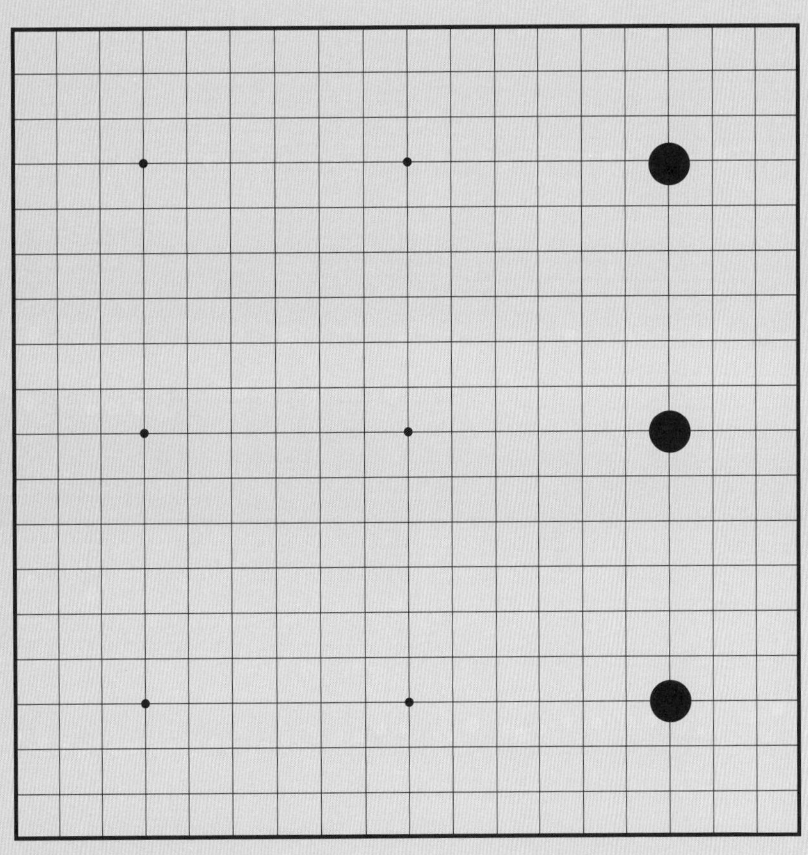

삼연성 기본

○ △ ✕

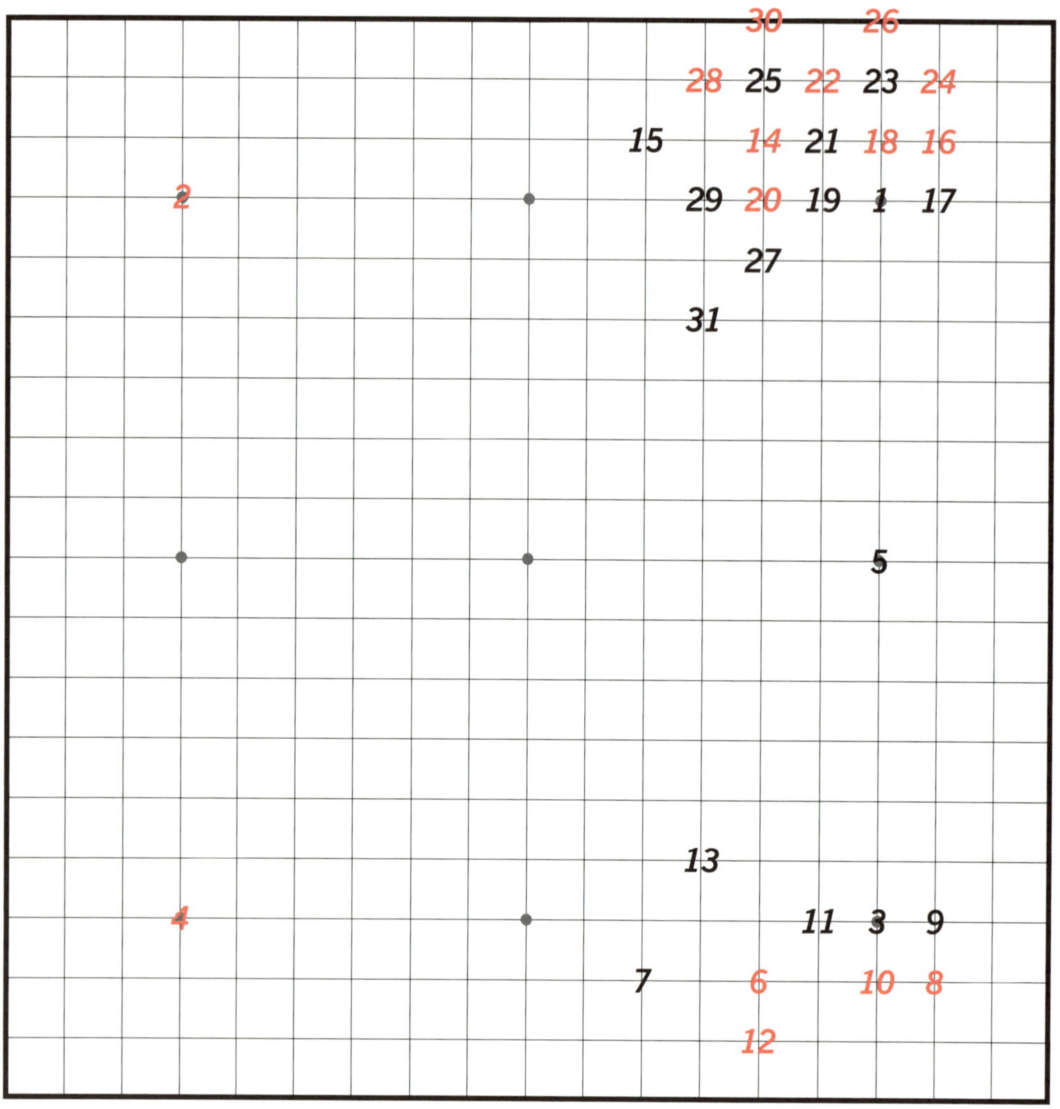

기본 중의 기본. 이렇게 한 번 두어보세요!

삼연성 기본

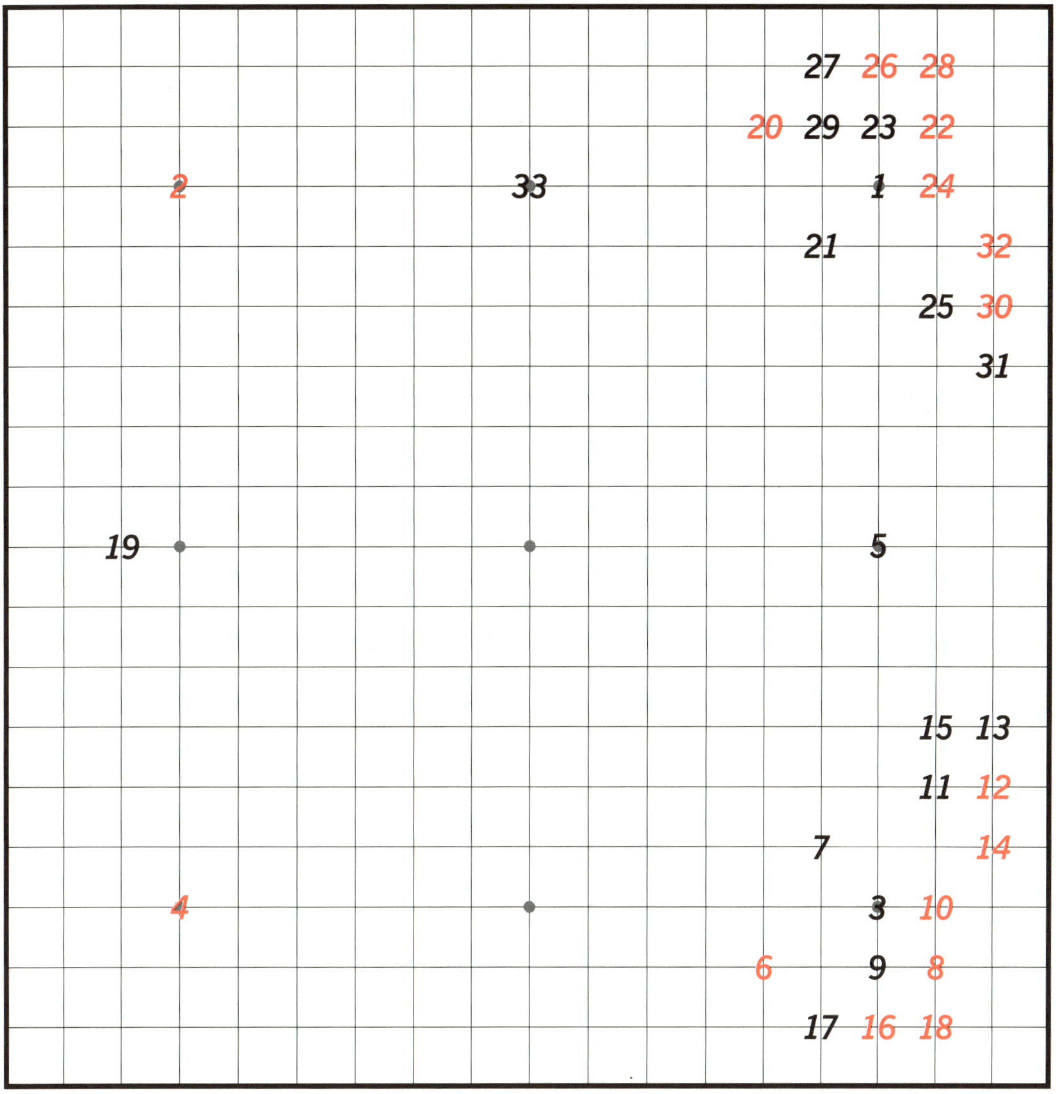

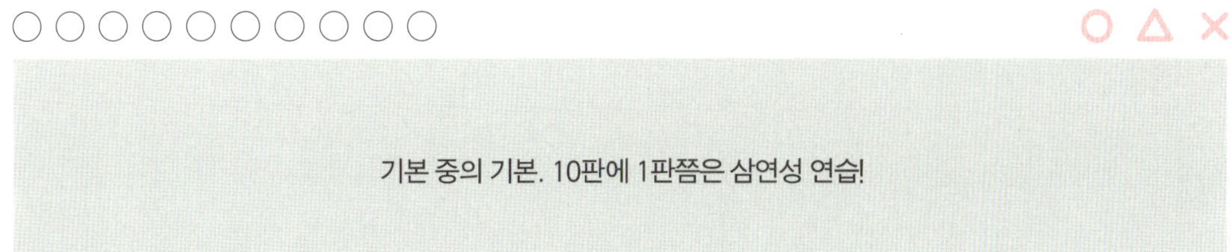

기본 중의 기본. 10판에 1판쯤은 삼연성 연습!

흑 다케미야 마사키 vs 조치훈 백

본인방전 도전7번기 제4국 | 1988년 6월

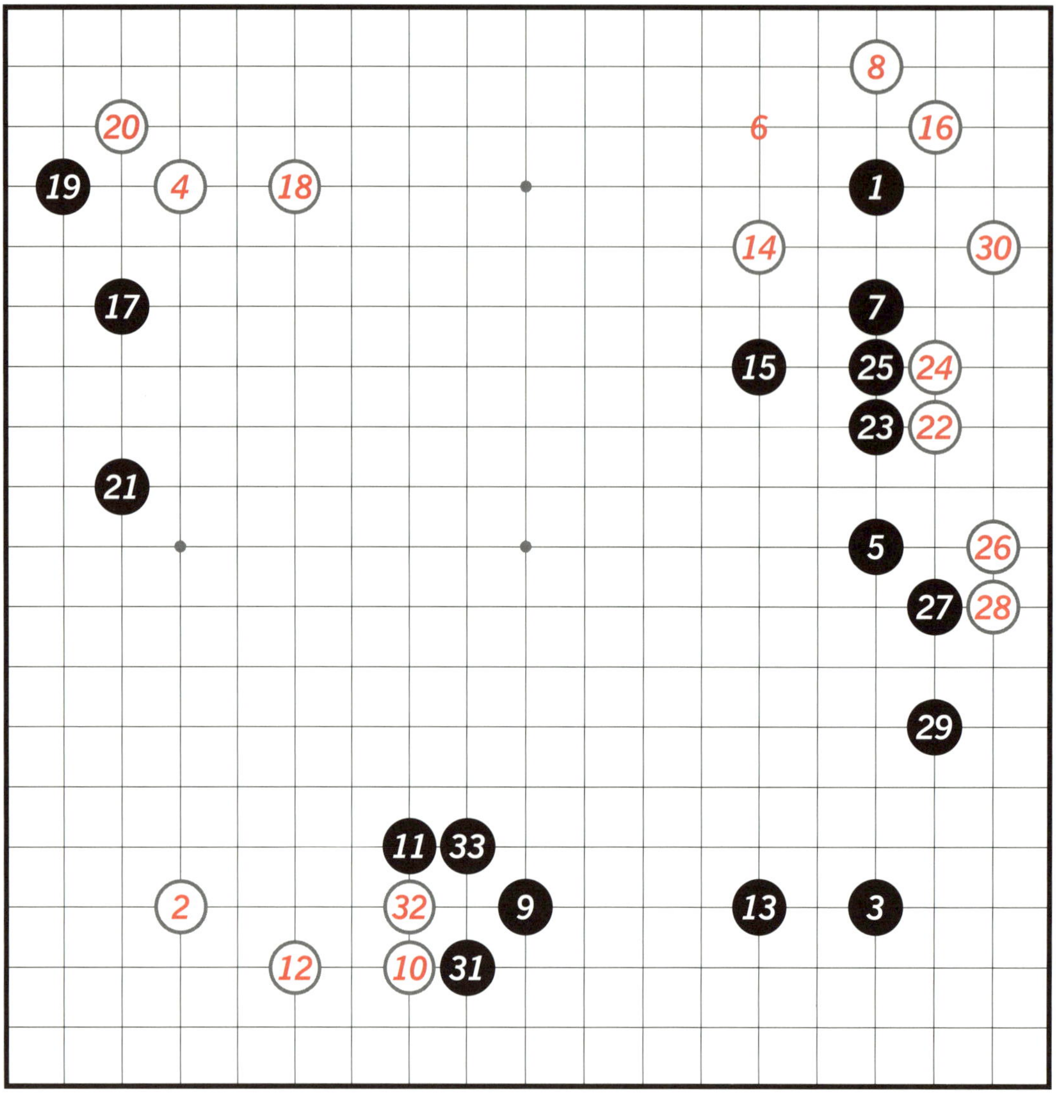

코멘트 대세력 VS 폭파전문가.

메모

 흑 오오다케 vs 조치훈 백

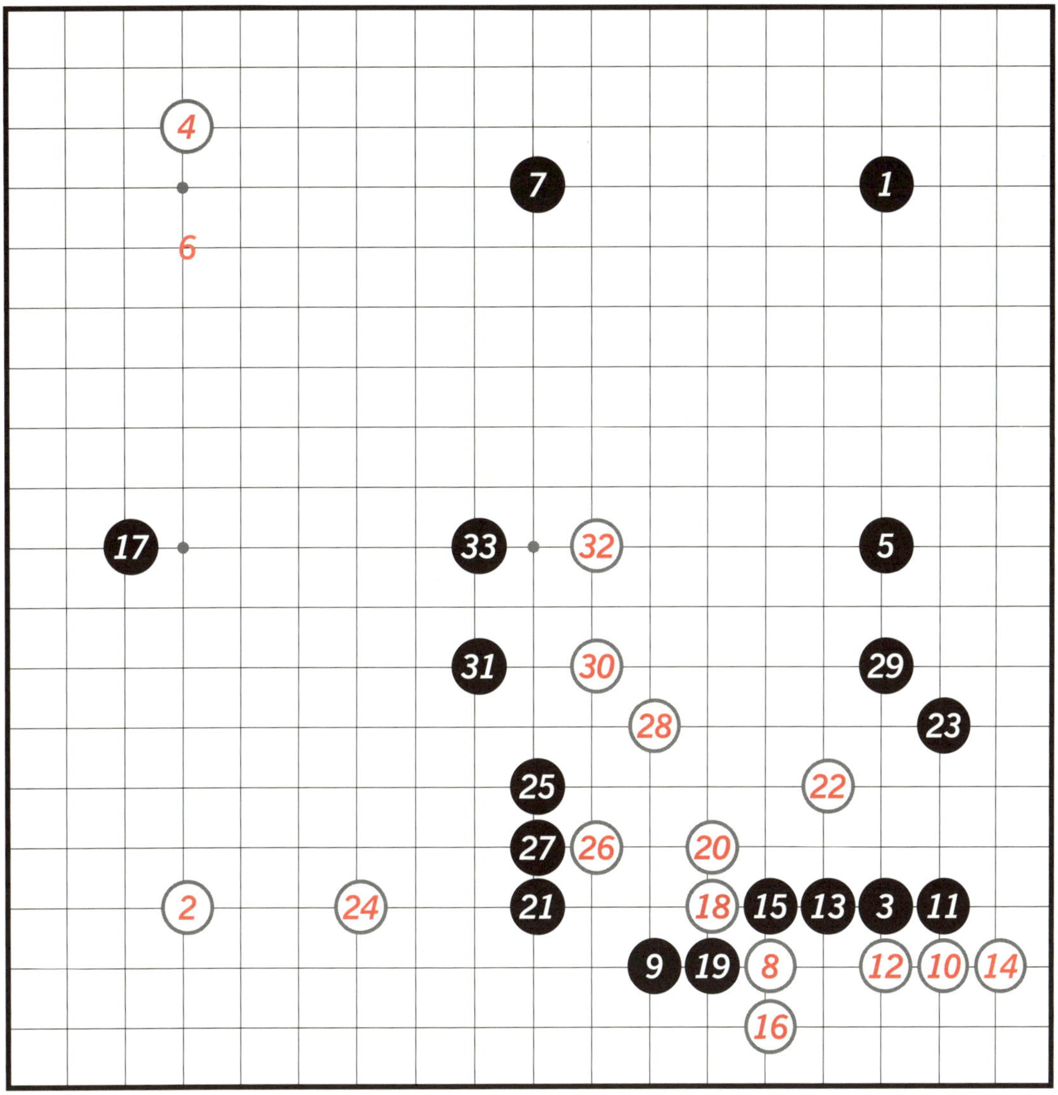

코멘트   미학(美學) 오오다케 9단. 기타니 문하의 큰 사형입니다.

메모

⚫ 흑 조훈현 vs 서봉수 ⚪ 백

국수전 도전기 | 1989년 3월

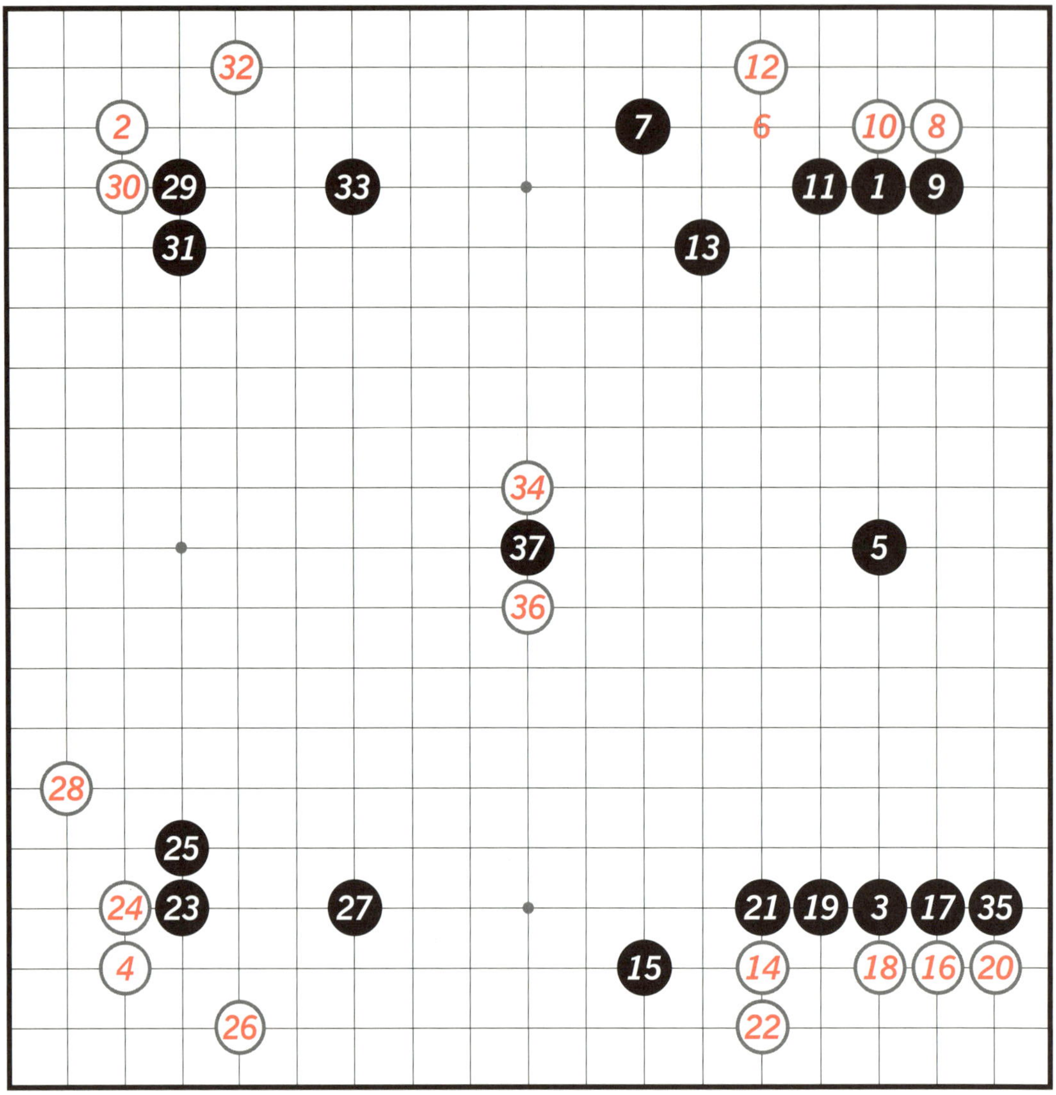

흑 구리 vs 이세돌 백

CSK배 3회전 | 2005년 5월

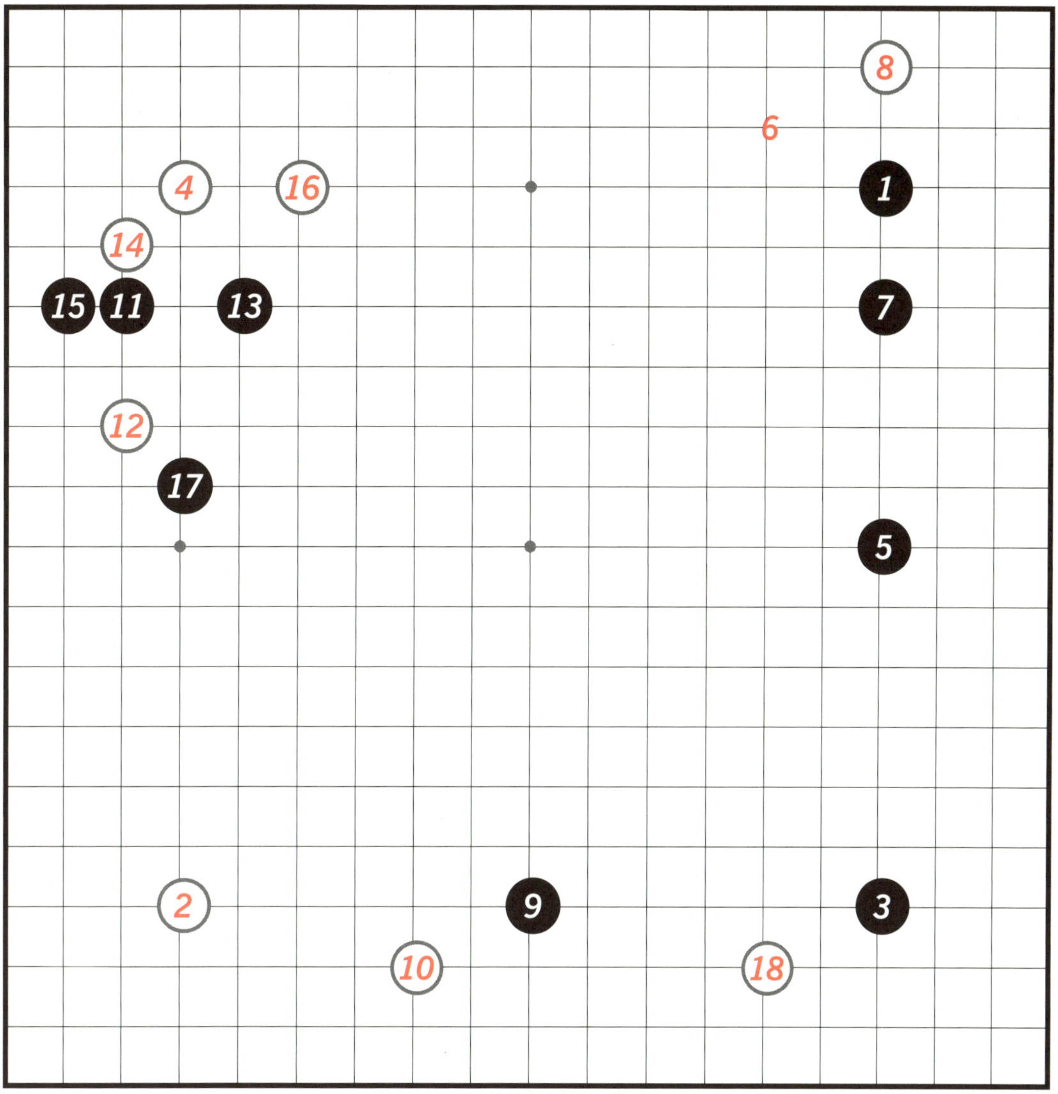

흑 장주주 vs 이창호 백

KBS 바둑왕전 승자결승전 | 2002년 9월

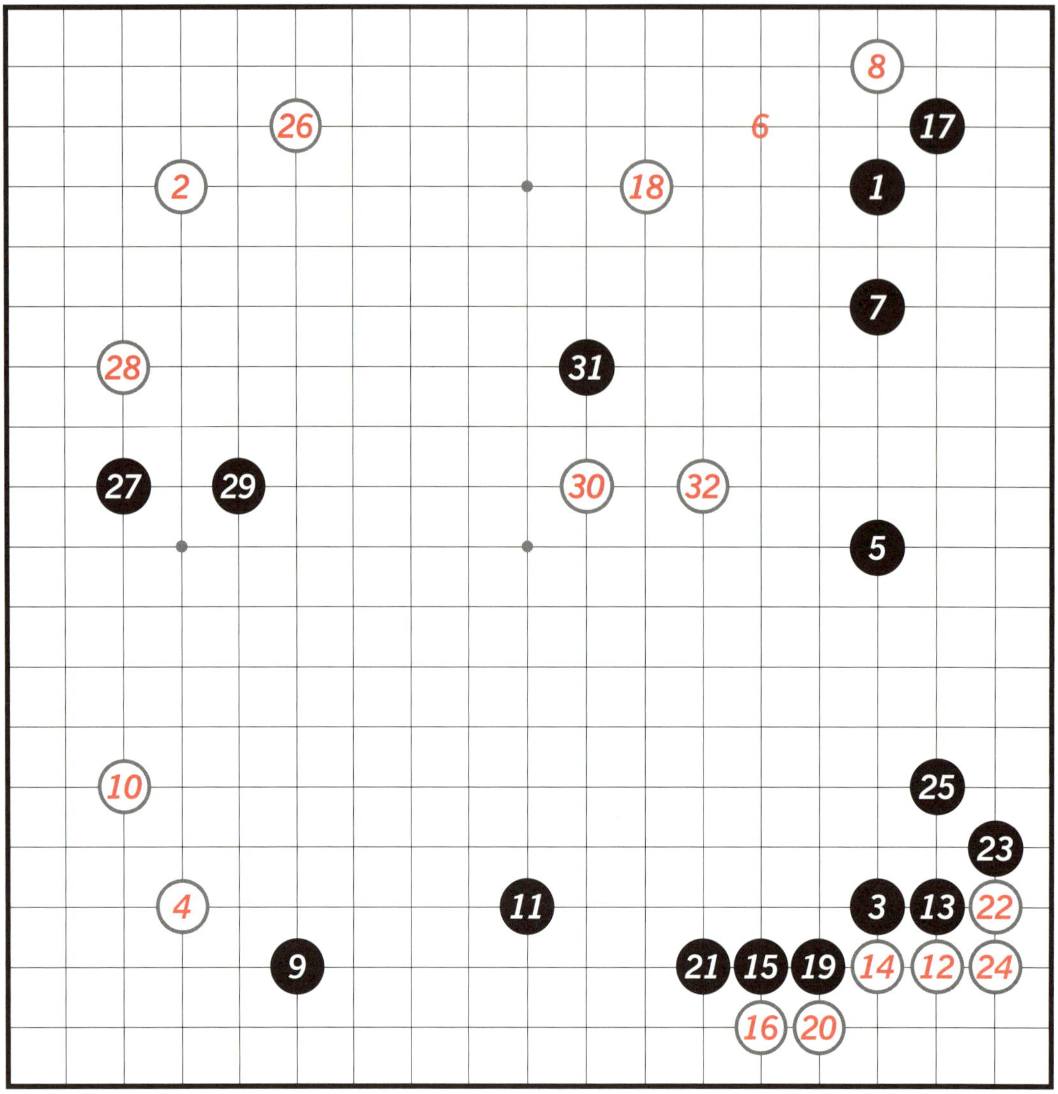

코멘트 루이나이웨이 9단의 남편으로 유명한 장주주 9단.

메모

⚫ 흑 목진석 vs 펑첸 ⚪ 백

비씨카드배 본선 32강 | 2010년 2월

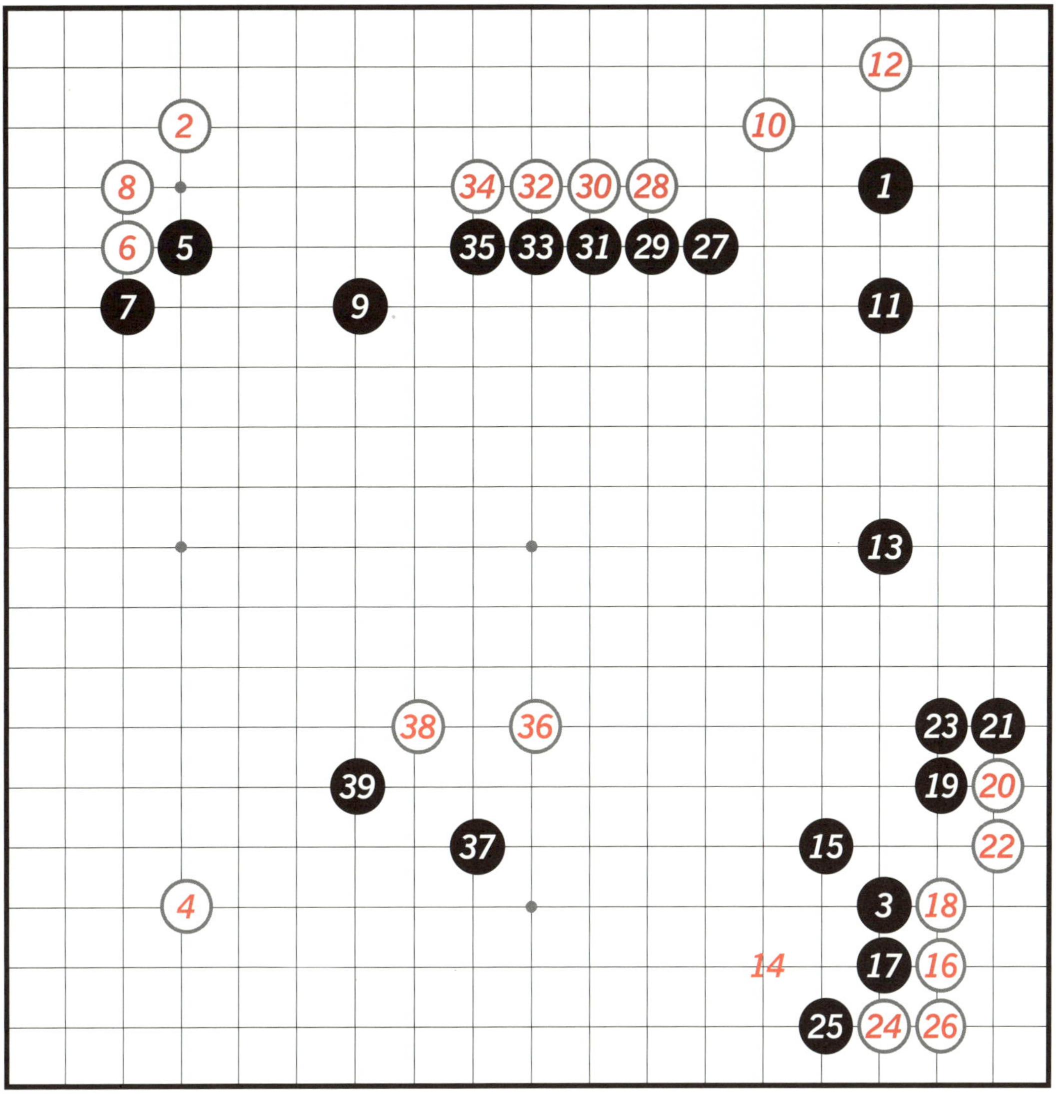

코멘트　27~35 시원한 작전.

메모

● 흑 다케미야 마사키 vs 조치훈 ○ 백

본인방전 도전7번기 제2국 | 1988년 5월

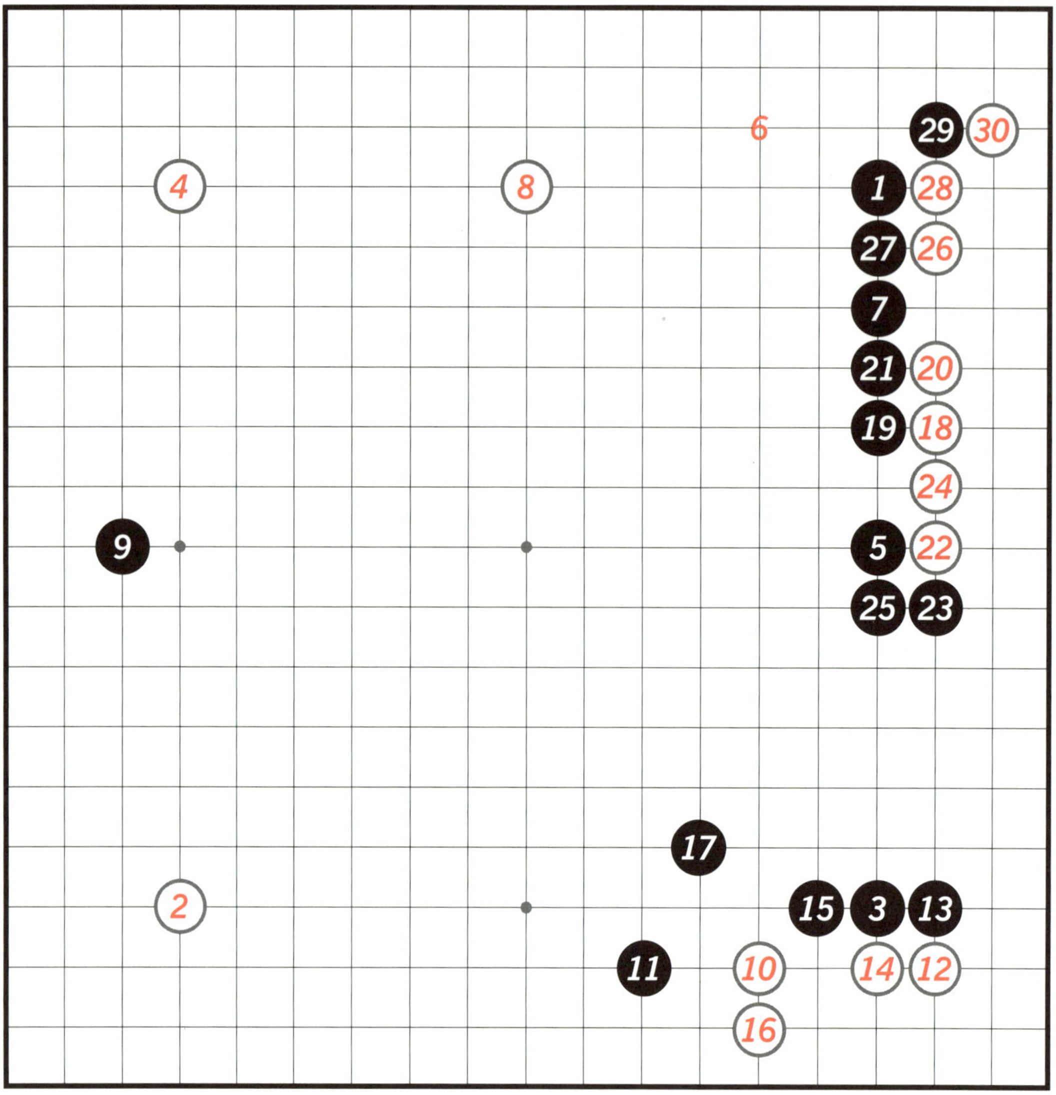

코멘트

메모

자연류 다케미야 마사키 9단

우주류, 삼연성, 대세 작전

1980년대 일본 바둑을 보면, 조치훈, 고바야시, 가토, 후지사와 등 특징 있는 기사들이 많았습니다. 하지만 대부분 실리를 기반으로 조금 더 두텁거나(후지사와 슈코), 치열하거나(조치훈), 공격력이 강하던가(가토 마사오) 정도였죠.

노골적으로 세력 바둑을 펼치면서도 성적이 좋았던 기사는 다케미야 9단뿐입니다. 다케미야 9단은 15세까지 입단 못하면 바둑을 그만두겠다는 배수의 진으로 공부하며, 결국 마지막에 극적으로 입단에 성공했습니다.

다케미야 9단과 미국에서 한 번 마주친 적이 있습니다. 강의할 때, 우주류보다는 자연류라 불러 달라고 했던 것이 인상적이었습니다. 그는 바둑의 본질에 대해, 햇살을 받고 영양분을 받으면 나무가 자라나듯이, 바둑도 세력을 쌓고 공격하고 집을 짓다보면 우세를 잡을 수 있다고 설명했습니다. 독특한 기사인 것은 분명합니다.

다케미야 9단의 아들도 일본 기원 프로기사로 활동하고 있습니다.

위기십결(圍棋十訣)

〈위기십결〉은 8세기 중엽 바둑의 명수 왕적신(王積薪)이 펴냈습니다. 바둑을 둘 때 명심해야 할 10가지 요결(要訣)이지요. 왕적신은 중국 당나라 때의 시인이자 현종의 기대조(棋待詔)였다고 합니다. 황제와 바둑을 두며, 말 그대로 수담을 나누는 자리이지요.

1. 부득탐승(不得貪勝) : 아주 유명한 문구죠. 승리를 탐하면 승리가 멀어진다.
2. 입계의완(入計宜緩) : 적의 세력권에 들어갈 때 무모하게 서둘거나 깊이 들어가지 말라.
3. 공피고아(功彼顧我) : 적을 공격할 때 나의 모양을 먼저 살펴라. 아생연후살타와 같은 개념입니다.
4. 기자쟁선(棄子爭先) : 작은 희생을 감수하더라도 선수를 잡는 것이 중요하다.
5. 사소취대(捨小取大) : 눈앞의 작은 이득을 탐하지 말고 대세를 취하라. 녜웨이핑 9단이 항상 강조하던 말이 생각납니다. '크게 보다(看大局)'. 바둑판을 넓게 살피라는 조언입니다.
6. 봉위수기(逢危須棄) : 위험에 처할 경우 버리든가 아니면 보류하라.
7. 신물경속(愼勿輕速) : 경솔하게 빨리 두지 말고 한 점 한 점을 신중히 생각하라.
8. 동수상응(動須相應) : 움직일 때는 모름지기 상대와 같이 움직여라. 타개할 때 곤마는 동행하라는 말과 비슷합니다.
9. 피강자보(彼强自保) : 주위의 적이 강한 경우에는 내 돌을 먼저 보호하라.
10. 세고취화(勢孤取和) : 상대 세력 속에서 고립되어 있을 때 신속히 안정하는 길을 찾으라.

약 1400년 전의 글이지만 지금 봐도 배울 점이 많네요. 1번 부득탐승은 기술보다는 마음을 중시하라는 중요한 말입니다. 2번부터는 본격적으로 기술적인 조언입니다. 2번과 3번은 한 마디로 무리하지 말라는 뜻이죠. 4, 5, 6번은 사석 작전에 관한 조언이고, 다시 마지막에 9번과 10번에서 무리하지 말라고 재차 강조합니다. 위기십결을 두 단락으로 정리한다면 '너무 승리를 탐하지 말고 대국 때는 무리하지 말아라!' 이렇게 정리할 수 있겠습니다.

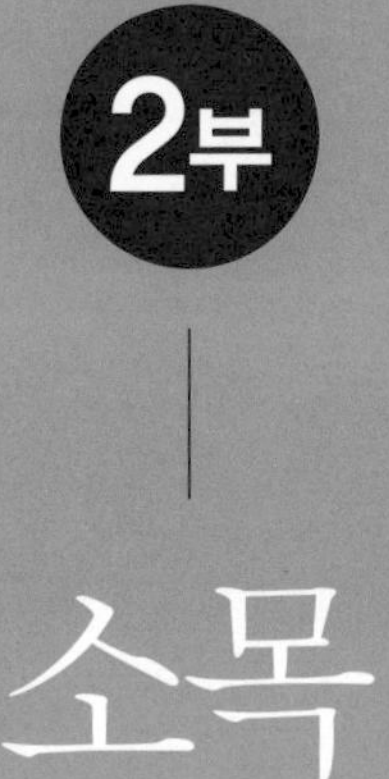

소목

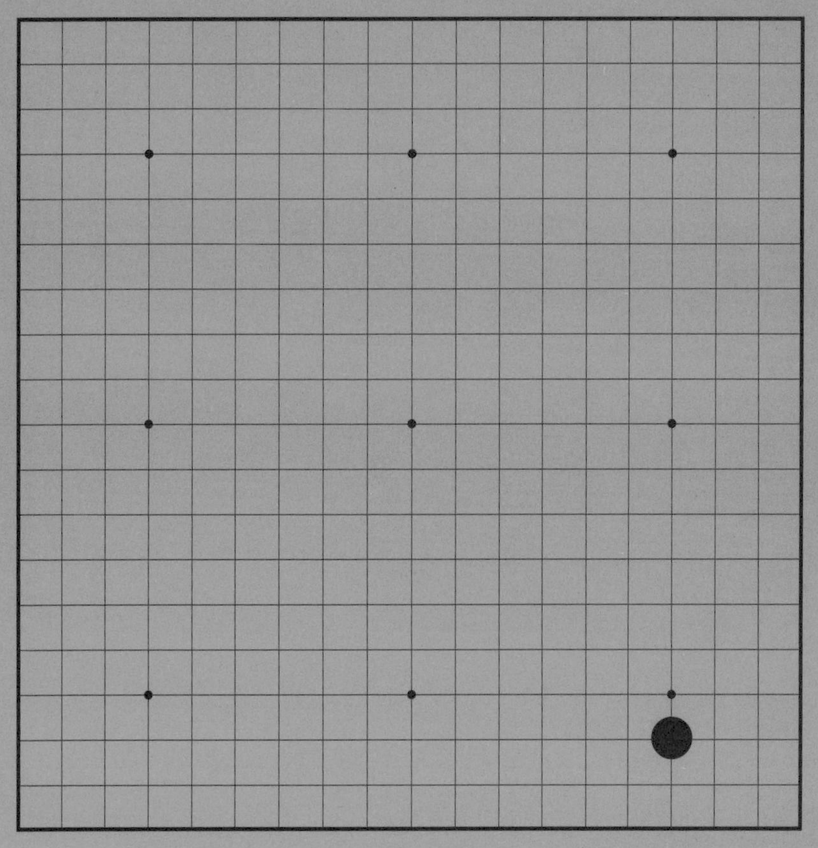

소목(小目)은 각 귀의 3×4의 지점으로 3×3에서 변 쪽으로 한 칸 떨어진 곳이다.
총 여덟 개의 소목이 있다. 실리와 발전성이 균형을 이룬 착점이다.

8장

붙여 당기기

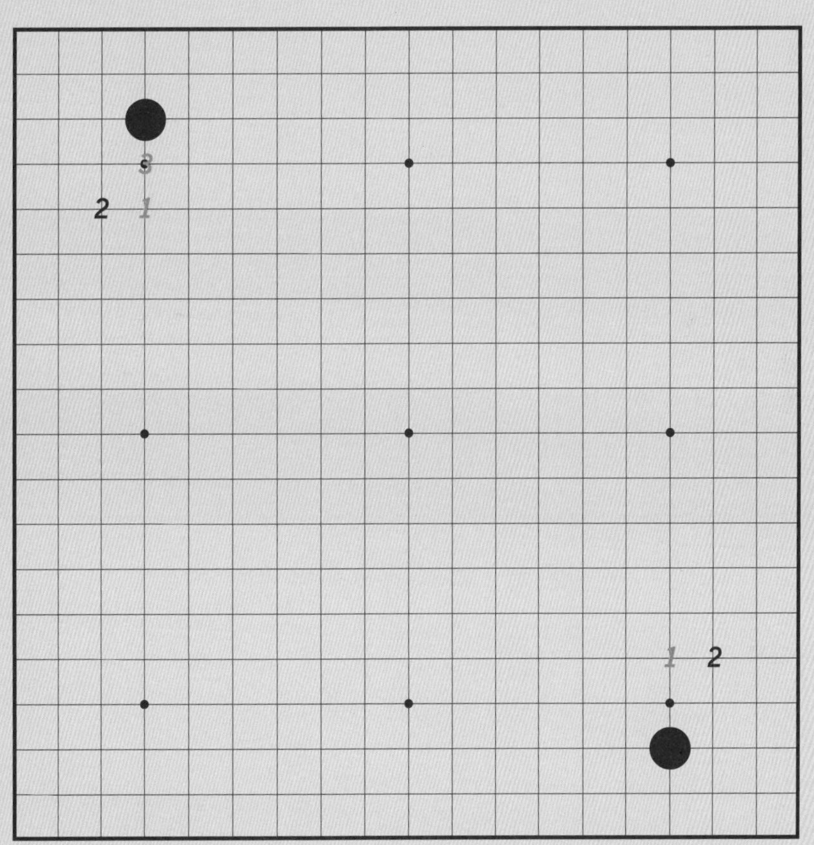

붙여 당기기

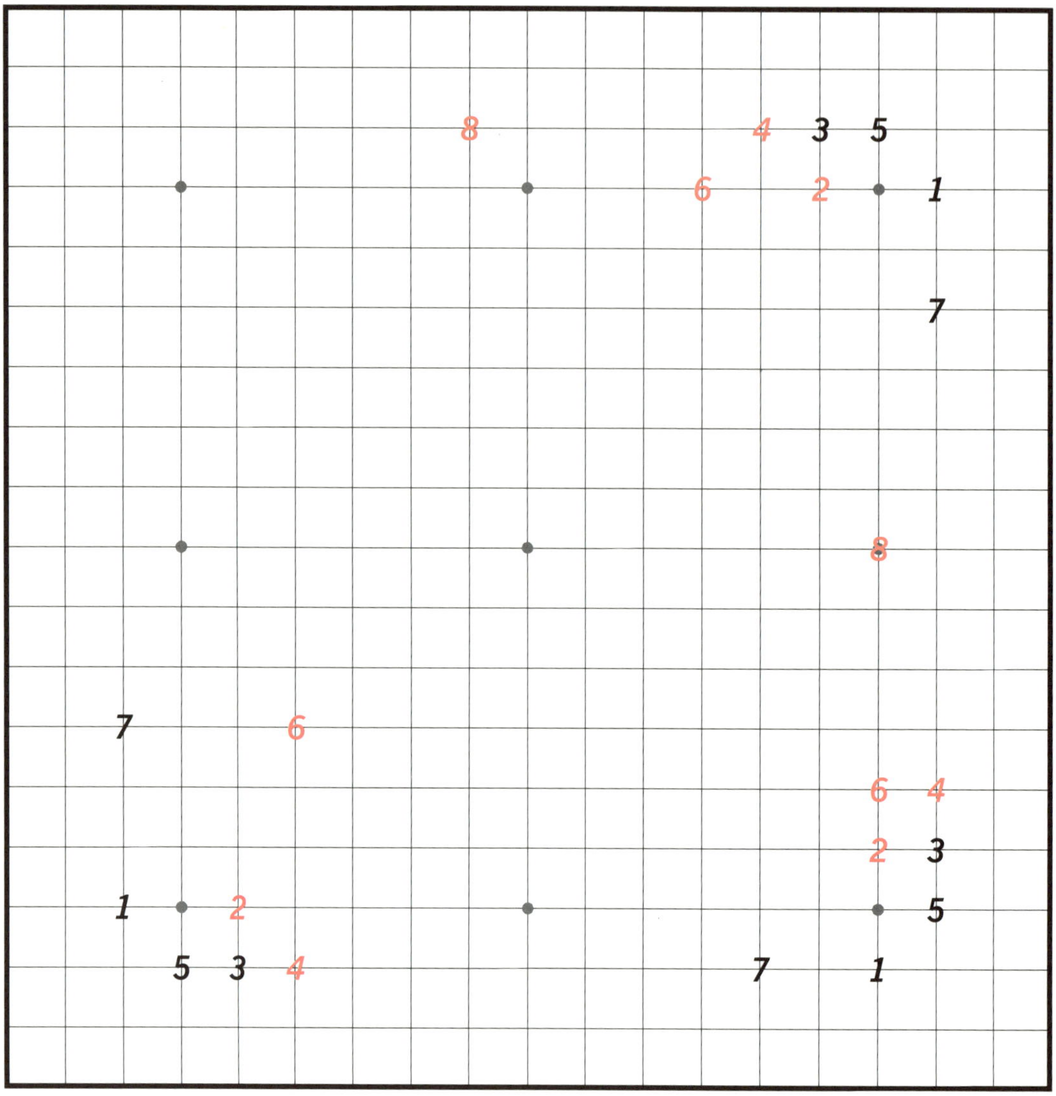

기본형!

모양 바둑. 선수를 중시하는 수.

기본형!

붙여 당기기

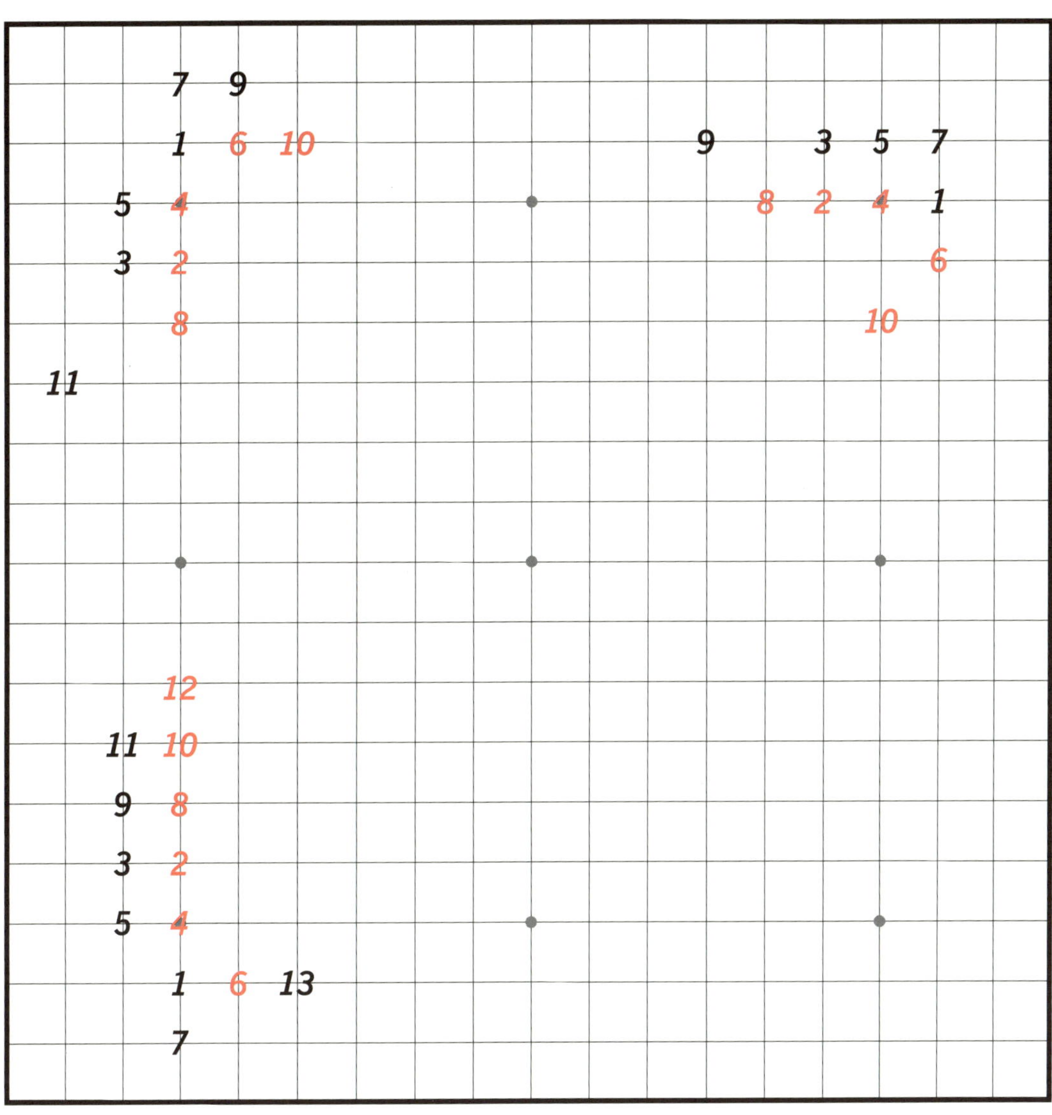

실리 바둑. 집을 좋아하신다면!

가장 간명! 강력 추천!

서봉수 9단이 즐겨 쓰는 수법.

붙여 당기기

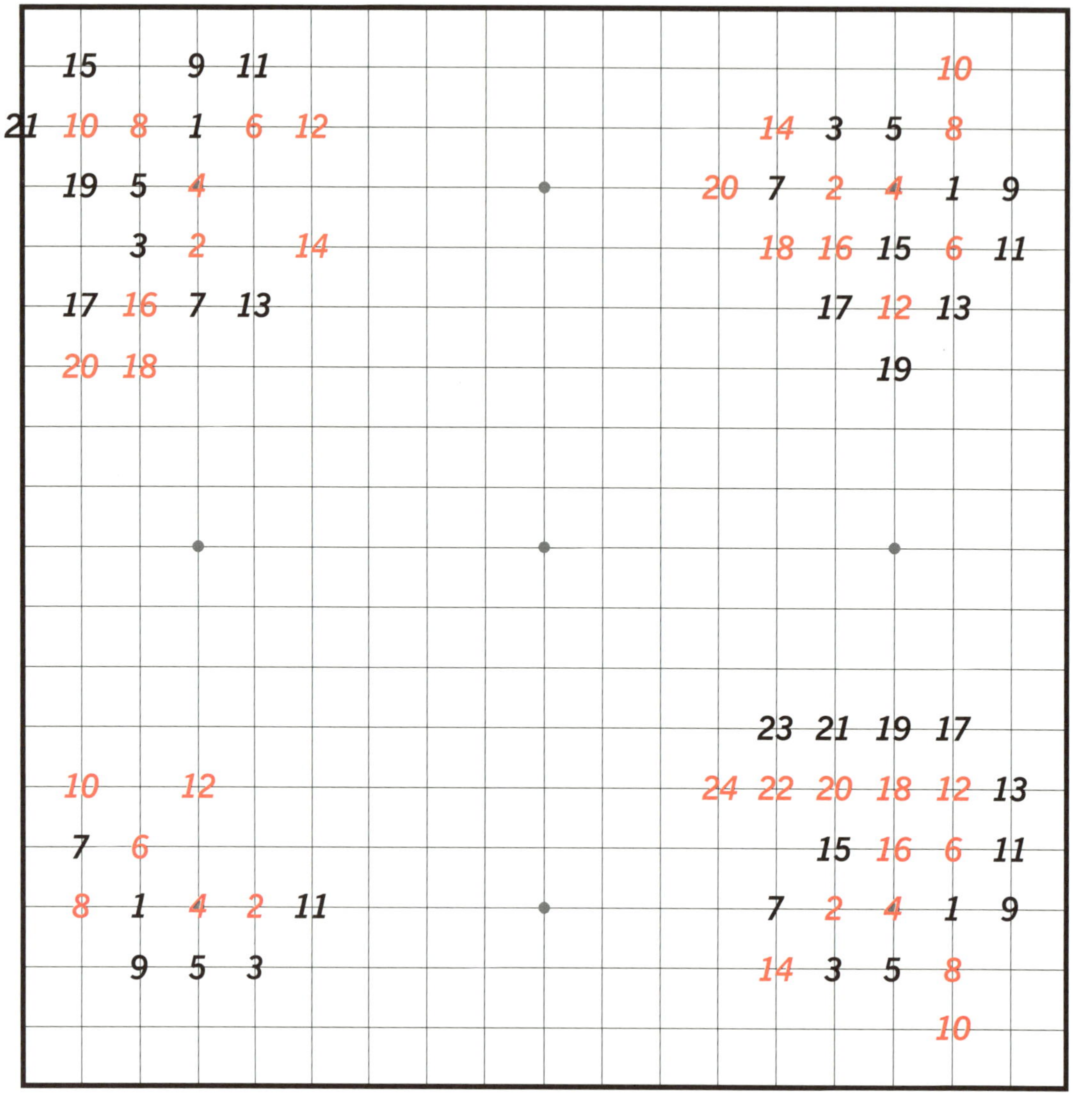

○ ○ ○ ○ ○ ○ ○ ○ ○ ○ ○ △ ×

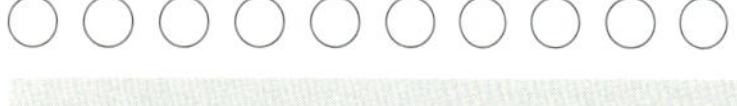

배석에 따라 유력한 정석.

백 실리가 좋음.

오청원 시대의 정석.

예전 정석. 축 관계. 19로 20이면 축.

붙여 당기기

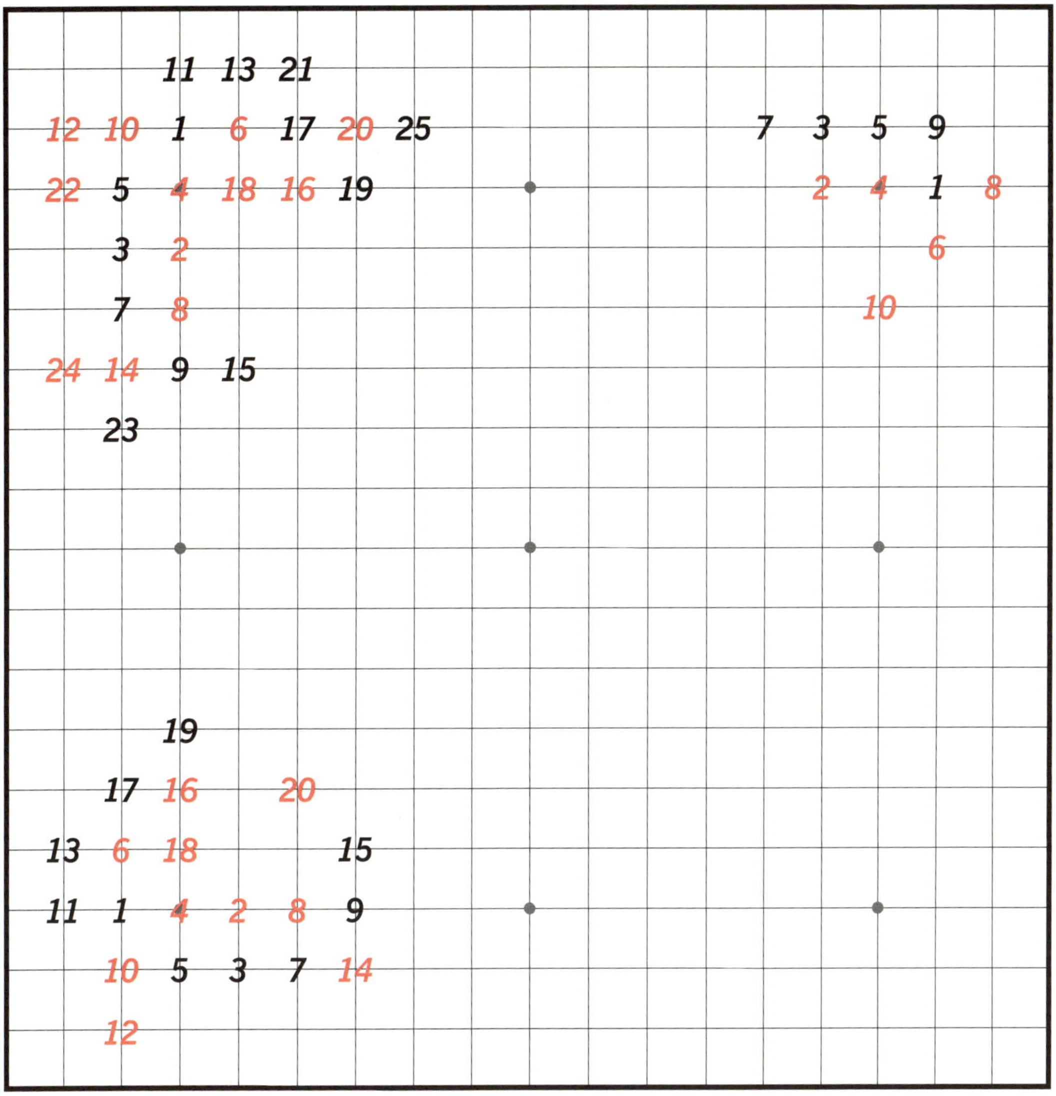

○○○○○○○○○○ ○ △ ×

1980년대에 유행한 신수.	요즘은 간명하게 두는 추세. 8이 간명. 추천!
백홍석, 목진석이 즐겨 쓰던 수법!	

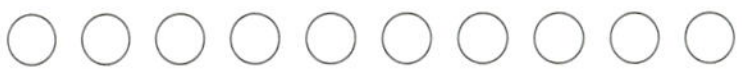

붙여 당기기

○ ○ ○ ○ ○ ○ ○ ○ ○ ○ ○ △ ×

13이 오청원의 신수. 당시 대유행!

23이 2000년대의 신수.

복잡한 변화가 너무 많음.

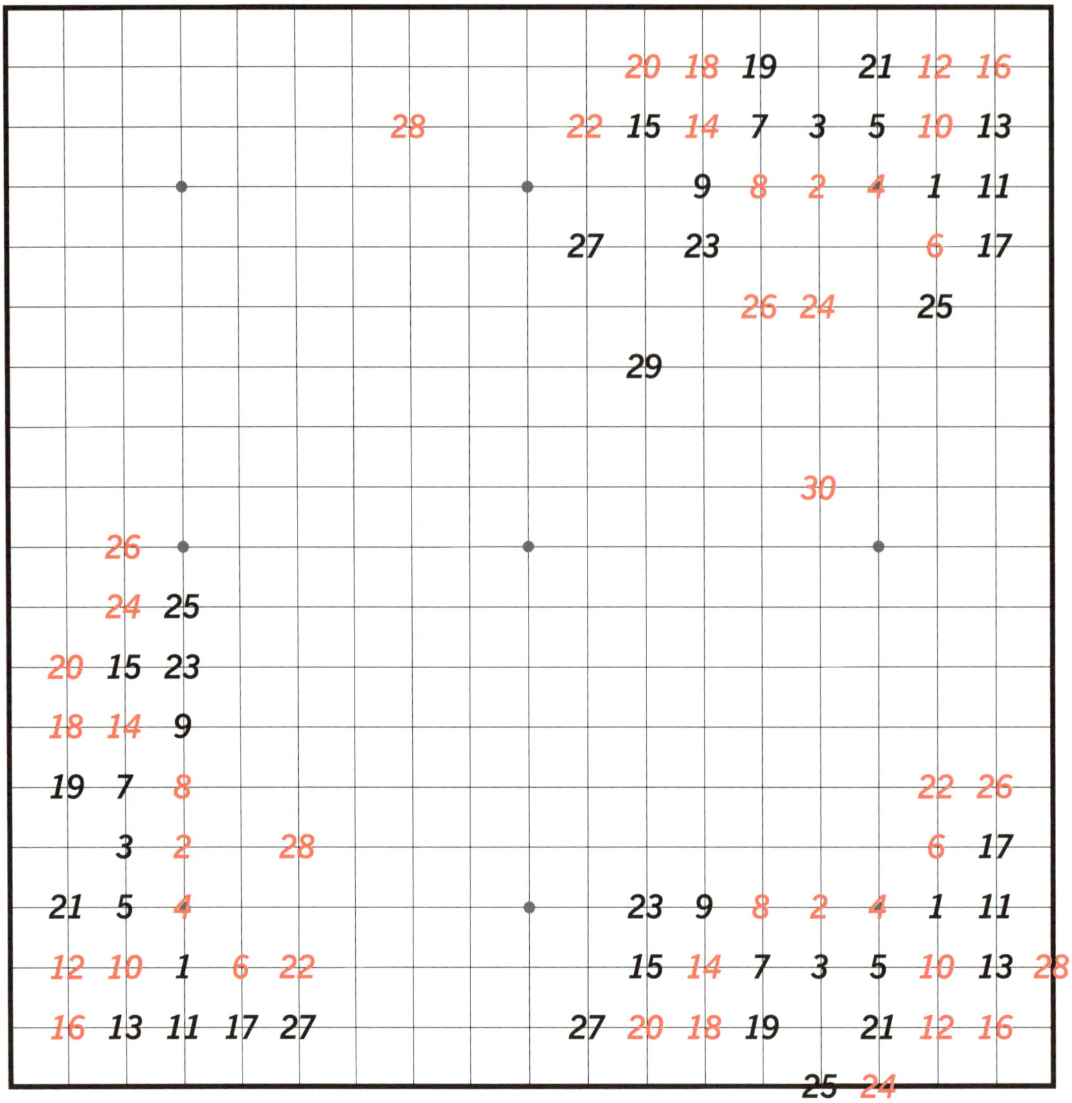

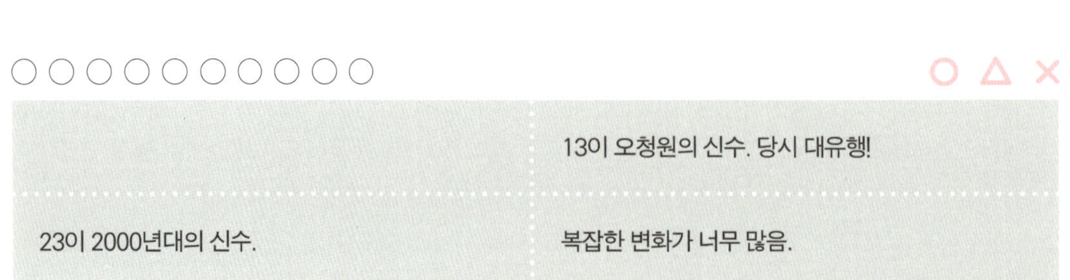

흑 이창호 vs 원성진 백

하이원리조트배 명인전 결승2국 | 2009년 12월

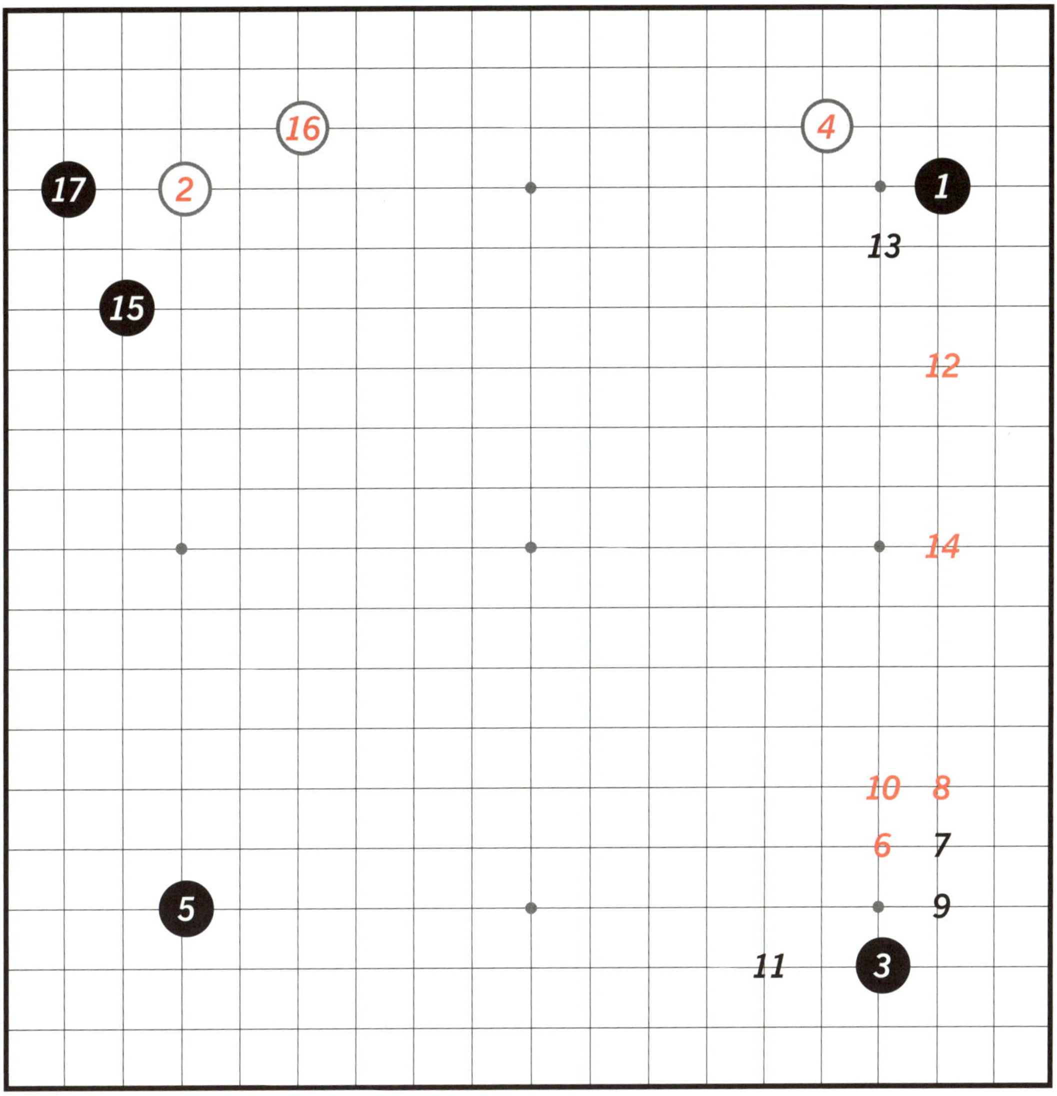

흑 신진서 vs 이창호 백

영재정상바둑대결 | 2013년 1월

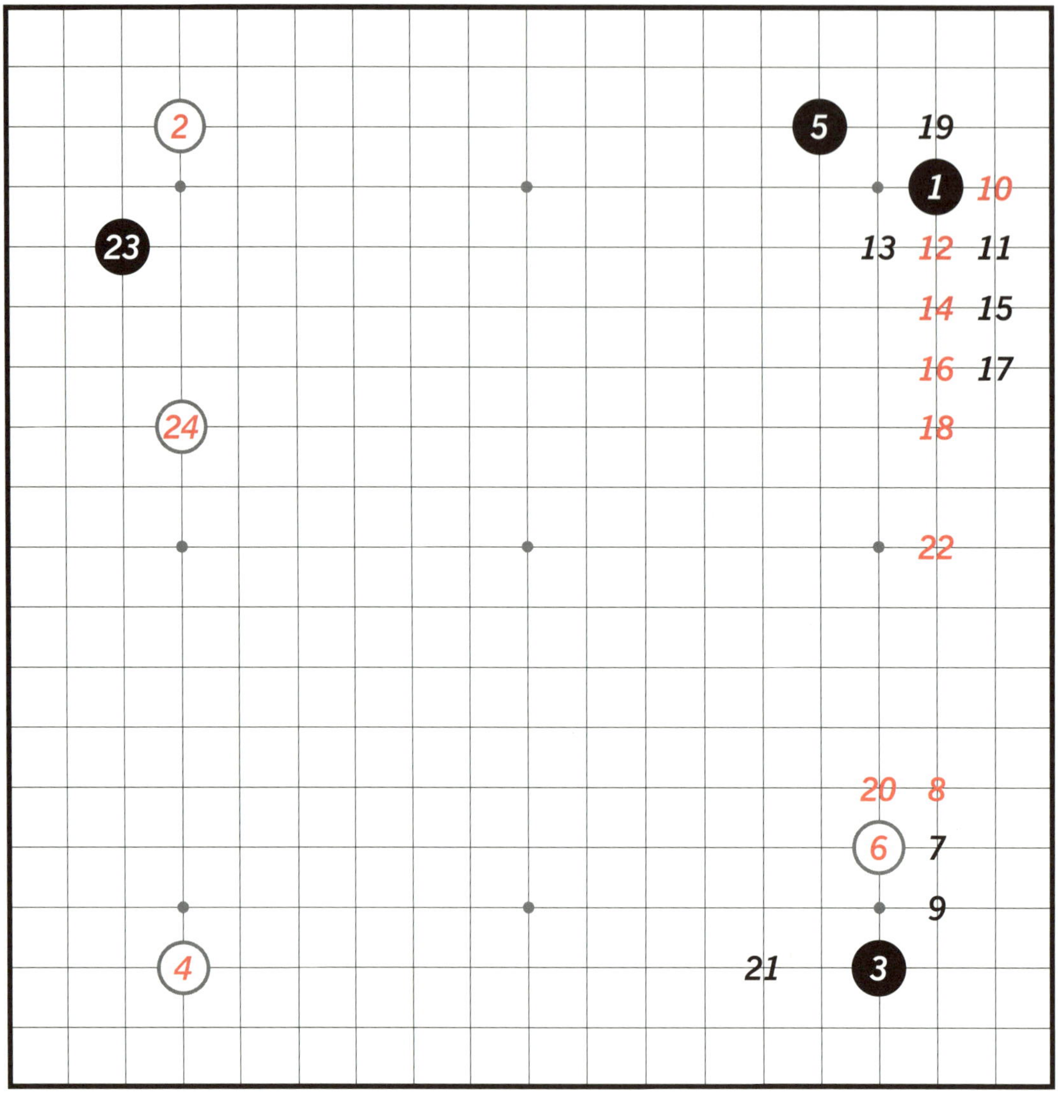

흑 김지석 vs 박정환 백

천원전 4강 | 2013년 11월

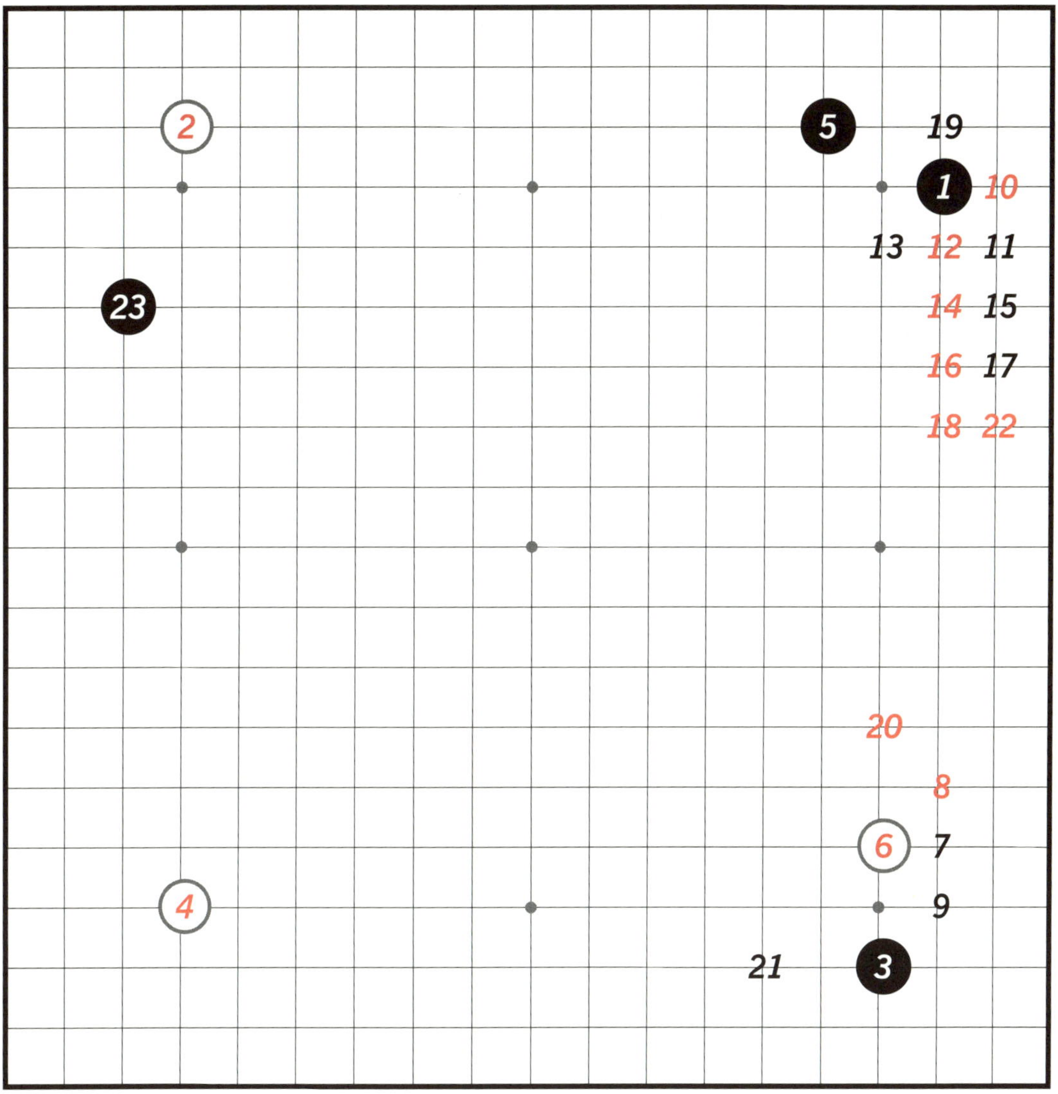

코멘트   20과 22가 아주 적극적인 수법.

메모

⚫흑 이창호 vs 이세돌 ⚪백

후지쯔배 8강전 | 2006년 6월

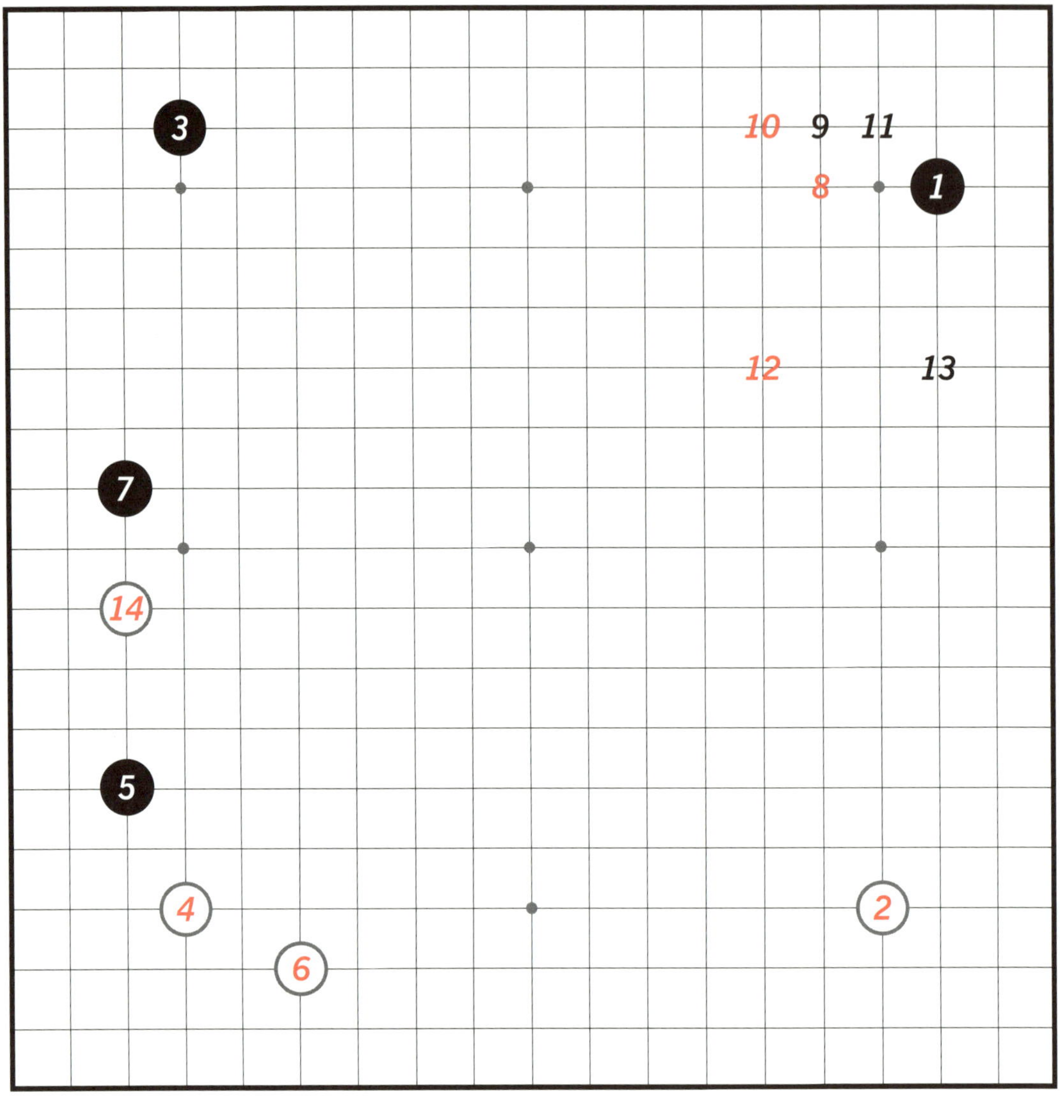

코멘트　선수 뽑아 침입. 전투 시작.

메모

흑 이세돌 vs 이창호 백

GS칼텍스배 본선리그 | 2006년 10월

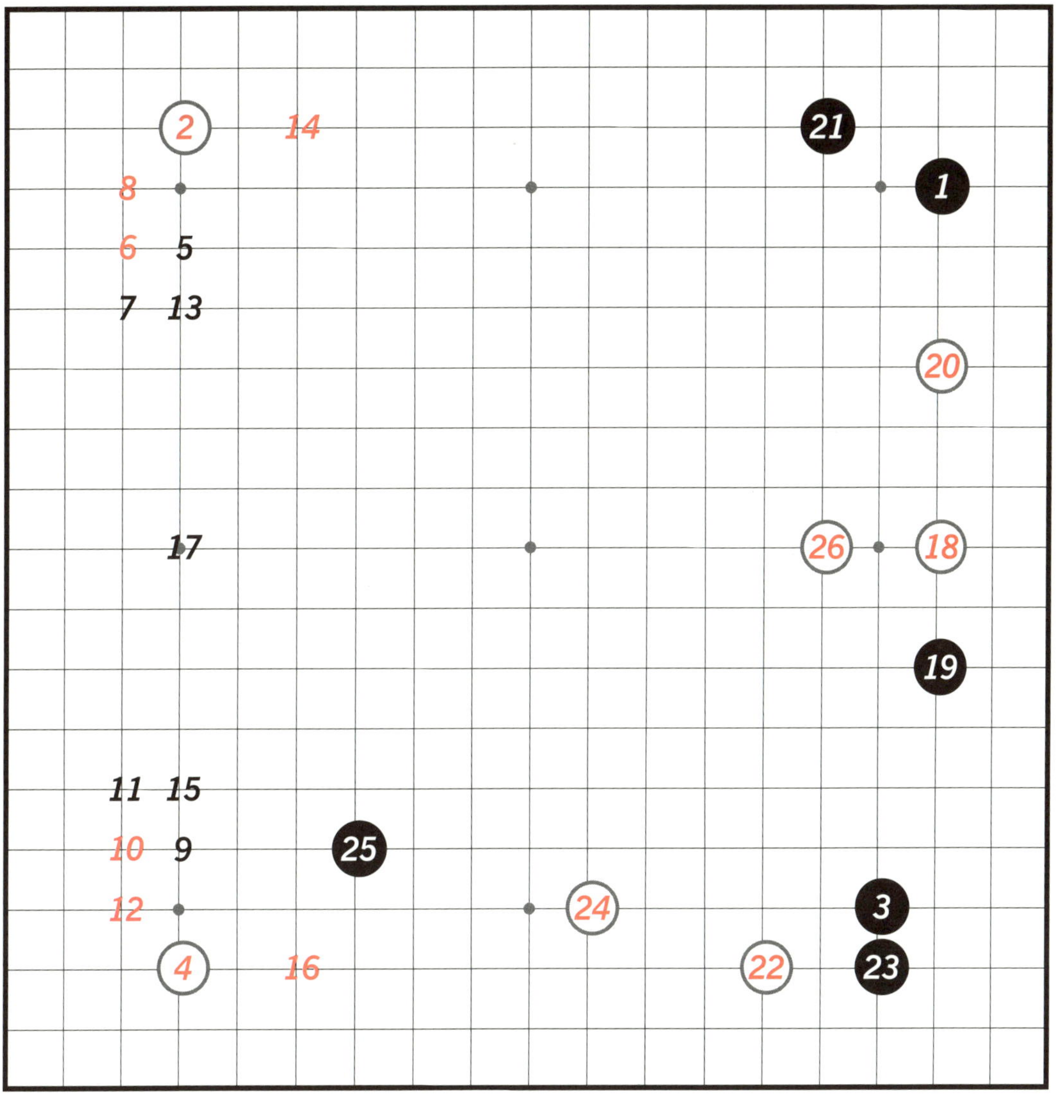

코멘트

메모

⚫ 흑 김지석 vs 이창호 ⚪ 백

한국리그 | 2009년 8월

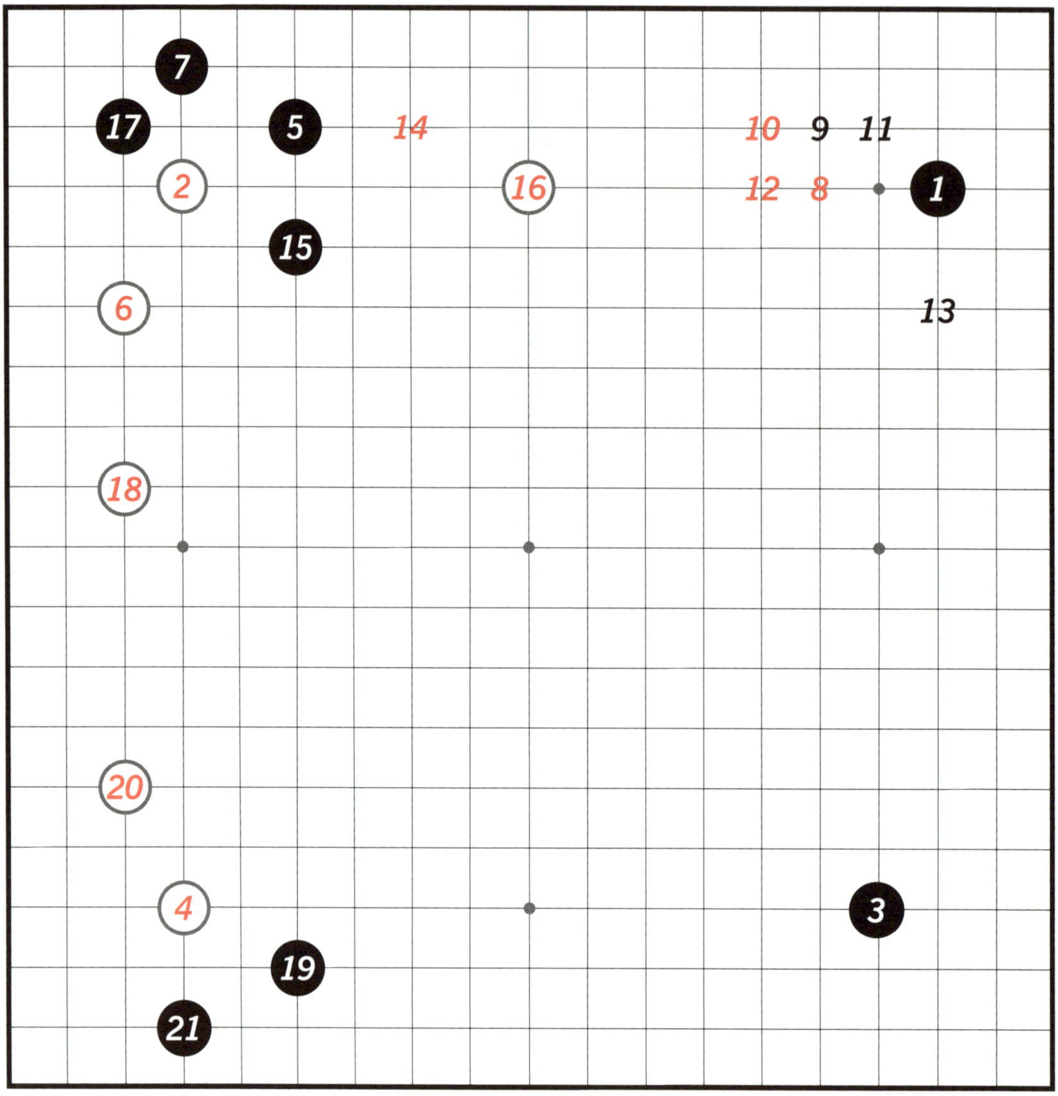

흑 박정환 vs 이창호 백

원익배 결승1국 | 2010년 1월

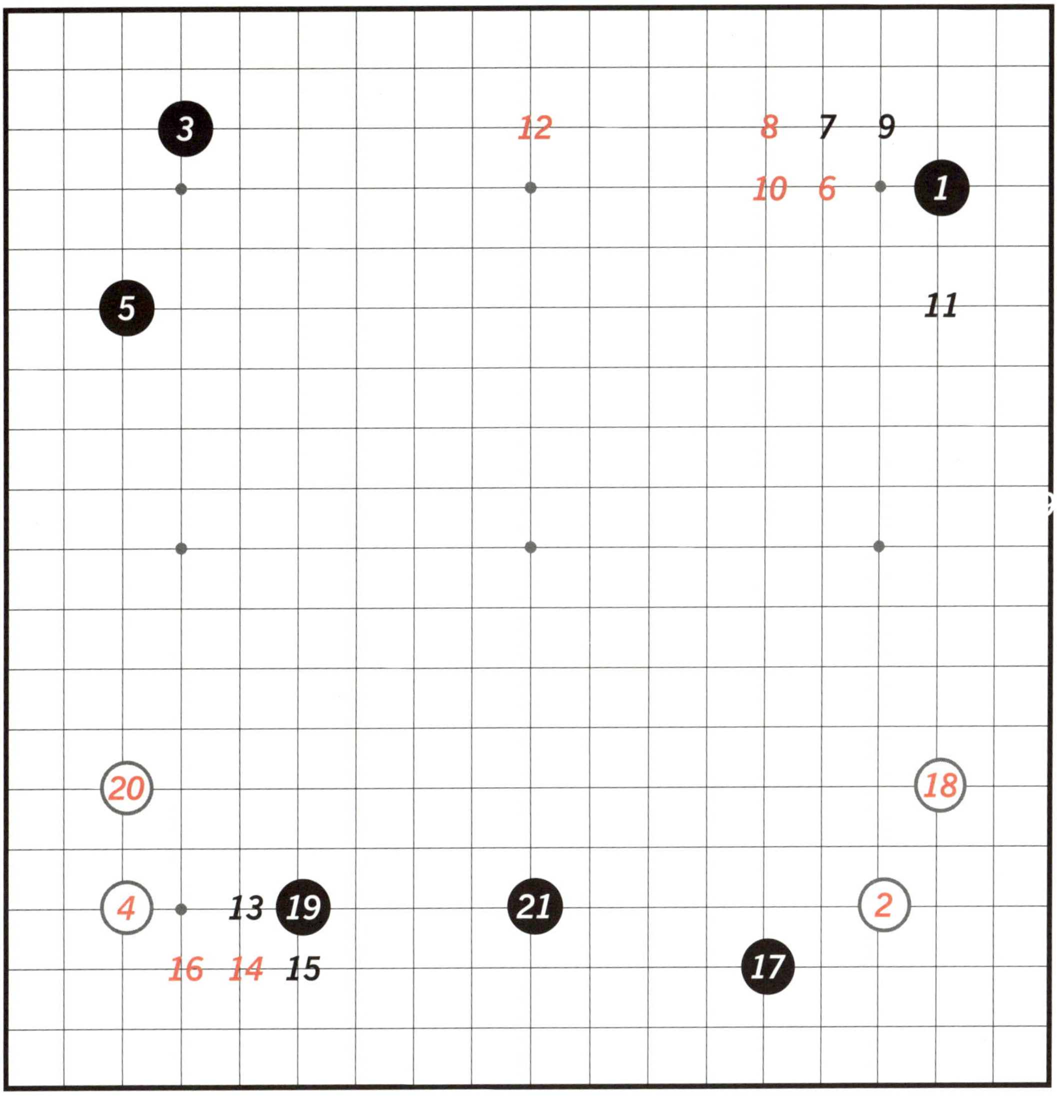

● 무라카와 다이스케 vs 이세돌 ⑭

하세배 2국 | 2014년 2월

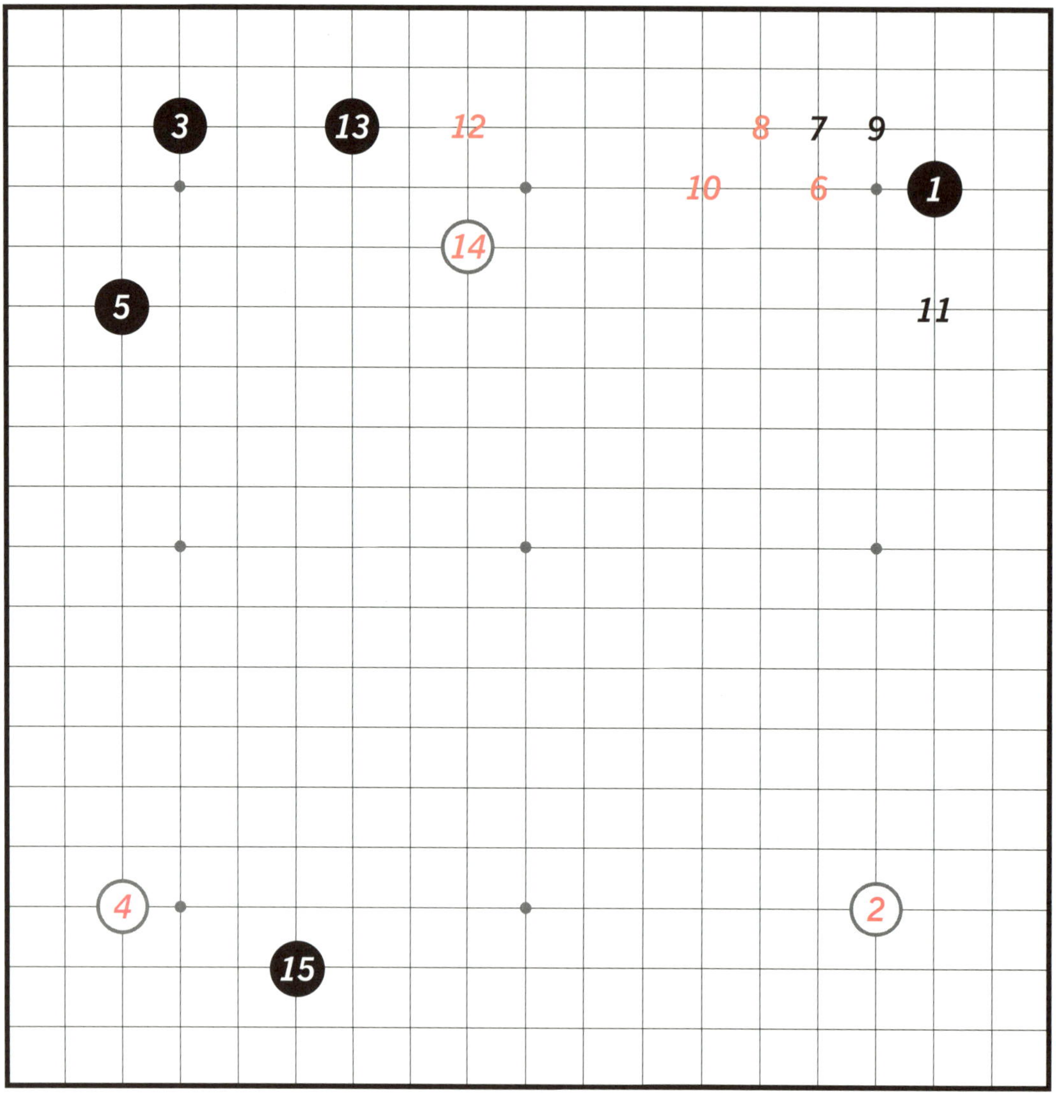

코멘트 일본 차세대 유망주 무라카와. 흑 불계승.

메모

흑 이창호 vs 유창혁 백

KB국민은행 한국바둑리그 | 2008년 6월

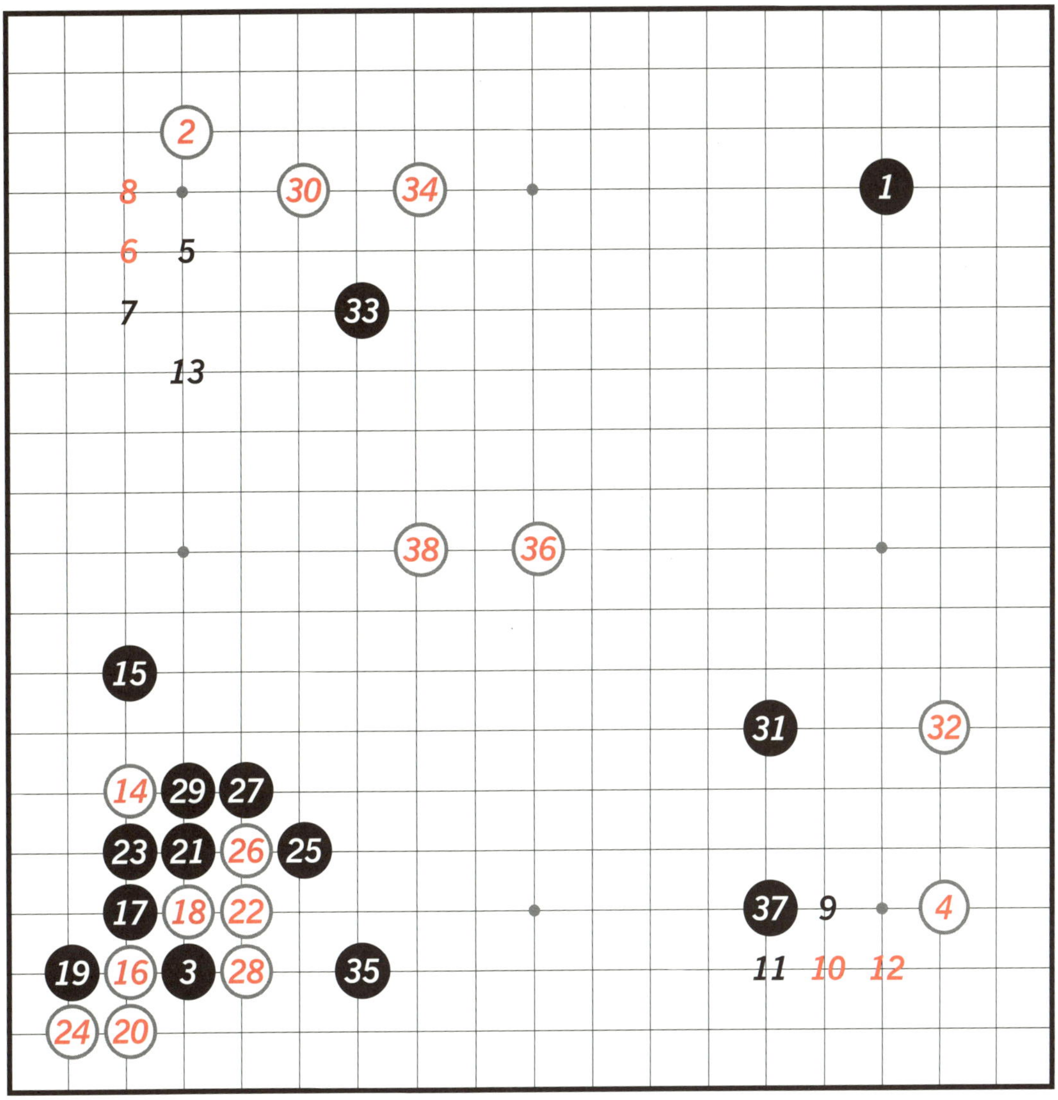

코멘트

메모

⚫ 흑 사카다 에이오 vs 오청원 ⚪ 백

6번기 제2국 | 1953년 7월

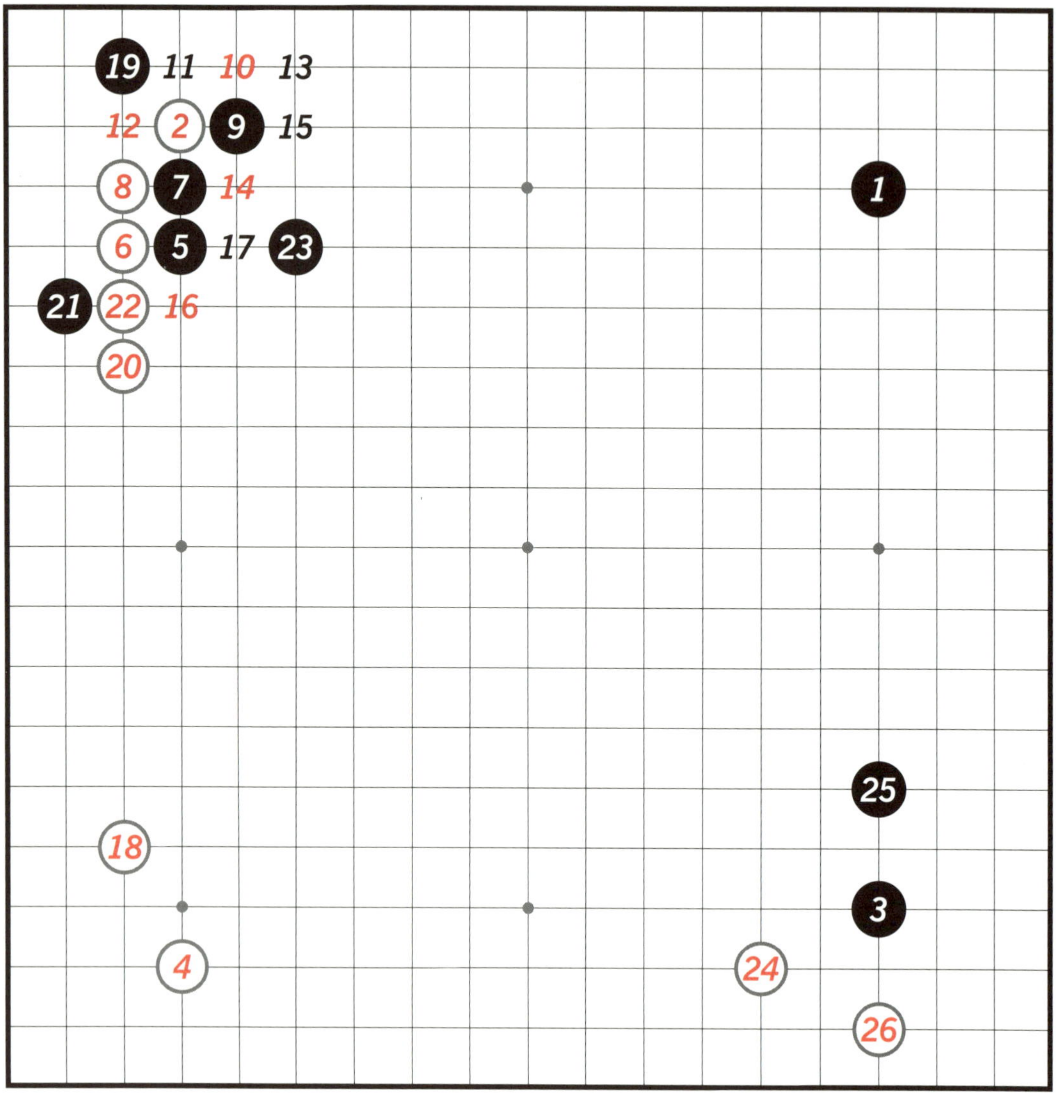

코멘트 10은 옛날 수법.

메모

⚫ 흑 조한승 vs 이세돌 ⚪ 백

왕위전 본선 | 2002년 7월

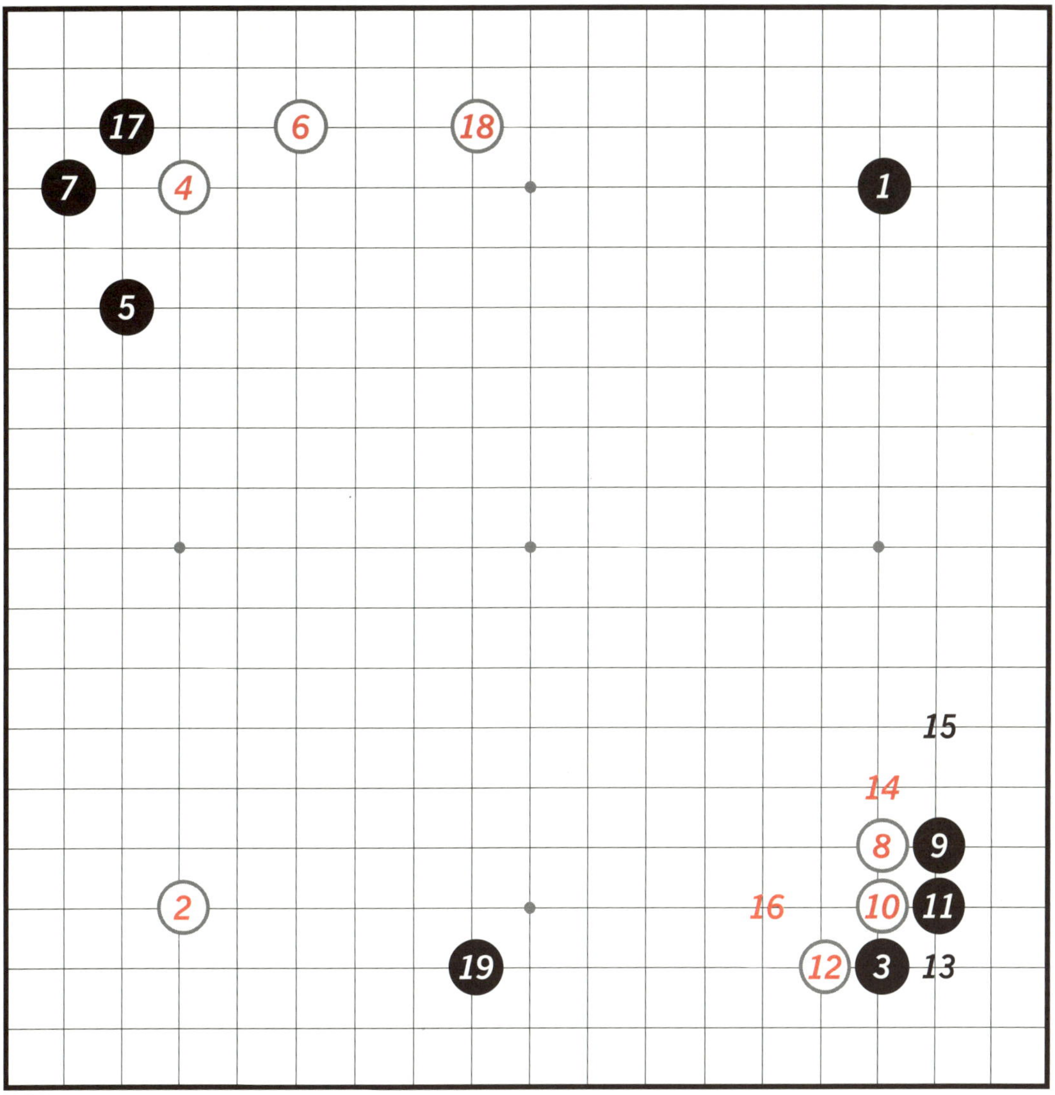

코멘트　13이 간명한 처리.

메모

 ⚫ 원성진 vs 홍성지 ⚪백

명인전 본선 | 2010년 7월

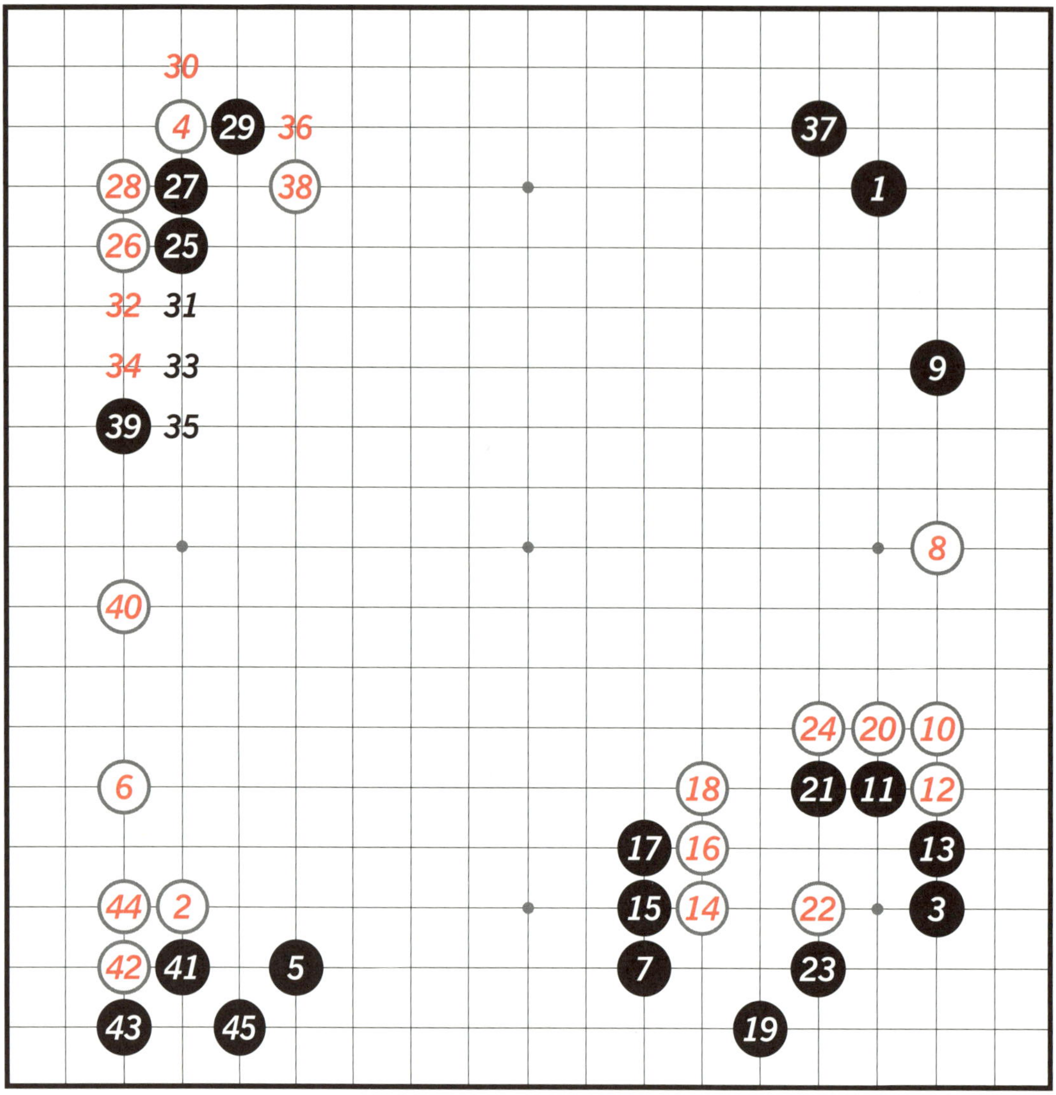

코멘트　우하 미니 중국식 역시 좋은 공부 재료.

메모

흑 류수항 vs 목진석 백

KB바둑리그 | 2013년 11월

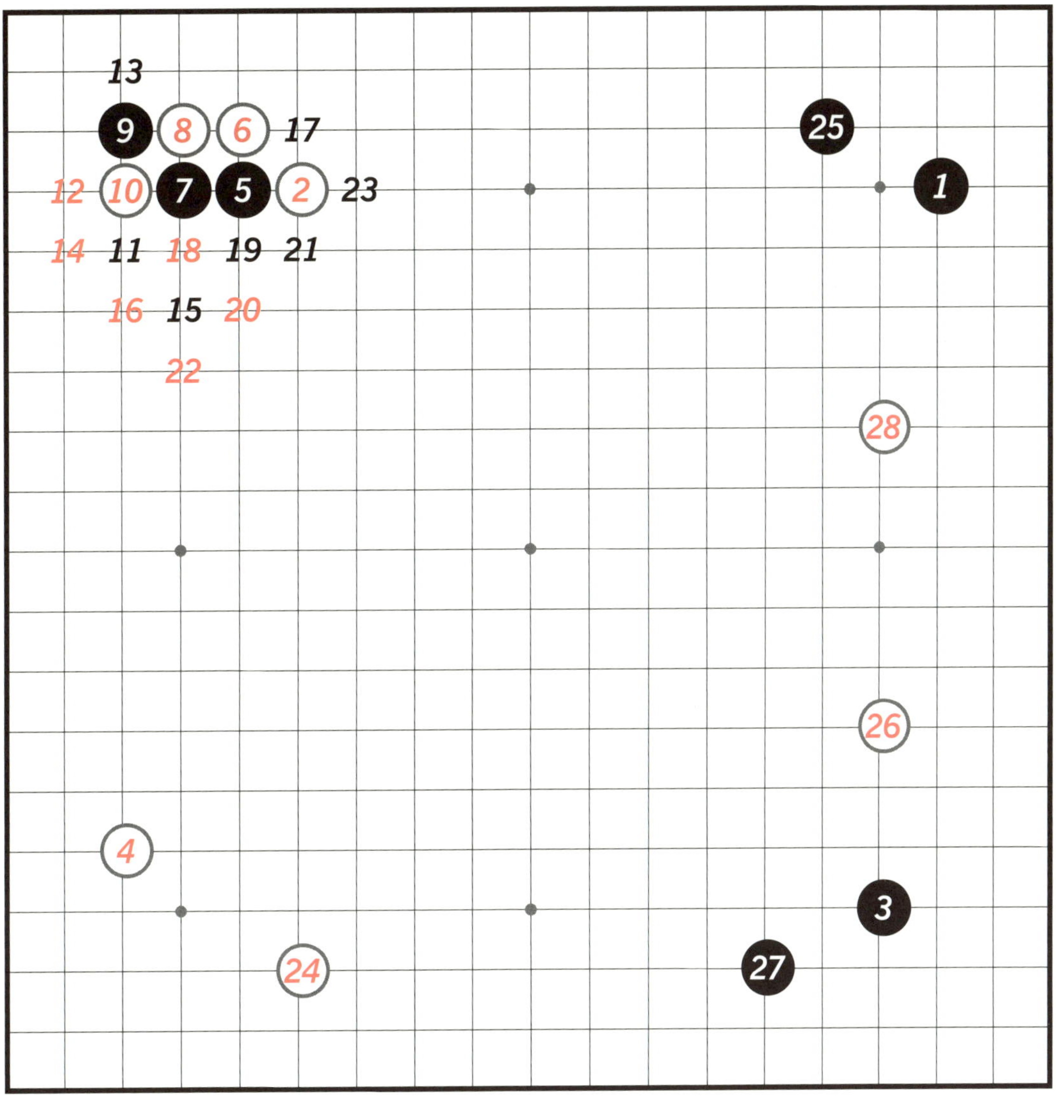

코멘트 백2 대고목에 흑5가 독특. 이세돌 9단이 처음 시도한 수. 결국 환원된 모습.

메모

실전 ⚫흑 오청원 vs 미야모토 나오키 ⚪백

명인전 리그 | 1964년 1월

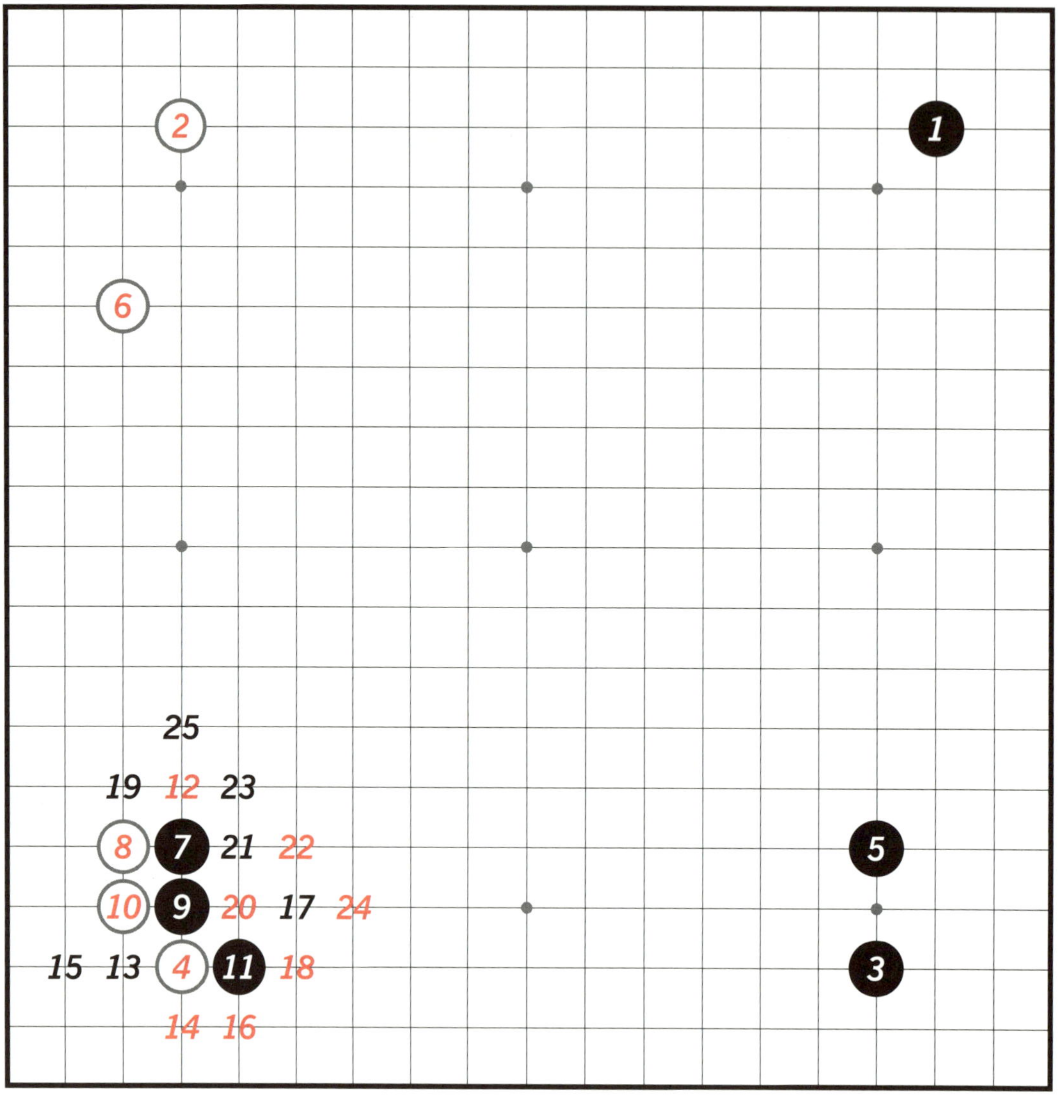

코멘트 50년 전 기보. 정석에 획기적인 변화는 없었다는 증거.

메모

⚫ 흑 이세돌 vs 구리 ⚪ 백

비씨카드배 결승3국 | 2011년 4월

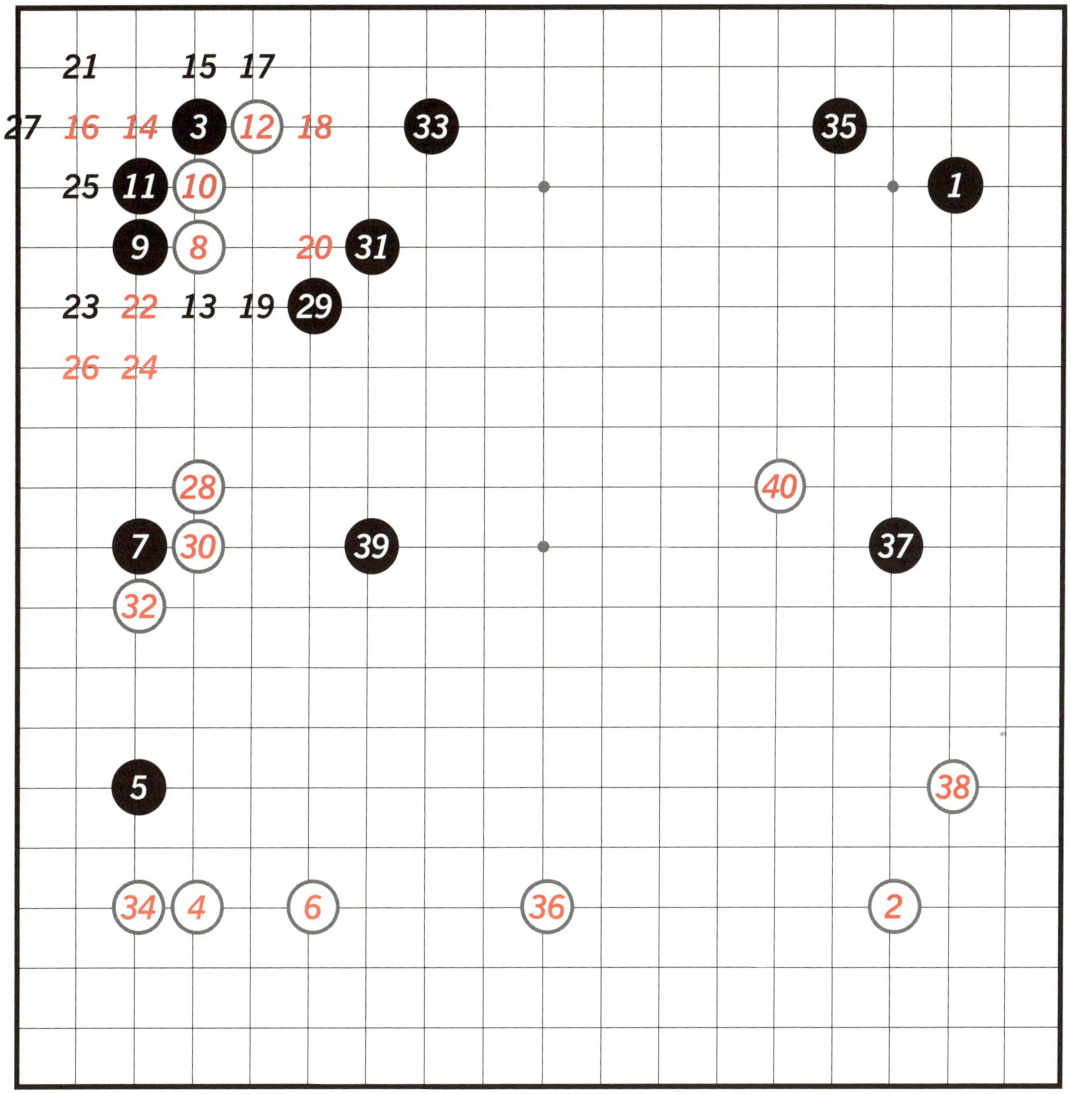

코멘트 1:1에서 3국. 대역전 반집승. 결국 세기의 대결에서 승리하는 이세돌.

메모

흑 조훈현 vs 후야오위 백

농심후라면배 제11국 | 2003년 1월

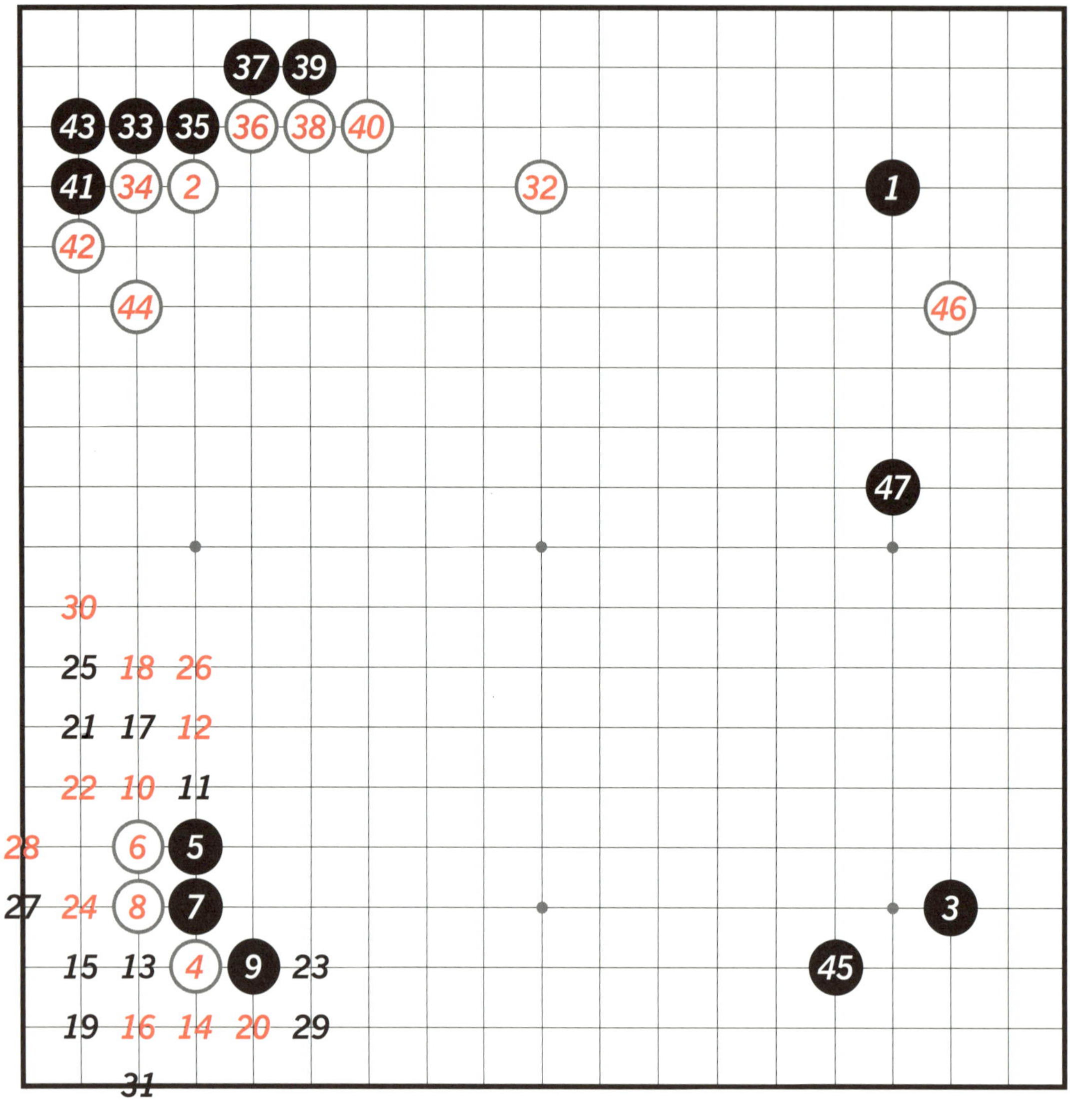

코멘트 후야오위. 상하이 출신. 별명은 둔도(느린 칼).

메모

● 흑 임선근 vs 백홍석 ⑭ 백

입신과 수졸 제3국 | 2002년 11월

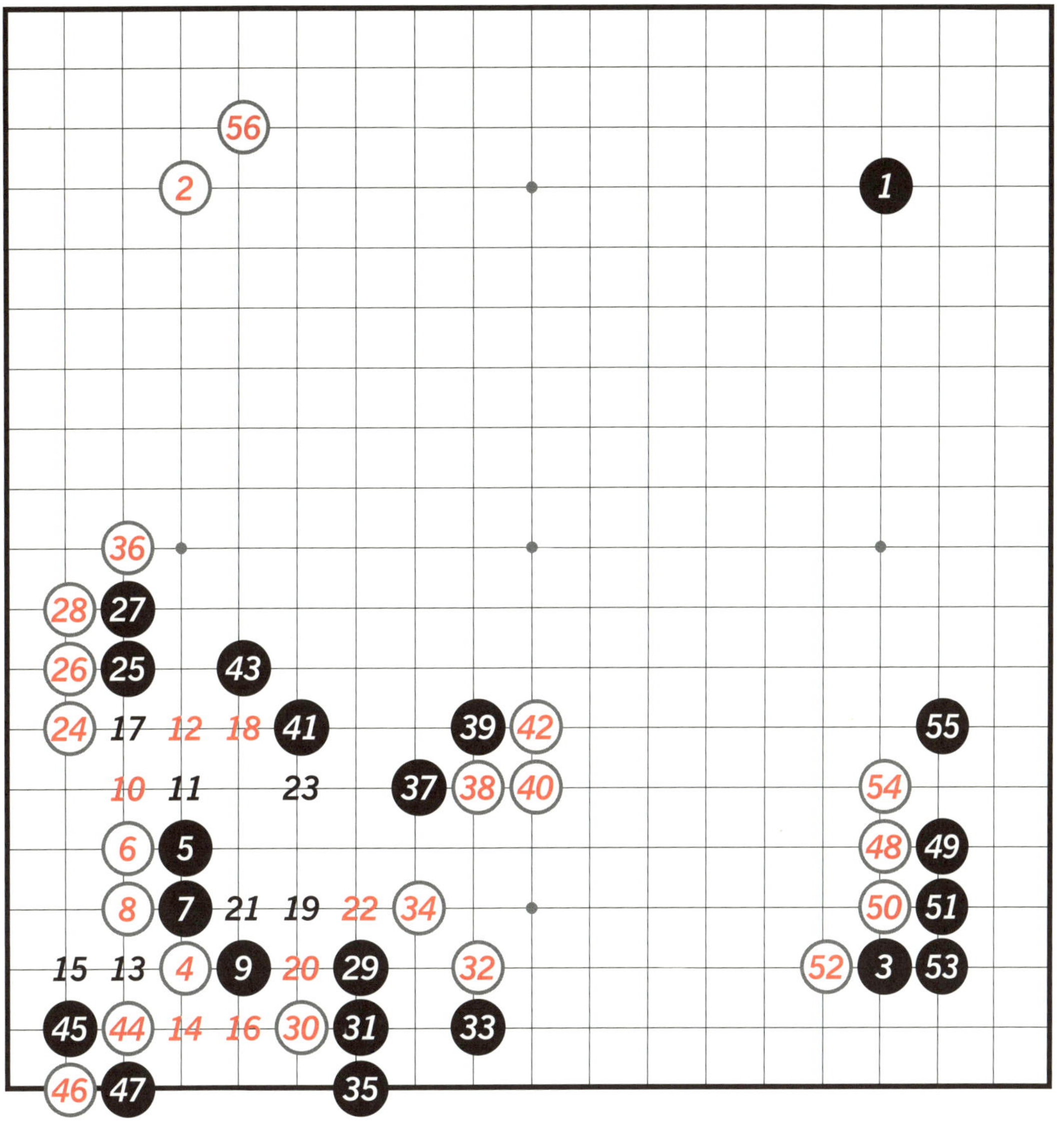

코멘트　23이 공부할 만한 수. 백홍석이 자주 두던 정석.

메모

실전

흑 이창호 vs 구리 백

춘란배 8강전 | 2008년 12월

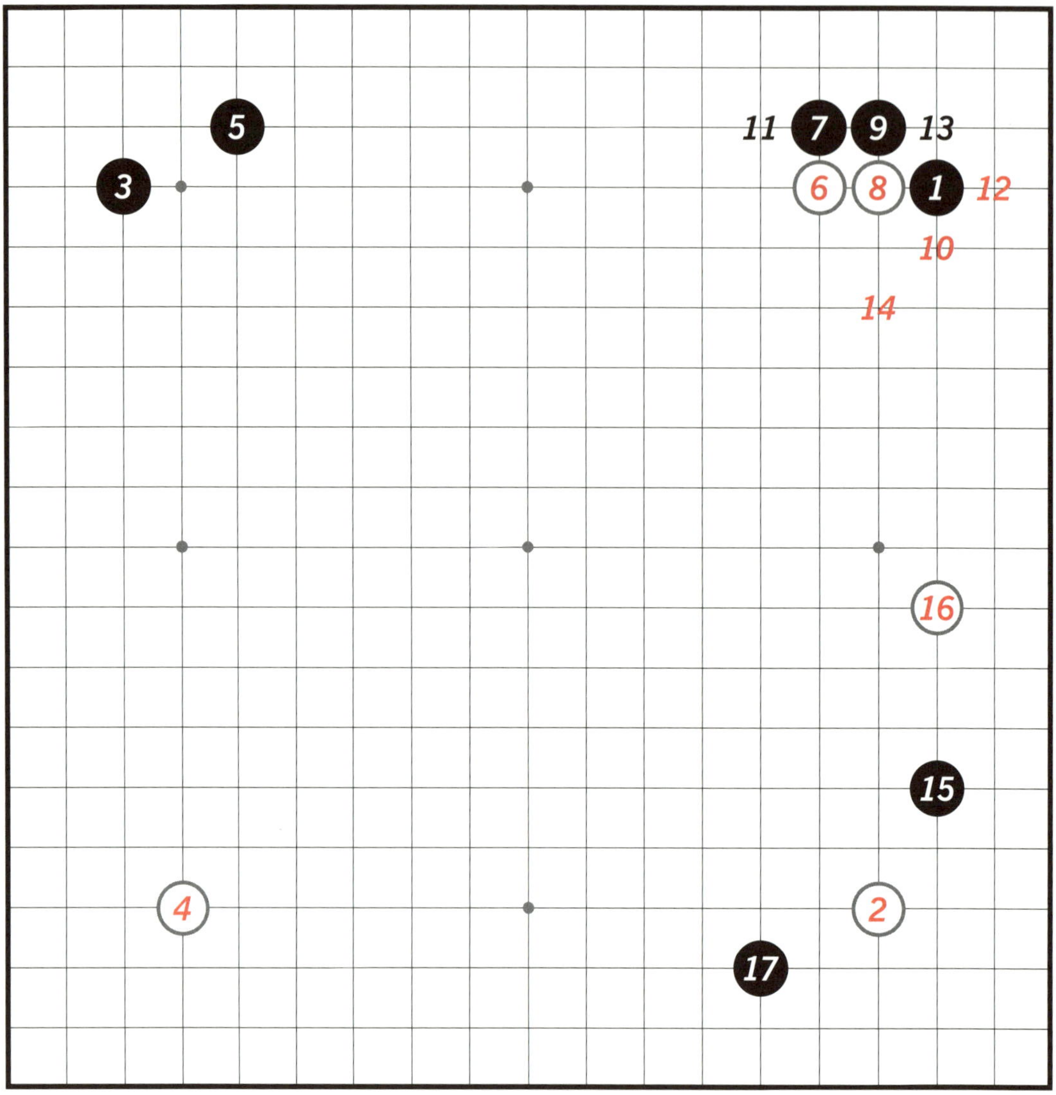

코멘트

메모

흑 박정환 vs 이세돌 백

맥심커피배 결승2국 | 2013년 3월

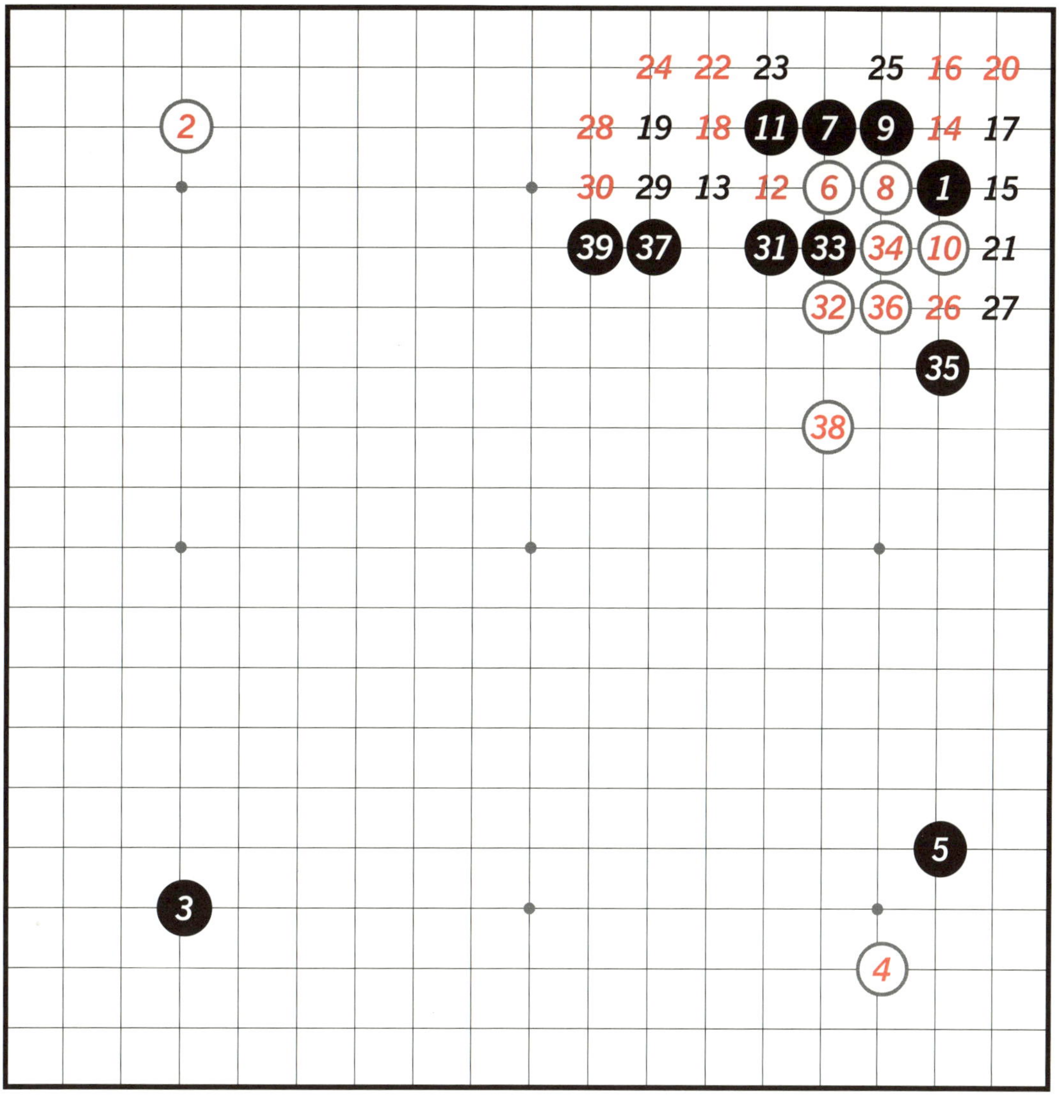

코멘트 복잡한 수순. 외우는 것보다 이해하는 것이 중요.

메모

 ● 흑 고바야시 고이치 vs 조치훈 ⑩ 백

일본기성전 도전6국 | 1986년

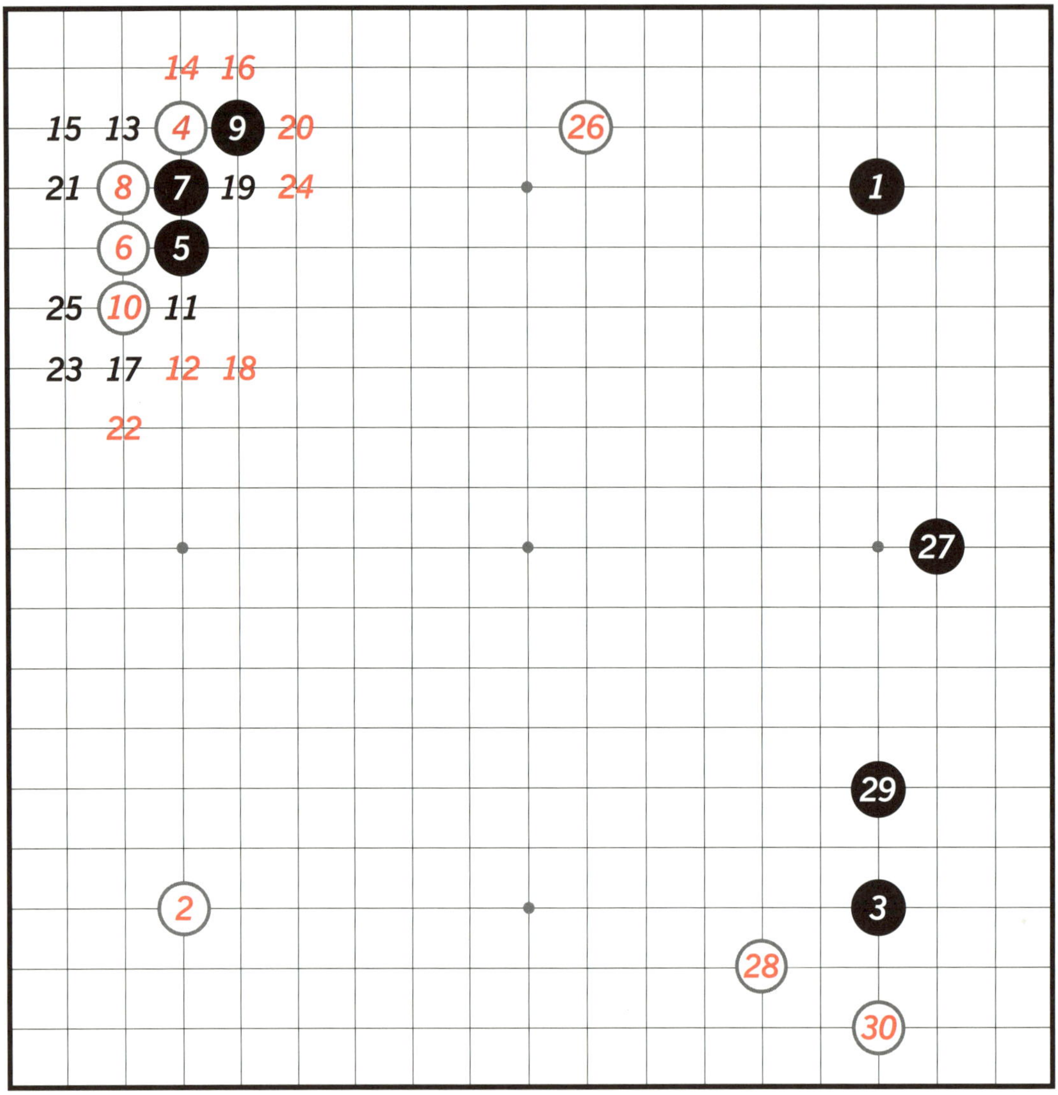

코멘트 휠체어 대국 시리즈 최종국. 2:4로 승리, 고바야시 고이치 9단이 일본 1인자로 등극!

메모

신산 박영훈 9단의 추천 정석

상대가 높게 걸치면 제일 먼저 생각하는 수

박승철 박영! (기사끼리 이렇게 줄여 부르는 경우가 많습니다.) 이 붙여 당기는 정석 왜 이렇게
좋아하는 거야?

박영훈 일단 실리가 크잖아. 집이 너무 짭짤해 보이는데.

박승철 하긴 너 입단하자마자는 엄청 엷게 당기고 좋다고 막 그랬었지.

박영훈 지금 보면 그땐 좀 심하게 실리파고. 너무 엷었지. 지금은 좀 바뀌었어.

박승철 맞아. 2007년인가 너 오청원 전집 한참 보고 기풍 좀 바뀌었던 기억난다.

박영훈 응. 기성전 도전기였네. 지금도 실리 쪽이지. 예전처럼 극단적이진 않지만.

박승철 얼마 전 예선 시합에서 어떤 기사가 첫 수부터 초읽기 여덟, 아홉에 두는 거야.

박영훈 첫 수부터 신중하네.

박승철 근데 상대가 높이 걸치니까 노타임으로 붙이더라고. 그렇게 유력한가?

박영훈 일단 실리가 중요하고, 상대가 높게 걸치면 제일 먼저 생각하는 수라고 봐야지.

박영훈 9단은 입단은 늦었지만 바로 세계대회 무대에서 좋은 성적을 거뒀습니다. 어렸을
때는 수학 쪽에 재능이 뛰어났다고 해요. 그래서인지 끝내기와 형세 판단으로 세계 정상에 올
랐죠. 만약 자녀가 숫자에 뛰어난 재능을 보인다면 바둑 입문반만 가르쳐보세요. 혹시 모르죠.
제2의 박영훈이 나올지도.

위기구품(圍棋九品)

    초단에서 9단까지. 이는 단지 바둑 실력만을 가르는 기준이 아닙니다. 바둑의 품격을 나타내고 있지요. 사람들은 흔히 바둑을 인생에 비유하곤 합니다. 위기구품 역시 현재 내 인생의 품격이 어느 정도인지 가늠해 보기에 부족함이 없습니다. 인생의 격을 이르기도 하는 것이지요. 요즈음의 관점으로 보자면 조금 과하고, 말 그대로 신선놀음 같기도 합니다만, 위기구품의 정신에는 우리가 잊고 살아가는 덕목들이 담겨 있지 않나 합니다.

    수졸(守拙) : 졸렬하나마 제 스스로는 지킬 줄 알다.

    약우(若愚) : 일견 어리석어 보이지만 나름대로 움직인다.

    투력(鬪力) : 비로소 싸우는 힘을 갖추다.

    소교(小巧) : 간단한 기교를 부릴 줄 알다.

    용지(用地) : 기교를 넘어 지혜를 쓸 줄 알다.

    통유(通幽) : 그윽한 경지까지 이르다.

    구체(具體) : 모든 조건을 두루 갖추어 완성에 이르다.

    좌조(坐照) : 앉아서도 삼라만상의 변화를 훤히 내다보다.

    입신(入神) : 신의 경지에 이르다.

위 붙임

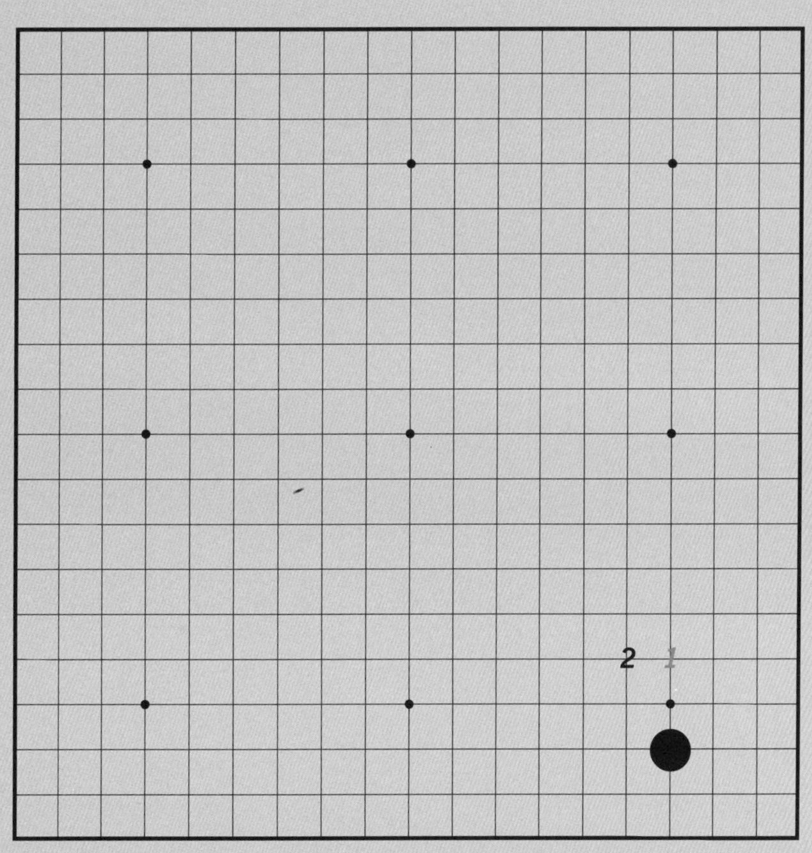

정석

위 붙임

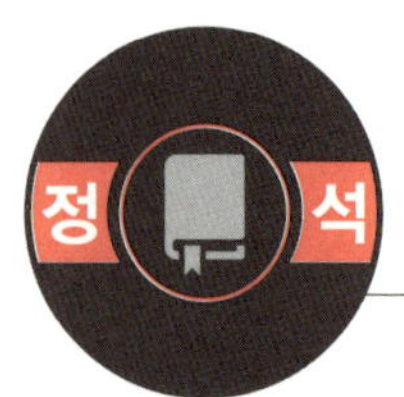

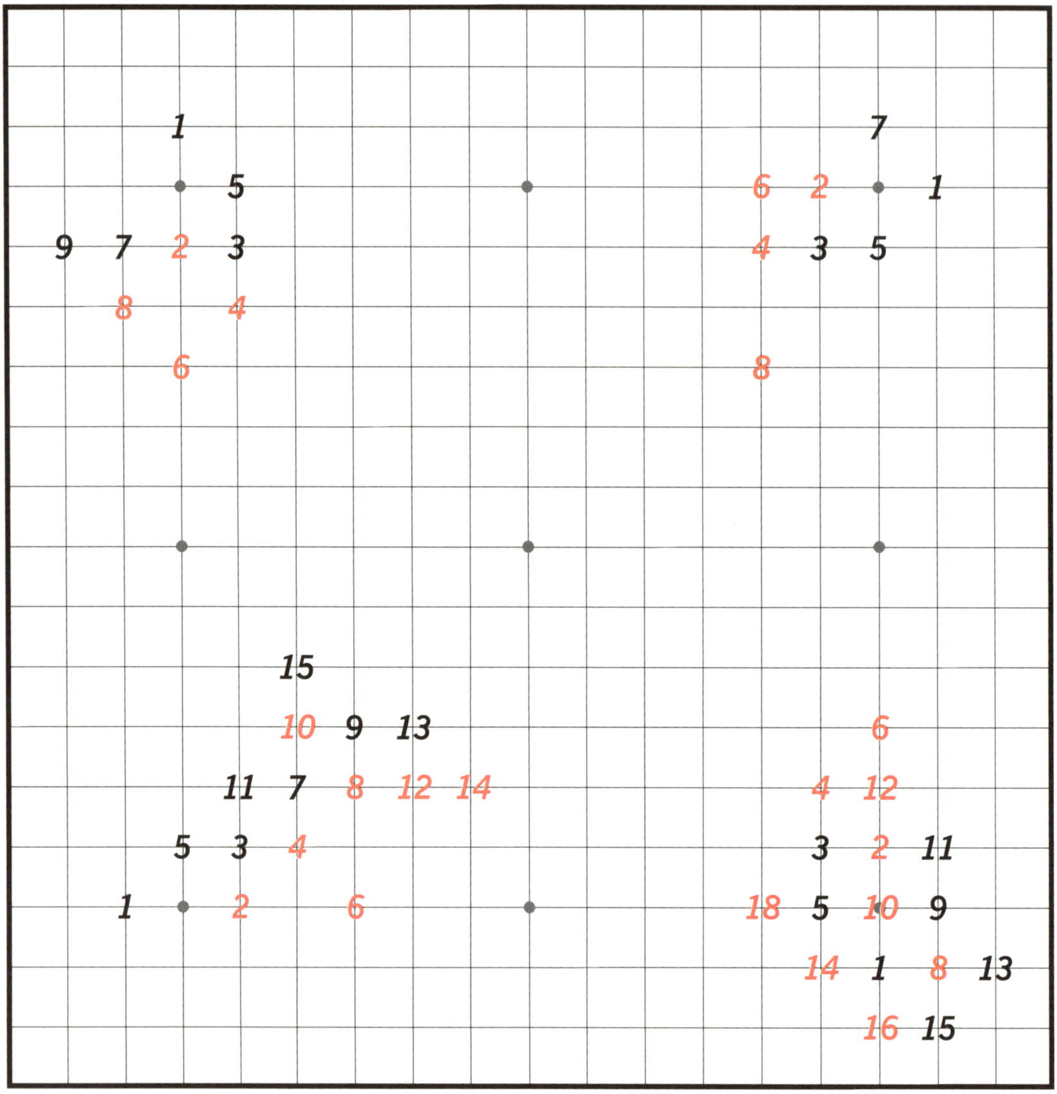

※7=손 뺌, 17=8

○○○○○○○○○○ ○ △ ×

3은 실리적인 수법.

축 관계를 꼭 따져보세요!

위 붙임

○ ○ ○ ○ ○ ○ ○ ○ ○ ○ ○ △ ×

흑 세력, 백 실리.

예전 수법. 요즈음은 잘 쓰지 않음.

※15=1

흑 세력 좋음.

복잡!

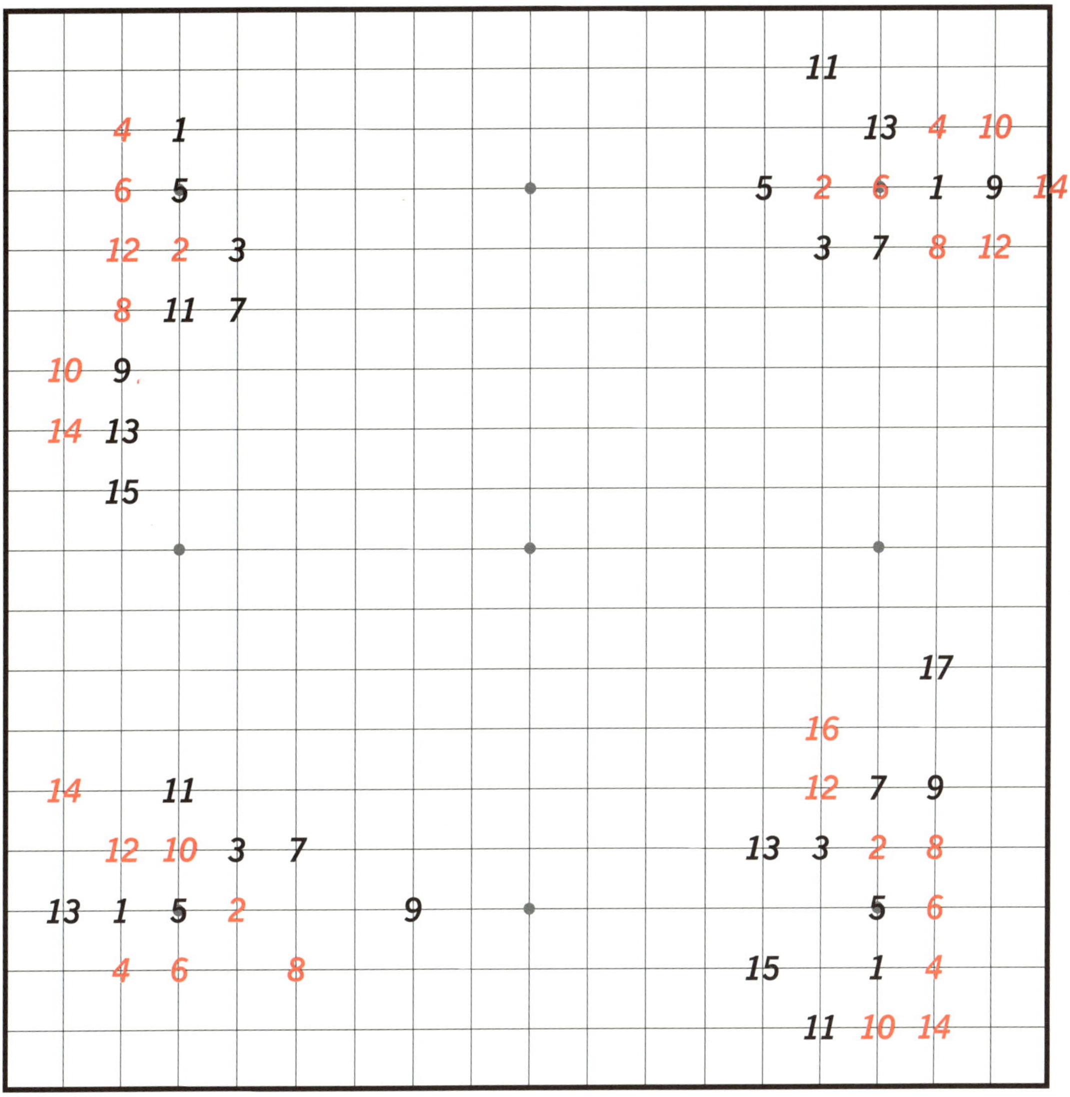

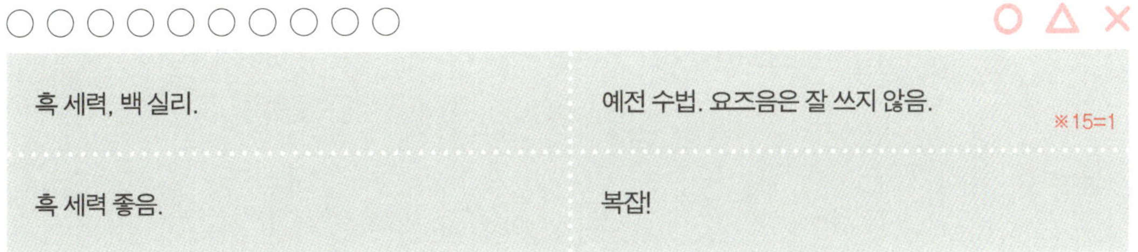

흑 조치훈 vs 오다케 히데오 

일본 명인전 도전기 | 1980년 10월

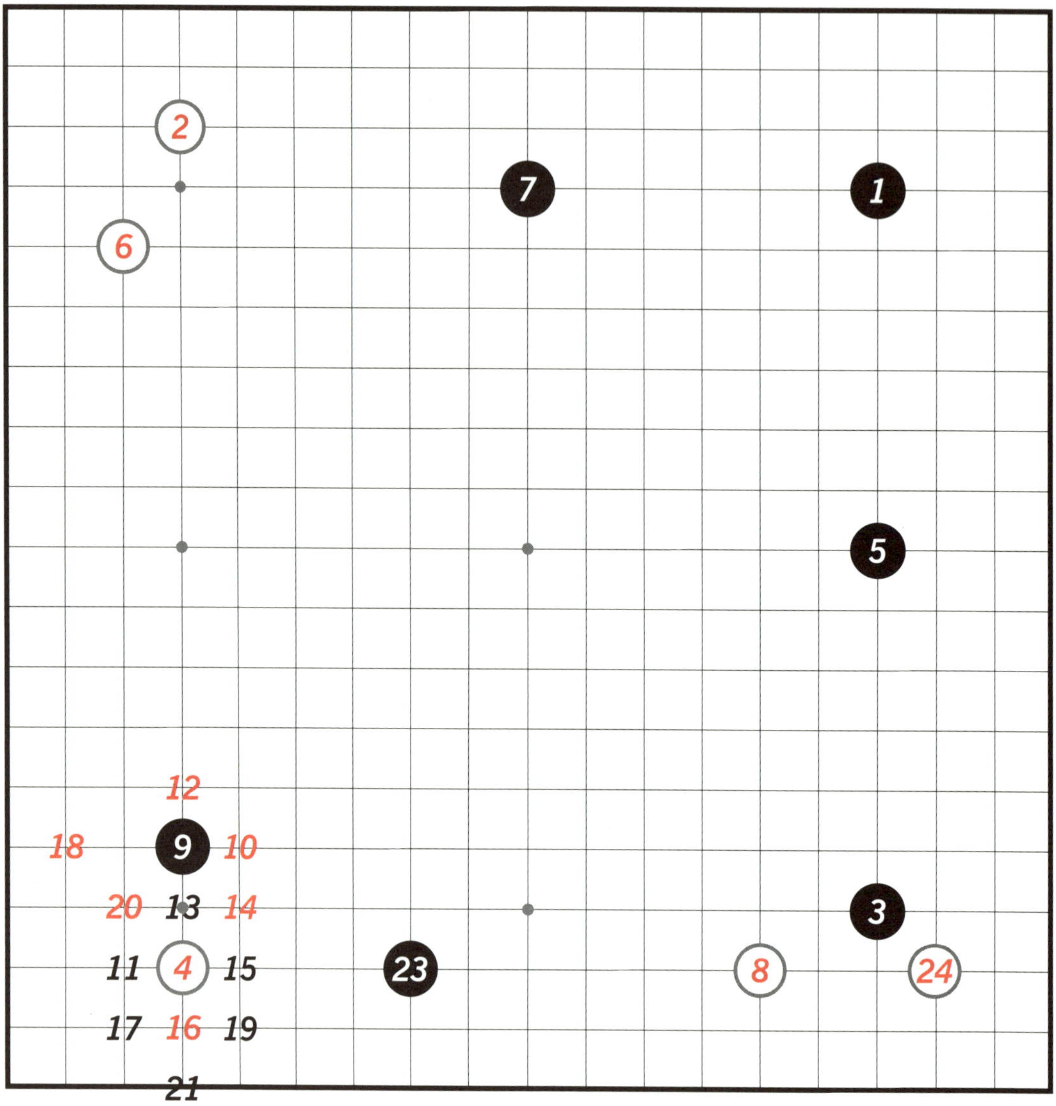

실전 ⚫ 흑 오청원 vs 임해봉 ⚪ 백

일본 프로 십걸전 | 1968년 5월

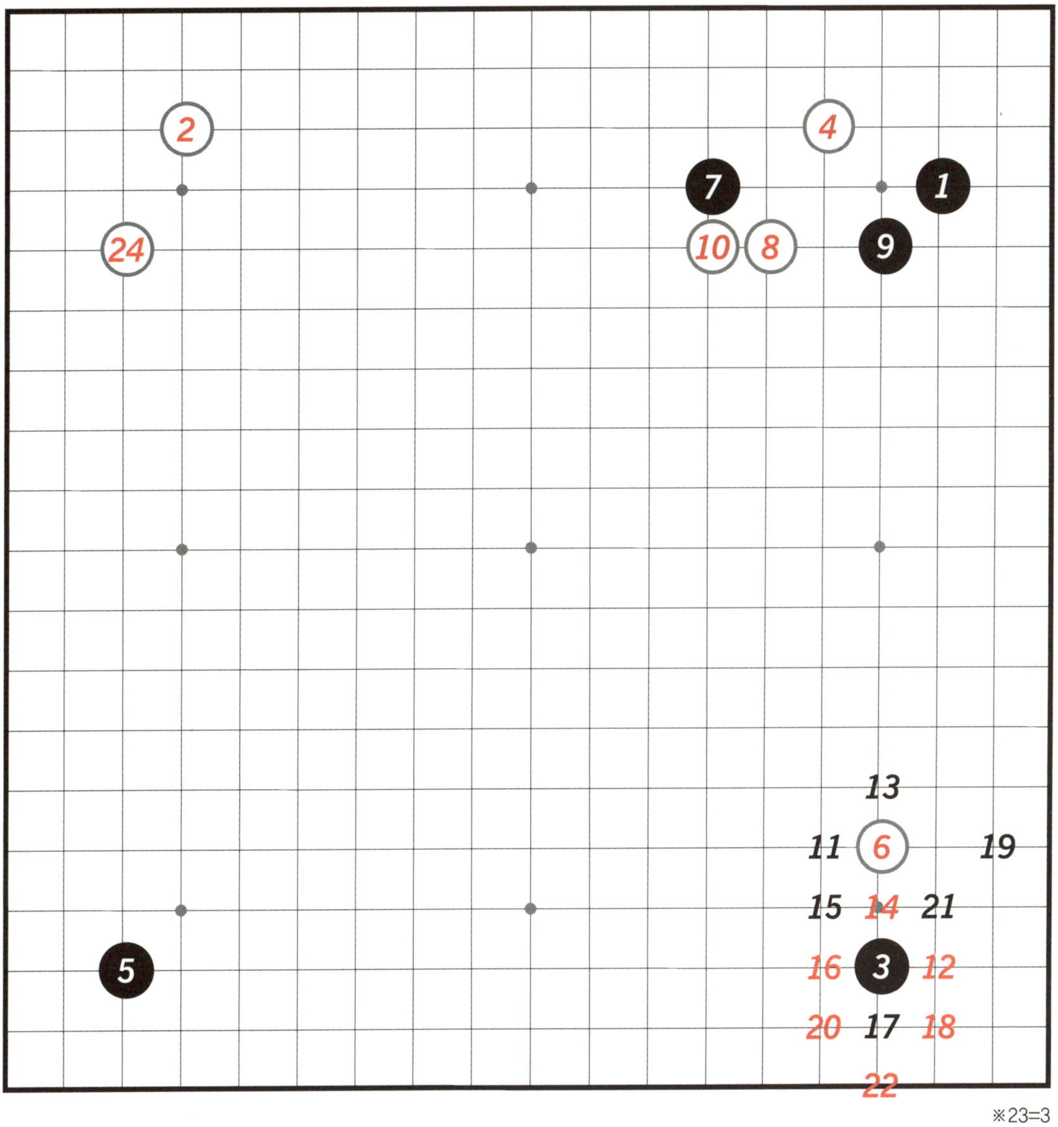

※23=3

흑 이세돌 vs 유창혁 백

SK엔크린배 명인전 본선 | 2002년 2월

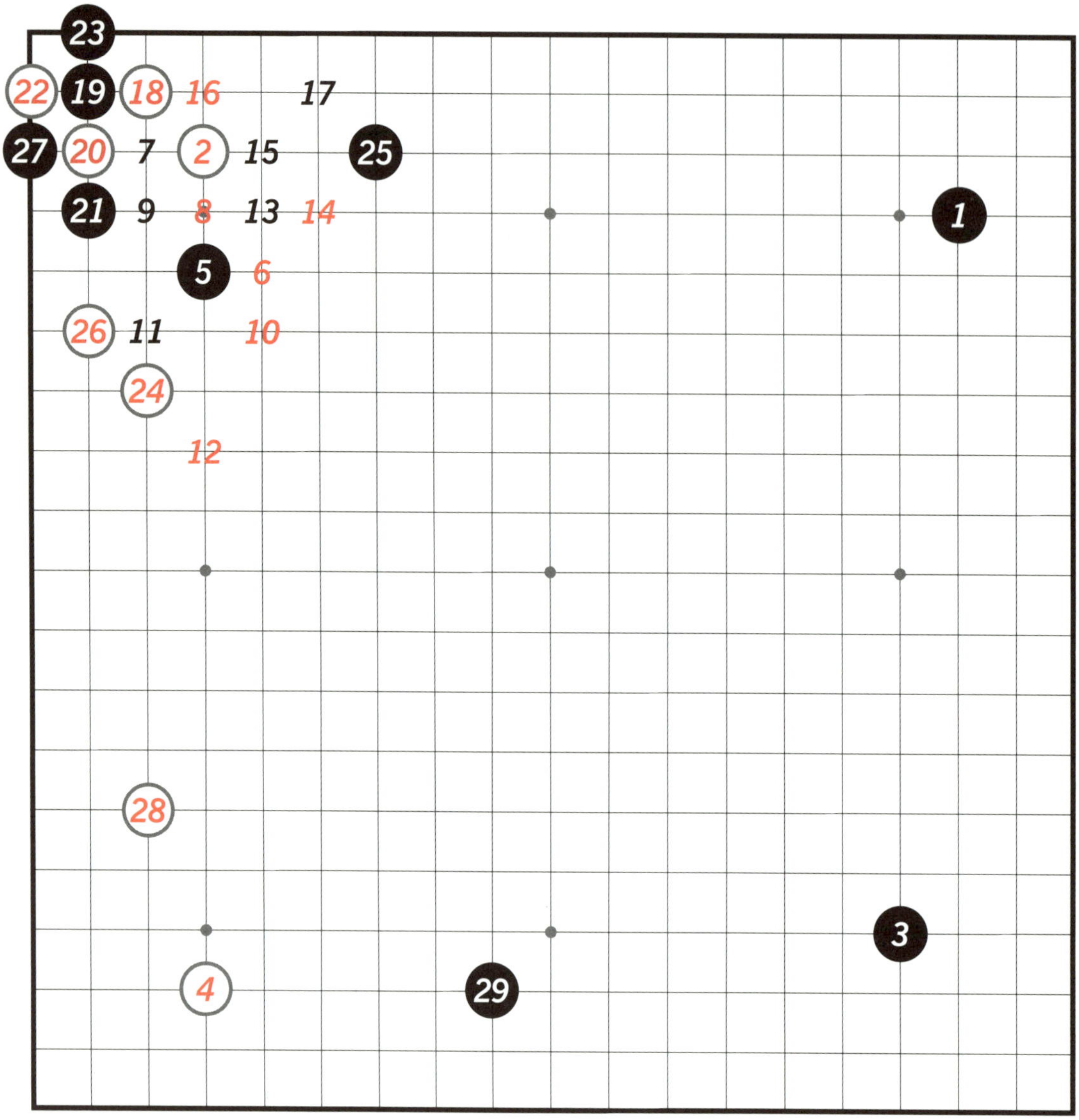

코멘트　유창혁 9단이 즐겨 쓰던 두터운 정석.

메모

⚫ 흑 조훈현 vs 녜웨이핑 ⚪ 백

응씨배 결승4국 | 1989년 9월

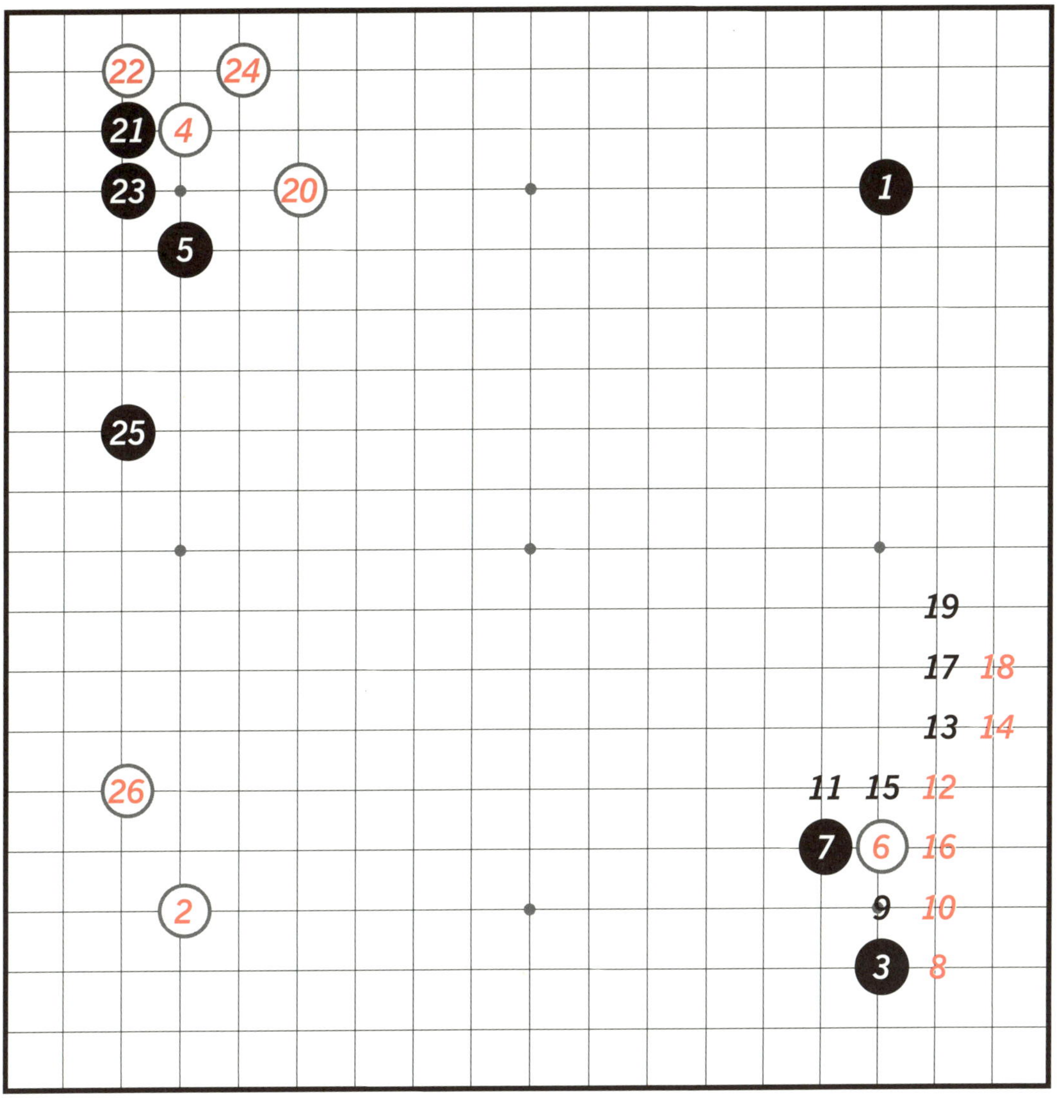

코멘트 1:2 상황에서 대역전승으로 최종국까지 가게 된 바둑. 초대 바둑 황제 조훈현!

메모

흑 박정환 vs 이정우 백

바둑리그 | 2011년 10월

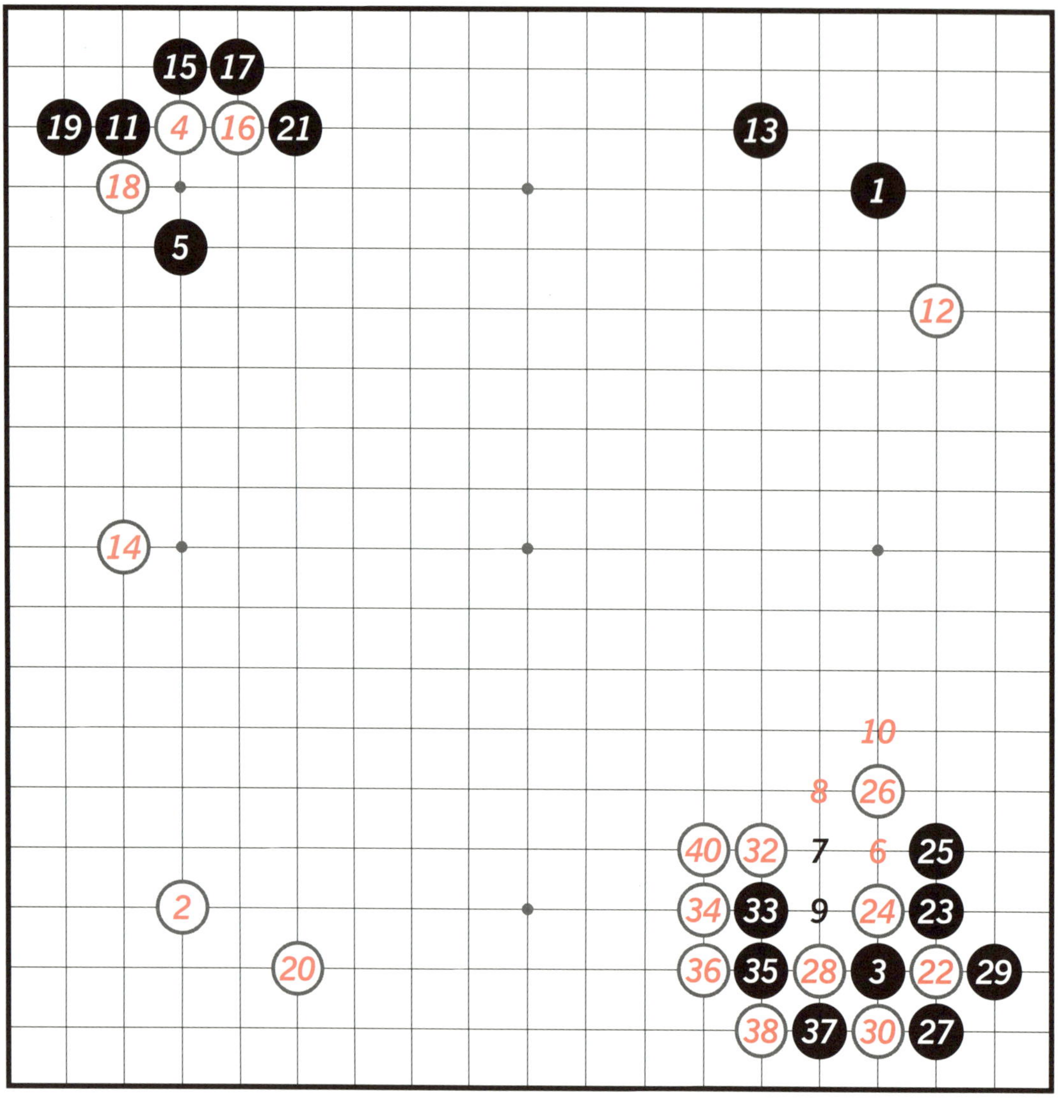

※31=22, 39=28

코멘트

메모

실전

흑 최철한 vs 박영훈 백

천원전 결승3국 | 2013년 1월

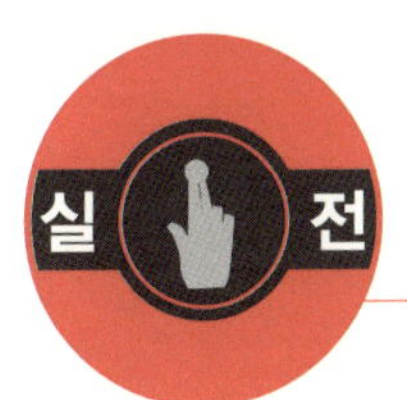

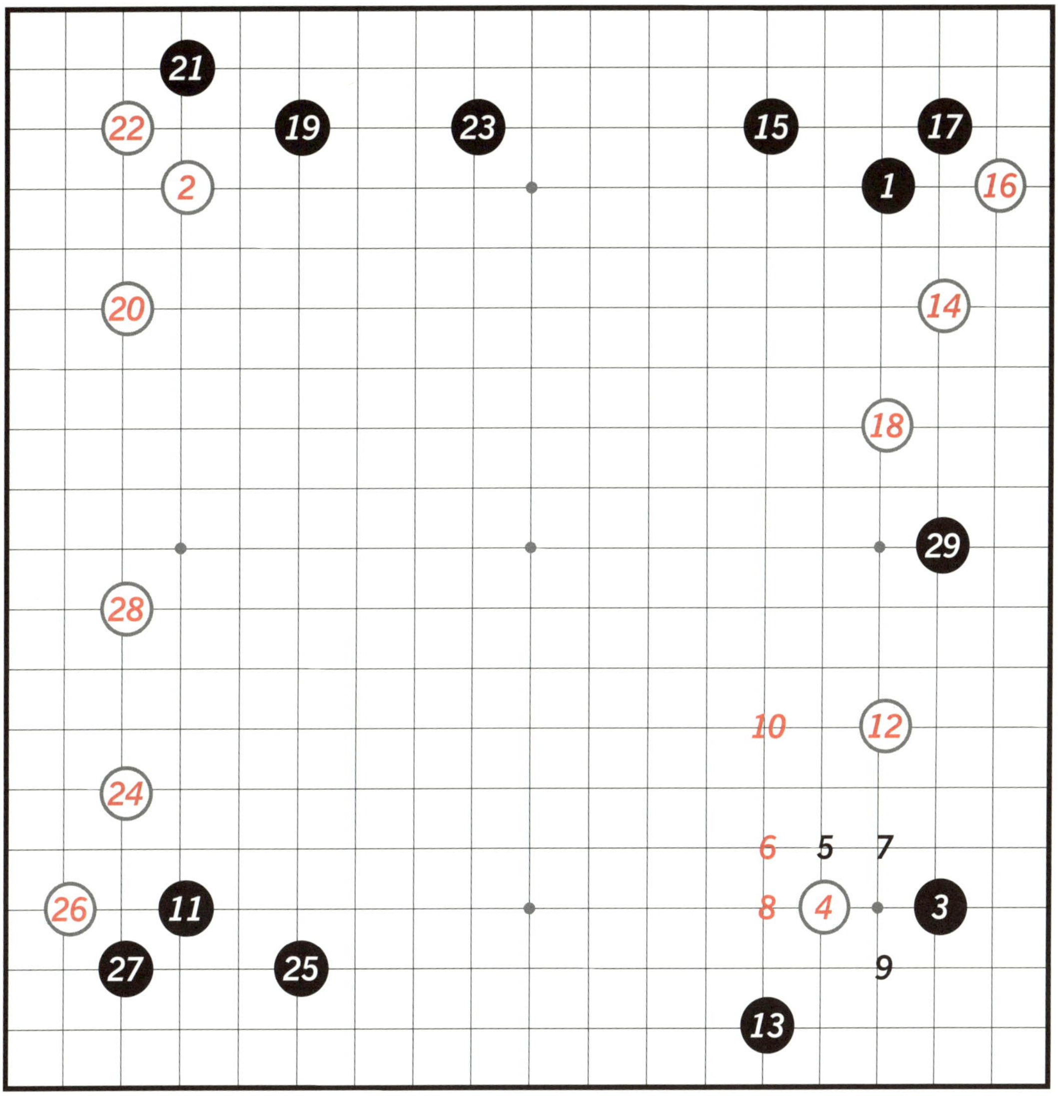

코멘트 결승 최종국. 결승 2국과 똑같은 진행. 기세 대결.

메모

● 흑 구리 vs 이세돌 ⚪ 백

중국리그 9회전 | 2004년 6월

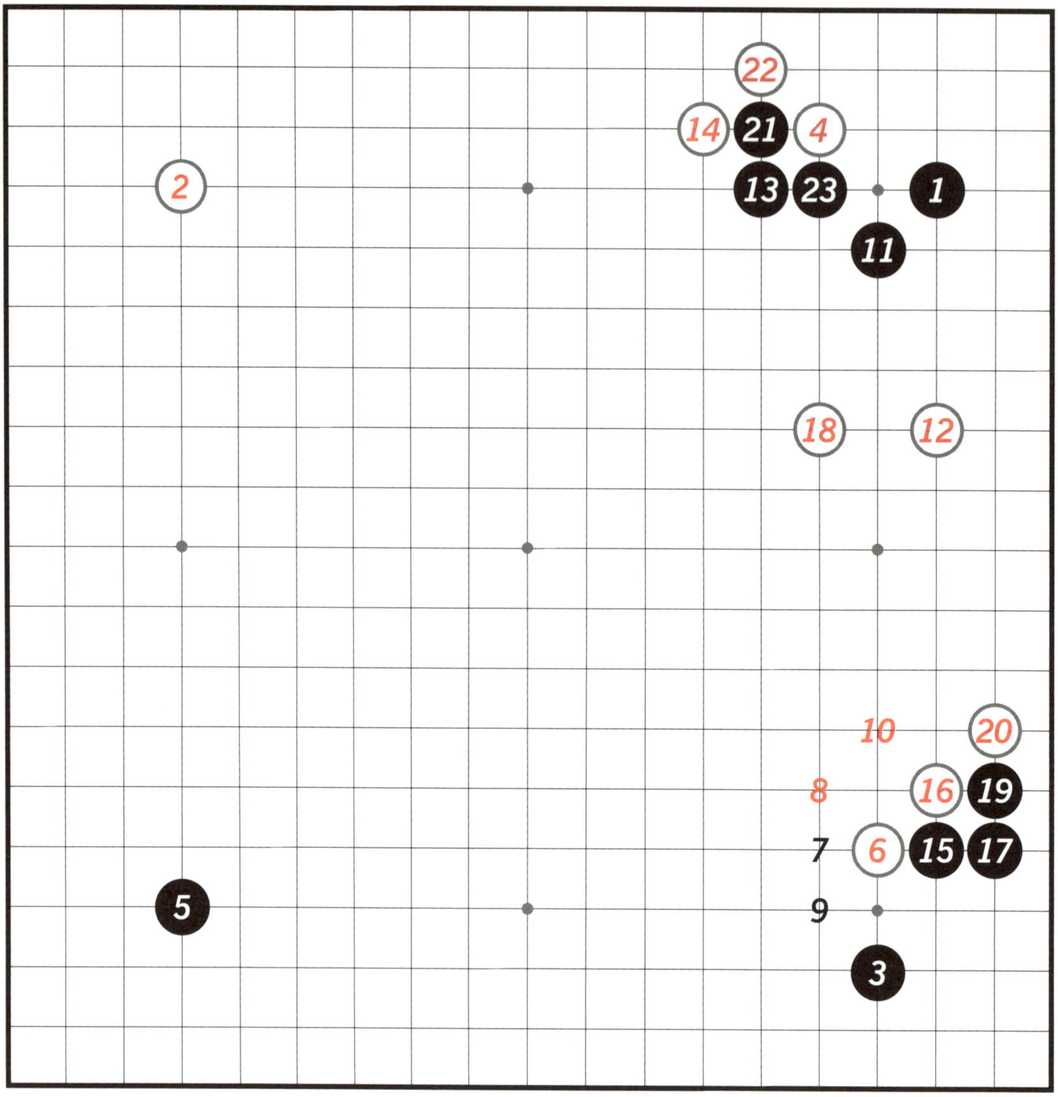

코멘트

메모

한종진 8단 추천 정석

난전을 즐기거나 세력형의 바둑을 견제하는 데 탁월한 수법

위 붙임은 한 마디로 두터움의 추구입니다. 백이 귀로 둔다면 흑은 외세를 얻게 됩니다. 초반이 어느 정도 정리되고 나서 얻는 두터움과 극초반에 얻는 두터움은 의미가 많이 다르지요. 두터움을 이용해서 유리한 정석을 선택할 수 있기 때문입니다. 그런 의미로 위 붙임은 극초반에 둘 것을 권합니다. 상대가 난전을 즐기는 기풍이거나, 세력형의 바둑이라면 위붙임은 견제하는 데 상당한 도움이 됩니다. 최철한 9단이나 다케미야 9단을 상대로 위붙임이 많이 등장하는 것도 이런 이유 때문입니다.

한종진 8단은 1979년 생으로 1996년에 입단했습니다. 1999년 신인왕전 준우승, 2003년 삼성화재배 16강, 2004년 농심배 우승 등의 성적을 거두었죠. 2012년 한국리그 스마트오로 팀 감독, 그리고 지난 2013년부터 한국리그 CJ팀 감독으로 활동 중입니다. 한 마디로 20대에는 훌륭한 선수로, 30대에는 프로 입단 조련사로 활약하고 있습니다. 현재는 성동구 홍익동에서 한종진 바둑도장을 열고 조한승 9단, 김주호 9단과 함께 후진 양성에 힘쓰고 있습니다.

※ 한종진 바둑도장: 070-8186-7906

6死8生, 4死6生

외우면 좋은 바둑 상식 1

육사팔생이란 돌이 2선으로 쭉 늘어서 있을 때, 손을 빼야 하는지 지켜야 하는지를 가늠하는 지표입니다. 2선에 돌이 6개가 나란히 있으면 둬도 죽습니다. 다른 곳으로 손을 돌려야 하죠. 2선에 돌이 8개가 나란히 있으면 손 빼도 됩니다. 살아 있으니 큰 곳으로 손을 돌리시면 됩니다. 그렇다면 7개가 있으면? 이럴 때는 선수가 중요하겠죠? 먼저 두는 쪽이 잡을 수도 있고 살 수도 있습니다.

사사육생이란 돌이 3선으로 쭉 늘어서 있을 때 사용하면 됩니다. 4개가 있으면 뭔가 비상수단을 강구해야 합니다. 6개가 있으면 상대가 젖혀 이어도, 내가 반대를 젖혀 이으면 살아있습니다. 마음 놓고 다른 곳을 두시면 됩니다. 5개가 있을 때는 역시 선수가 중요하죠.

3선에 돌이 있을 때는 비교적 복잡한 변화가 많습니다. 사사육생의 두 번째 사용처는 귀에서부터 2선에 돌이 쭉 있을 때, 4개면 깔끔하게 죽었고, 6개면 살아 있죠.

육사팔생. 사사육생. 외우세요!

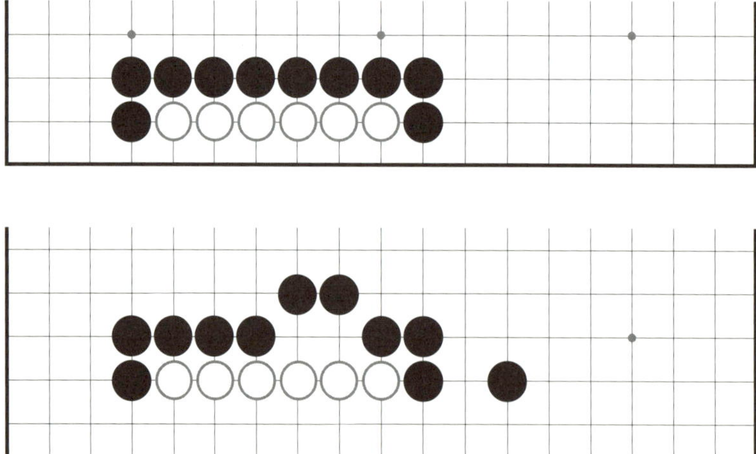

한 칸 낮은 협공

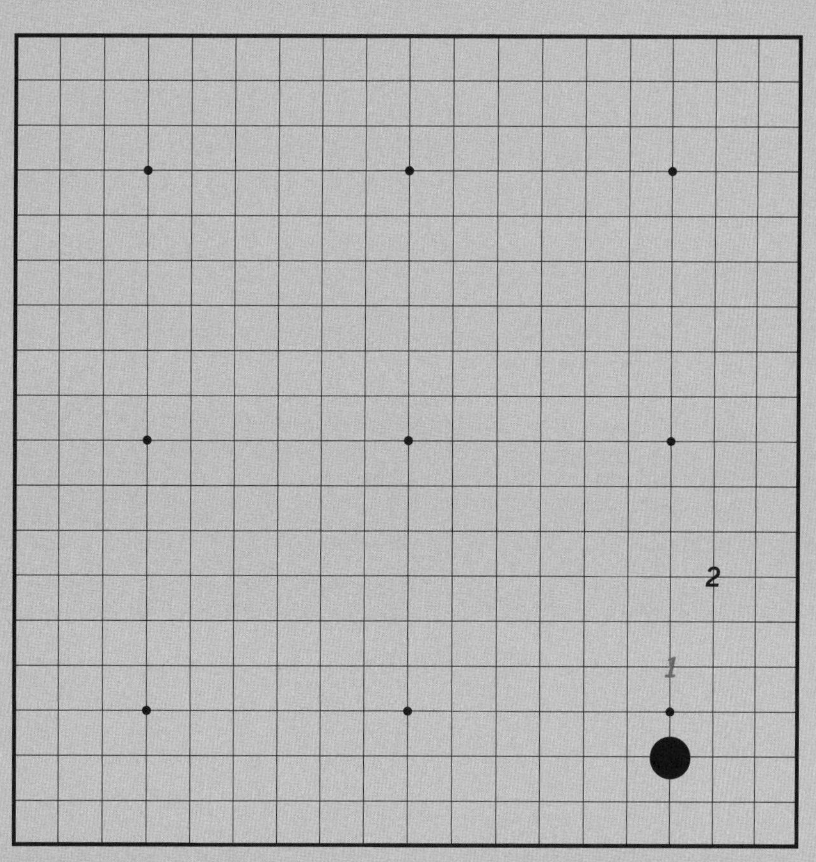

정 석

한 칸 낮은 협공

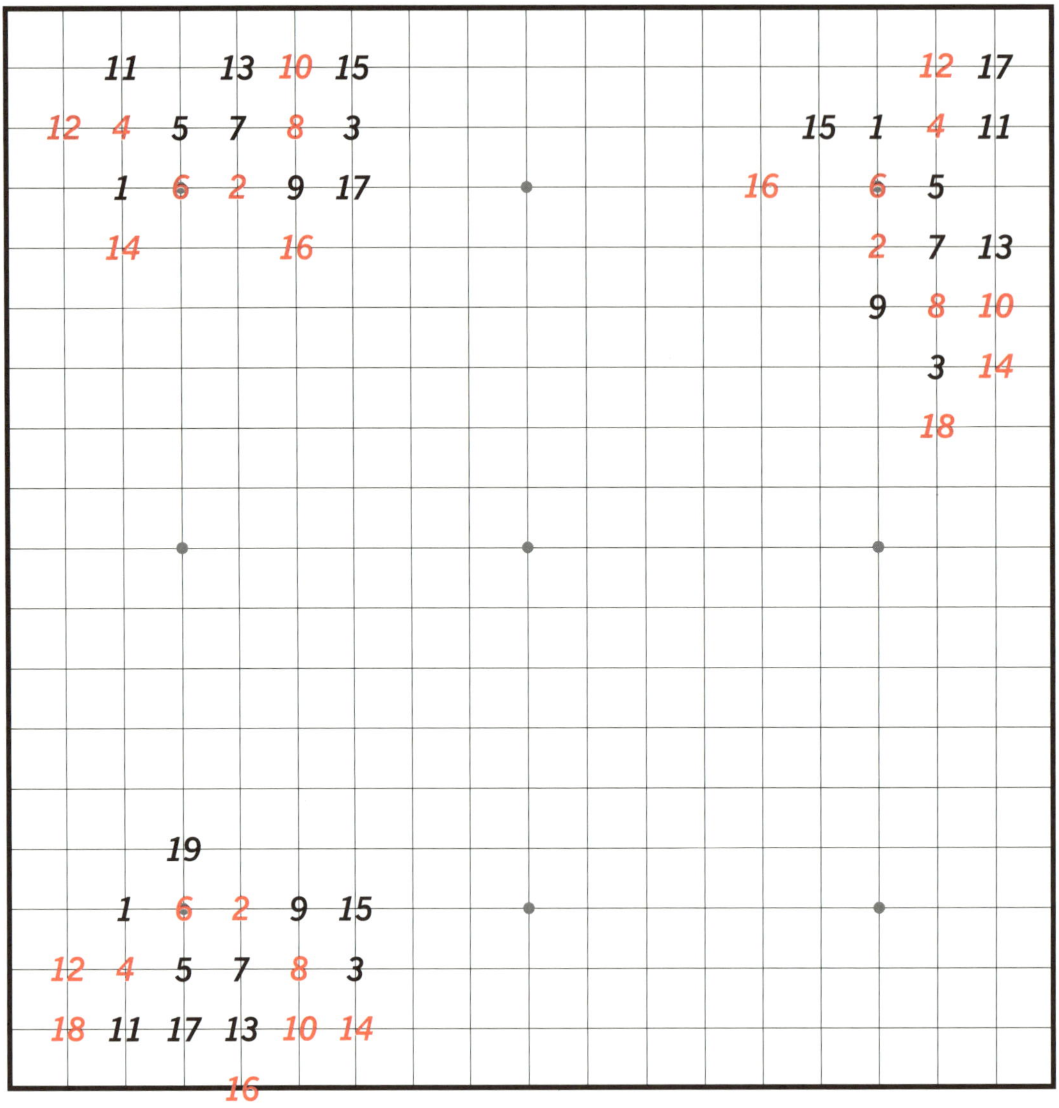

○○○○○○○○○○ ○ △ ×

기본 정석!

14는 축이 유리할 때 매력적인 수.

축 관계를 따져보아야 함.

한 칸 낮은 협공

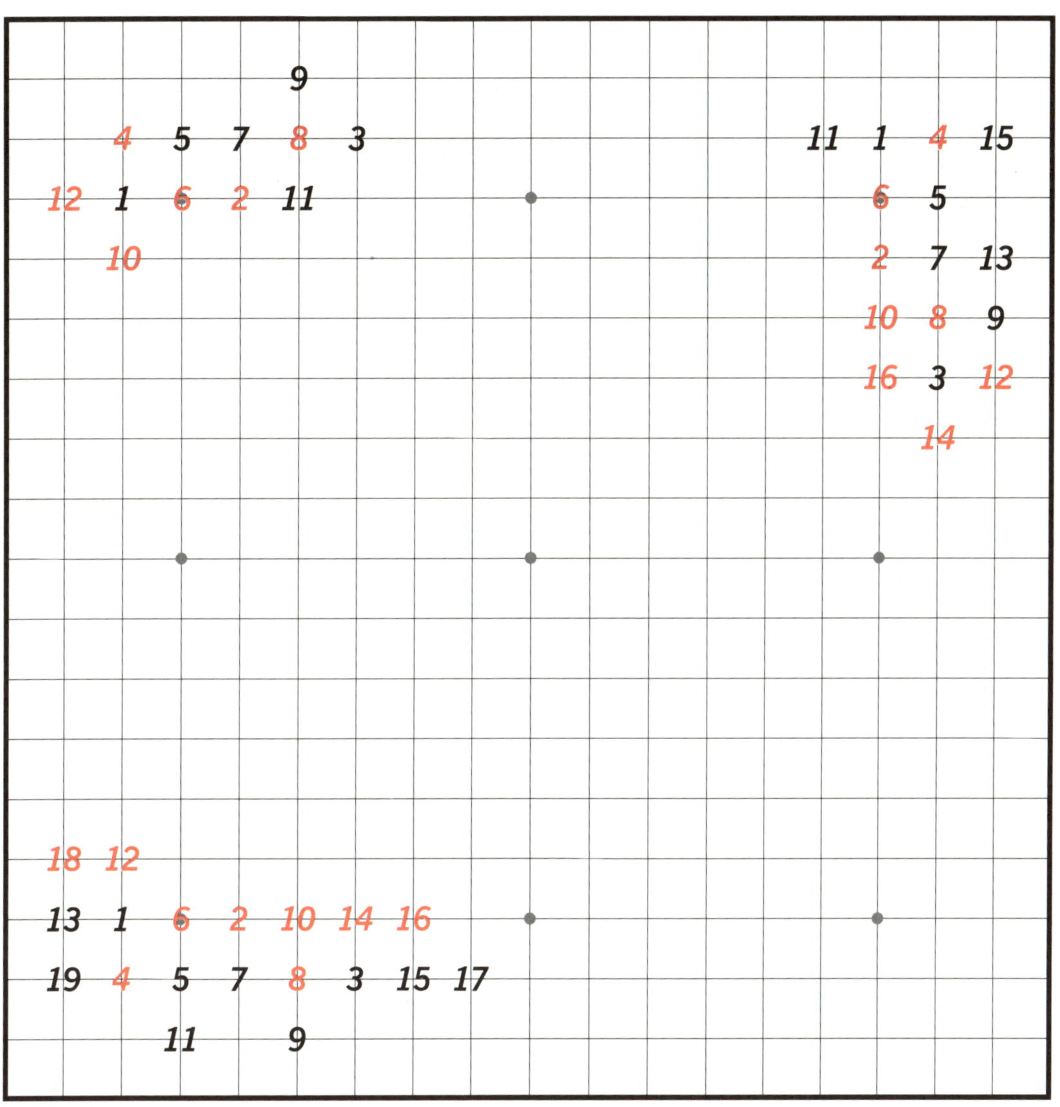

옛날 정석.

축 관계를 따져보아야 함.

흑은 실리. 백은 모양.

한 칸 낮은 협공

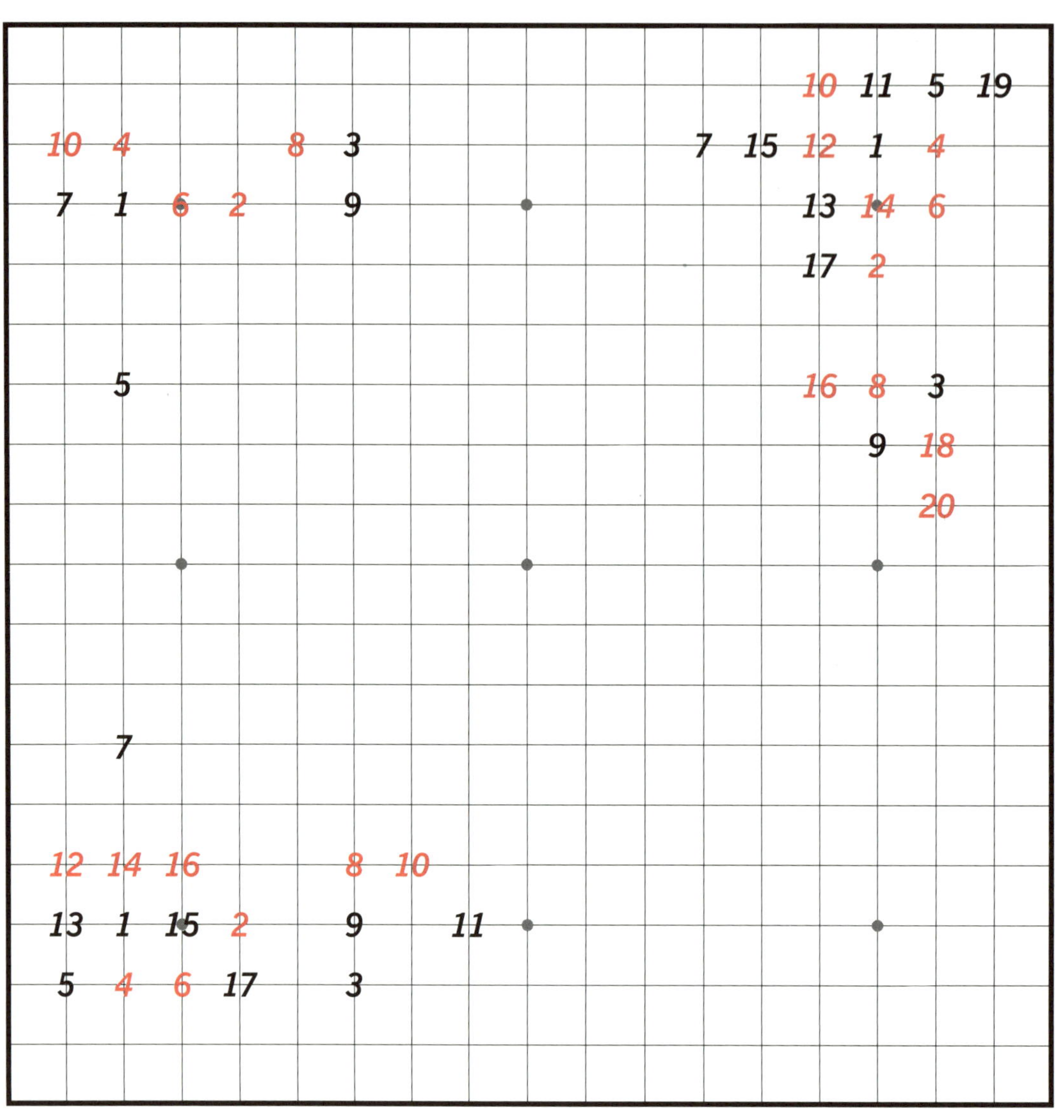

○ ○ ○ ○ ○ ○ ○ ○ ○ ○　　　　○ △ ✕

5가 최근 유행. 여러 수 중 6이 가장 간명.　　간명한 타협.

너무 복잡.

⚫ 흑 차이징 vs 렌샤오 ⚪ 백

중국이광배 8강 | 2014년 2월

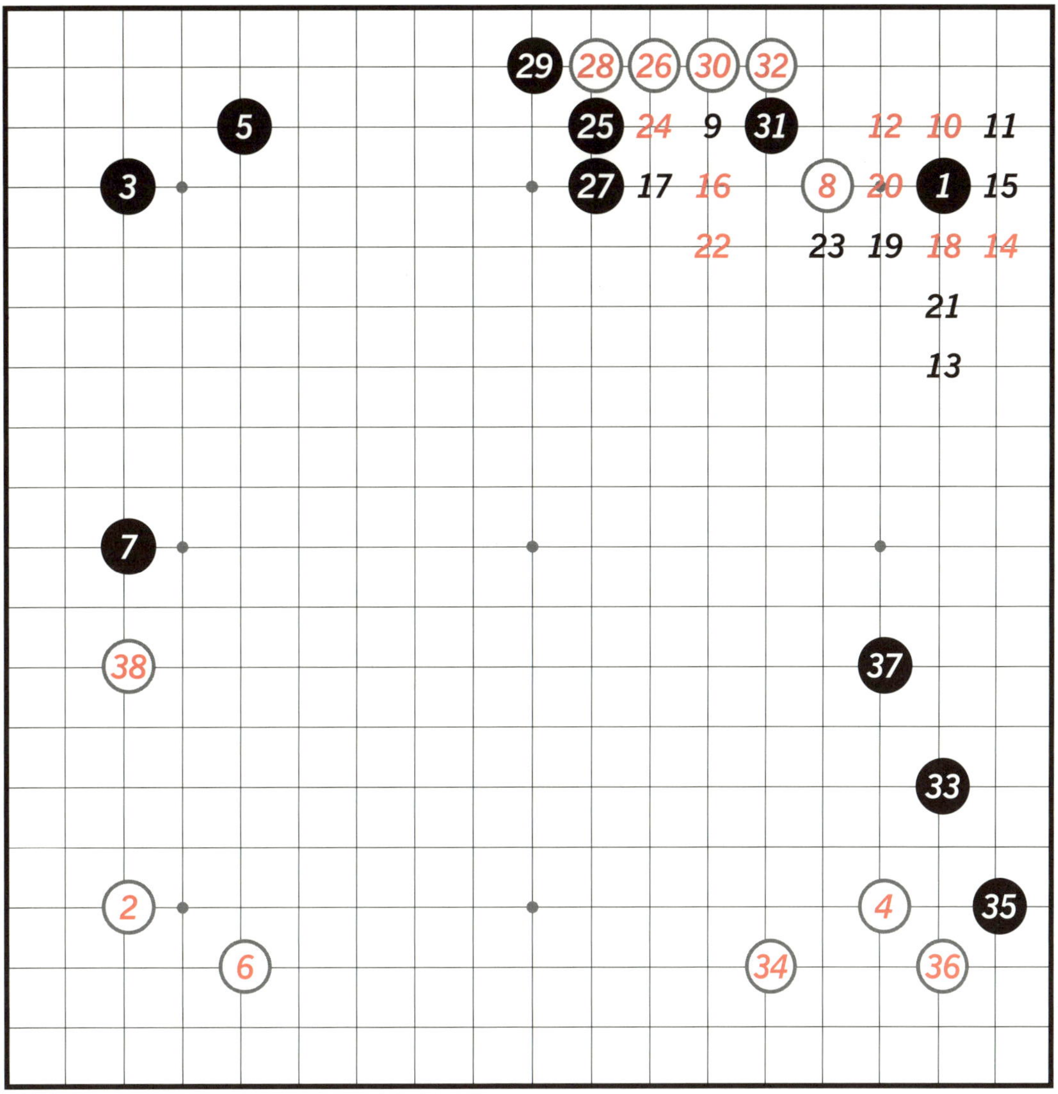

코멘트 렌샤오. 1994년 생. 중국 차세대 기대주.

메모

 ⚫ 흑 홍성지 vs 박승철 백

전자랜드배 청룡부 결승 | 2006년 2월

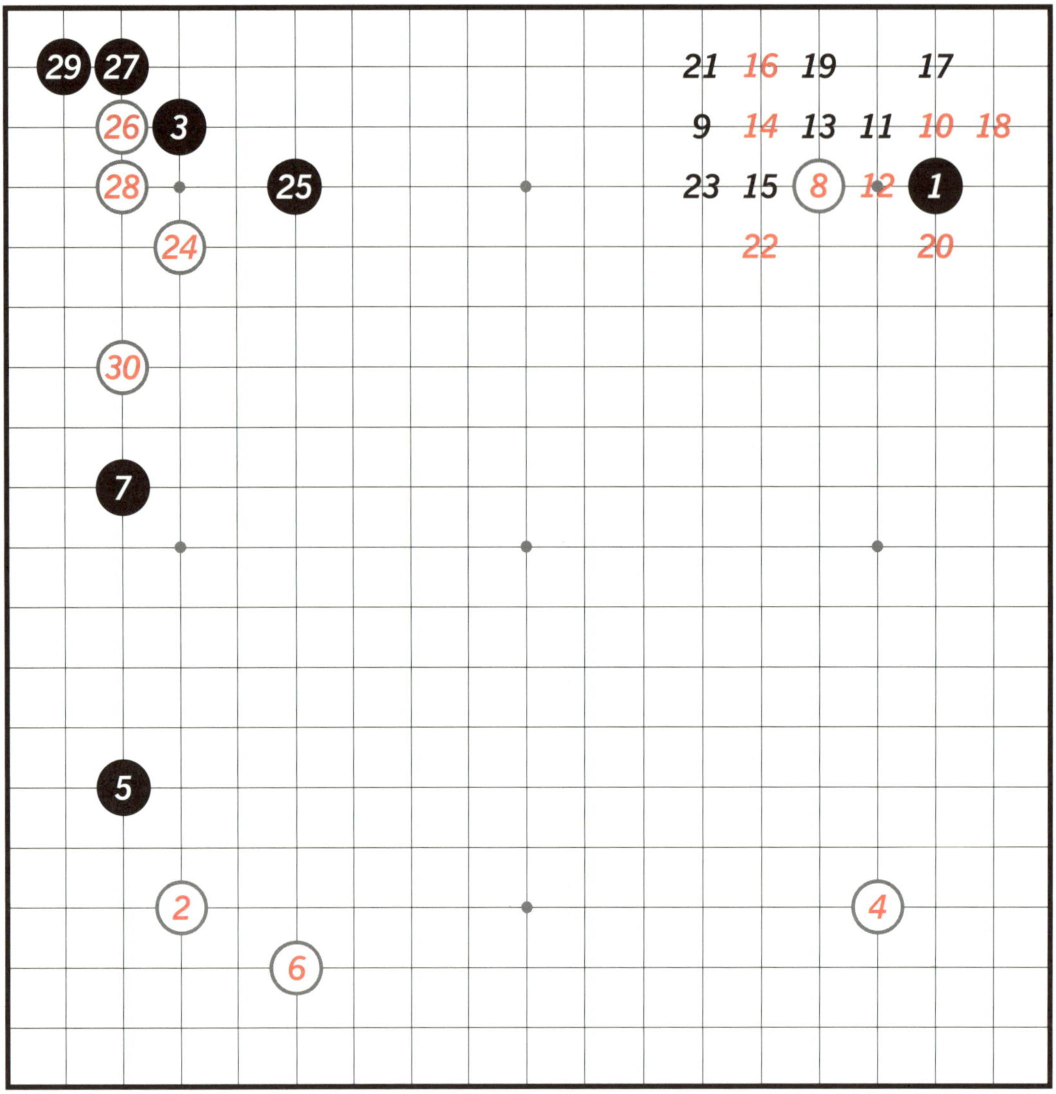

⚫ 흑 이창호 vs 창하오 ⚪ 백

강원랜드배 한중바둑대전 제10국 | 2006년 3월

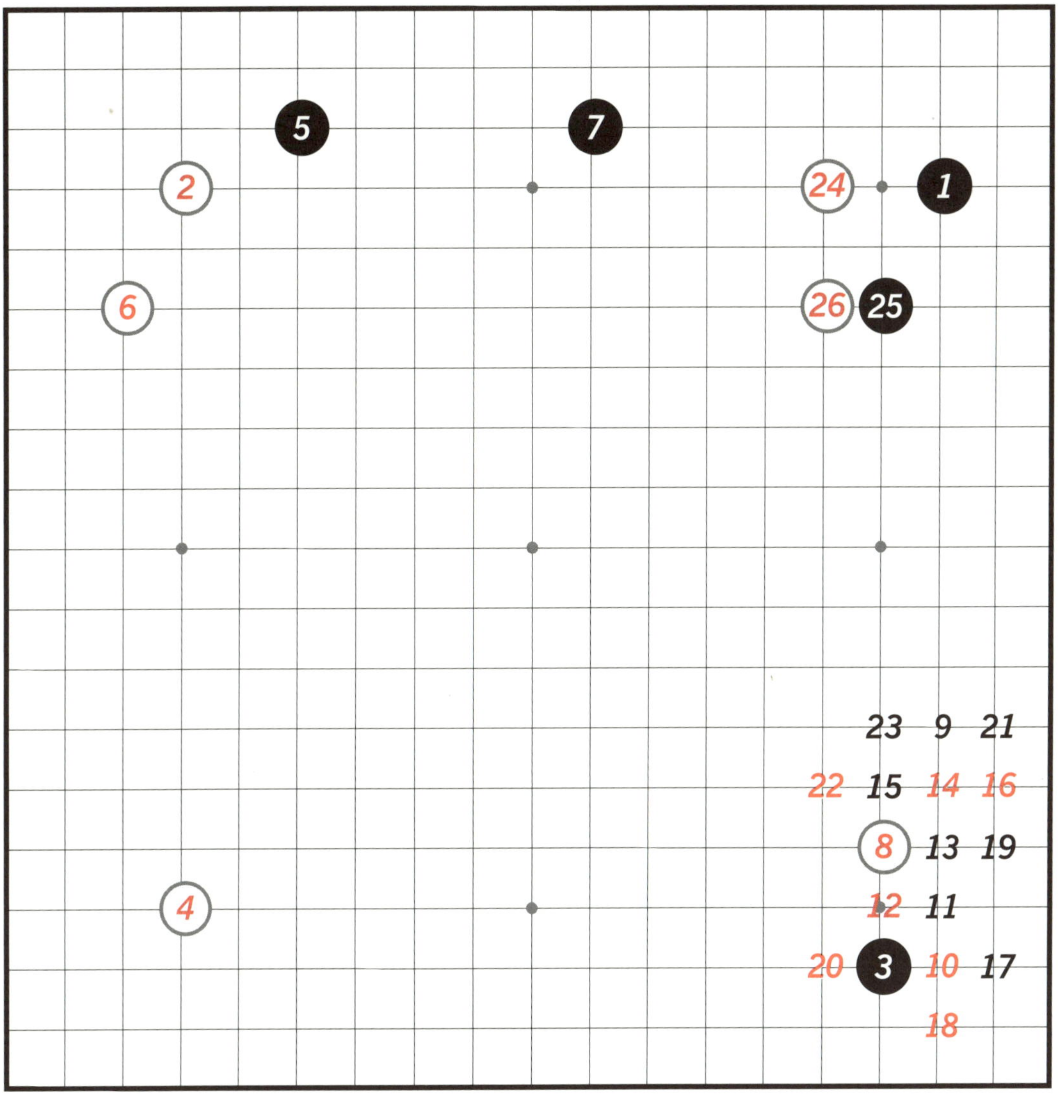

코멘트

메모

흑 류스전 vs 왕레이 백

코멘트 우하 정석은 흑 두터움. 류스전은 육소룡의 일원으로 현재 중국리그 상하이팀 감독.

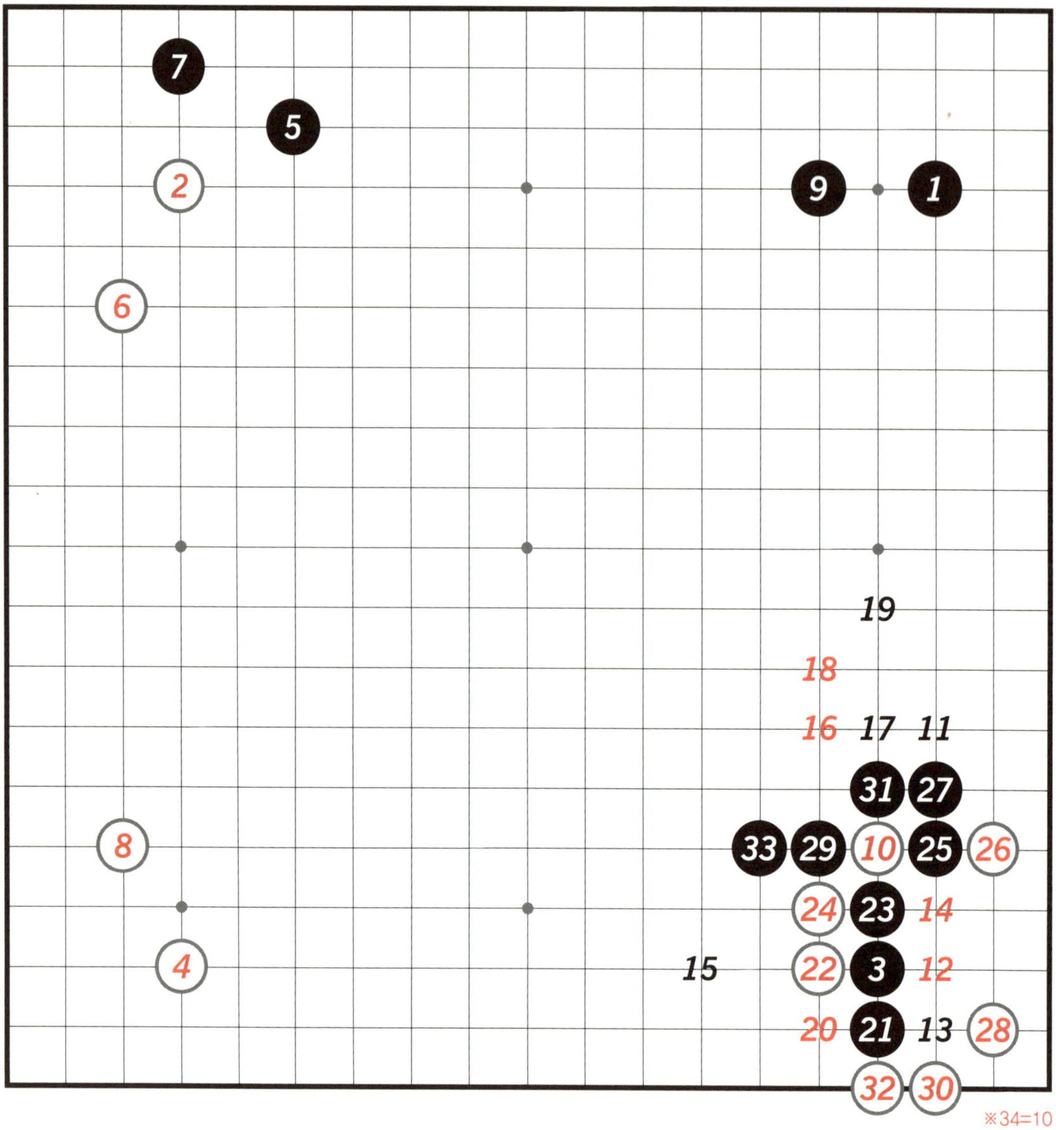

메모

흑 이창호 vs 조한승 백

국수전 도전 제2국 | 2003년 1월

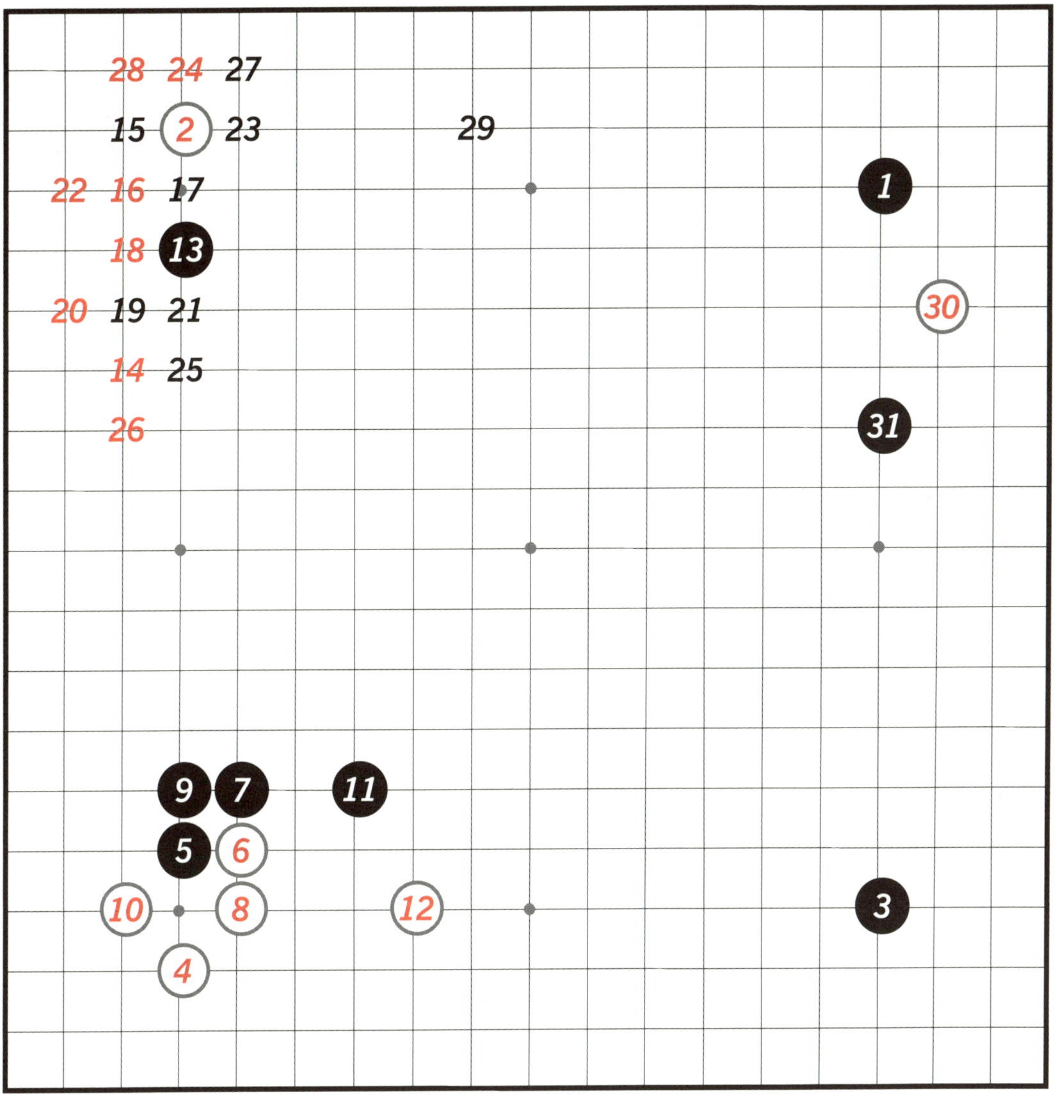

코멘트

메모

흑 이창호 vs 안성준 백

한국물가정보배 8강 | 2013년 7월

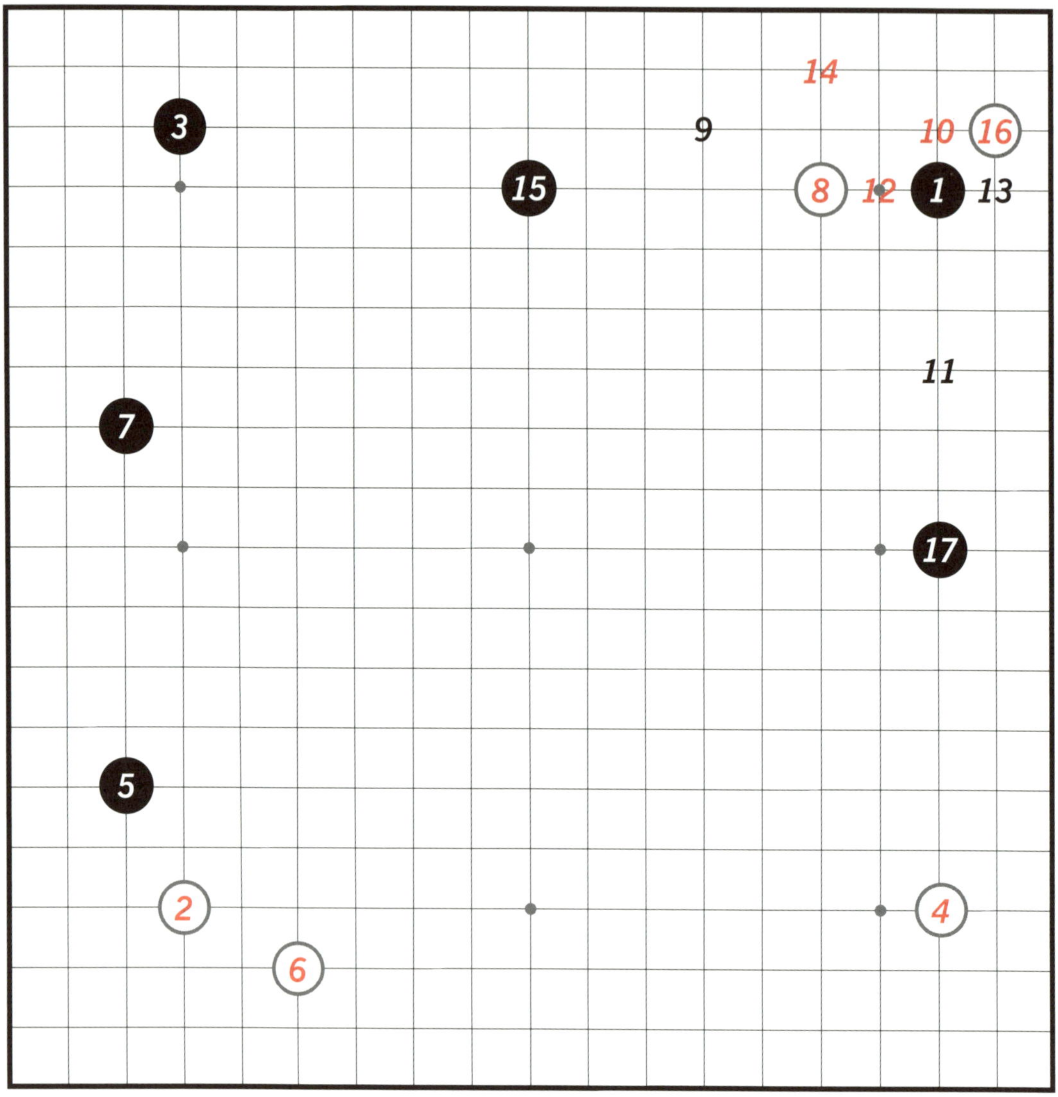

코멘트 8기 물가정보배 우승자 안성준. 한국 차세대 유망주.

메모

흑 탕웨이싱 vs 이세돌 백

삼성화재배 결승1국 | 2013년 12월

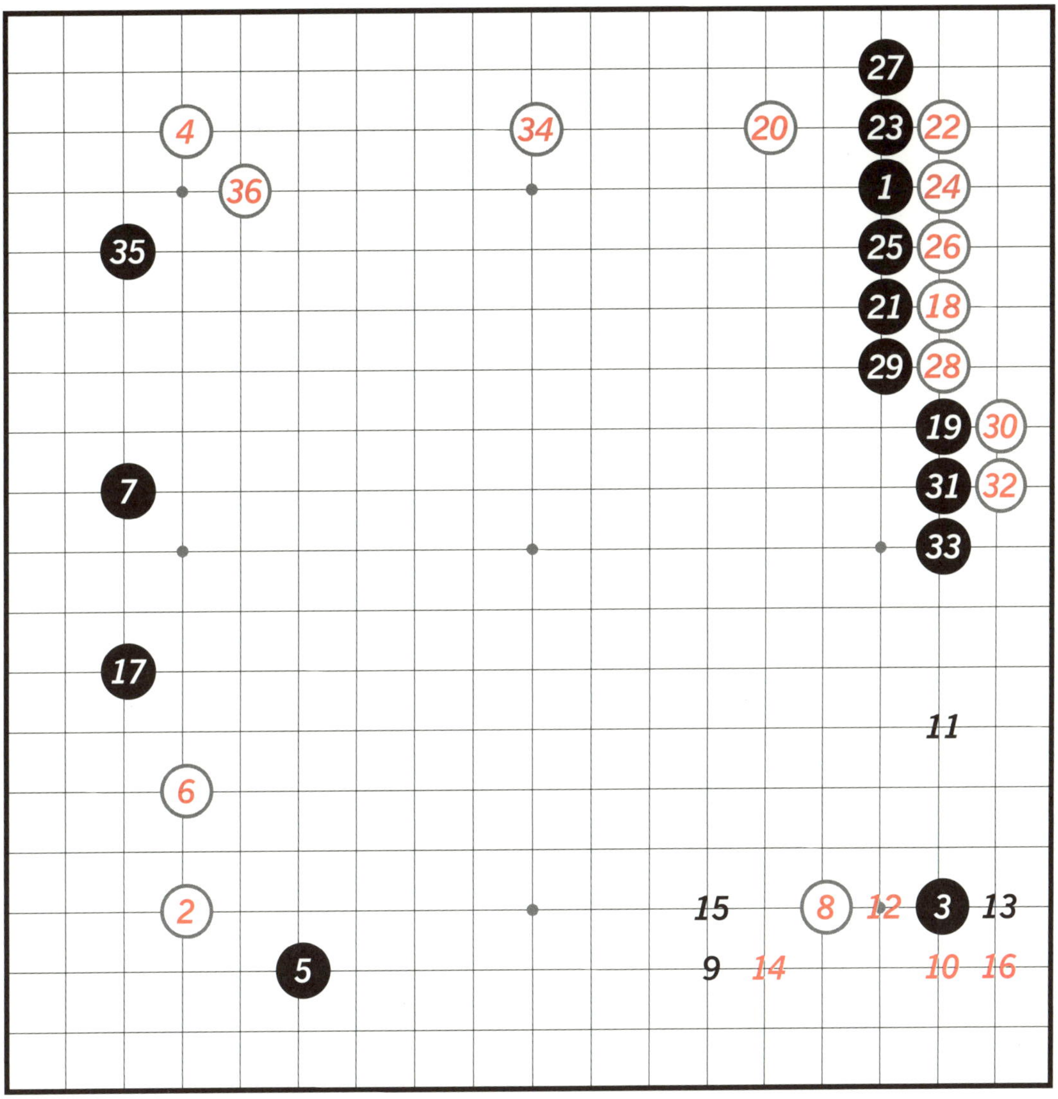

코멘트 무명 탕웨이싱. 박영훈, 김지석, 이세돌을 꺾고 세계대회 첫 우승.

메모

흑 구리 vs 이세돌 백

삼성화재배 준결승 제1국 | 2004년 11월

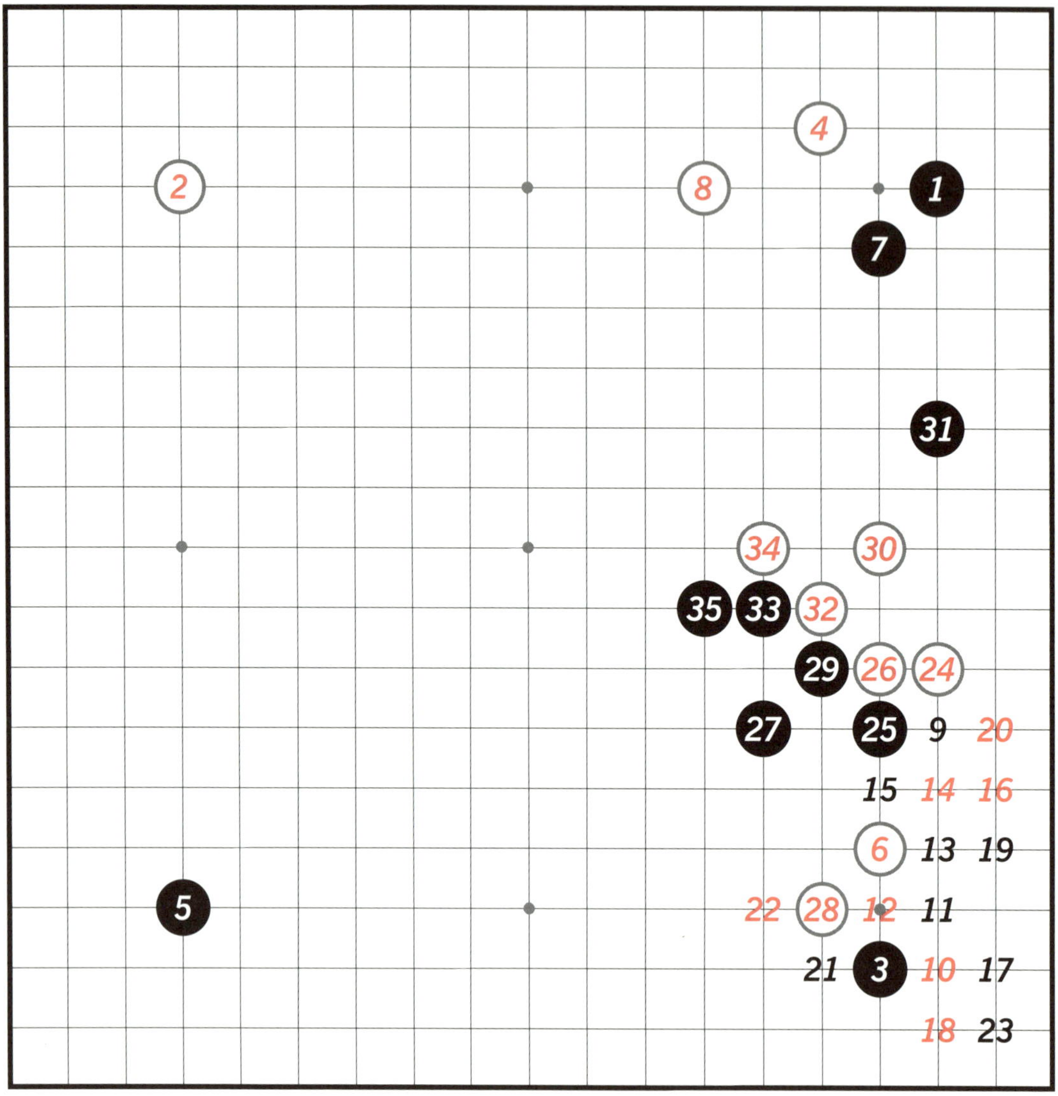

코멘트 백이 유리한 전투.

메모

박정상 9단 추천 정석

최신 유행 정석을 좋아하신다면

　노력의 아이콘 박정상 9단입니다. 입단도 비교적 늦고(17세) 본격 기전 우승 경력도 없지만 (신예대회 2회 우승) 한 번 잡은 기회를 놓치지 않고 세계대회 우승의 경력이 있습니다(2007년 제19회 후지쯔배 우승). 특히 4강에서 최철한 9단을 꺾었고, 결승에서는 이세돌 9단을 꺾고 올라온 저우허양 9단에게 승리, 군 면제의 혜택까지 보너스로 받게 됩니다. 물론 슬럼프도 있었죠. 한국외국어대학교에 입학하면서 성적이 하락했지만 역시 근성을 발휘, 한국의 초일류 기사로 성장했습니다.

　원래 박정상 9단도 상당한 기재이지만 또래 천재들(송아지 삼총사, 송태곤 9단 등)에 비해 노력과 근성이 더 높게 평가되고 있습니다. 항상 공부하는 기사답게 최신 유행 정석을 추천해주었네요.

　한 칸 낮은 협공은 기본적으로 실리를 중시하는 수법입니다. 발 빠르게 정리하고 선수를 잡는 변화도 유력하죠. 최근 흐름에 맞는 정석이라고 할 수 있겠습니다. 최근 프로바둑에서 신수가 가장 많이 나오고 있는 정석입니다. 아마추어 분들에게는 너무 복잡한 변화는 권하지 않습니다만, 최신 유행 정석을 좋아하신다면 이 한 칸 낮은 협공의 변화를 공부하시길 추천합니다.

바둑, 그 한 마디에 담긴 인생

아마 한 분야의 고수들은 그 깨달음도 대단한 듯합니다. 어쩌면 일각(一角)을 이루고, 대통(大通)을 하는 것 자체가 그러한 것일지도 모르겠습니다. 하나를 알면 열을 알 수 있듯이 말입니다. 바둑계의 명언으로만 남기기엔 아까운 가르침들을 몇 가지 소개합니다.

강한 자가 이기는 것이 아니고, 이긴 자가 강한 것이다. _기타니 미노루

흐르는 물은 앞을 다투지 않는다. _다카가와 가쿠

남의 바둑에 쓸데없이 훈수하지 마라. _혼인보 도사쿠

승리는 우연이고, 패배는 필연이다. _조치훈

자기가 좋아하는 수는 커 보인다. _사카다 에이오

묘수를 두어 이기기보다 악수를 두어 지는 경우가 많다. _이시다 요시오

바둑을 두려면 무엇보다 상(相)을 제대로 볼 줄 알아야 한다. _전영선

바둑이란 나무 위에 돌을 놓는 것이다. _서봉수

노력을 이기는 재능은 없다. _이창호

11장

한 칸 협공

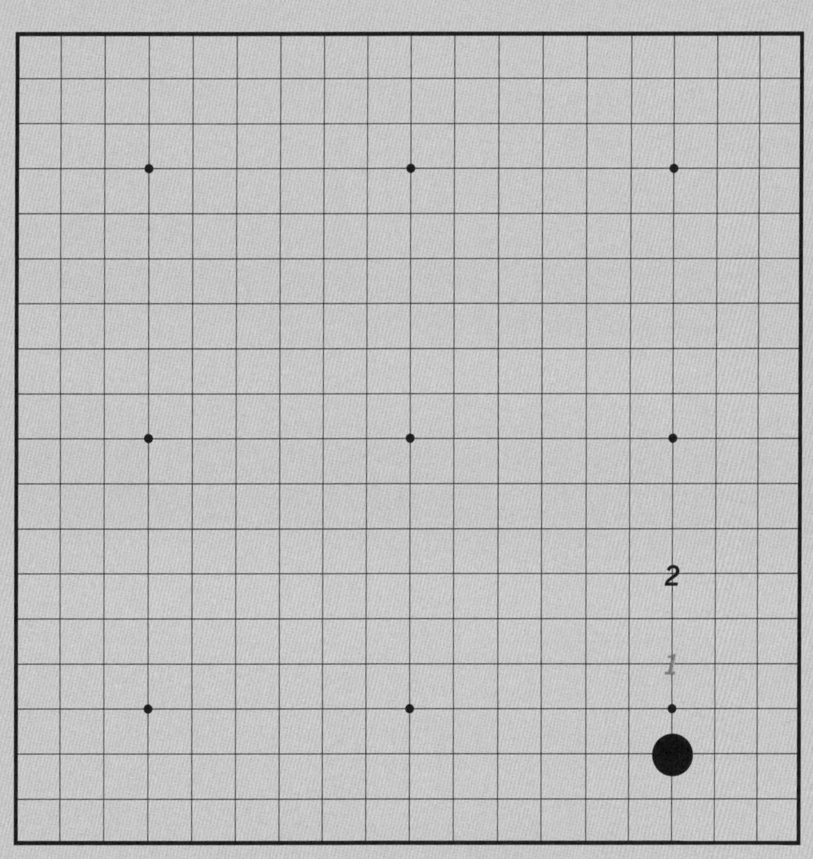

한 칸 협공

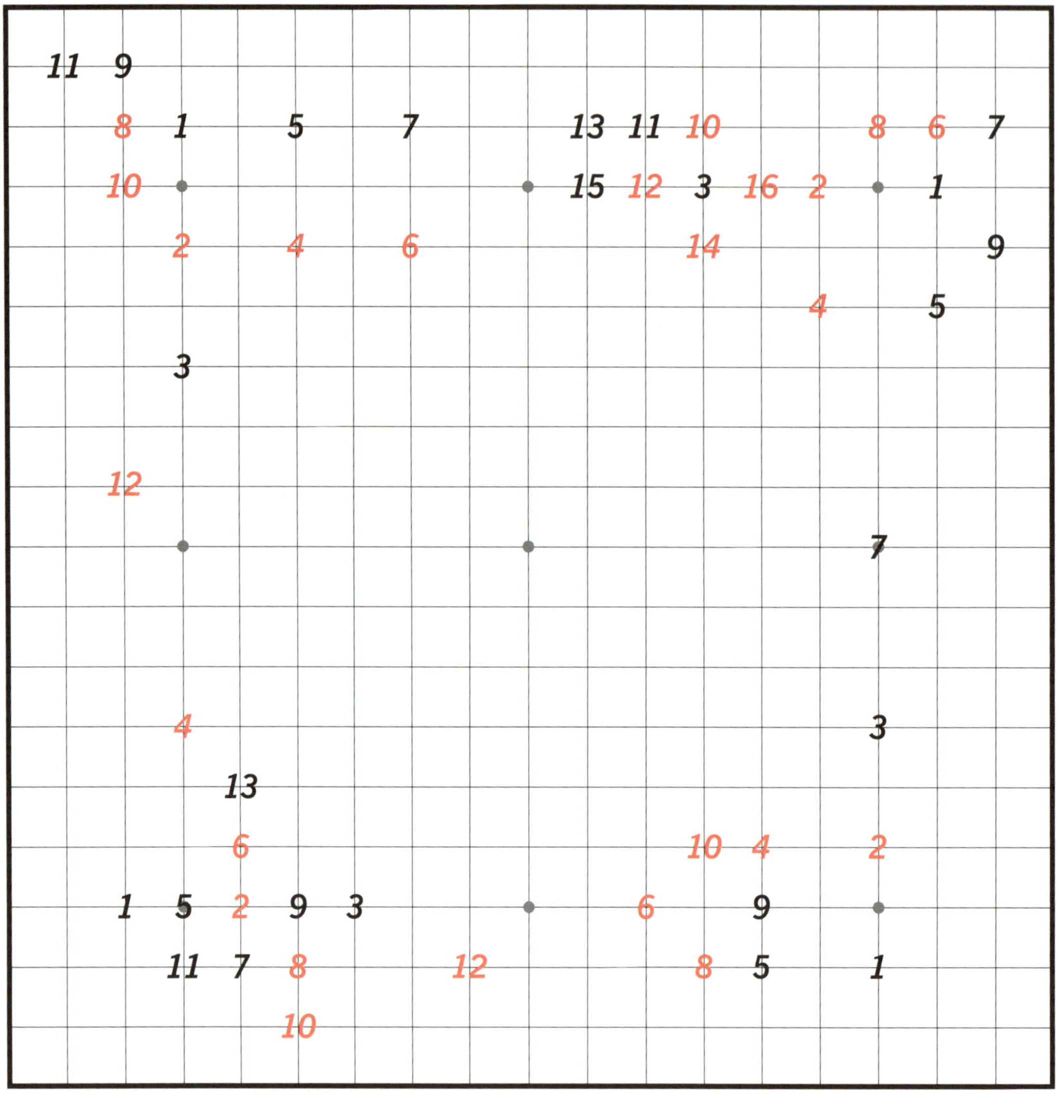

옛 정석.

흑5가 재미있는 수.

흑7로 변을 중시.

흑 이창호 vs 목진석 백

기성전 도전기 2국 | 2002년 1월

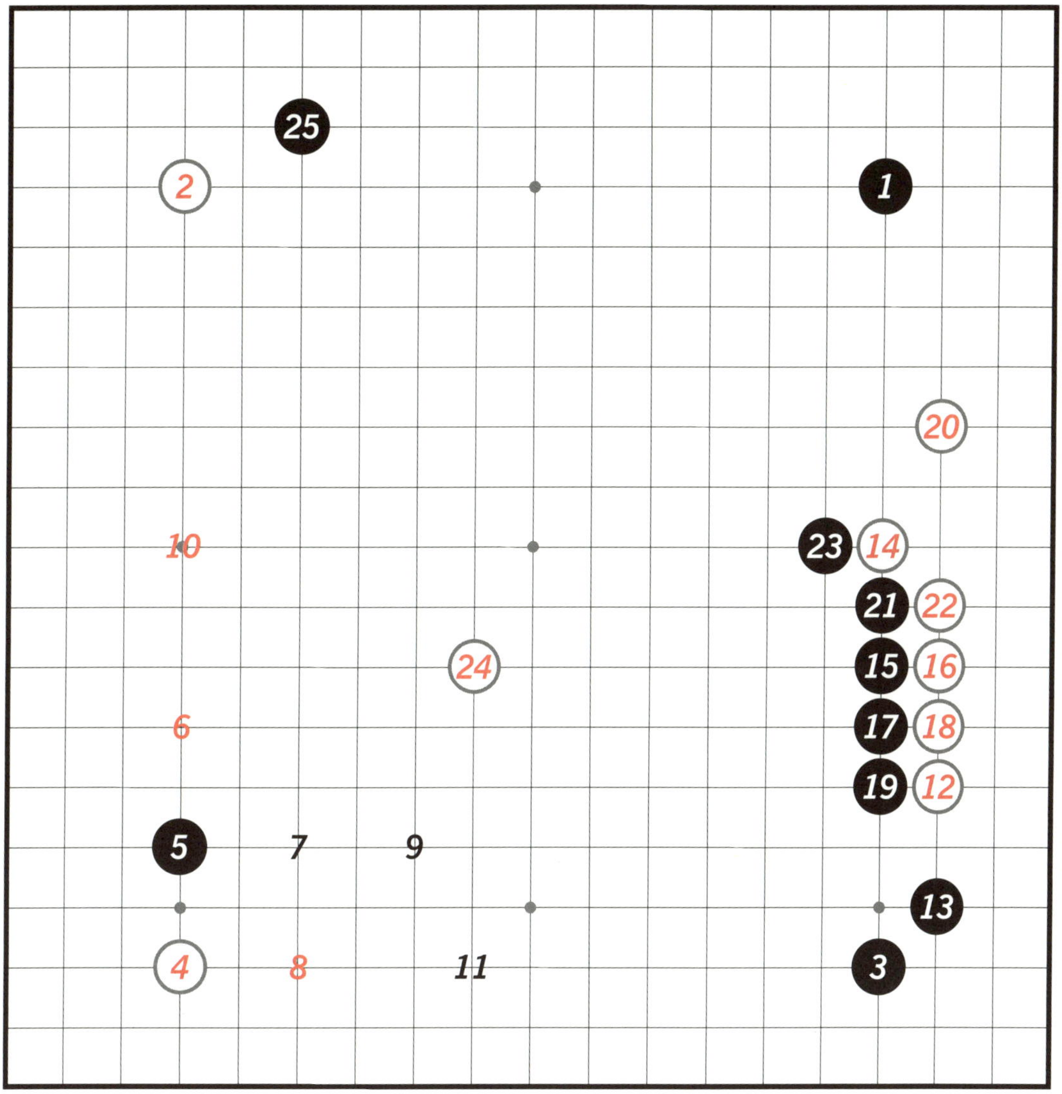

코멘트 흑15는 이창호 9단의 신수.

메모

⚫ 흑 박영훈 vs 이창호 ⚪ 백

GS칼텍스배 프로기전 | 2007년 5월

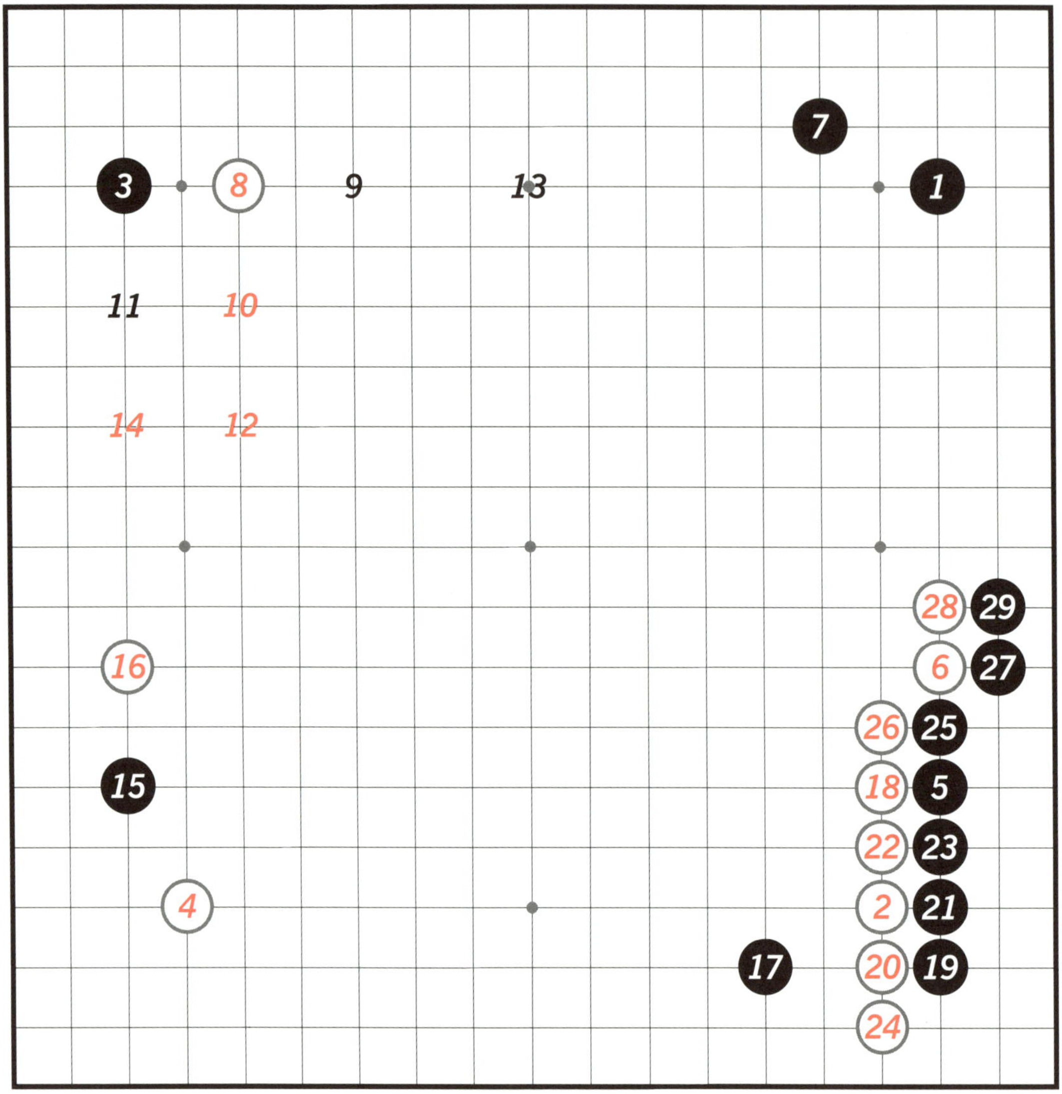

실전

흑 이창호 vs 장쉬 백

후지쯔배 준결승전 | 2007년 7월

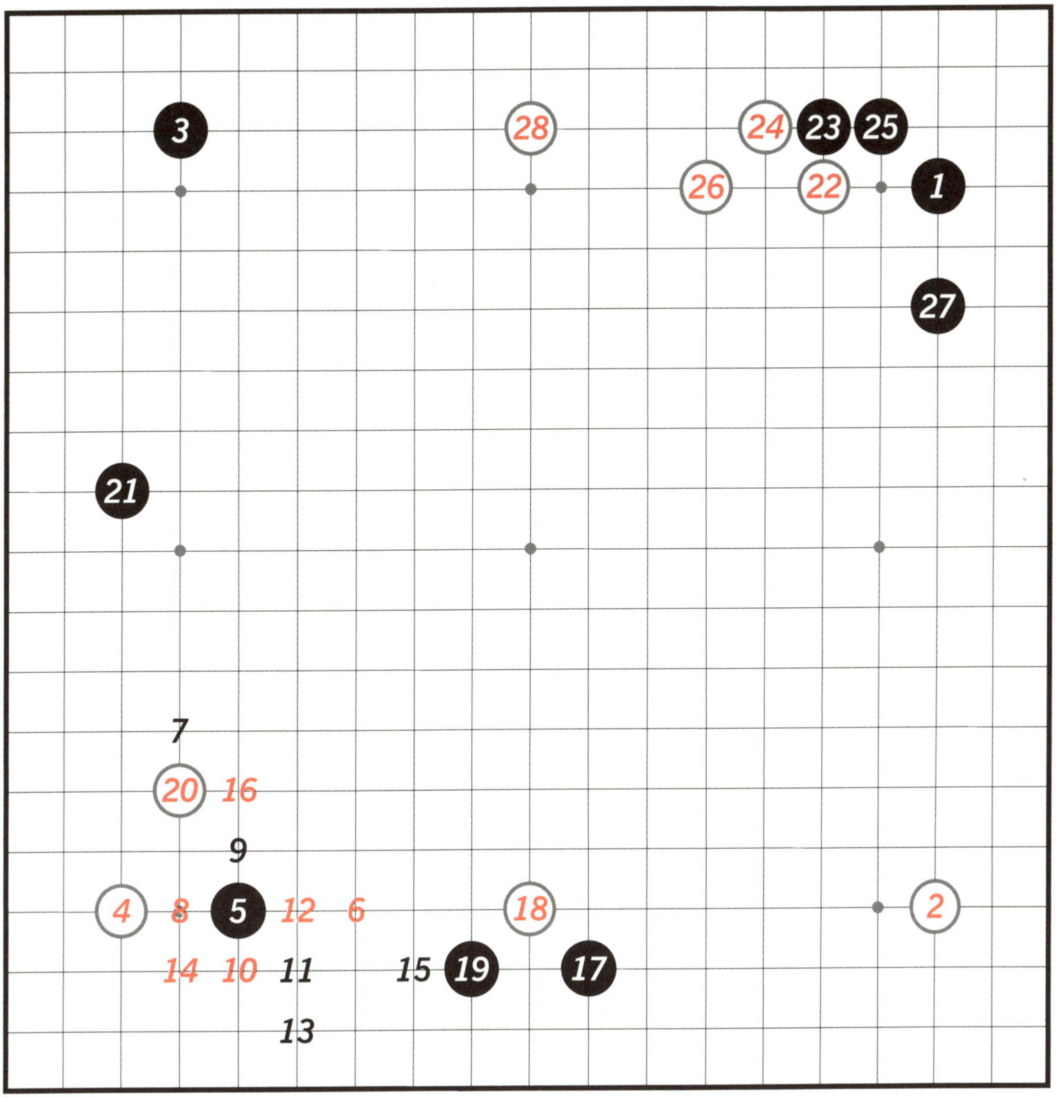

코멘트 28이 독특. 좁지만 견실한 수.

메모

흑 최철한 vs 이창호 백

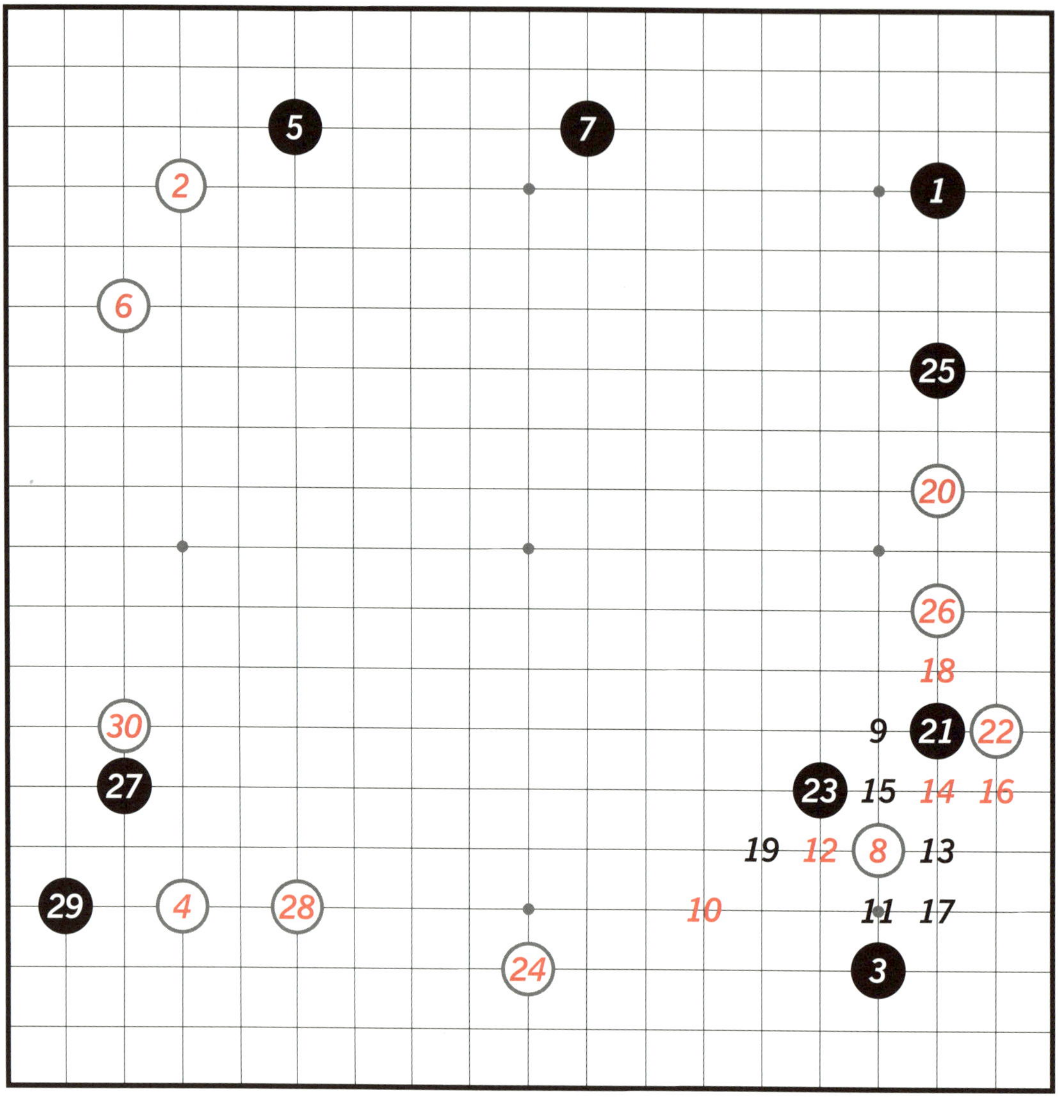

코멘트

메모

흑 이세돌 vs 왕리청 백

CSK배 바둑아시아 3차전 | 2003년 4월

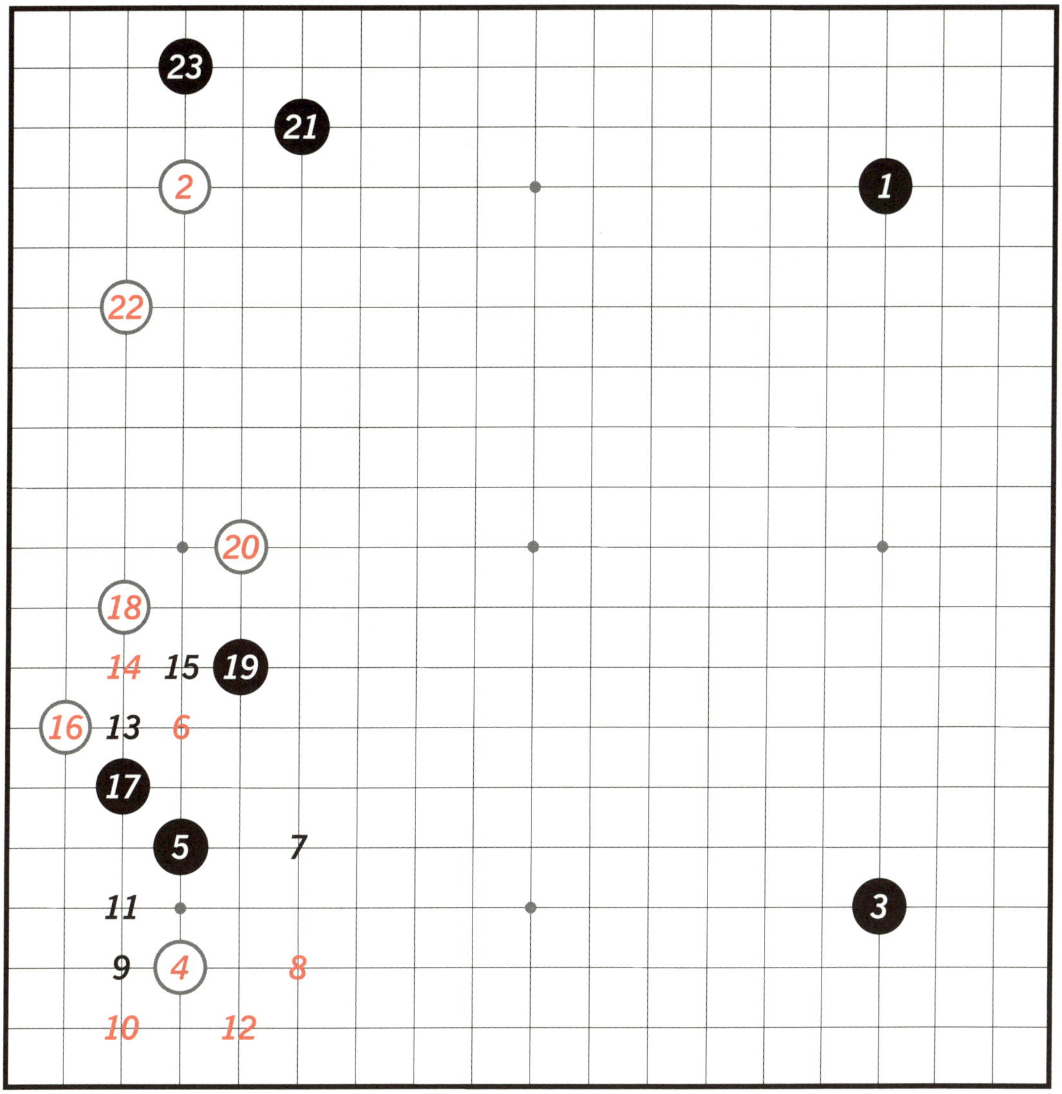

코멘트 왕리청 9단. 대만 출신. 2000년 중반 일본 바둑계 1인자.

메모

⚫ 박영훈 vs 이세돌 ⚪

GS칼텍스배 프로기전 본선리그 | 2006년 8월

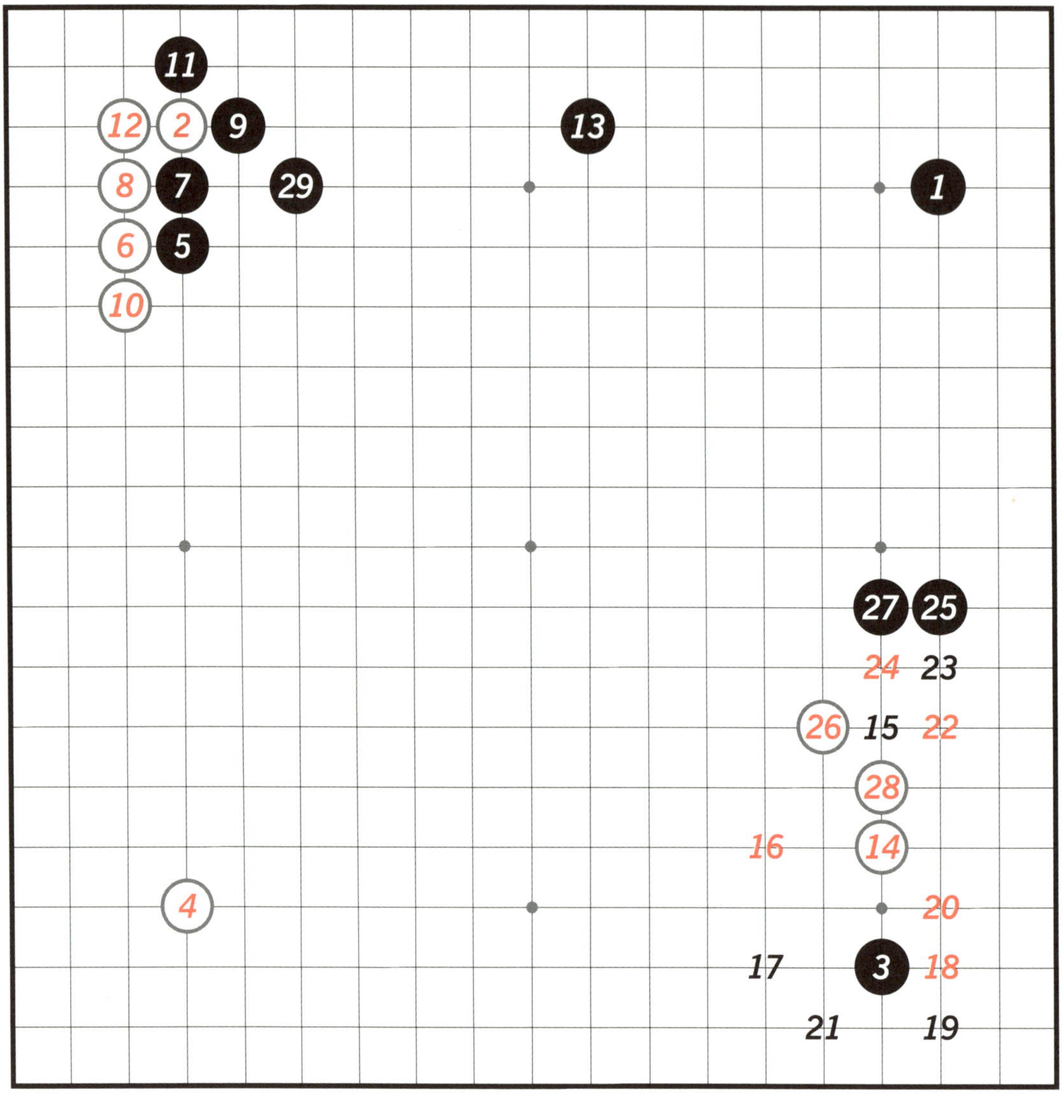

코멘트 11, 13. 변형 미니 중국식.

메모

김영삼 9단 추천 정석

귀냐 변이냐, 그것이 문제로다!

한 칸 협공은 귀보다 변을 중시하는 수법입니다. 2000년대 초반과 중반에 크게 유행했죠. 특히 백으로 초반을 유장하게 유도하는 데 유력한 수법입니다. 2000년대 중반 이후 한 칸 협공에 눈목자로 응수하는 수법이 개발되어 한때 유행했었습니다. 귀를 중시하느냐 변을 중시하느냐 풀기 힘든 문제죠. 현대 바둑에서도 1970~1980년대에는 귀의 실리를 중시하는 수법이 많았죠. 1990년대 이후에는 변의 중요성이 부각되었으나 최근에는 다시 귀가 각광받고 있습니다. 일례로 예전에는 변으로 갈라 치는 경우가 많았지만 요즘은 거의 귀로 걸쳐 가죠. 귀냐 변이냐 어려운 화두입니다.

김영삼 9단은 2000년 농심배에서 우승을 차지했습니다. 2004년 현미진 5단과 결혼해 우리나라 최초의 부부 기사로도 유명합니다. 현재 바둑리그 정관장팀 감독이자 물가정보배 해설위원으로 활동하고 있습니다.

한국과 중국의 서로 다른 규칙

덤에서 공배까지

예전에 덤이 없던 시절, 흑으로 반면 3집을 남기면 흑백 서로 무난한 한 판이라고 했었죠. 하지만 현대에 들어 토너먼트 혹은 리그전 시합으로 개편되면서 덤은 점점 커지고 있습니다. 4집이었다가 무승부 방지용으로 4집반, 그 다음은 5집반으로 늘어났죠. 처음으로 LG배에서 덤 6집반을 사용, 현재는 6집반 시대입니다. 중국은 룰이 특이해서 5집반 혹은 7집반일 수밖에 없습니다. 영토를 많이 차지하는 개념이라 마지막 공배를 메우는 쪽이 무조건 이기게 만들어야 하기 때문이죠.

그런 의미에서 한국의 룰과 다른 점도 몇 가지 있습니다. 예를 들면 서로 집이 있는 빅이 난 경우, 서로 메우지 못하는 공배가 3개 생기죠. 이러면 마지막 공배의 주인이 바뀌게 됩니다. 흑이 반면 7집을 이기고도 반집을 이기는 경우도 생깁니다. 물론 아주 드문 일입니다. 또 하나는 귀곡사 처리입니다. 중국의 룰에서는 공배를 다 메우고 나서 자신의 집을 메우는 것이 손해가 아닙니다. 어차피 내 땅이니까요. 팻감을 다 없애고 귀곡사를 잡으러 가면 잡을 수 있죠. 하지만 반상에 빅이 있다면 어떨까요? 해결이 되지 않습니다. 한국 룰과는 큰 차이가 납니다.

초창기에는 룰이 약간 다르기 때문에 한국 기사들이 손해를 보는 경우도 종종 있었지만, 지금은 중국리그, 중국세계대회 오픈예선 등 기회가 많기 때문에 익숙해졌습니다.

중국 기사들은 오프라인에서는 자국의 룰을 사용하지만, 인터넷 대국은 한국의 규칙을 따릅니다. 그 이유는 현재 중국에서 서비스하고 있는 모든 바둑 사이트가 한국에서 개발한 프로그램을 쓰고 있기 때문이죠. 언젠가는 자신들의 기술로 자신들의 규칙을 적용한 프로그램을 개발해서 쓰겠죠. 중국은 자부심이 강한 나라니까요.

두 칸 협공

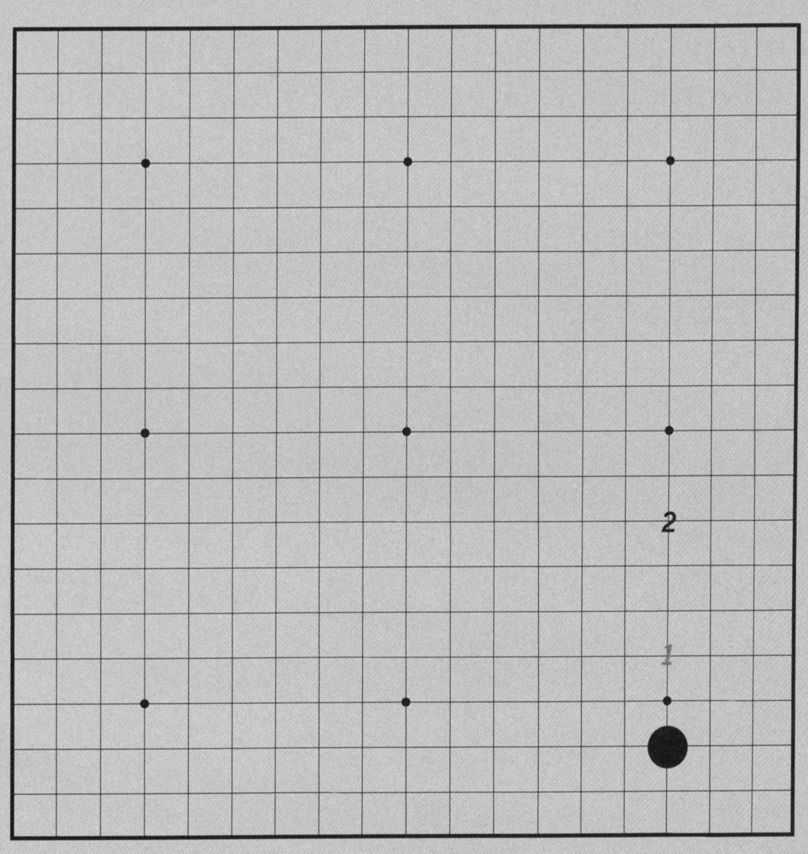

정석

두 칸 협공

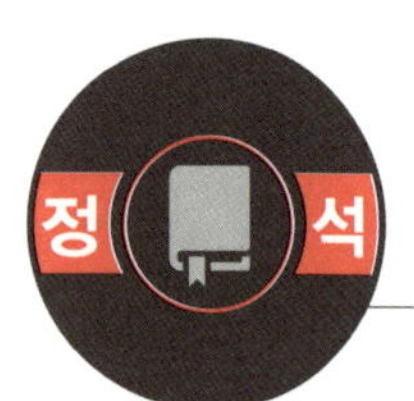

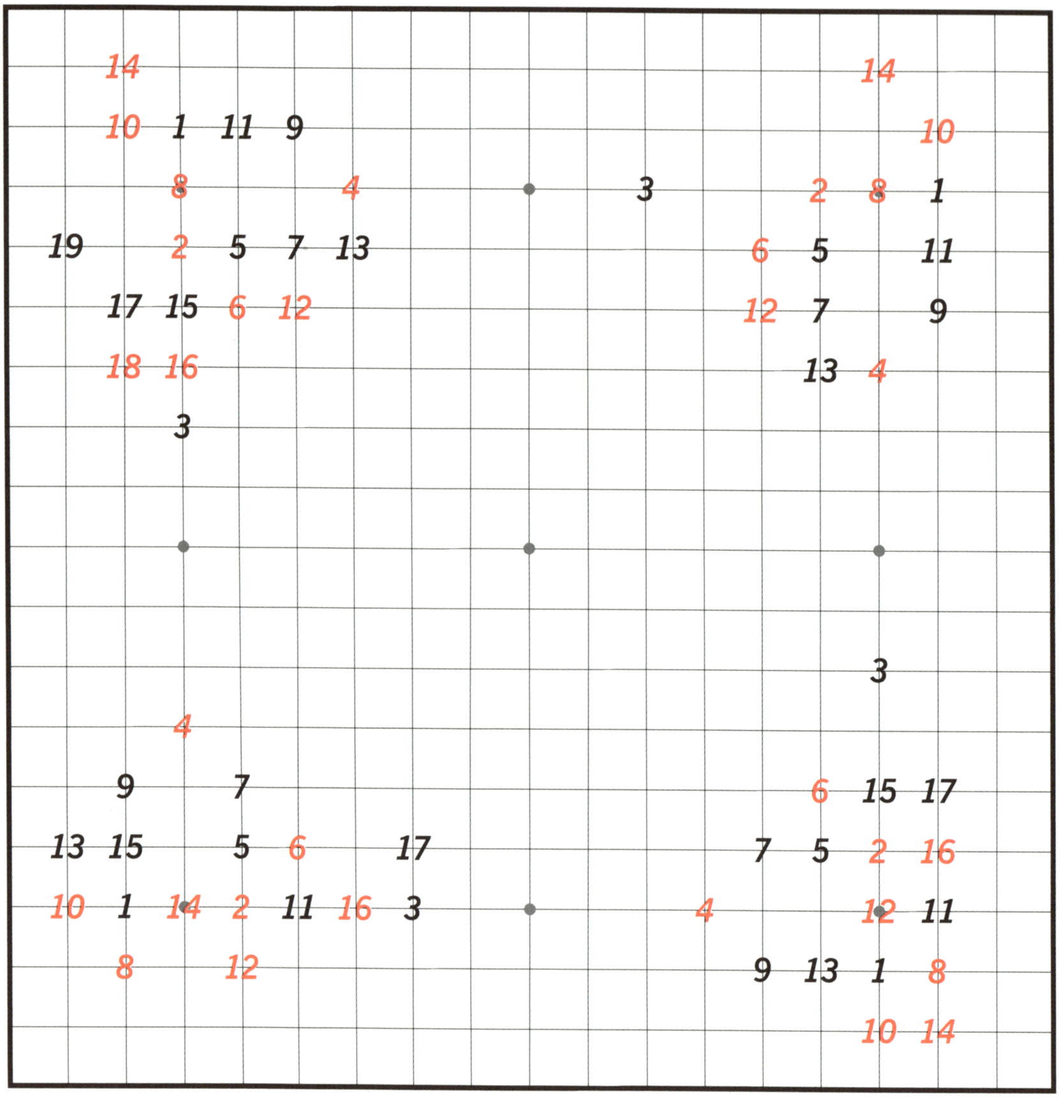

○ ○ ○ ○ ○ ○ ○ ○ ○ ○

○ △ ×

축 관계. 아주 복잡!	이창호 9단이 백으로 즐겨 쓰는 수법.
박정상 9단 추천 1.	박정상 9단 추천 2.

두 칸 협공

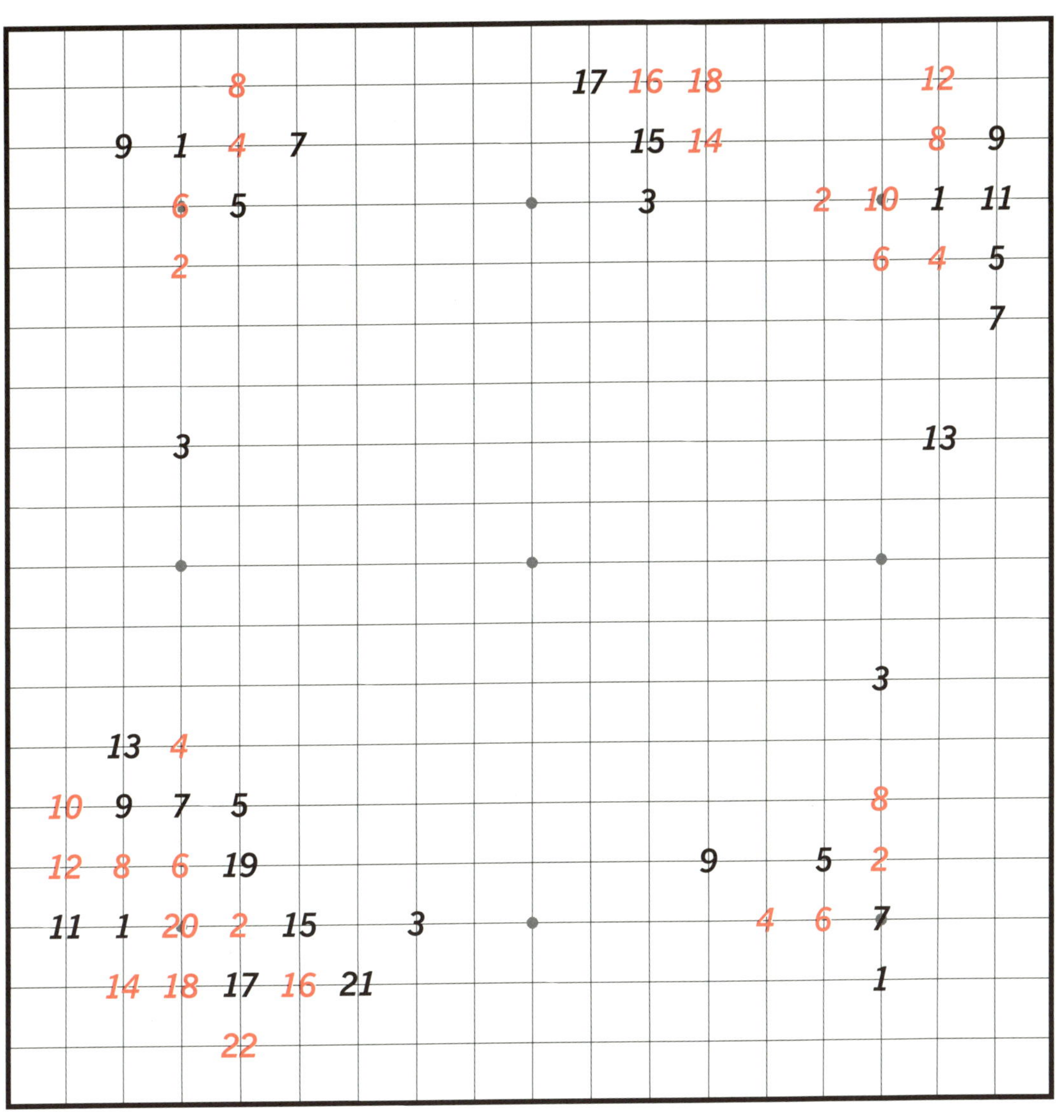

흑 박승철 vs 송태곤 백

비씨카드배 신인왕전 12국 | 2002년 11월

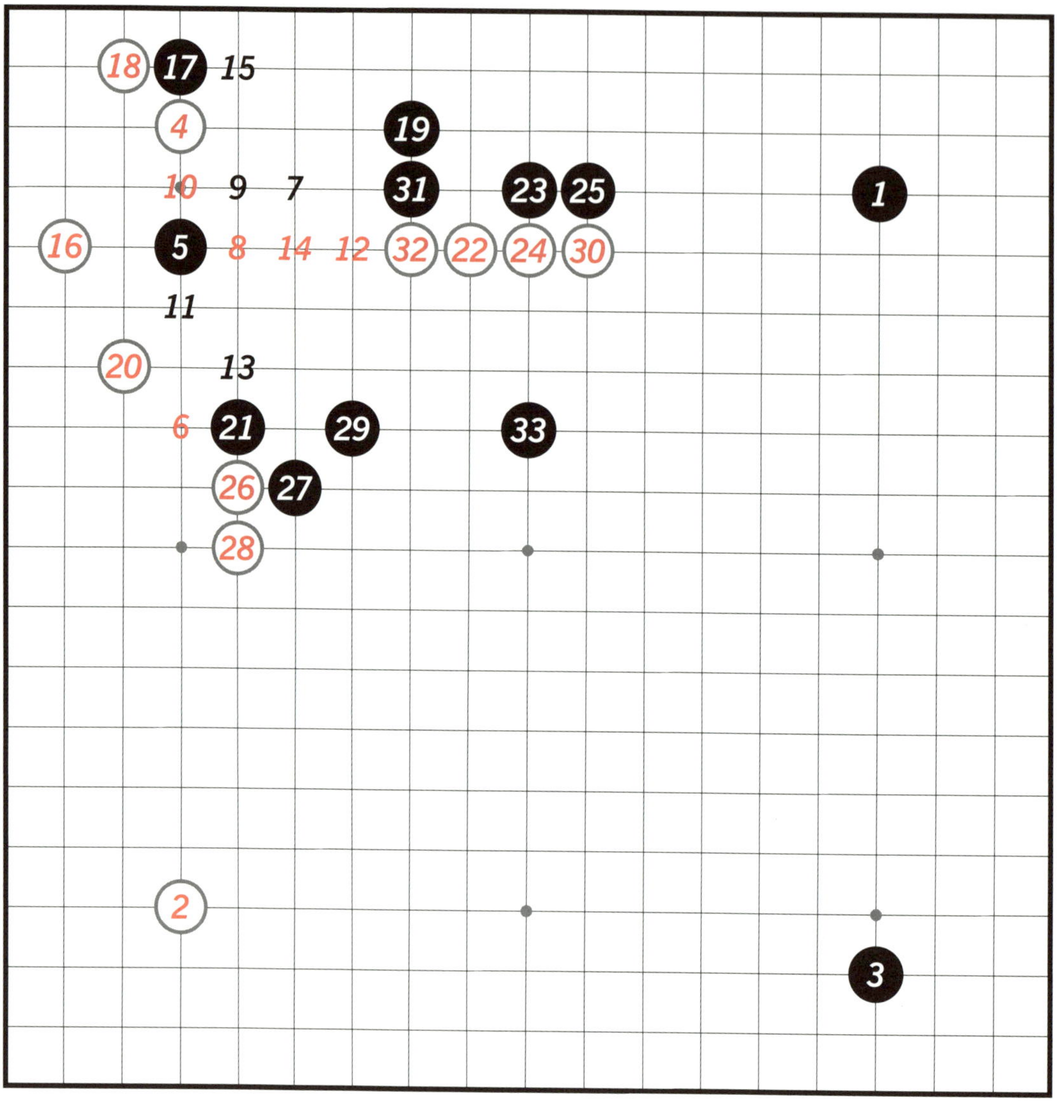

코멘트 초반부터 큰 전투.

메모

흑 이세돌 vs 펑첸 백

비씨카드배 한중신인왕전 결승3번기 최종국 | 2002년 7월

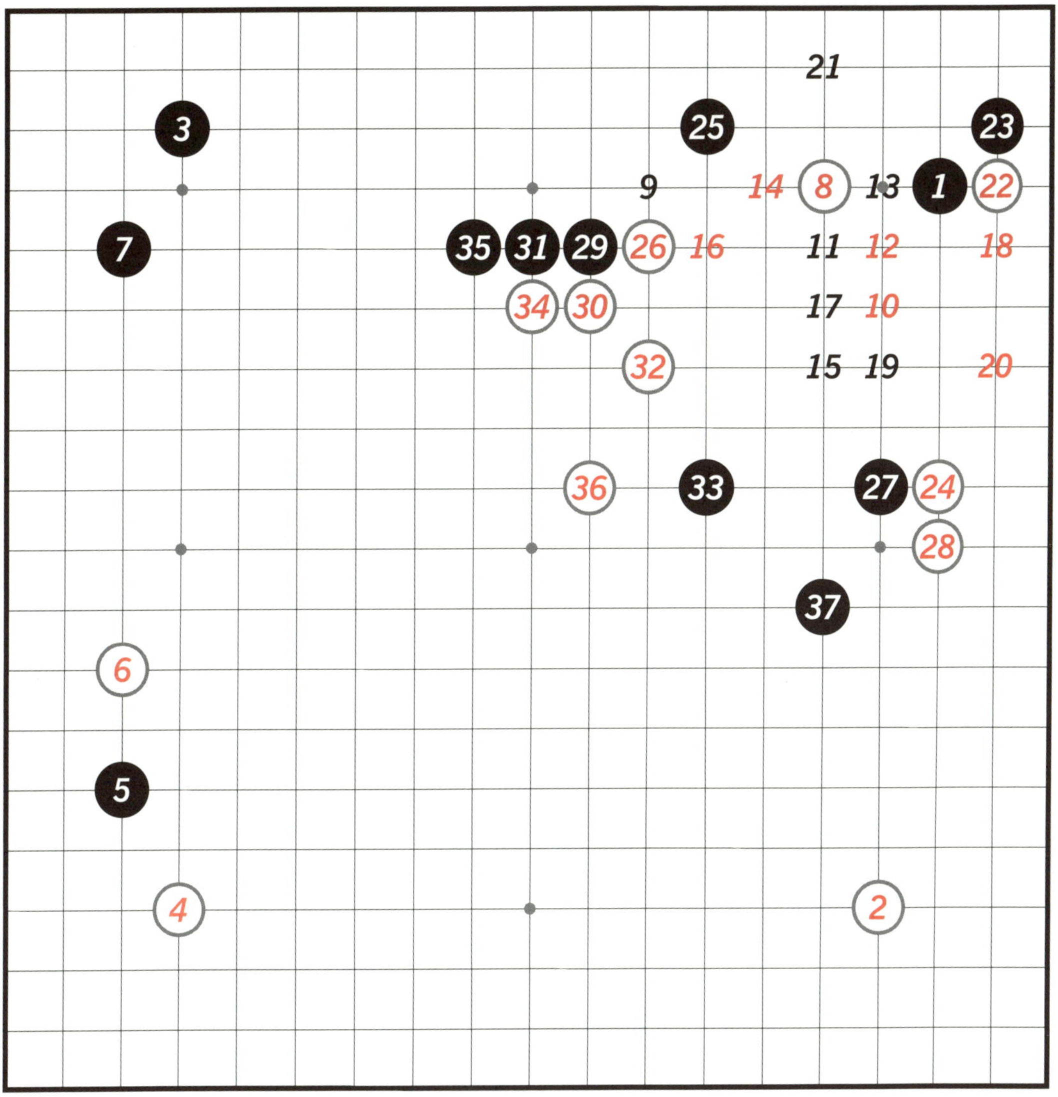

코멘트

메모

흑 구리 vs 최철한 백

중국갑조리그 | 2012년 4월

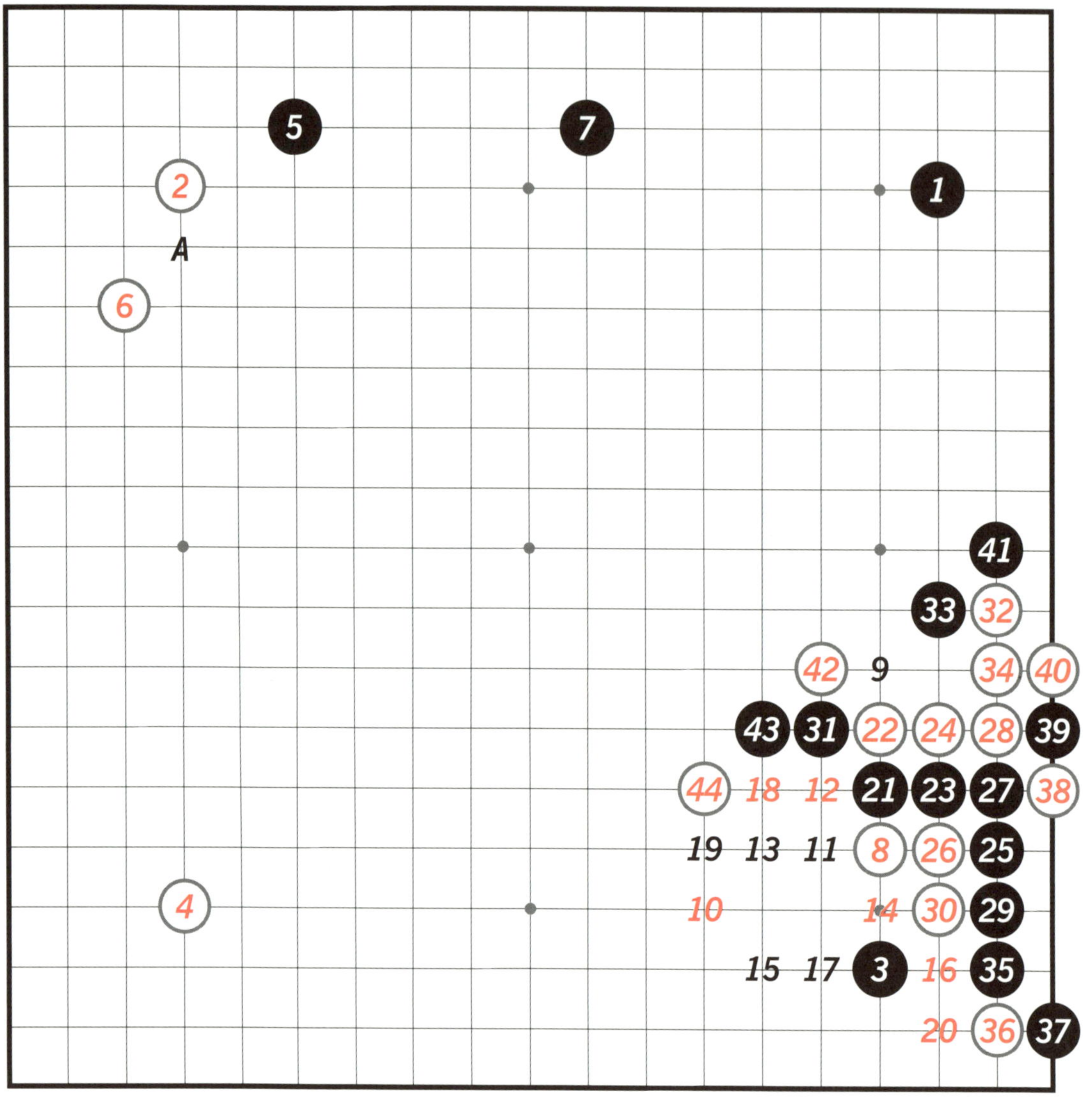

코멘트 41 대신 A로 축을 이용하는 실전도 아주 많음.

메모

실전 흑 김혜민 vs 오쿠다 아야 백

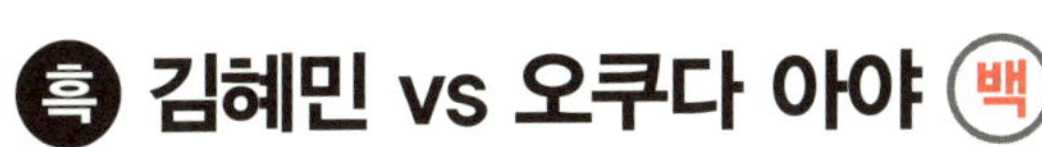

황룡사쌍등배 제7국 | 2014년 2월

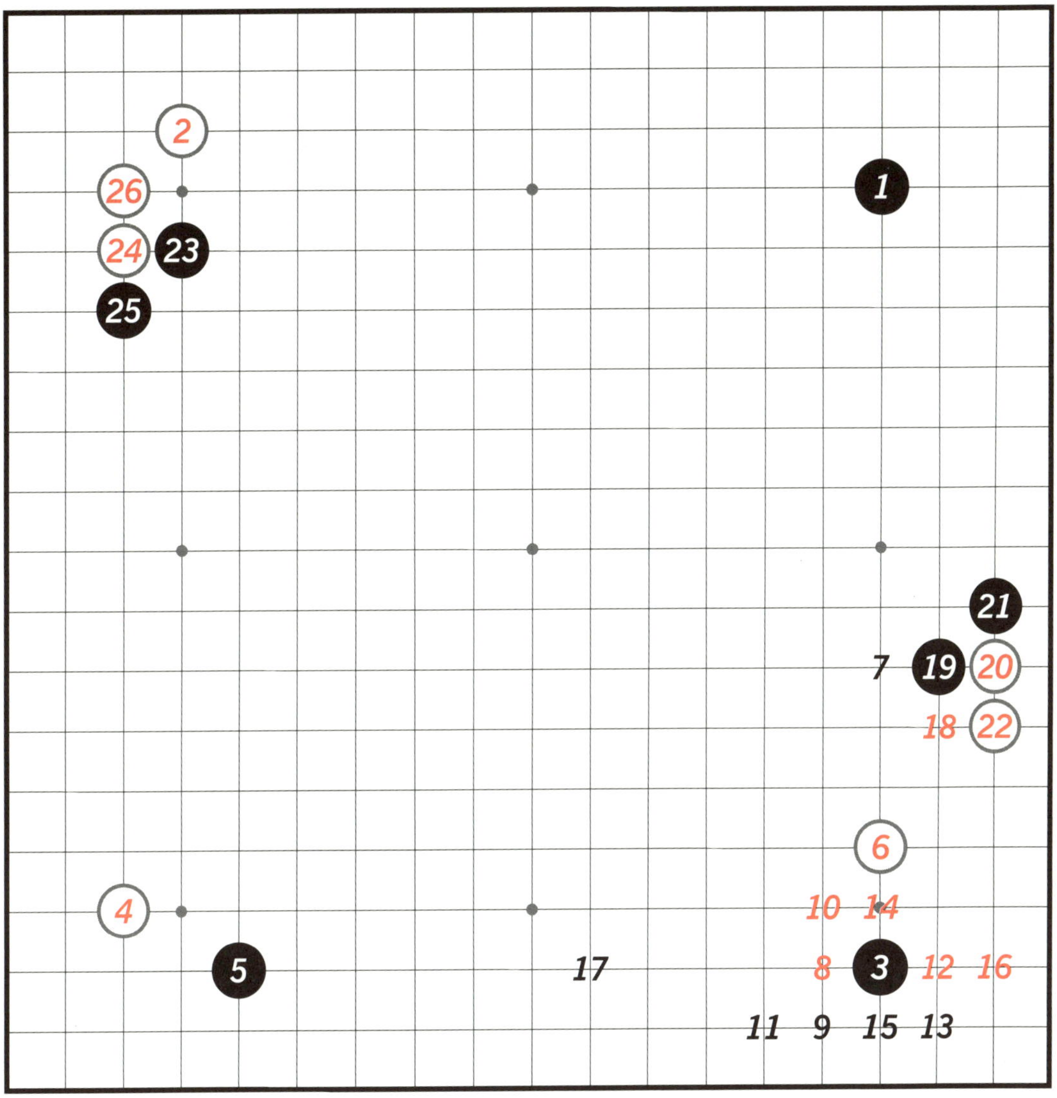

코멘트 무난한 정석.

메모

흑 구리 vs 최철한 백

중국갑조리그 | 2013년 4월

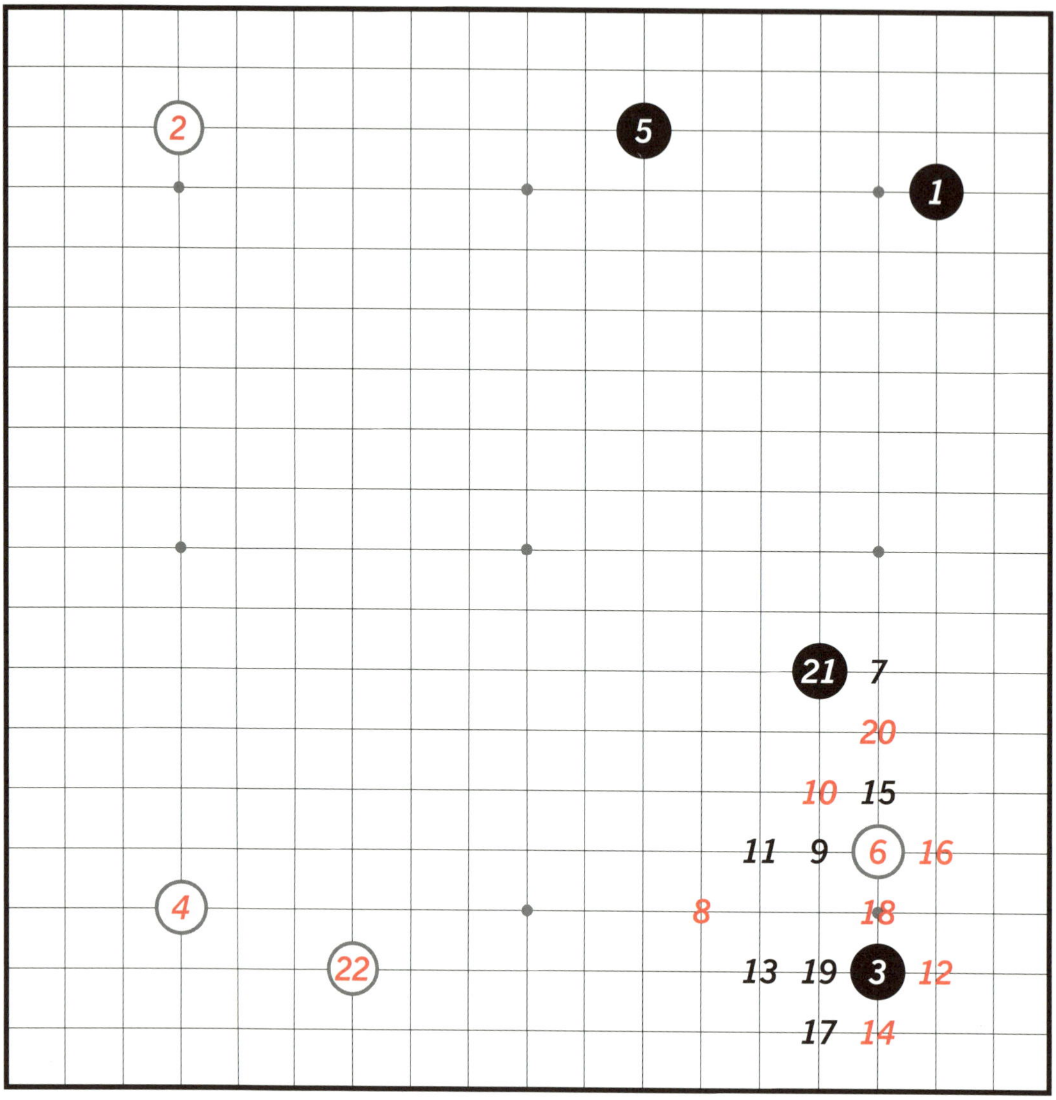

코멘트 백12가 박정상 추천 수법.

메모

흑 박영훈 vs 목진석 백

한국리그 파크랜드–제일화재 주장전 | 2004년 6월

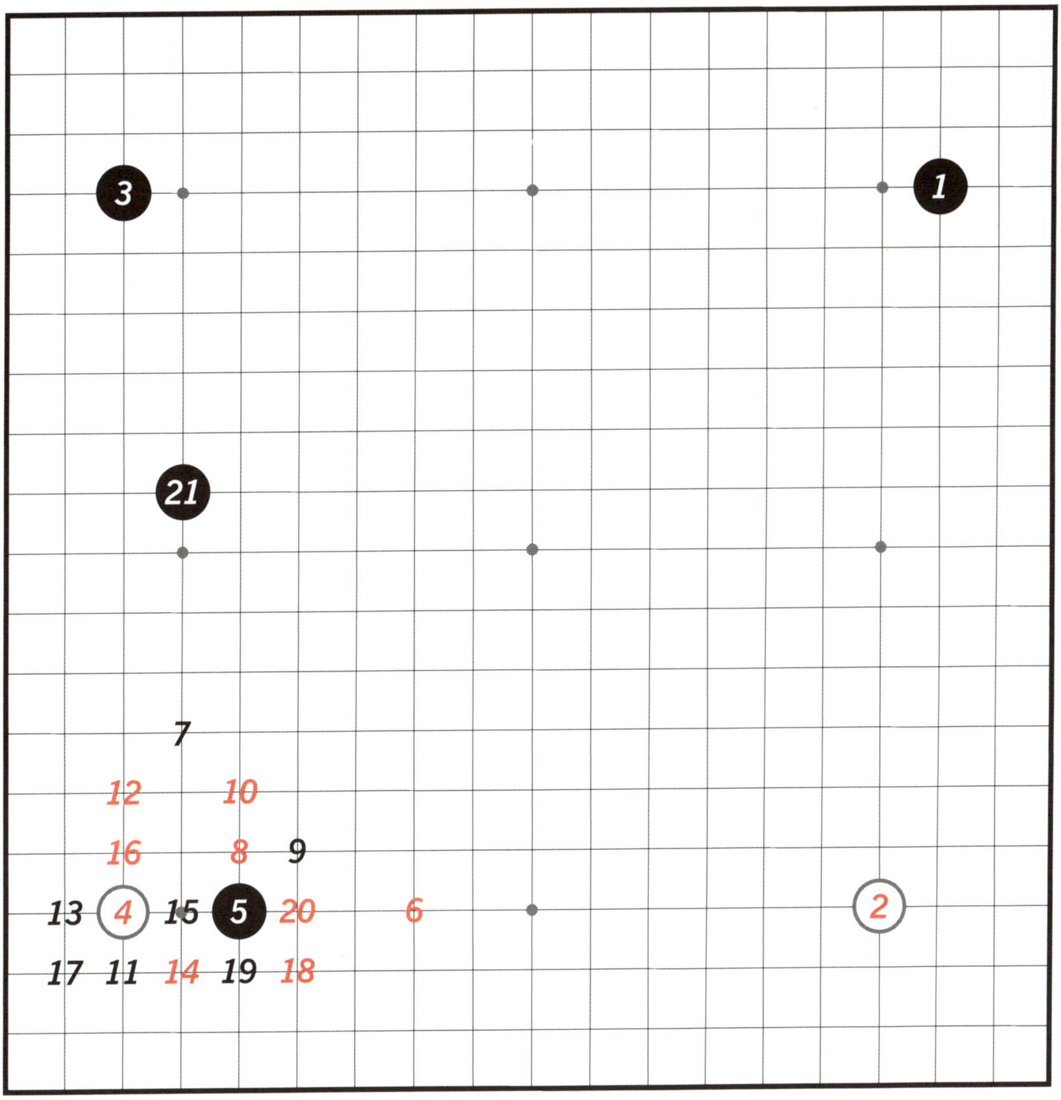

코멘트 박정상 추천 2. 흑11.

메모

165

● 최철한 vs 이창호 ⓑ

GS칼텍스배 프로기전 결승4국 | 2005년 11월

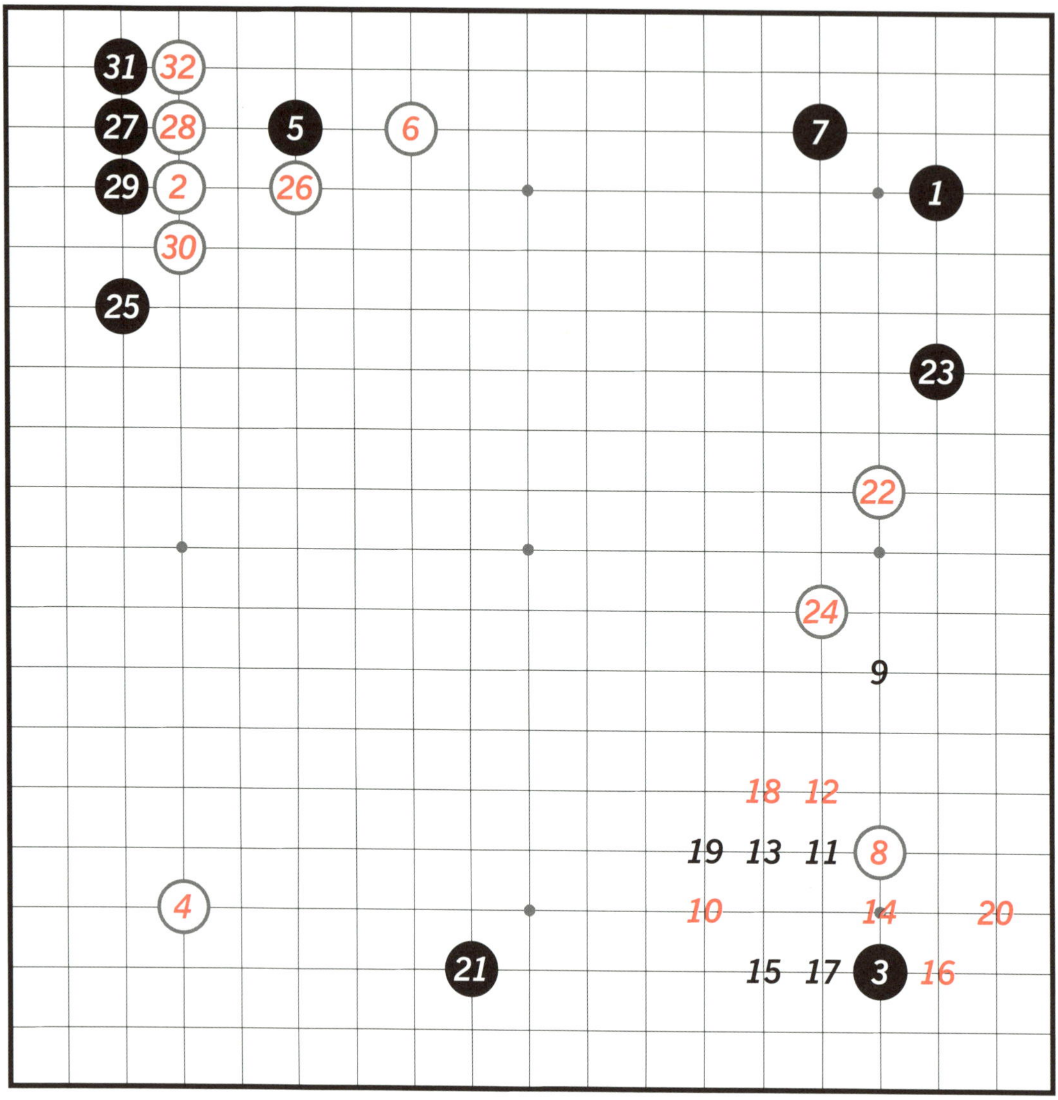

코멘트 18, 20은 이창호 9단이 즐겨 쓰는 수.

메모

홍민표 8단 추천 정석

미니 중국식 포석에서 많이 나오는 정석

두 칸 높은 협공은 예전에도 유행했었고, 요즘도 많이 두어지고 있습니다. 앞으로도 많이 등장할 것 같은 정석입니다. 응수로는 눈목자가 가장 많고 날일자, 그리고 5×3 자리에 붙임 등이 있습니다. 날일자 응수는 곧바로 초반 전투가 시작됩니다. 요즘 덤이 커진 관계로 백이 피하는 경우가 많습니다. 붙이는 수 또한 간명한 처리가 가능합니다. 눈목자는 파생되는 변화가 굉장히 많습니다. 이창호 9단이 좋아하는 처리가 있고, 또 박정상 9단이 좋아하는 정석도 있습니다. 홍민표 8단은 협공하는 것을 더 좋아한다고 합니다. 특히 미니 중국식 포석에서 많이 나오는 정석입니다.

홍민표 8단은 2003년과 2007년에 농심배 대표로 활약했으며, 2004년 삼성화재배 본선, 2007년 LG배 세계기왕전 4강 진출 등의 성적을 거두었습니다.

오궁도화 매화육궁

외우면 좋은 바둑 상식 2

이 정도는 웬만하면 다 아시겠죠. 사활은 생사가 바로 걸리는 문제이니까 바둑 두시면서 신경 많이 쓰셨을 겁니다. 보통 사궁이면 곡사궁은 살고, 나머지는 잡히는데, 오궁도화나 매화육궁은 약간 특수한 모양입니다.

자 여기서 질문 드리겠습니다. 오궁도화는 수상전일 때 몇 수일까요?

갑자기 머리 아프시죠? 그냥 외우세요.

오궁도화는 치중수 포함 8수(치중 상태에는 7수), 매화육궁은 12수입니다.

예전 조훈현 9단이 일본 유학에서 돌아온 지 얼마 지나지 않았을 때, 도전기를 두는데 상대가 매화육궁을 착각한 경우도 있습니다. 프로도 헷갈리는 어려운 사활이지요. 주의하시고 두셔야 합니다. 참고로 육궁이 넘어가면(7궁, 8궁) 궁도가 너무 넓어서 잡히는 모양이 거의 나오지 않습니다.

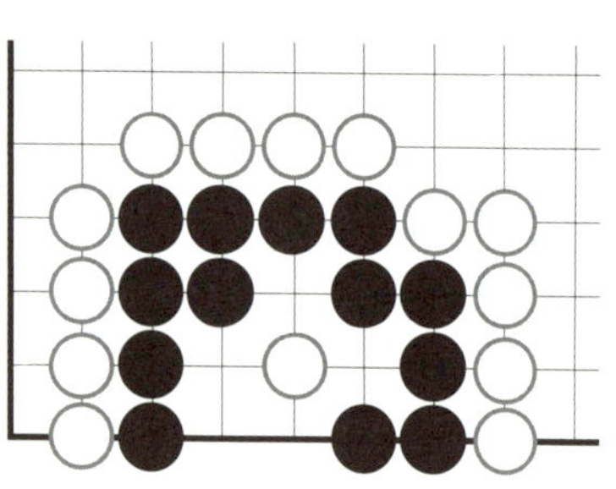

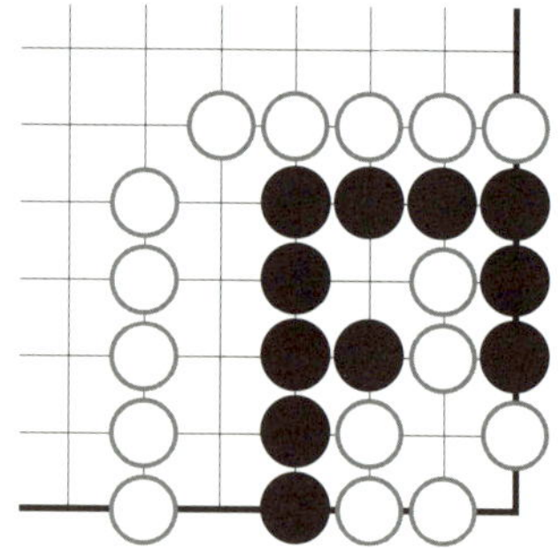

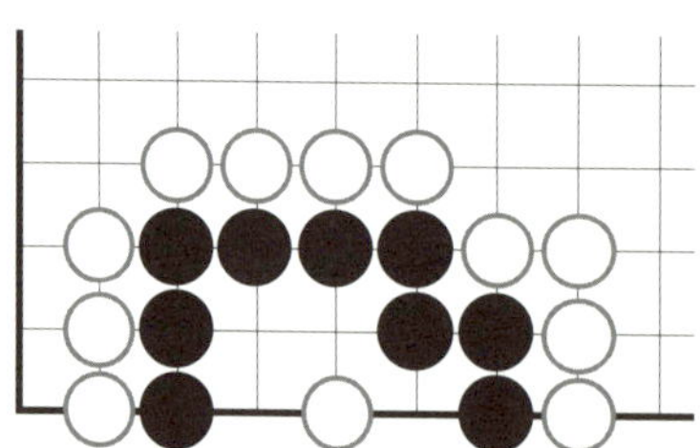

그냥 받기

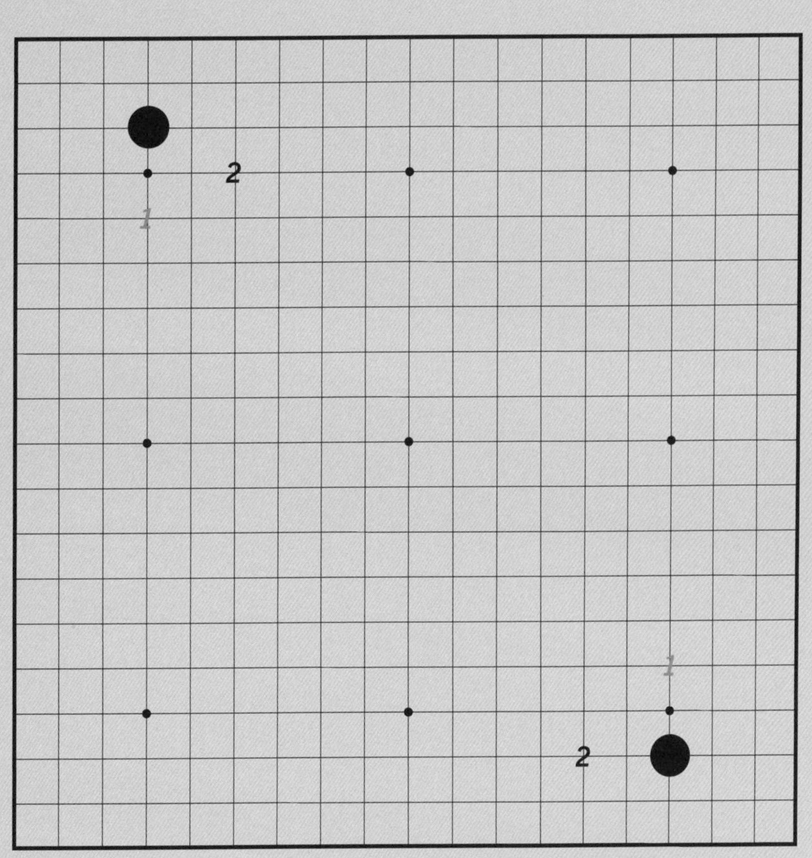

그냥 받기

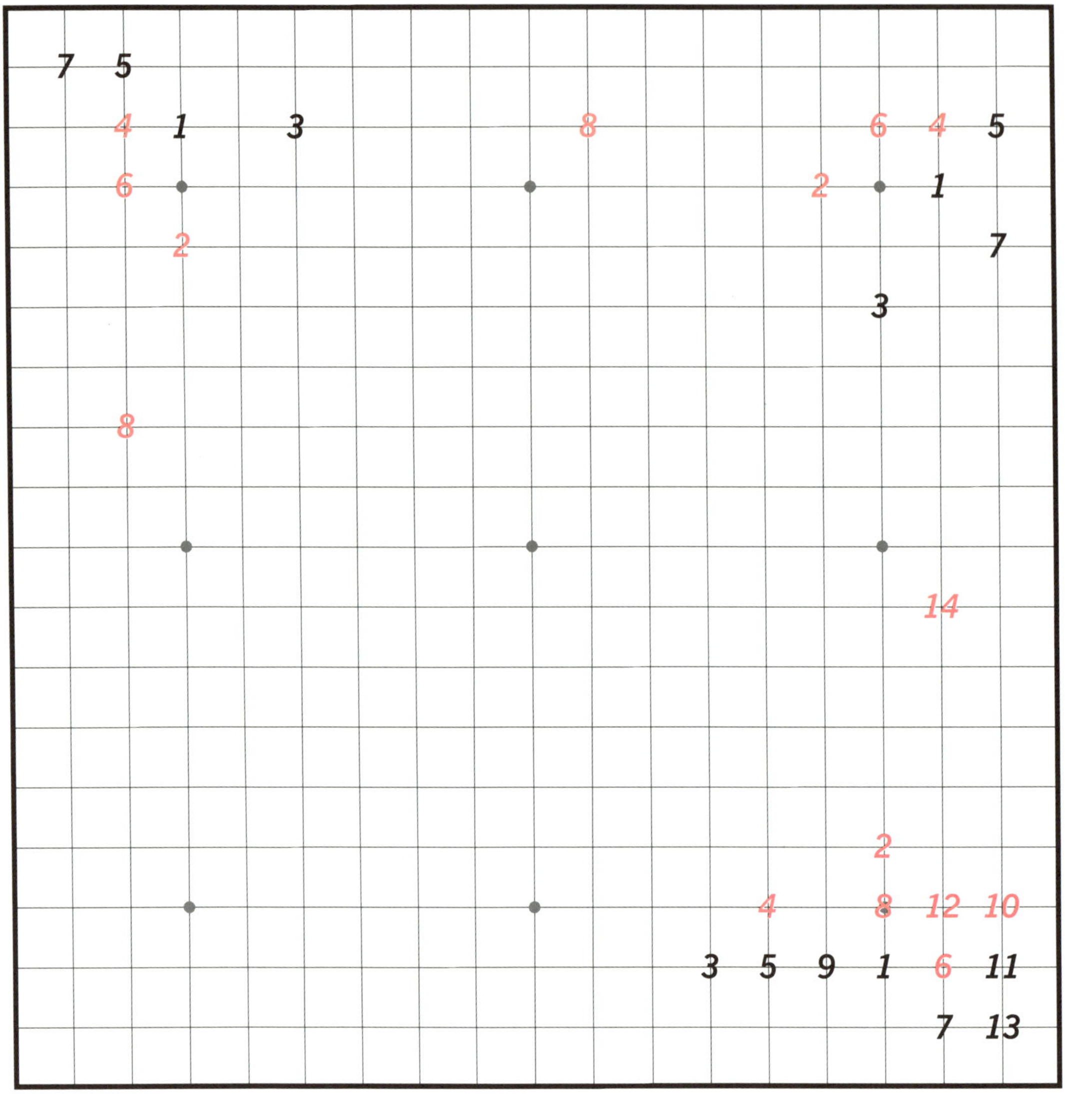

아주 간단. 단순한 게 좋은 거예요!

흑이 약간 중복이라는 느낌.

정석! 외우세요!

동양증권배 결승5국 최종국 | 1992년 1월

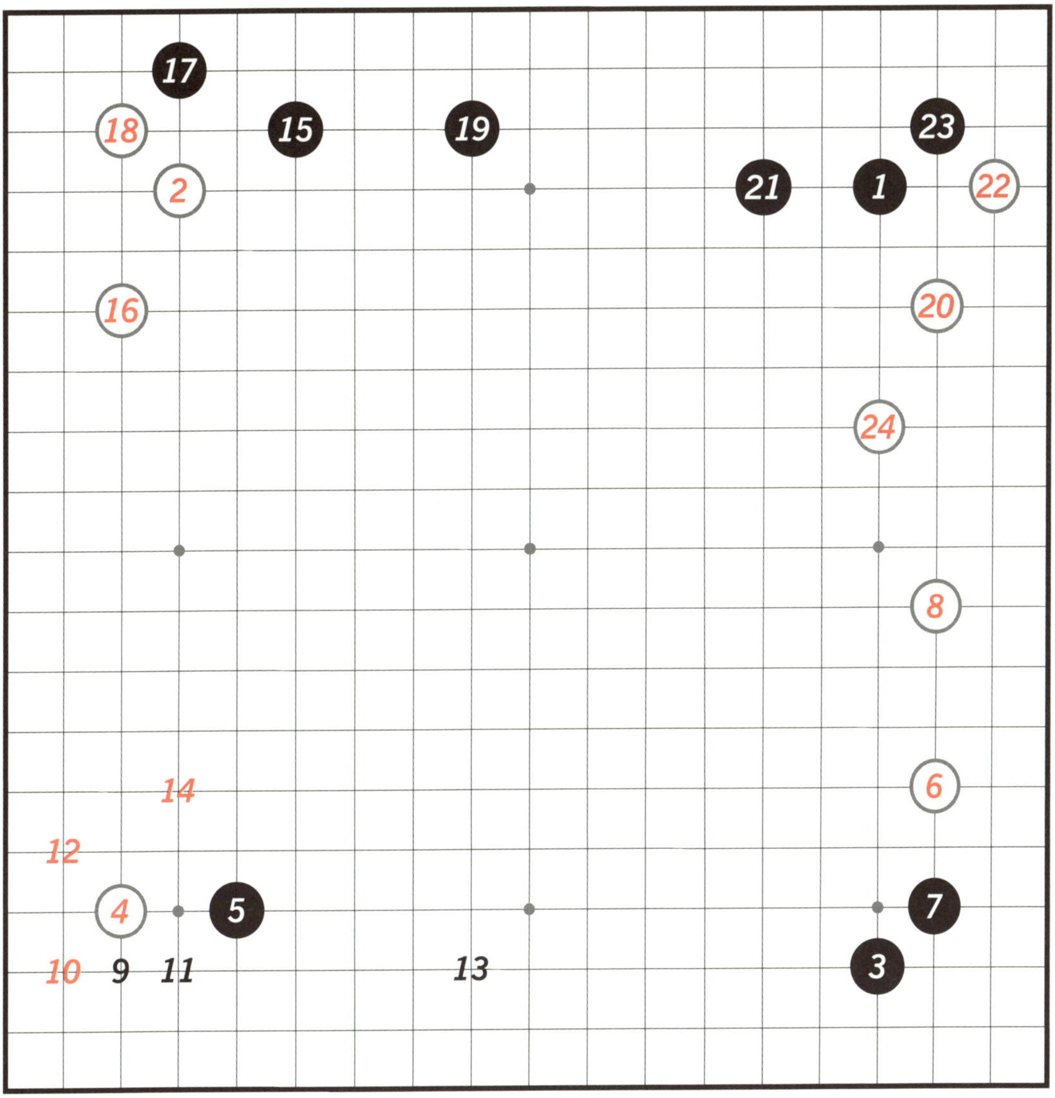

코멘트　이창호 9단의 첫 세계대회 우승 기보.

메모

⚫ 흑 이창호 vs 박영훈 ⚪ 백

하이원리조트배 | 2010년 9월

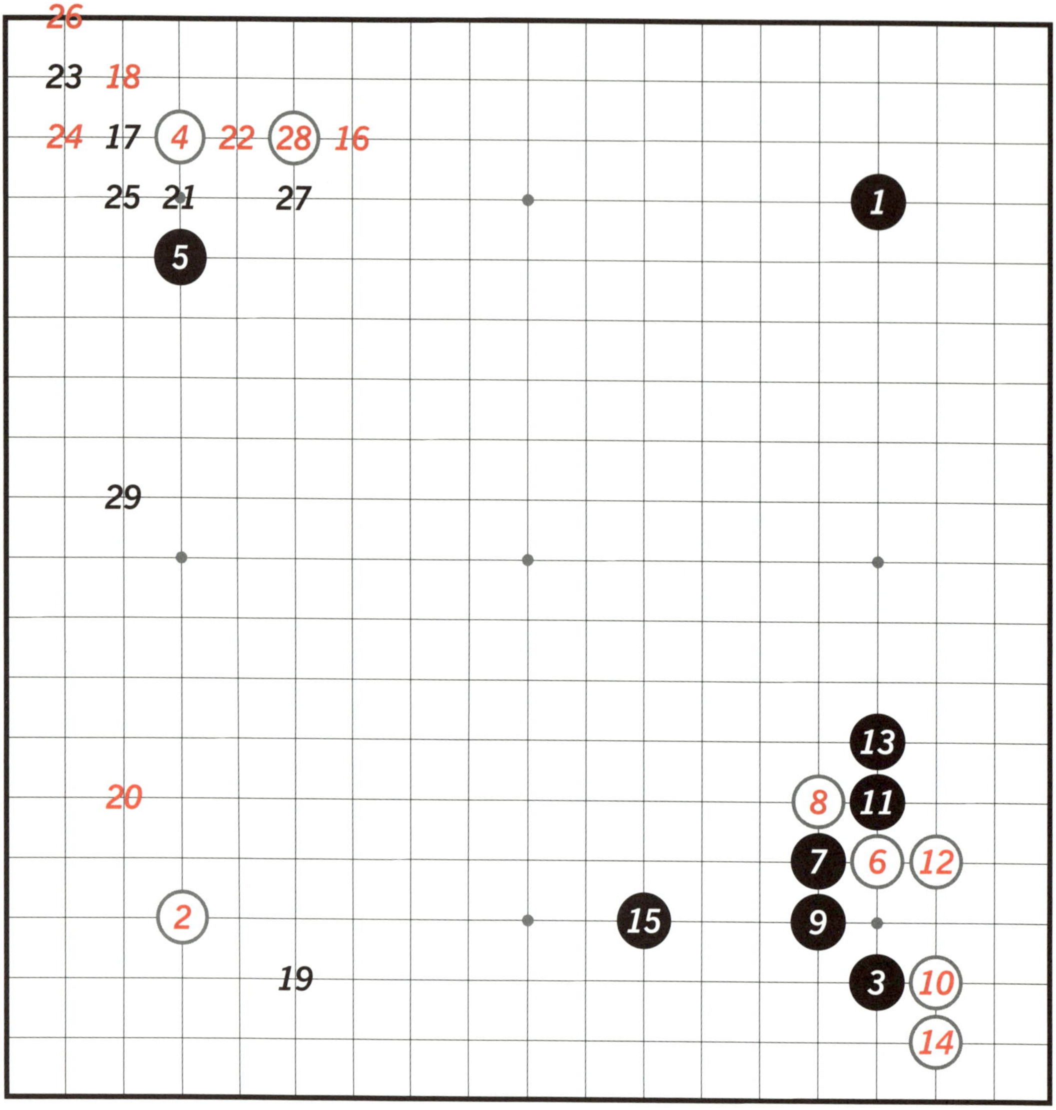

코멘트 백8, 10은 2000년대 중반 유행 정석.

메모

● 흑 기타니 미노루 vs 슈사이 ⊙백

본인방 인퇴기 | 1938년

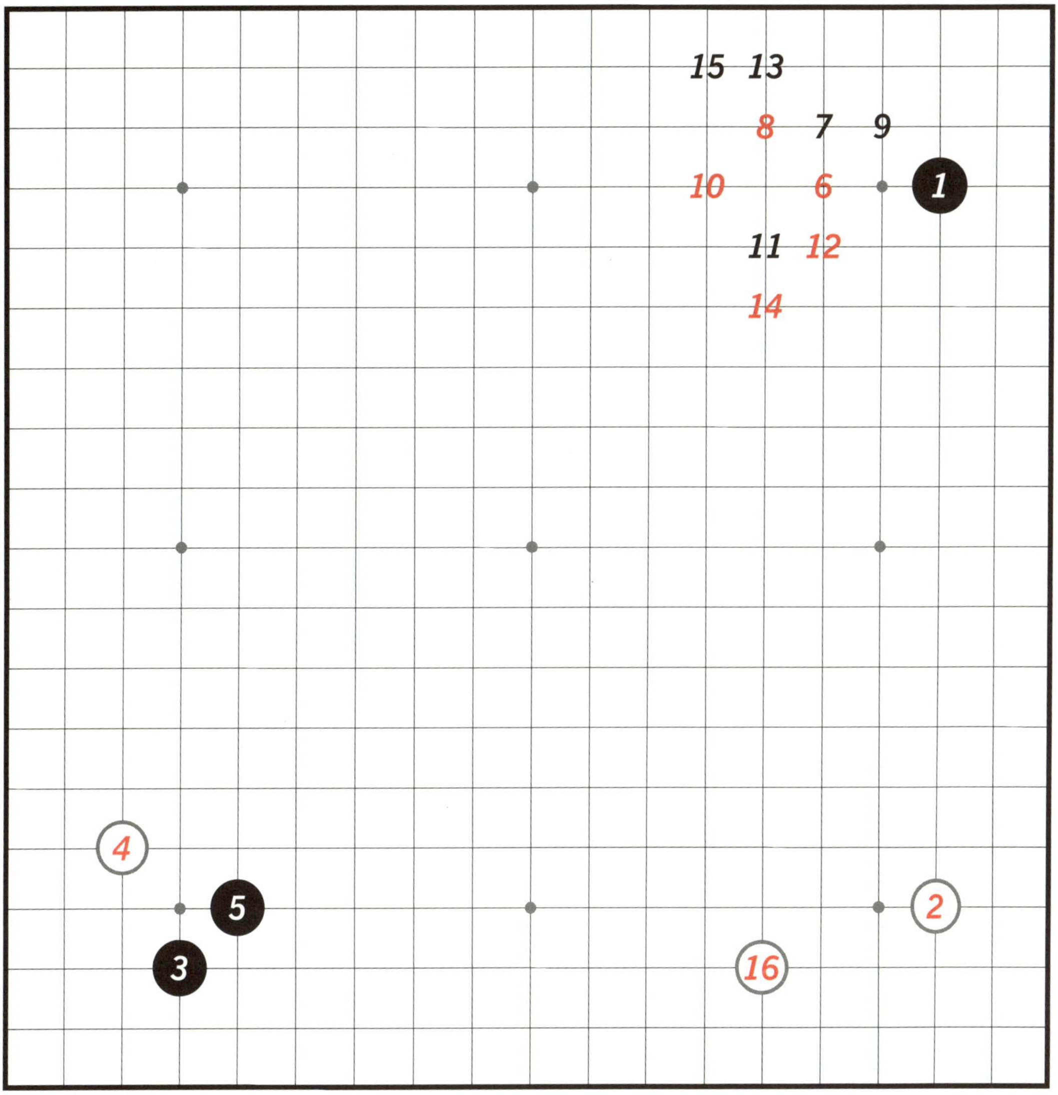

코멘트 최후의 본인방 은퇴 바둑. 제한시간 각 40시간.

메모

넓은 쪽에서 걸쳐라!

외우면 좋은 바둑 상식 3

　　포석에서 걸침은 기본이죠. 아직 기력이 단의 수준이 되지 못하신 분들에게는 자주 보이는 포석이 하나 있습니다. 바로 안쪽에서 걸침입니다. 바둑판은 넓습니다. 물론 상대 집을 깨고 싶은 마음은 저도 알죠. 안쪽으로 걸쳐야 하는 특수한 상황은 분명 있습니다만, 기본적으로는 넓은 쪽으로 걸치는 게 맞습니다. 기보를 보시면, 조치훈 9단 대 오다케 9단의 바둑입니다. 조치훈 9단이 명인전 타이틀을 획득하고 금의환향했던, 바둑 팬으로서는 잊을 수가 없는, 명인전 도전7번 승부 제4국입니다. 이 바둑은 특이하게도 무승부가 됐습니다. 패싸움을 하다가 기록자에게 따낼 차례를 물어보고는 기록자의 잘못된 대답에 팻감을 쓰지 않고 패를 되 따내어 무승부가 됐죠. 결국 4승 1무 1패로 조치훈 9단이 타이틀을 획득한 기보입니다. 기보에서 4연성에 안쪽으로 걸쳤었죠. 이 수법은 다케미야 9단의 바둑에서도 많이 보입니다만, 1990년대 이후에는 사라진 수법입니다. 4연성에는 삼삼침입이 정수, 3연성에는 넓은 쪽으로 걸침. 그냥 외우세요! 나쁜 걸 알면서도 여태껏 이렇게 뒀었다는 이유로 고집하면 바둑 안 늡니다.

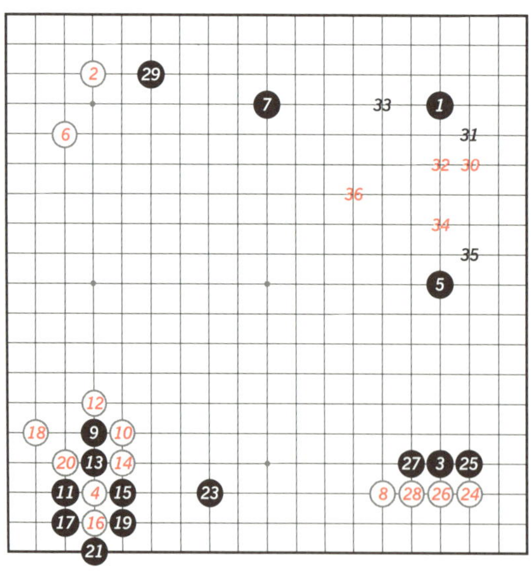

※22＝4

14장

한 칸 높은 협공

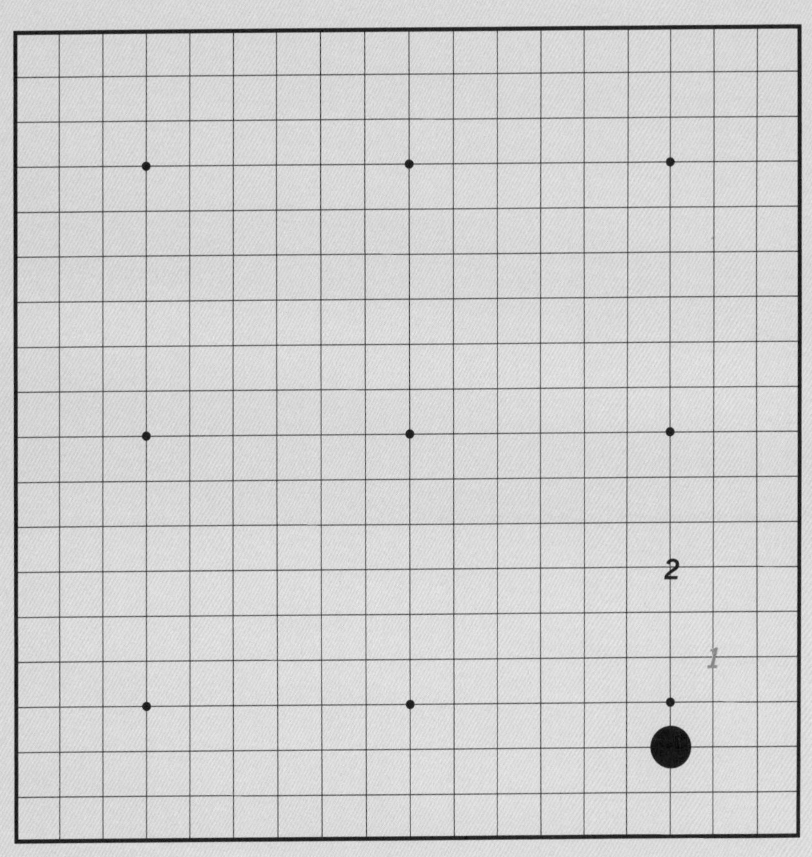

한 칸 높은 협공

○ △ ×

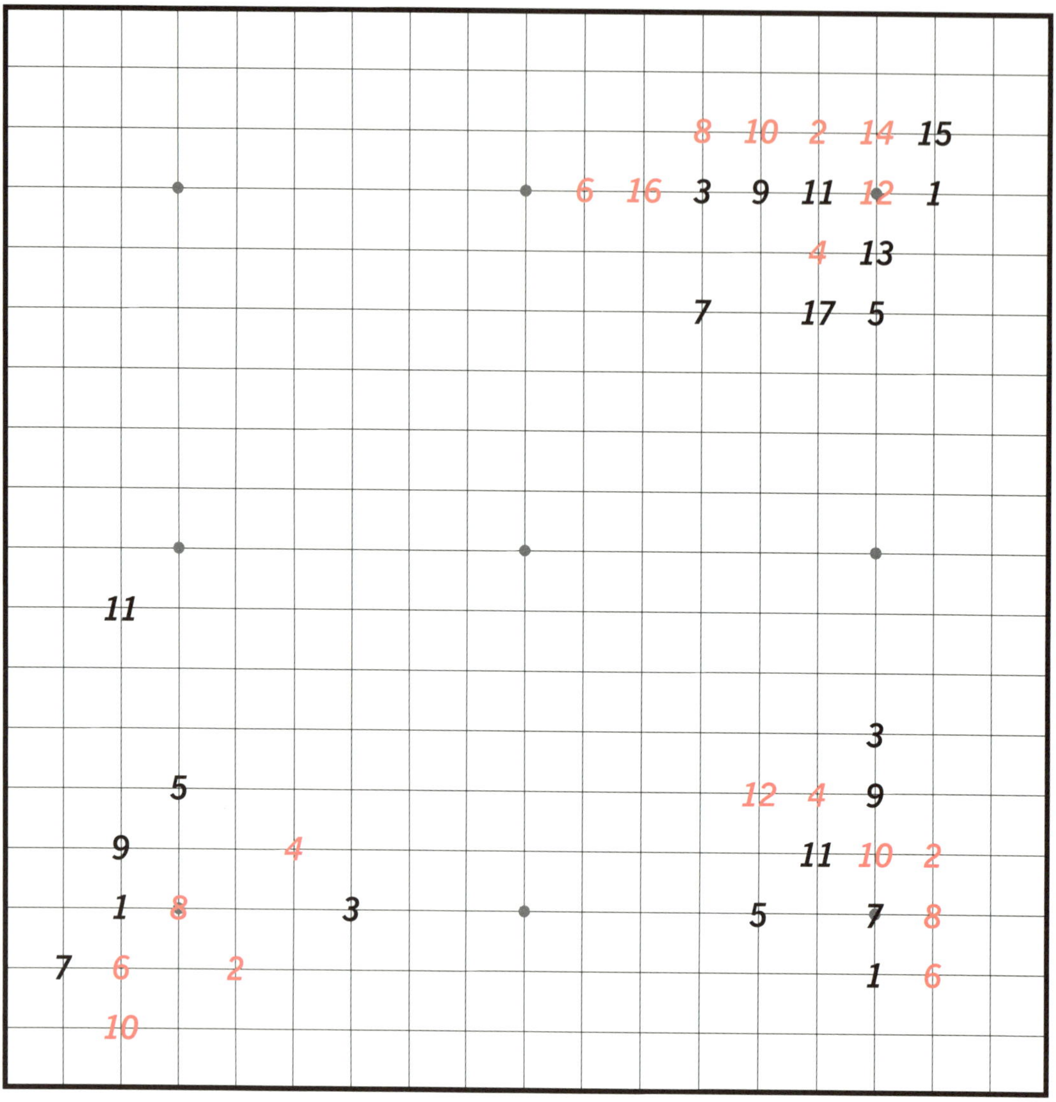

흑 약간 두터움.

기본 정석.

전투 시작.

한 칸 높은 협공

○ △ ×

	외우세요! 무조건!
축 관계에 변화도 복잡! 골치 아픈 수!	백 실리가 큼. 요즘은 흑이 피하는 추세.

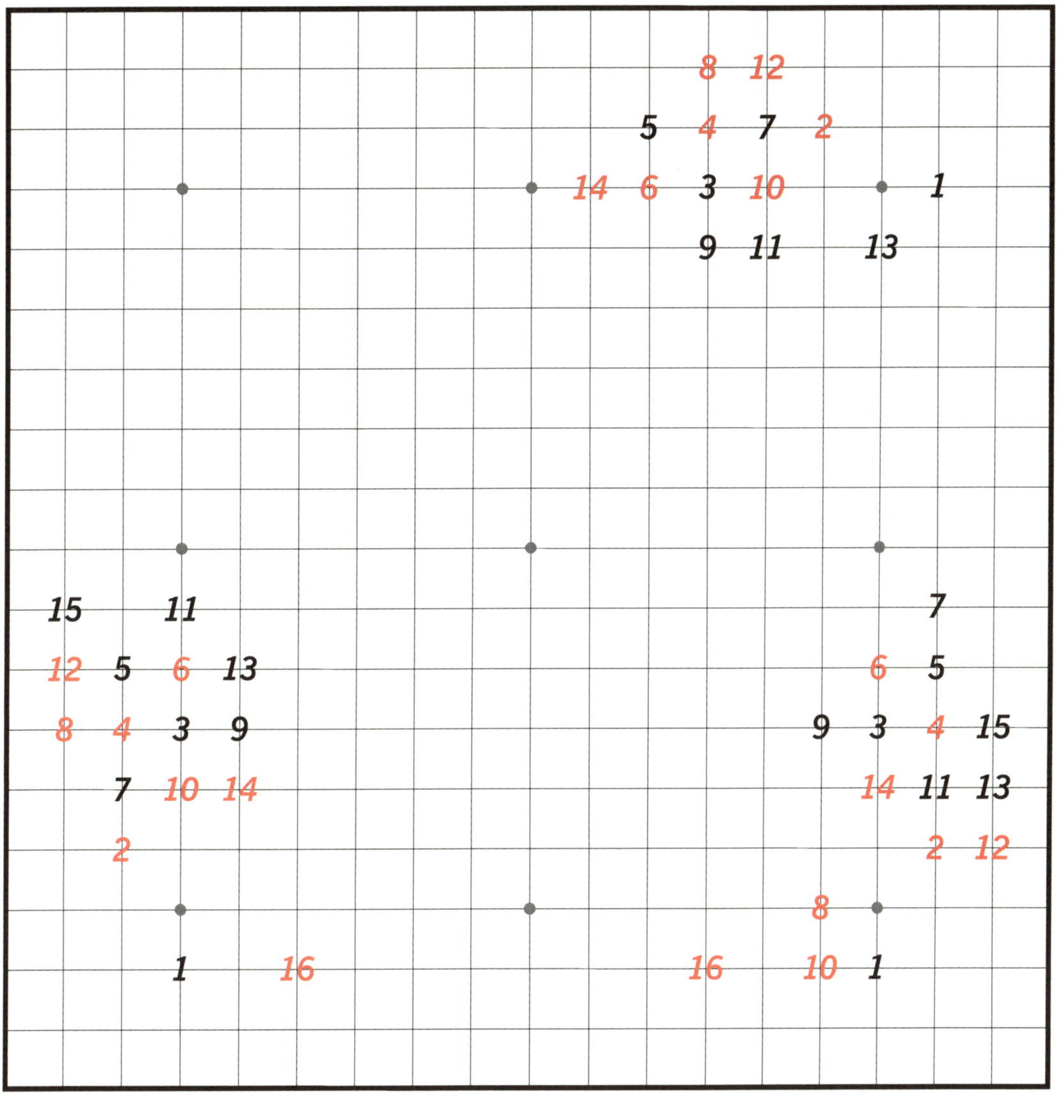

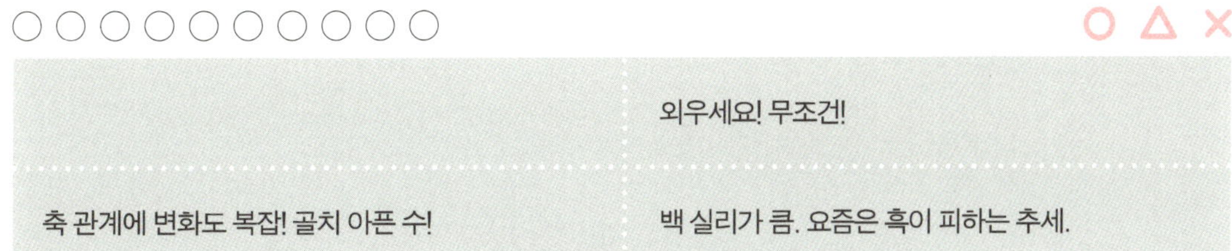

흑 이세돌 vs 최철한 백

GS칼텍스배 도전 제2국 | 2006년 11월

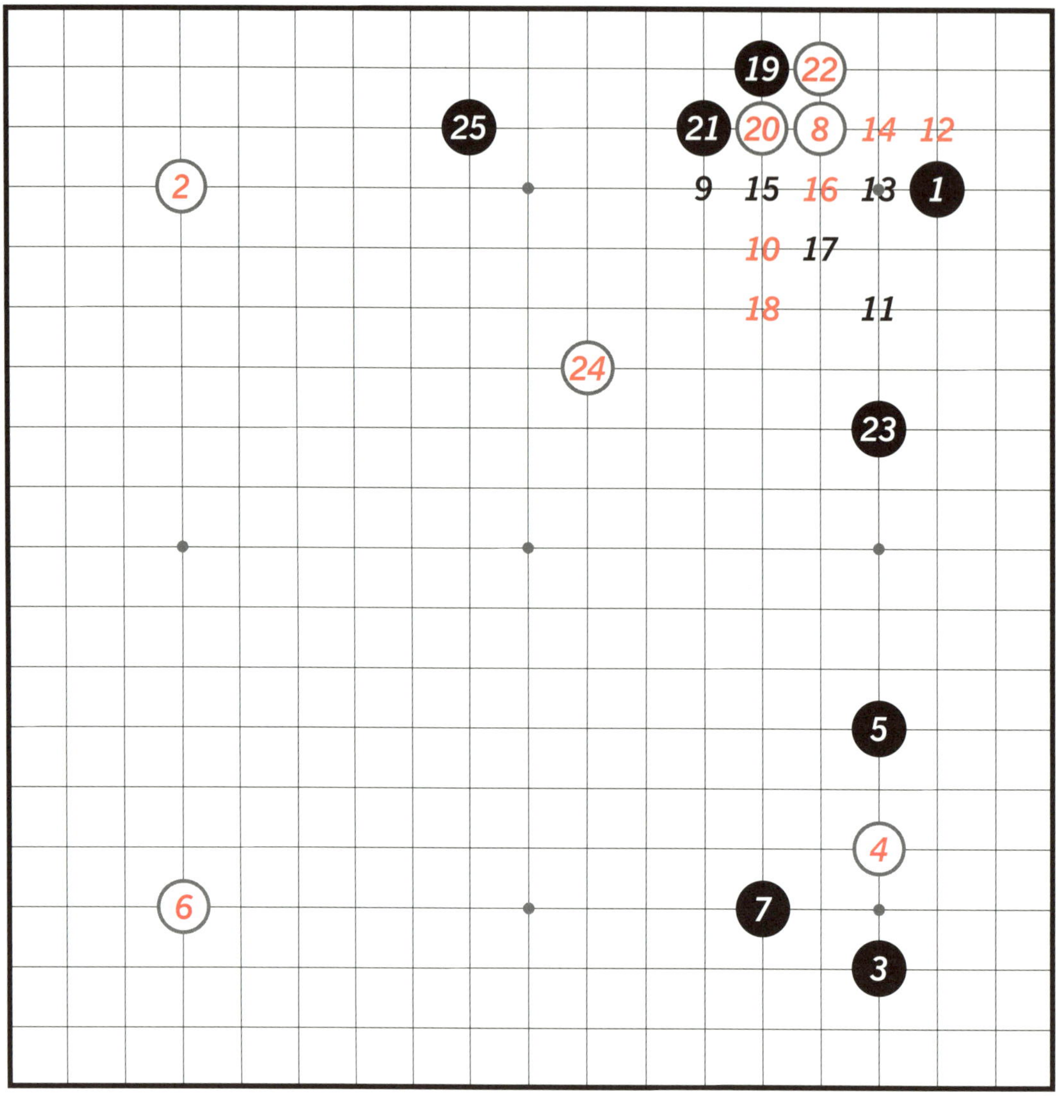

코멘트　백24 경쾌한 행마.

메모

⚫ 조훈현 vs 이세돌 ⚪

한국리그 한게임-얀센 주장전 | 2004년 5월

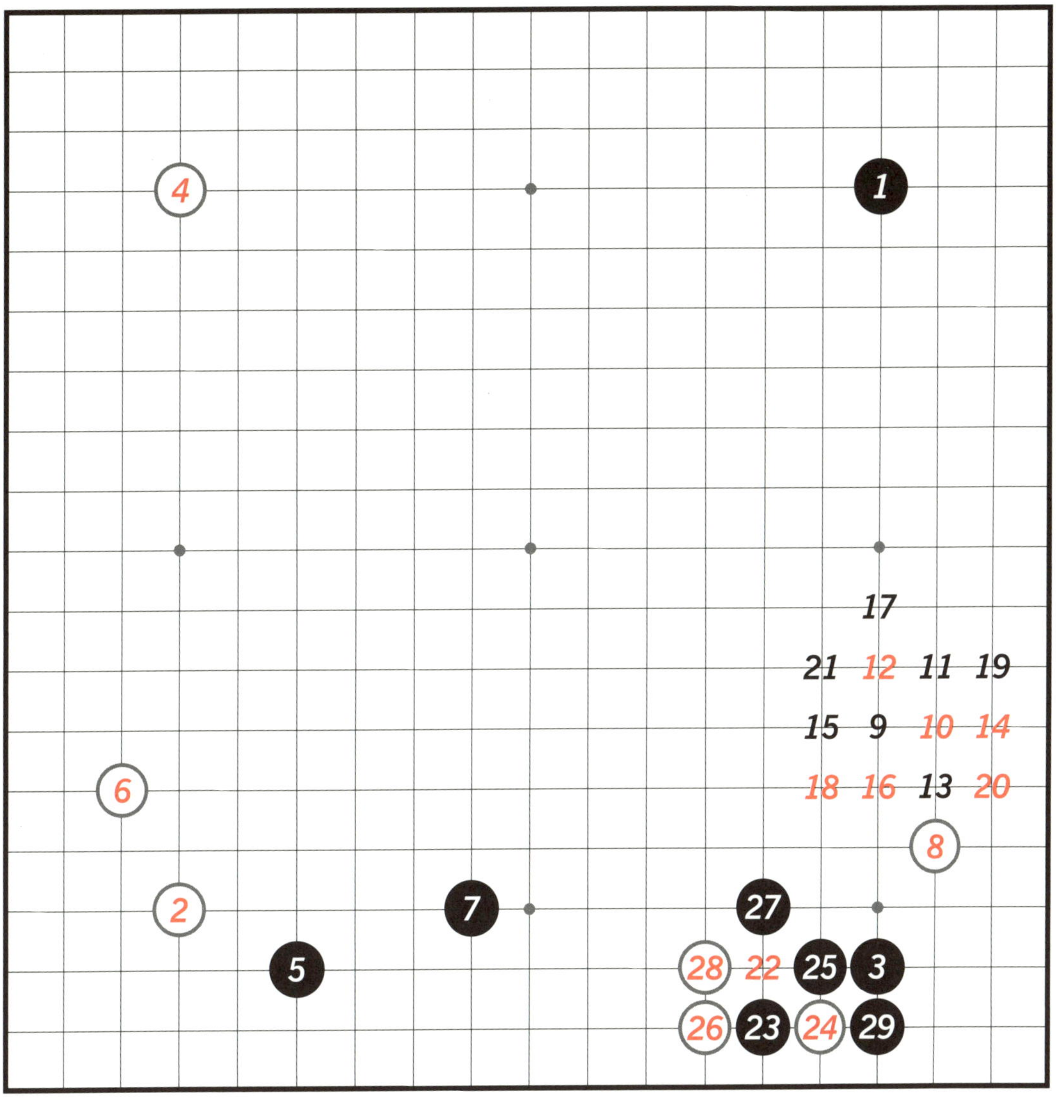

⚫흑 이창호 vs 목진석 ⚪백

LG배 세계기왕전 결승4국 | 2004년 4월

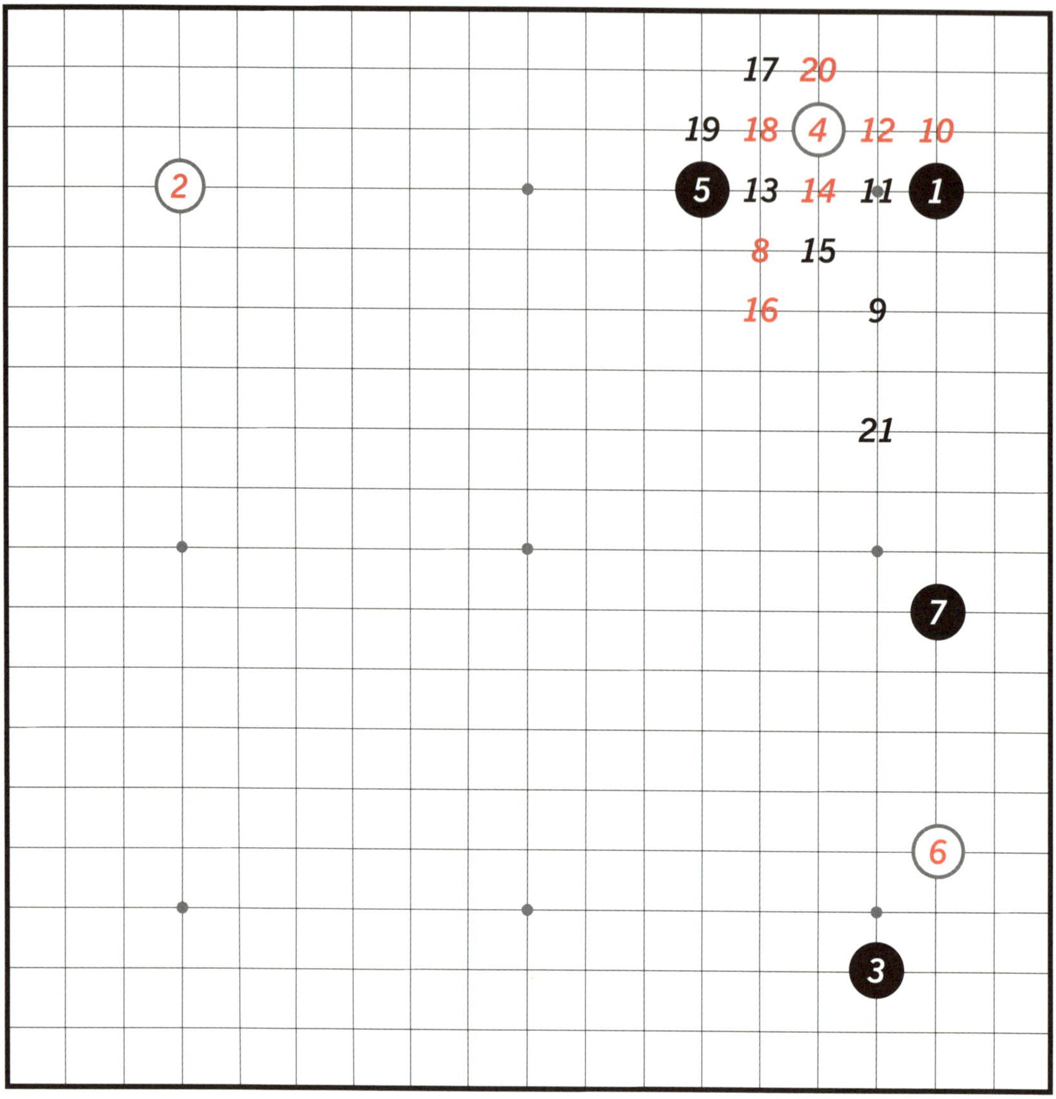

코멘트

메모

LG배 세계기왕전 16강전 | 2002년 5월

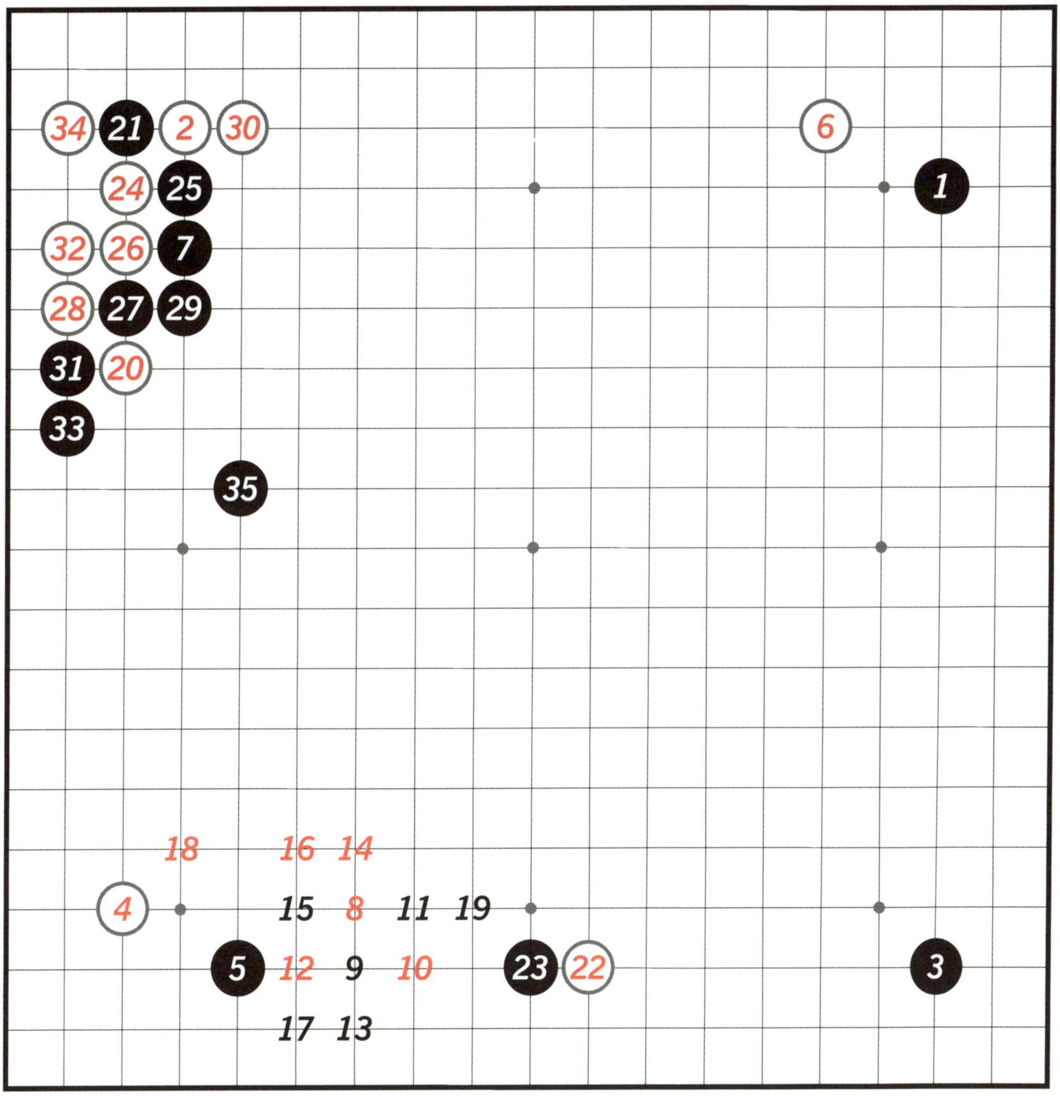

코멘트 22가 절묘한 축머리.

메모

⚫ 흑 이세돌 vs 황이중 ⚪ 백

삼성화재배 준결승2국 | 2007년 11월

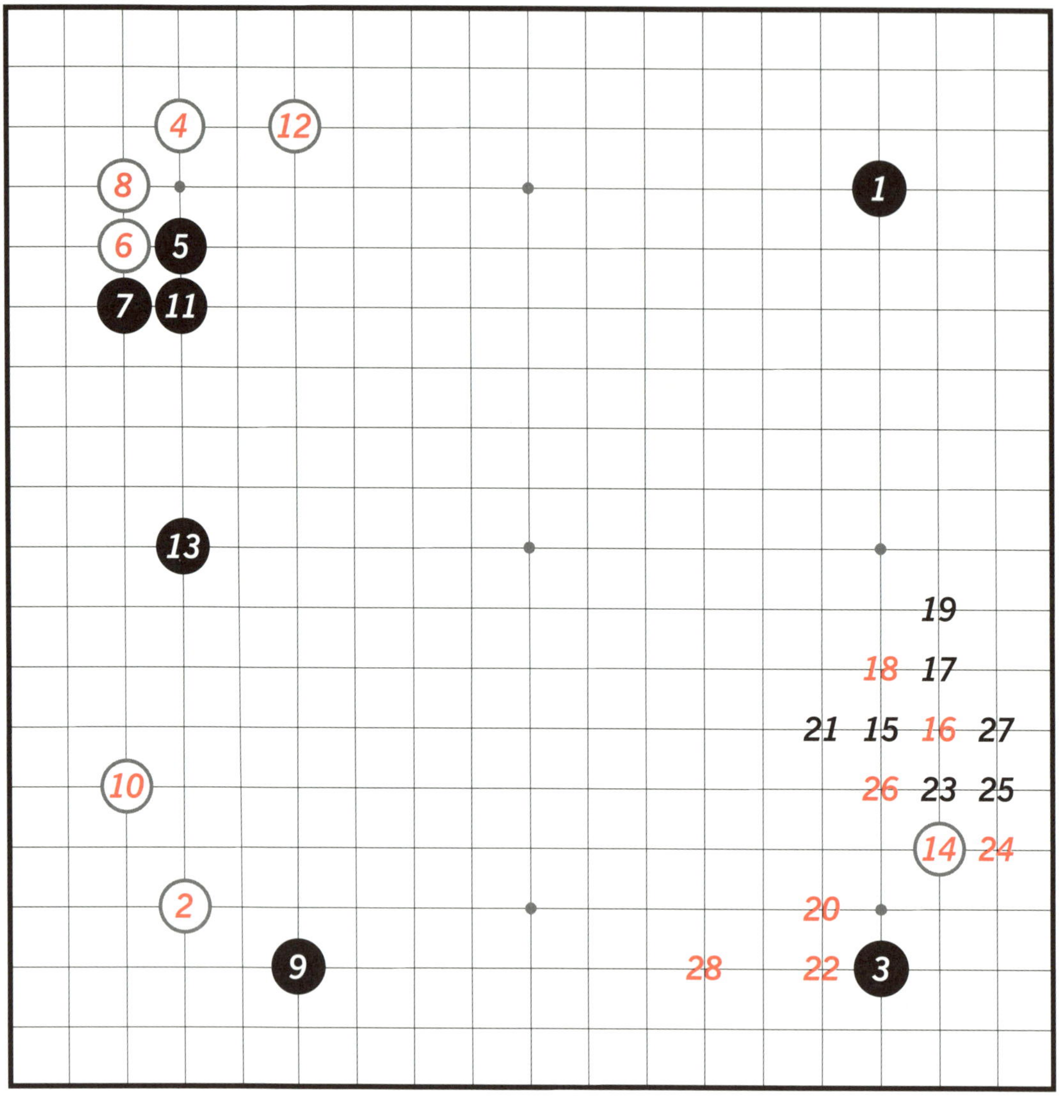

코멘트 황이중은 현재 중국 국가대표팀 영재 부문 감독.

메모

흑 이창호 vs 조한승 백

삼성화재배 본선2회전 | 2008년 9월

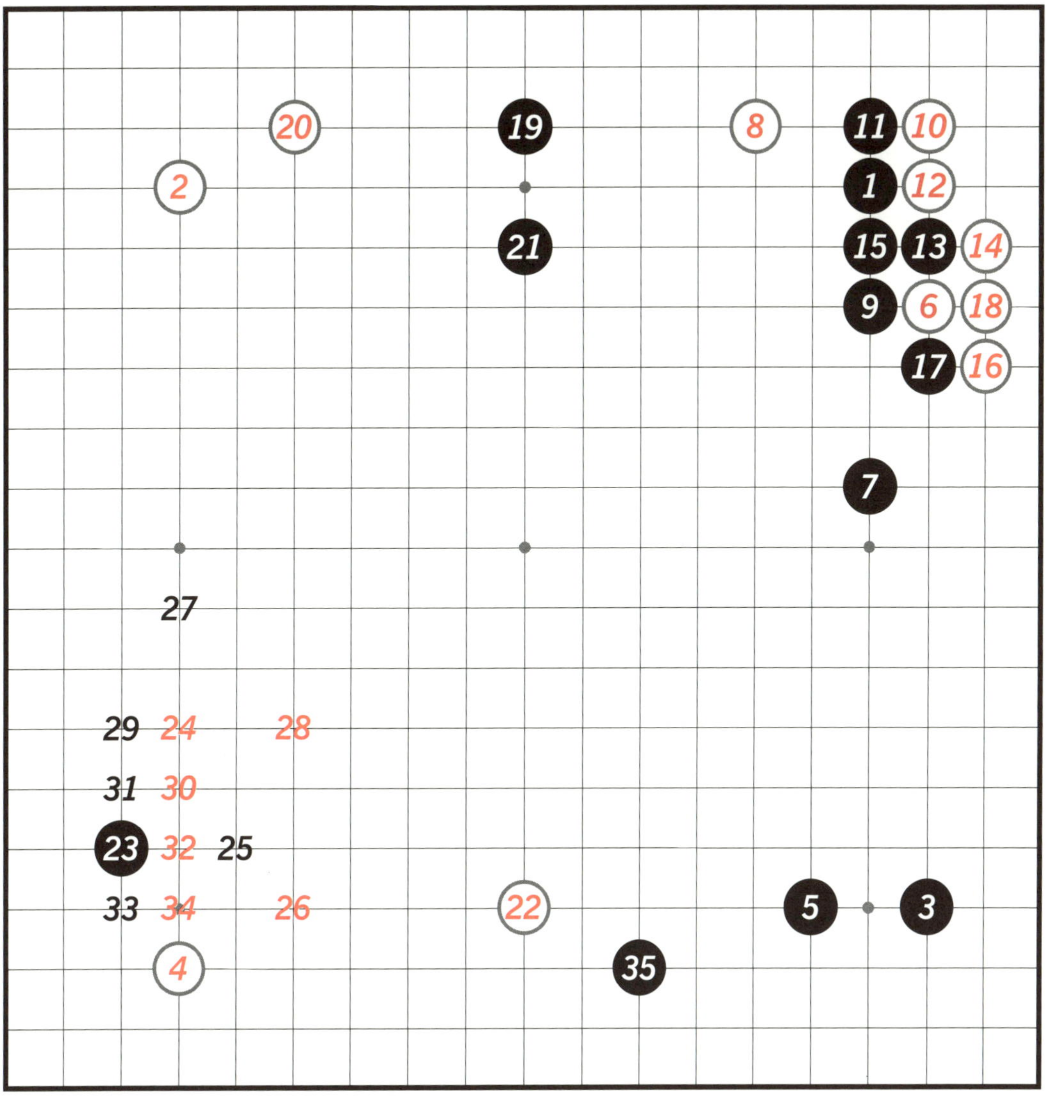

코멘트

메모

송폭풍 송태곤 9단 추천 정석

신예기사가 이창호 9단에게 승리했던 비결

한 칸 높은 협공은 2000년대 초반에 이창호 9단을 상대로 최철한 9단이 많이 사용하던 수법입니다. 당시 번기 승부에서 처음으로 이창호 9단을 이긴 신예기사였죠.

송태곤 9단도 후지쯔배 준결승에서 같은 수법으로 이창호 9단을 꺾은 바 있습니다. 군 면제가 걸린 어마어마하게 큰 승부였죠. 그 당시 '송폭풍'이라는 별명으로 바둑계에 센세이션을 일으켰던 장본인이기도 합니다.

재미있는 점은 송태곤 9단이 그 이후에 기풍이 실리적으로 바뀌면서, 요즘에는 이 정석을 선택하는 것보다 도리어 당하고 나서 손 빼는 모양을 많이 택한다는 점입니다. 응수를 하지 않고 변으로 갈라 쳐 가는 것이지요. 정답은 없겠지만 정석 선택에서 기풍 변화를 느낄 수 있습니다.

송태곤 9단은 허장회 9단 문하로, 1999년 입단, 1992년 KBS배, 조치훈배 우승, 1995년 오리온배 우승, 제7기 박카스배 천원전 우승, 제13기 비씨카드배 신인왕전 우승, 제22기 KBS 바둑왕전 우승 등의 성적을 거두었습니다. 최근에는 바둑TV에서 수준 높은 해설로 더 친숙한 송태곤 9단입니다.

두 칸 높은 협공

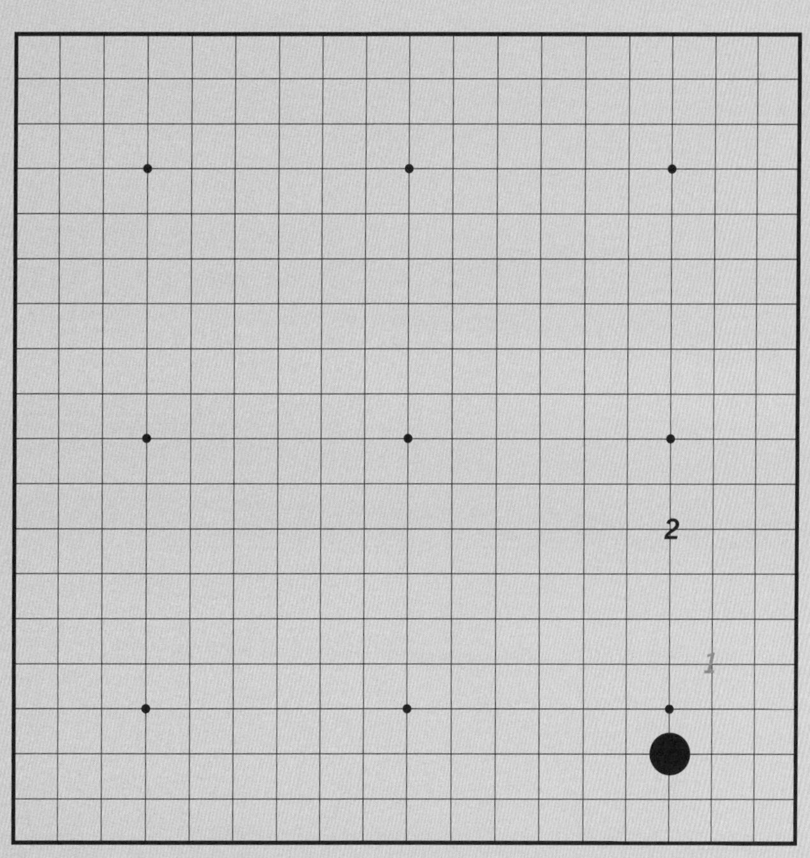

정석

두 칸 높은 협공

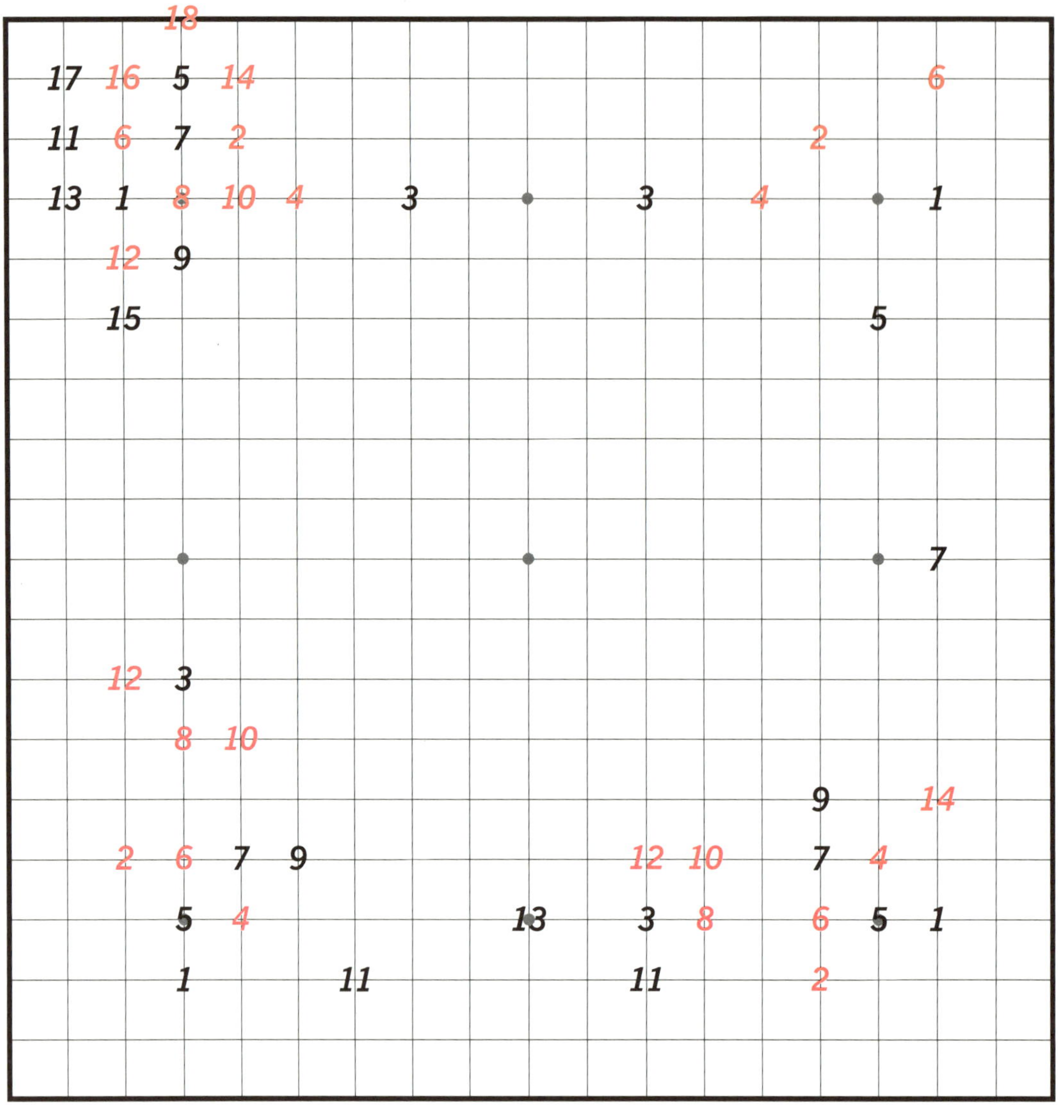

	안달훈 9단 추천 정석.
기본! 대유행한 정석!	11은 약간 무리. 복잡한 싸움을 각오하세요!

흑 이창호 vs 장쉬 백

농심후라면배 제11국 | 2005년 2월

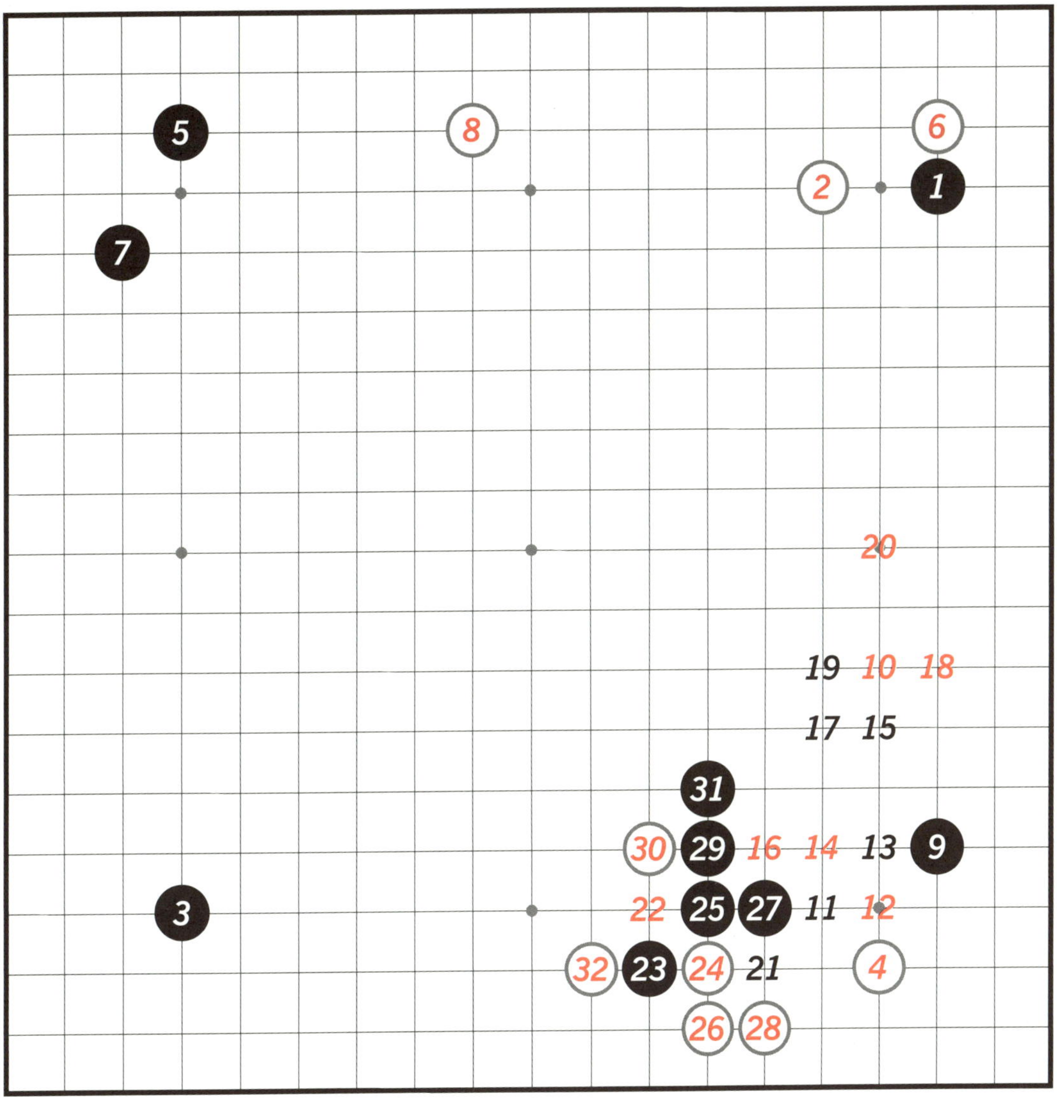

코멘트 역사적인 막판 5연승 중 두 번째 판.

메모

⚫ 흑 이세돌 vs 박영훈 ⚪ 백

삼성화재배 결승2국 | 2008년 1월

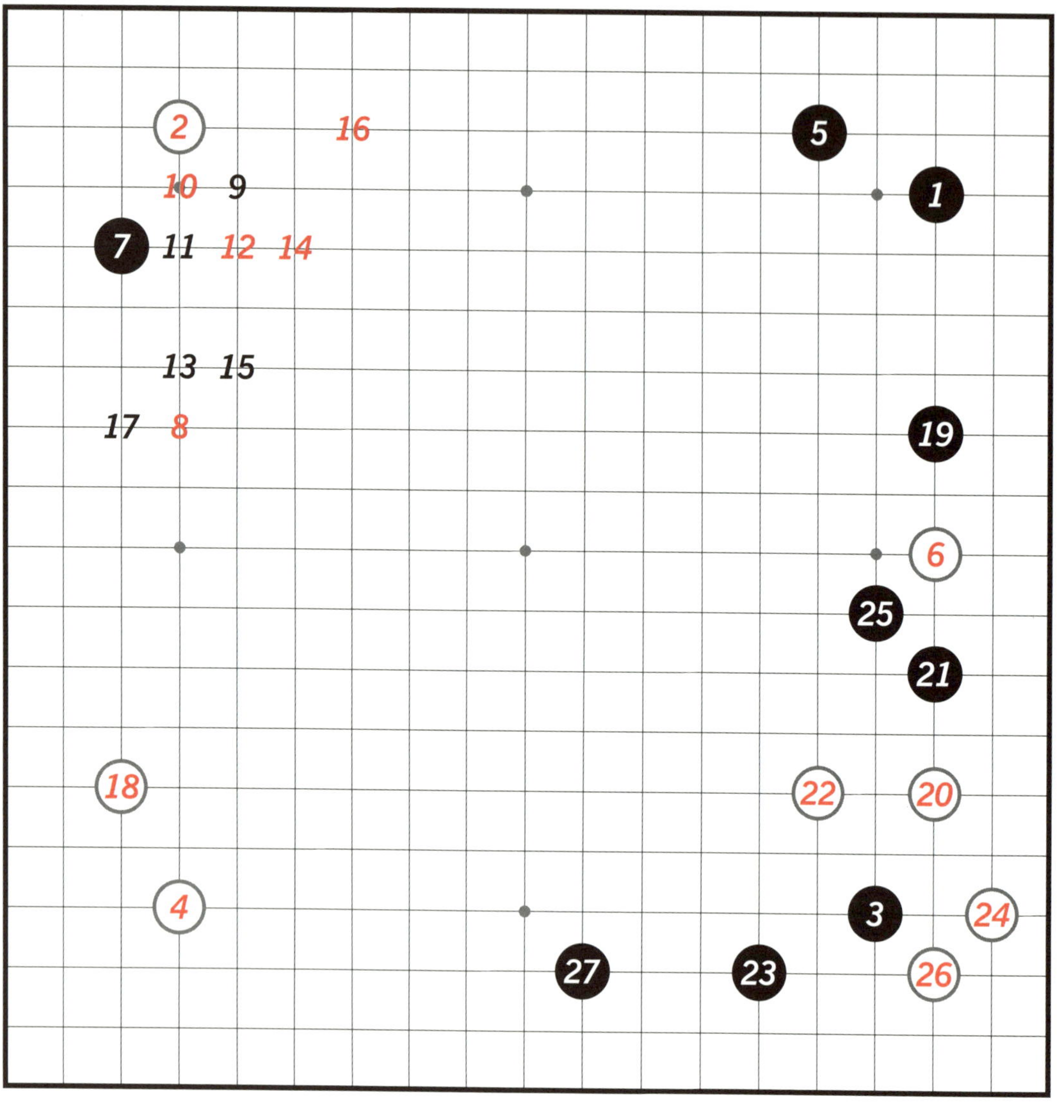

코멘트 결승1국과 2국을 연달아 둘 정도로 좌상 모양이 당시 대유행.

메모

⚫ 흑 박영훈 vs 이세돌 ⚪ 백

삼성화재배 결승1국 | 2008년 1월

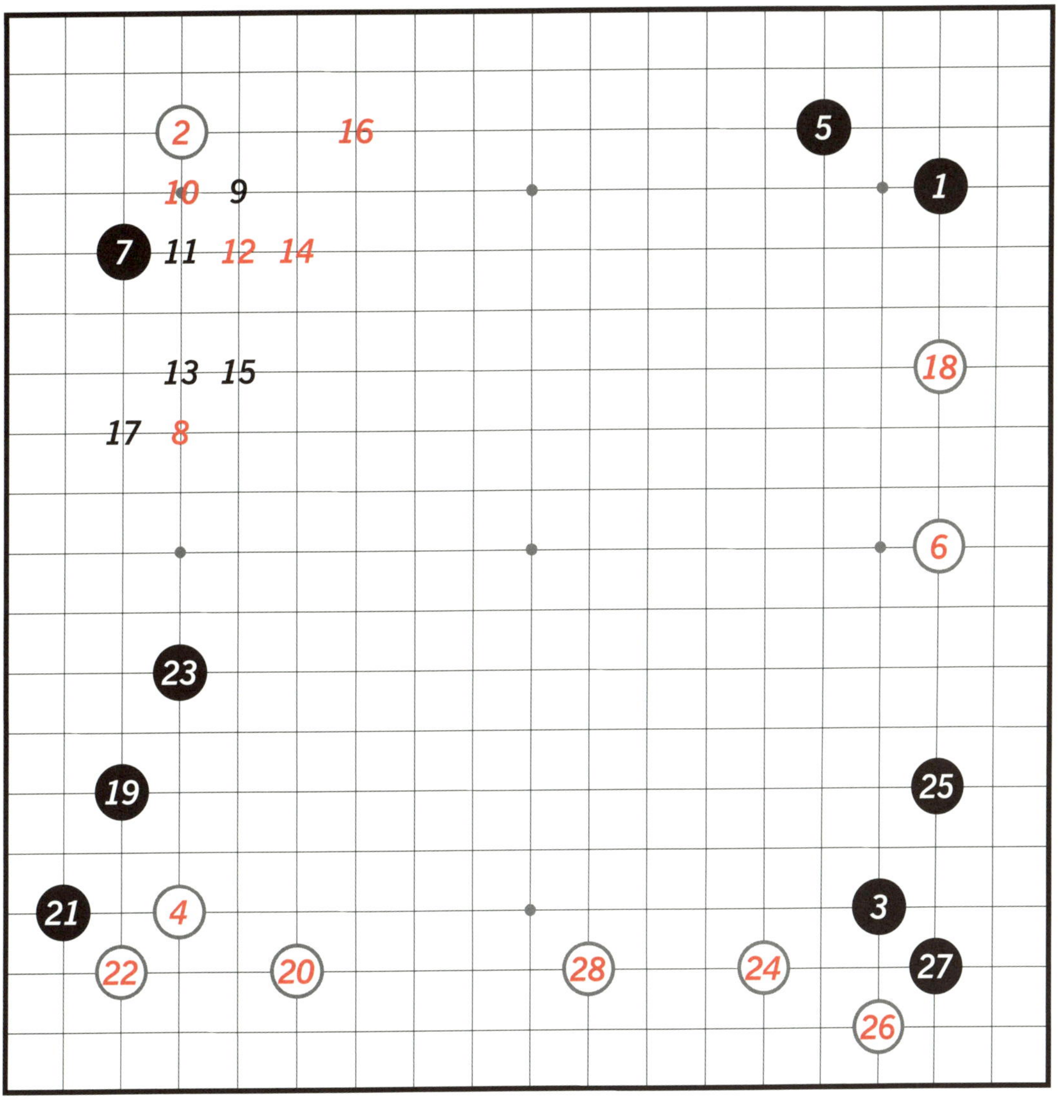

흑 이세돌 vs 이창호 백

삼성화재배 8강전 | 2008년 11월

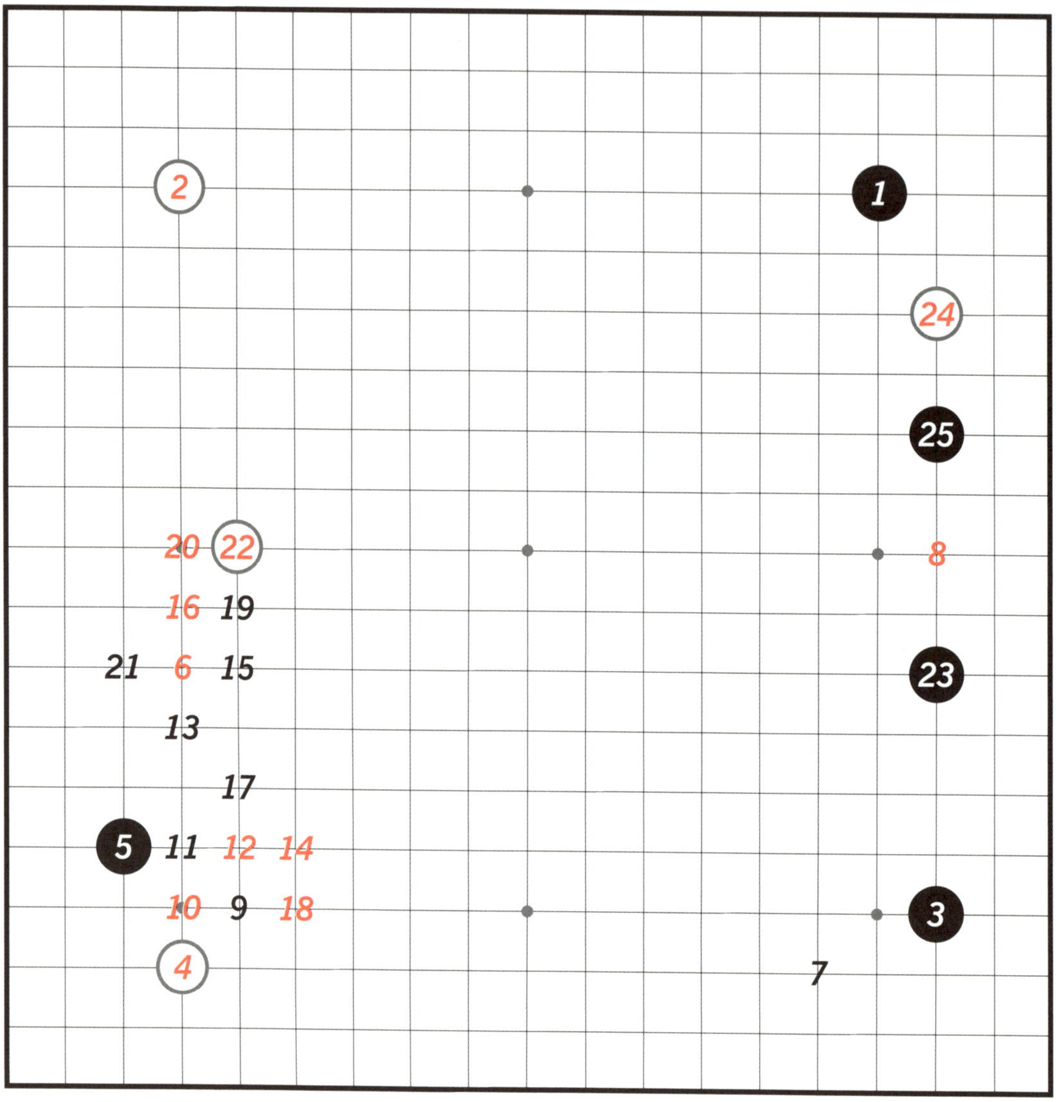

코멘트   15, 17은 당시 유행 정석.

메모

 흑 왕레이 vs 이세돌 백

삼성화재배 8강전 | 2004년 10월

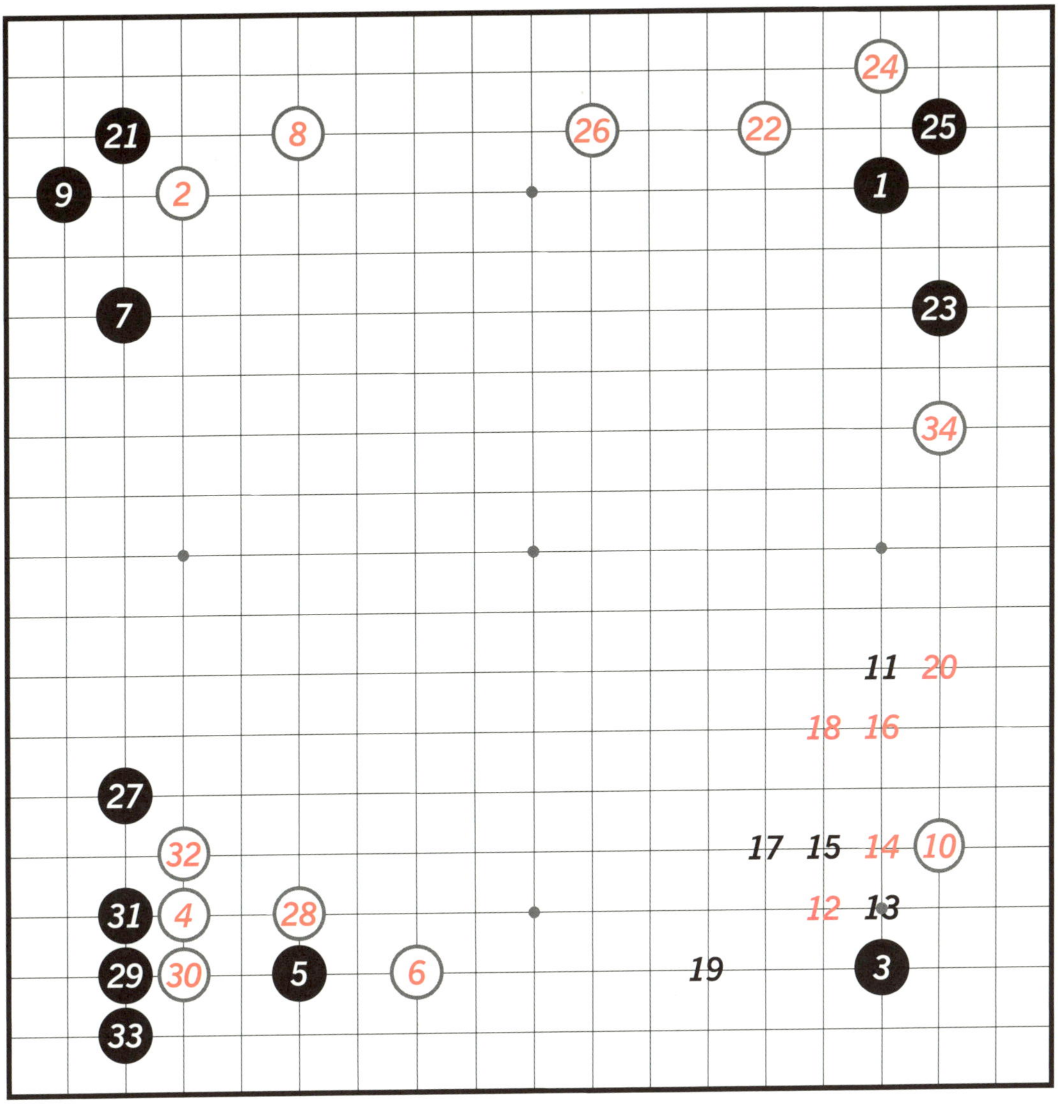

반상 송승헌 안달훈 9단 추천 정석

간명한 정석이 필요해!

박승철 달훈이 형, 정석 추천 하나만 해주시죠.

안달훈 음, 뭐가 있을까. 아마추어들을 위한 책 쓰고 있는 거지?

박승철 네. 신수신형은 아니니까 연구생용은 아니죠.

안달훈 그럼 이게 좋겠다. 두 칸 높은 협공에 마늘모로 받는 수.

박승철 이유가 있을까요?

안달훈 아마추어들에게는 간명한 정석이 좋아. 협공에 날일자 씌우는 수가 2000년대 중후반에 대유행했지만, 그 변화는 복잡한 전투로 이어질 수도 있거든. 간명하면서 나쁘지 않은 정석. 아마추어에게는 안성맞춤이지.

안달훈 9단은 고려대학교를 졸업하고, 2001년 삼성화재배 8강, 2002년 LG배 세계기왕전 본선, 2004년 농심배 대표, 박카스배 천원전 준우승, 삼성화재배 16강 등의 성적을 거두었습니다. 현재 서울 송파구 잠실에 연구실을 개원하여 성인반과 어린이반을 운영하고 있습니다. 역시 아마추어들의 심리를 잘 알고 있는 훌륭한 선생님이네요.

※ 안달훈 연구실: 070-8742-8738

세 칸 협공

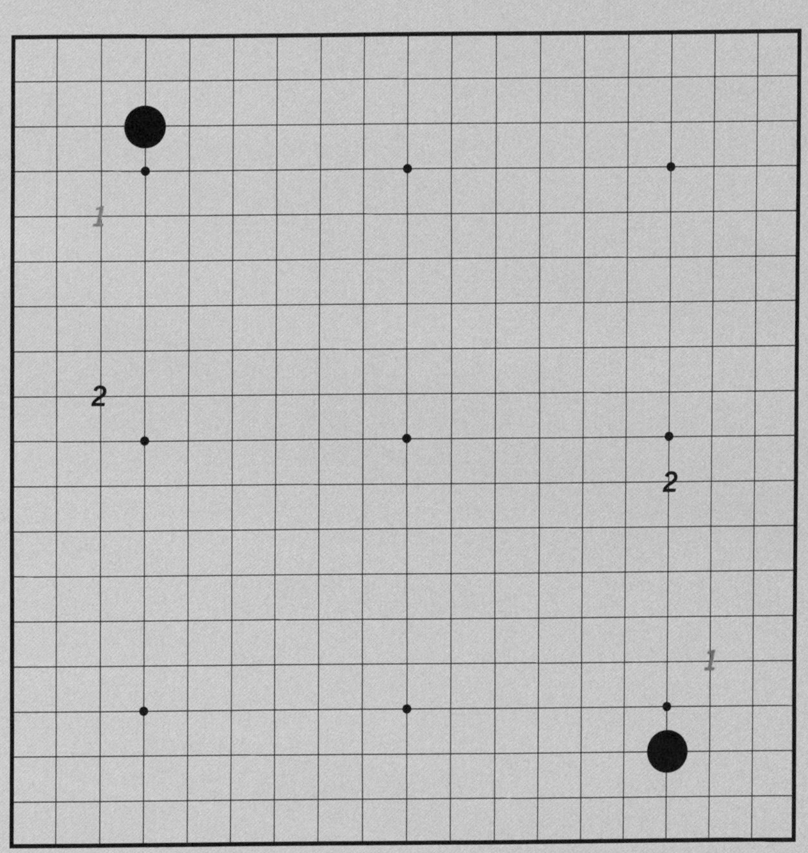

정석

세 칸 협공

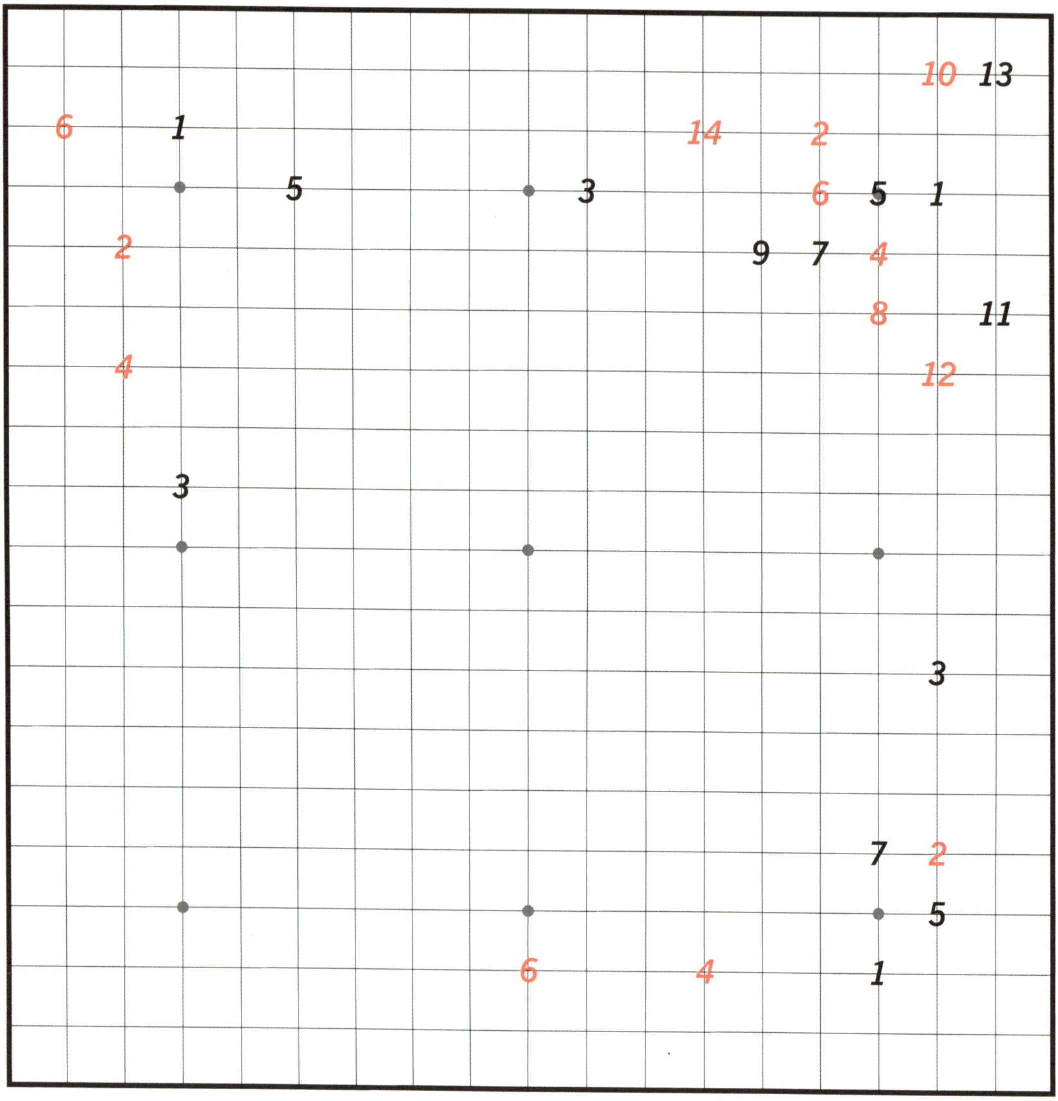

○○○○○○○○○○

○ △ ×

간명한 정석! 외우기도 편하죠!	너무 복잡한 싸움!
	모든 협공에 4와 6이면 간명. 훌륭합니다!

<흑> 최철한 vs 이창호 <백>

국수전 도전5번기 제4국 | 2006년 2월

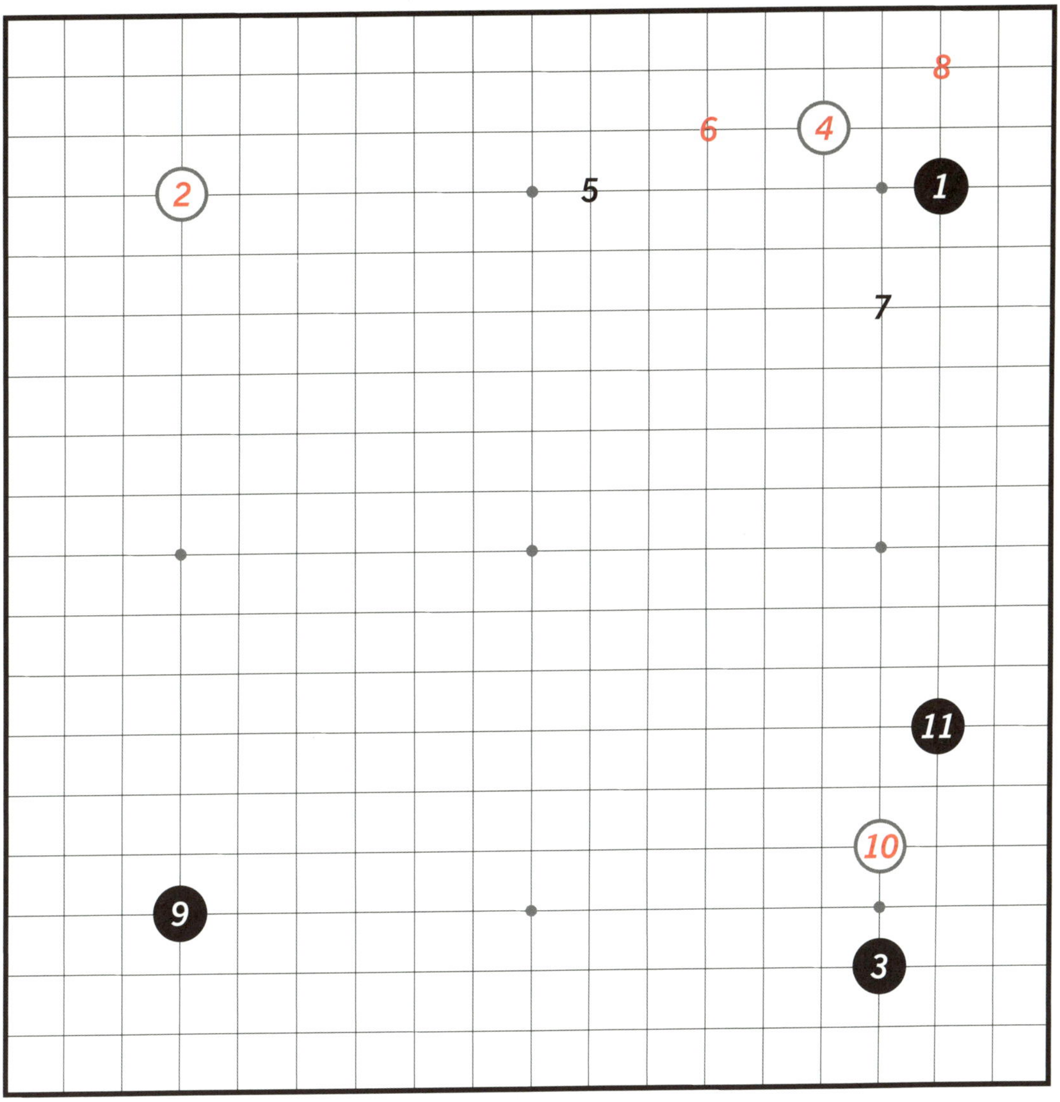

실전 ❶ 흑 이창호 vs 목진석 백

원익배 십단전 결승2국 | 2008년 2월

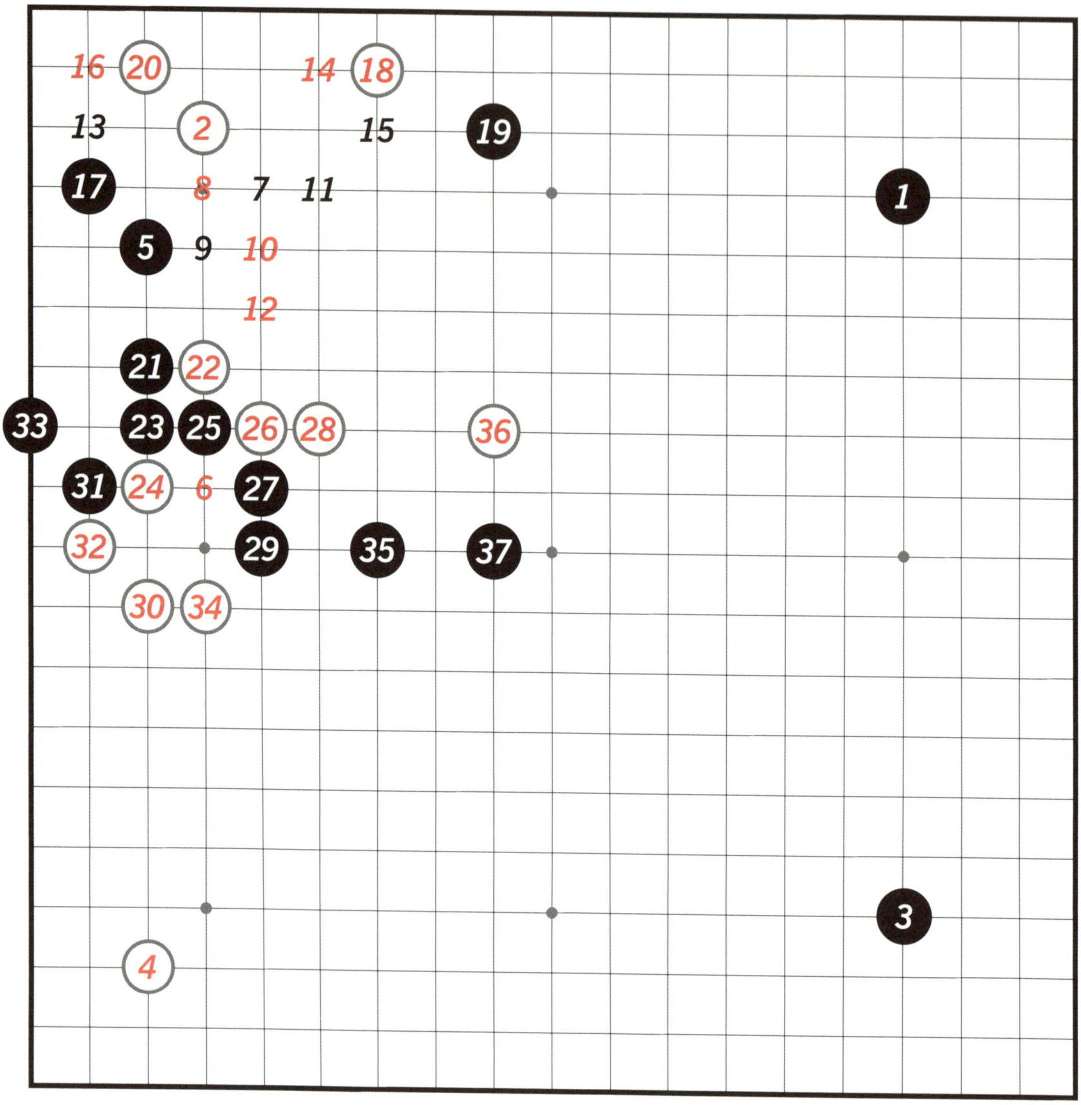

코멘트 6, 8, 10이 김영환 9단 추천 정석. 난전.

메모

⚫ 흑 후지사와 슈코 vs 조치훈 ⬤ 백

기성전 도전기 5국 | 1983년 2월

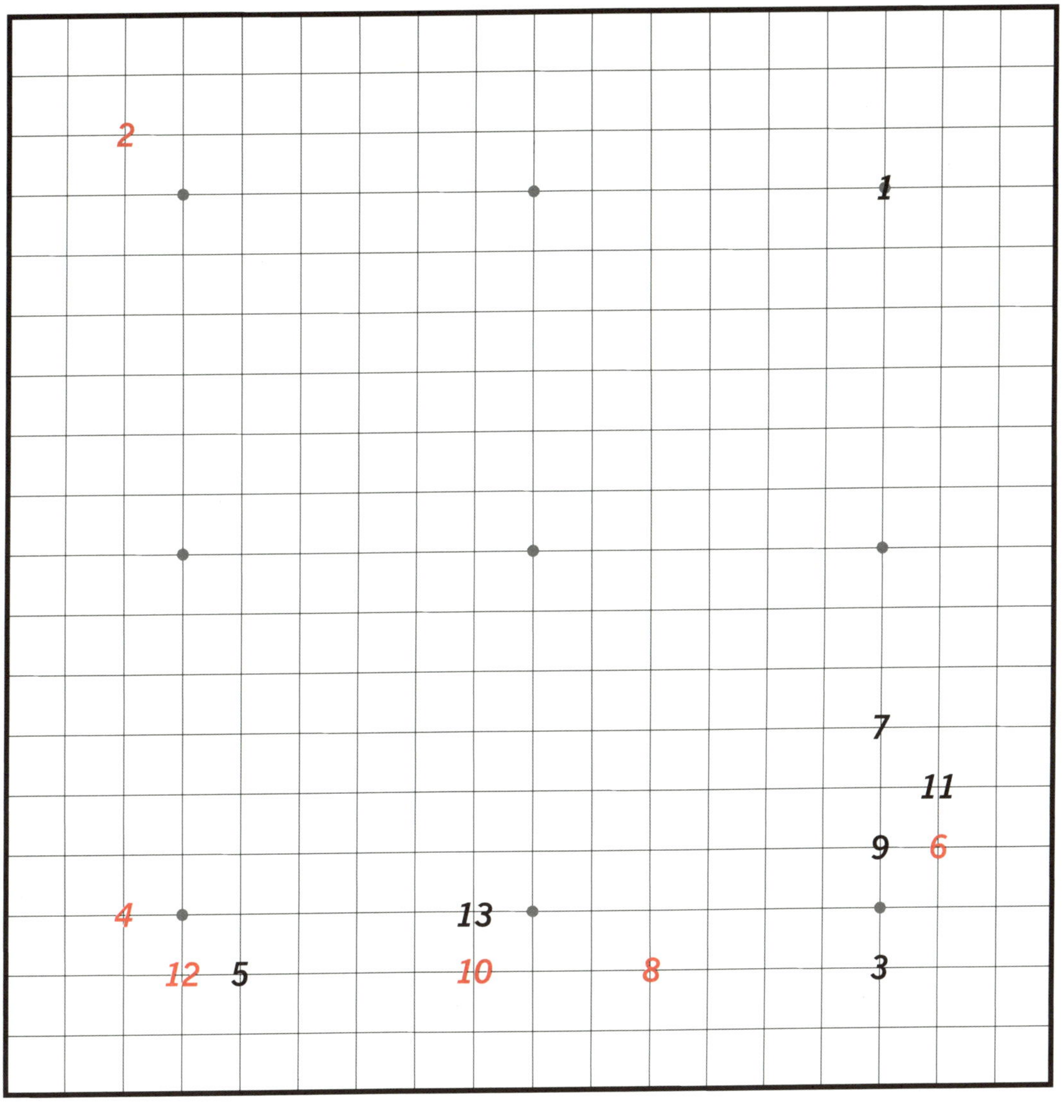

코멘트   조치훈 9단이 3연패 후 4연승 드라마. 그 중 5국

메모

영환도사 김영환 9단 추천 정석

난전이 자신 있는 분이라면 익혀둘 만한 수법

세 칸 협공에는 두 가지 종류가 있습니다. 낮은 협공과 높은 협공이죠. 낮은 협공은 전투와는 거리가 멀죠. 실리적인 수법입니다. 현대 바둑에서는 덤이 커진 관계로 백이 초반을 무난하게 유도하는 수법으로 많이 두어지고 있습니다. 높은 협공은 의미가 완전히 다릅니다. 김영환 9단의 추천 정석은 바로 높은 협공입니다. 난전이 자신 있는 분이라면 익혀둘 만한 수법입니다.

응수로는 날일자로 씌우는 경우가 많은데요. 바로 나와서 끊고 전투 시작이죠. 제가 연구생 때 가장 많이 배운 선생님이 바로 김영환 9단입니다. 특히 한국리그 감독으로 매번 팀을 플레이오프에 올려놓으며 지도력을 인정받고 있습니다.

김영환 9단은 1996년 진로배 대표, 동양증권배 4강 등의 성적을 거두었습니다. 2007년 한국리그 울산디아채 감독을 역임, 지금은 한국리그 킥스팀 감독으로 활약하고 있습니다.

그냥 받기

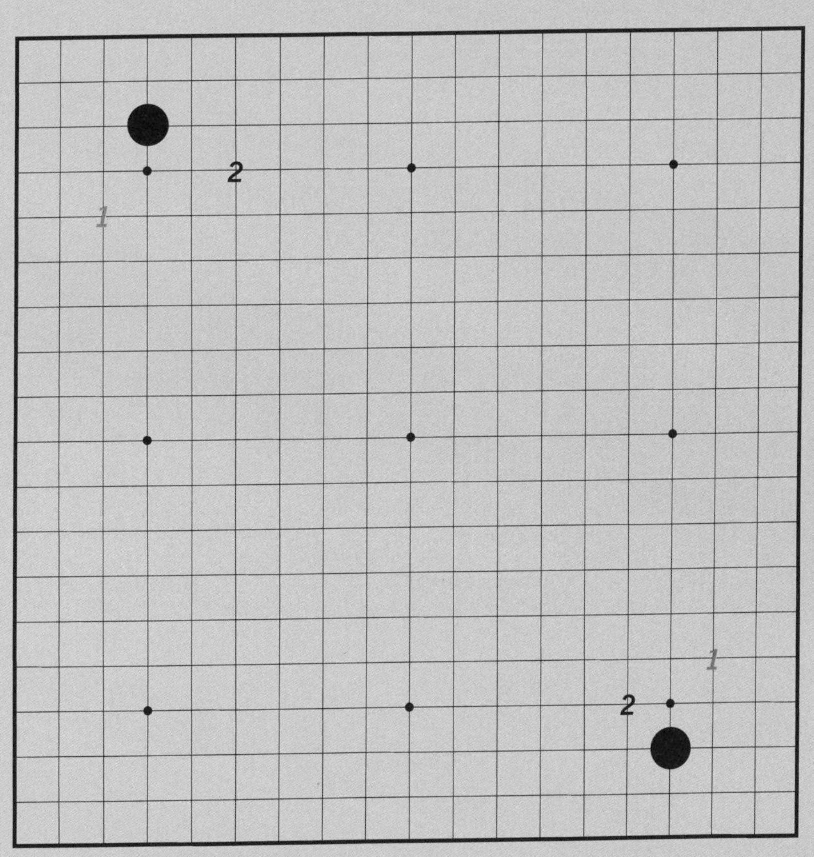

정 석

그냥 받기

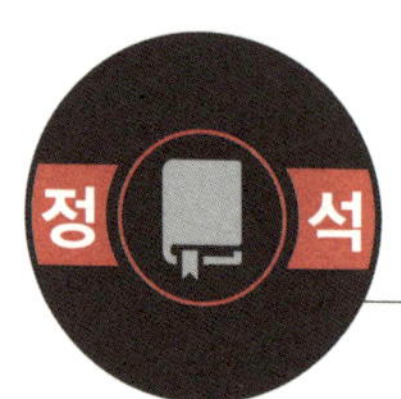

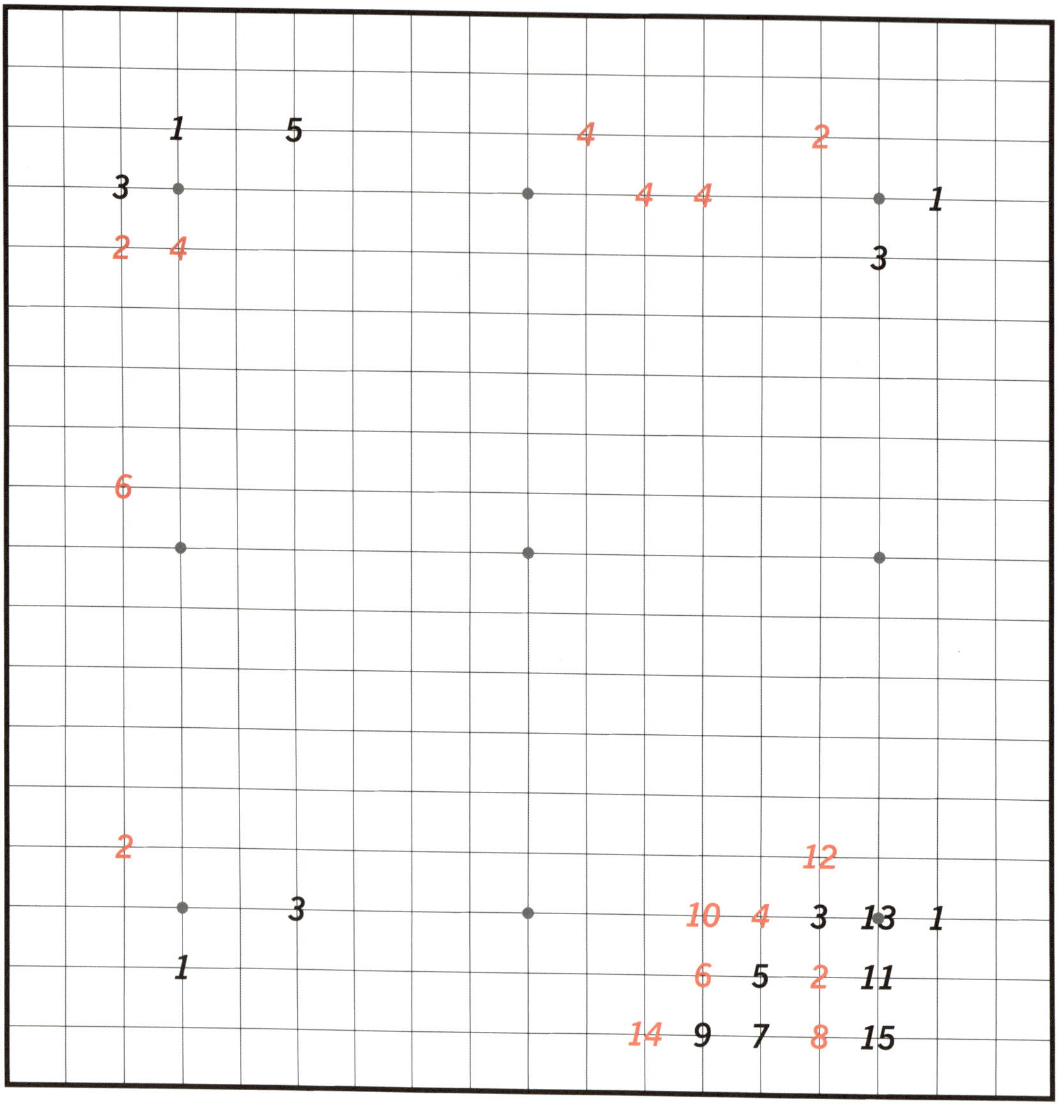

○ ○ ○ ○ ○ ○ ○ ○ ○ ○

○ △ ×

간명. 요긴한 수법.	느리지만 두터운 수!
쉬운 수법. 쉬운 게 좋은 겁니다.	양재호 9단이 즐겨 쓰던 수법.

⚫ 흑 최철한 vs 이세돌 ⚪ 백

맥심커피배 입신최강전 결승1국 | 2006년 2월

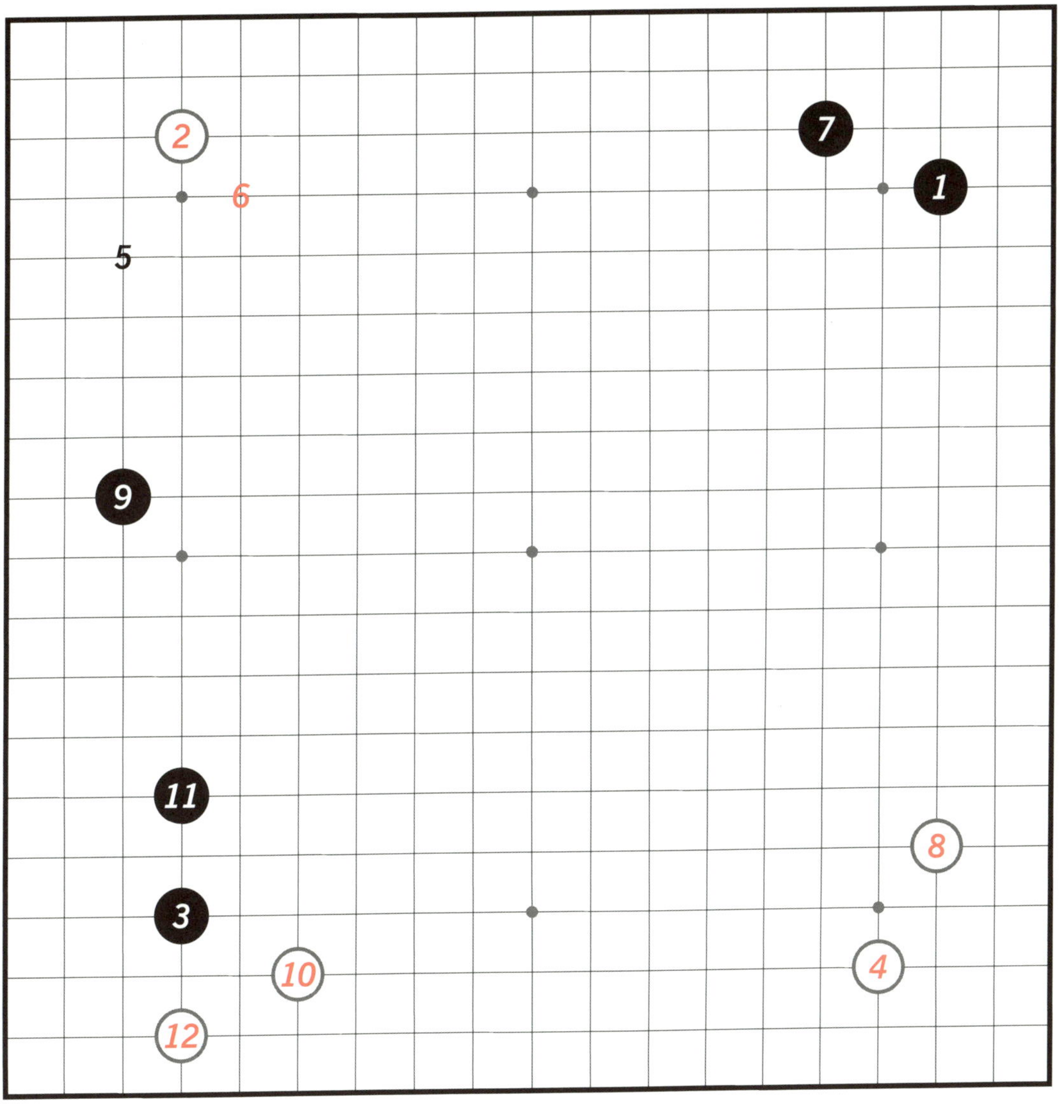

코멘트

메모

흑 이창호 vs 창하오 백

농심후라면배 본선12국 | 2008년 2월

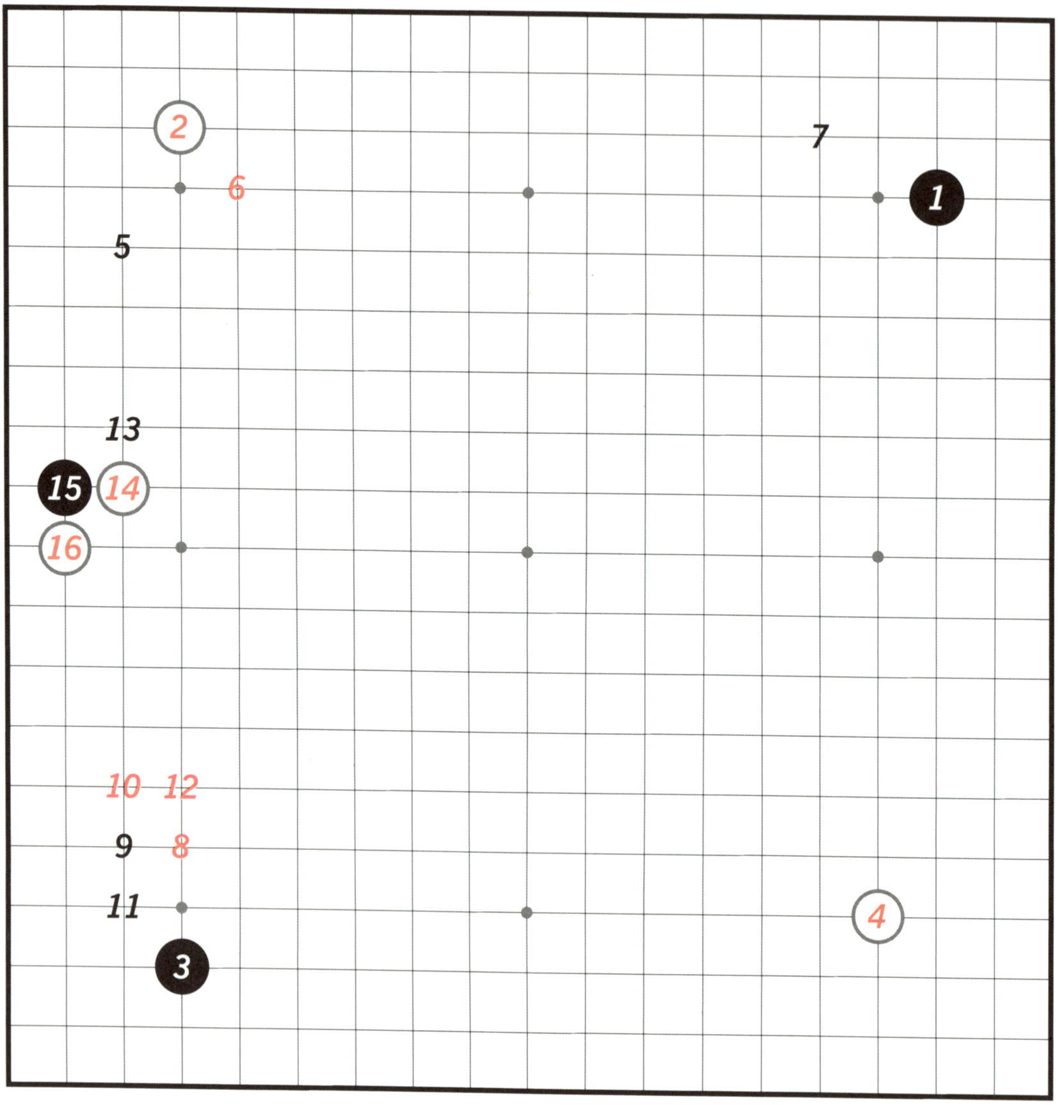

코멘트   14, 16이 적극적인 수. 전투 개시.

메모

흑 이세돌 vs 탕웨이싱 백

삼성화재배 결승2국 | 2013년 12월

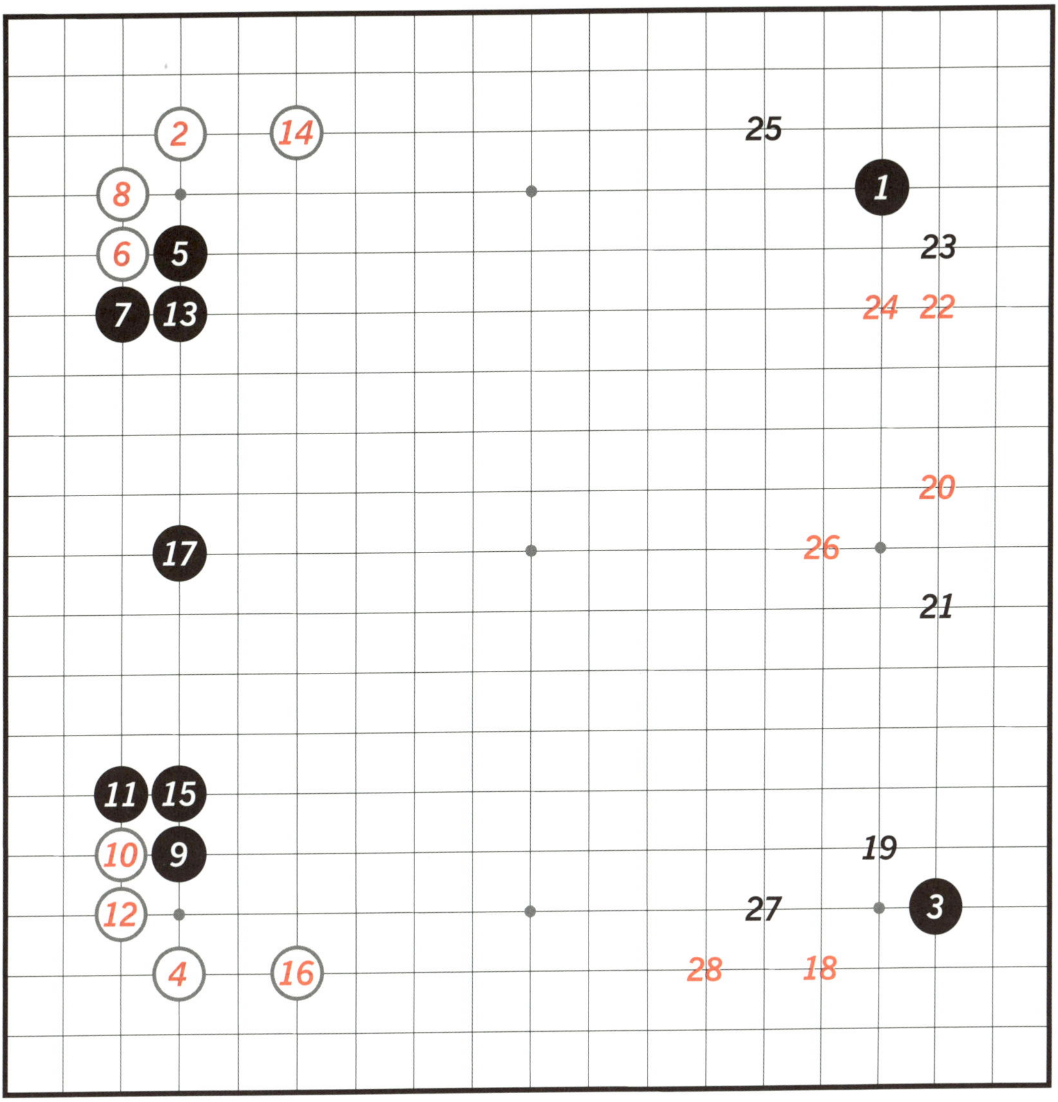

코멘트 흑19는 이 배석에서 많이 나옴.

메모

⚫흑 목진석 vs 이창호 ⚪백

원익배 십단전 결승1국 | 2008년 1월

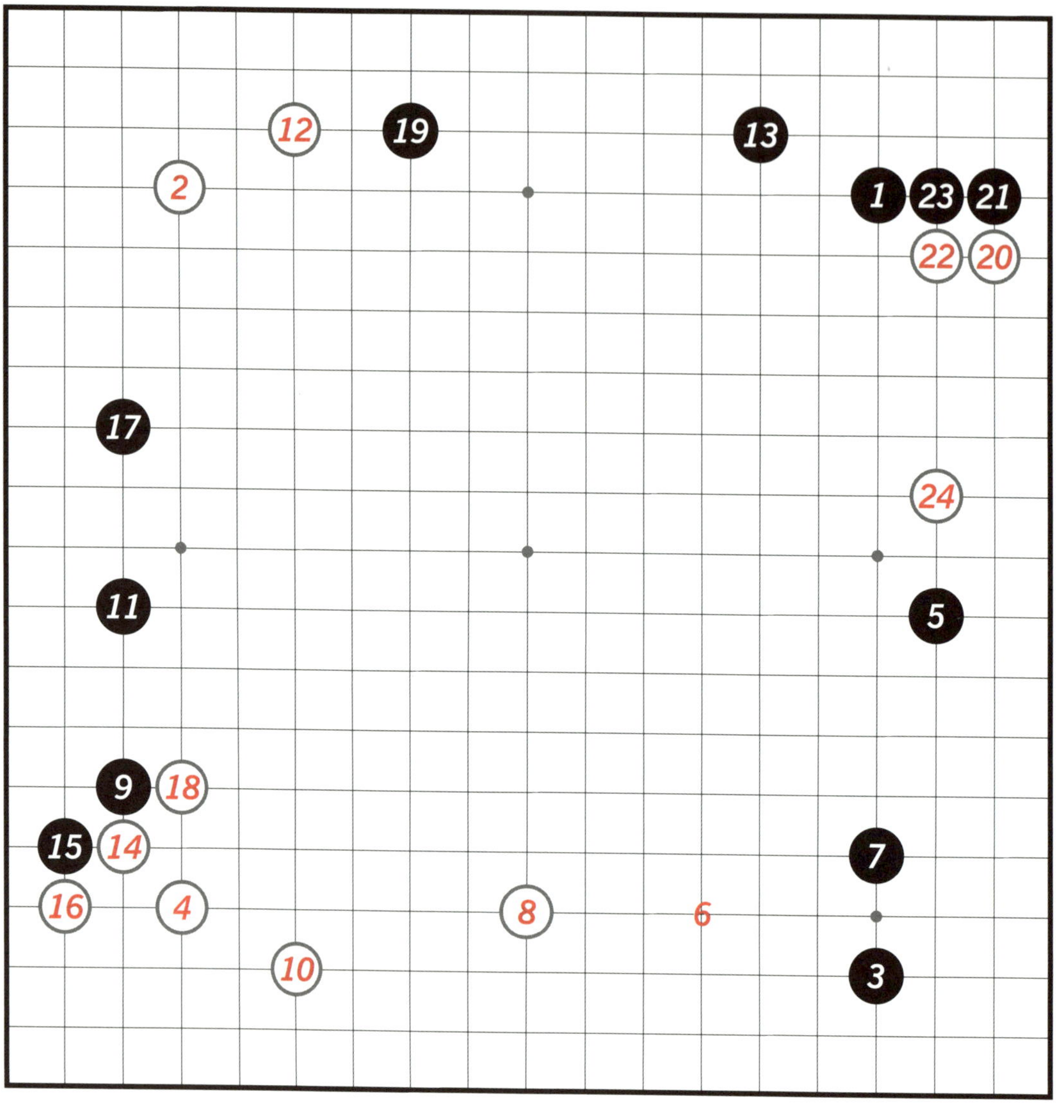

코멘트 중국식 포석.

메모

흑 이창호 vs 조치훈 백

응씨배 본선8강전 | 2008년 5월

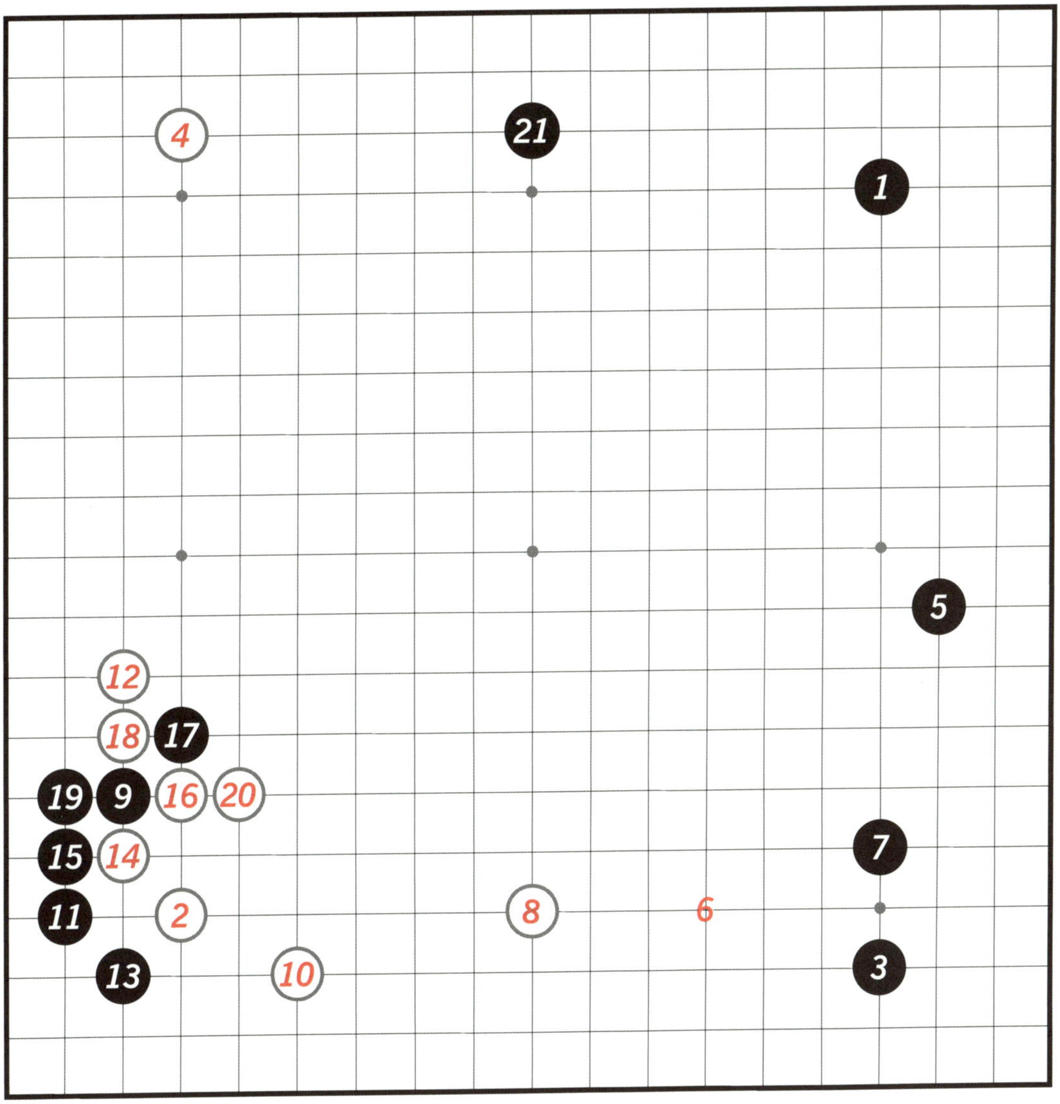

코멘트 백20은 축머리 방비.

메모

흑 이창호 vs 목진석 백

KB국민은행 한국바둑리그 | 2008년 5월

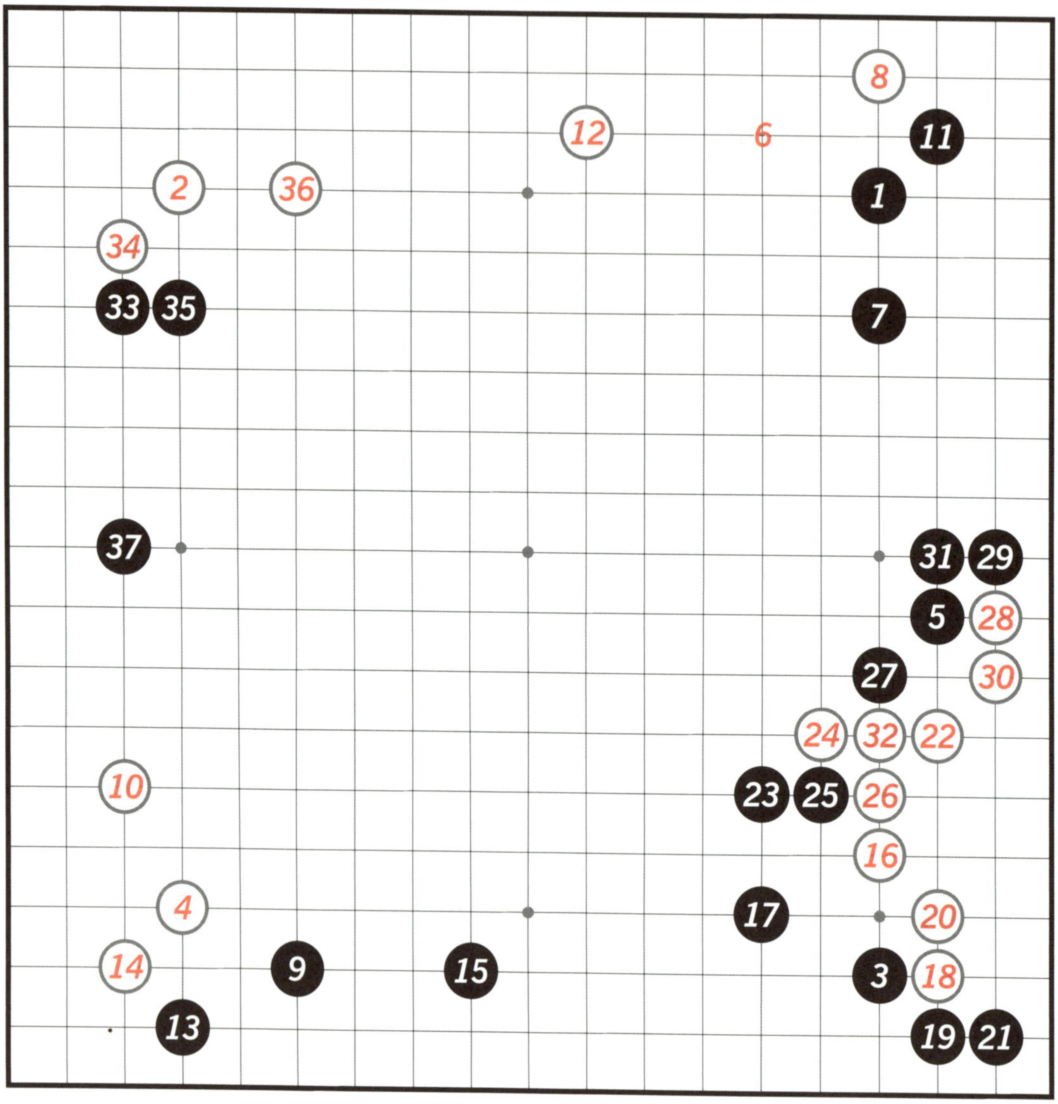

코멘트 중국식 모범 포석.

메모

실전

흑 이세돌 vs 구리 백

비씨카드배 결승최종국 | 2011년 4월

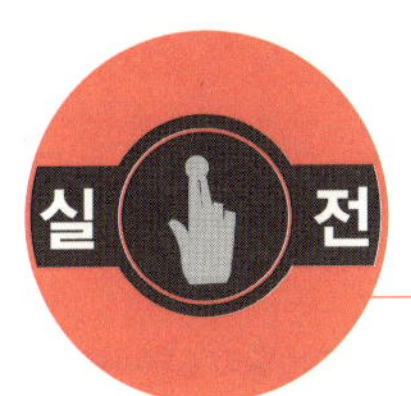

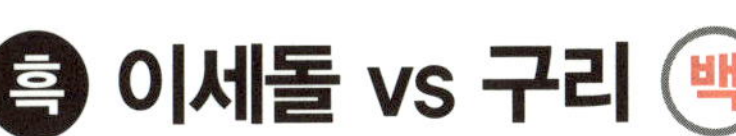

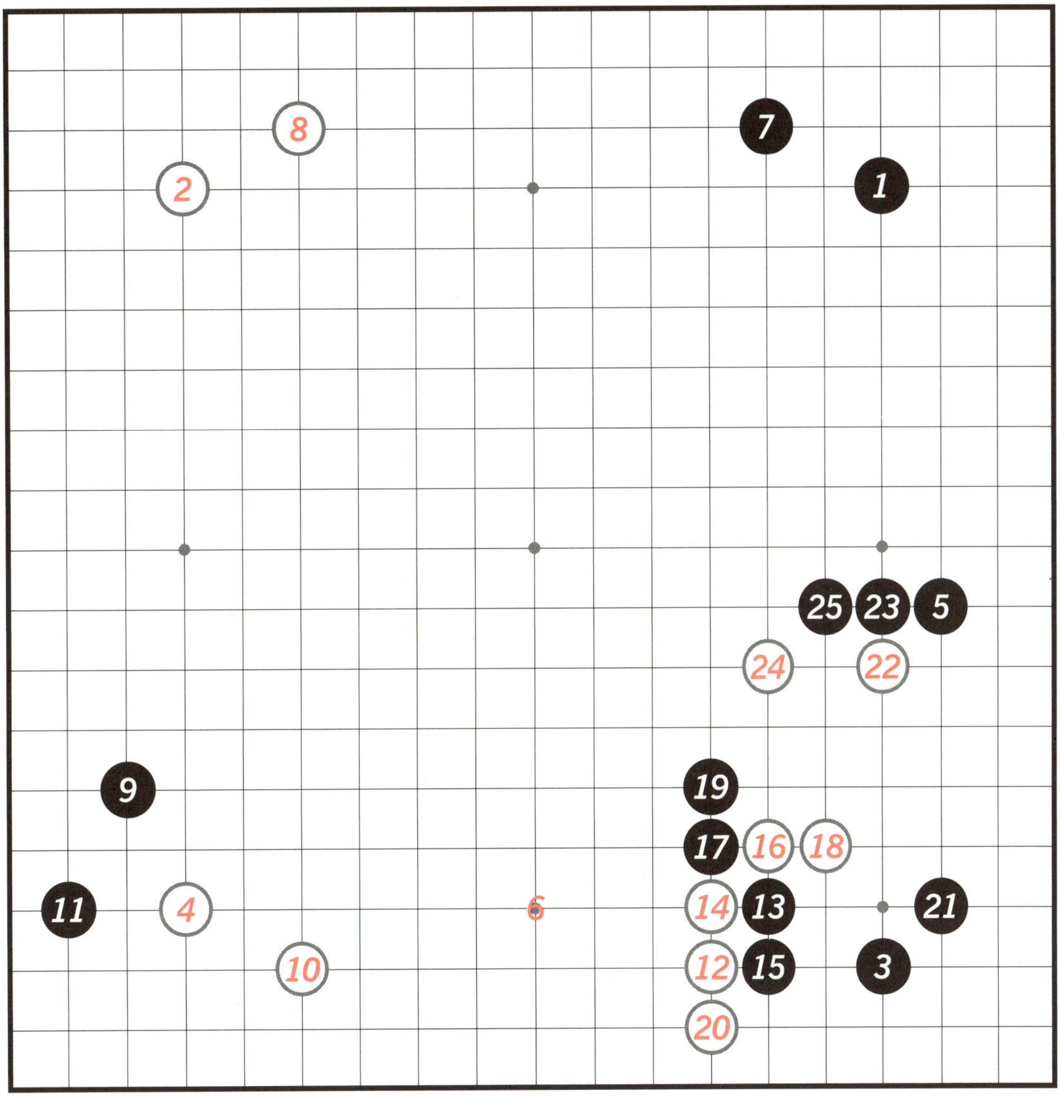

코멘트 세기의 대결 최종국.

메모

김주호 9단 추천 정석

어려운 것보다 쉬운 수가 정답일 때가 더 많다

    김주호 9단은 특이한 재주가 있는 친구입니다. 권갑룡 도장 동문 선후배 관계로 어렸을 때부터 쭉 봐왔는데요. 상대의 장점을 흡수하는 능력이 굉장합니다. 이 부문의 최고는 최철한 9단이고 그 다음이 김주호 9단입니다. 처음에는 약하다고 생각하지만 실전을 거듭할수록 상대하기 어렵다고 느낄 때가 많았습니다.

    2004년에 천재일우의 기회가 왔었죠. 전자랜드배 결승에서 김성룡 9단을 만났어요. 객관적인 전력은 많이 앞서 있었지만 경험 부족을 드러내며 아쉽게 준우승, 만약 이때 우승했더라면 다음해 세계대회 출전권을 획득하여 더 크게 발전할 수 있었는데 아쉽죠.

    김주호 9단의 추천 정석은 그냥 받기입니다. 그 이유를 물었더니 대답이 아주 멋져요. "어려운 것보다 결국은 쉬운 수가 정답일 때가 더 많다"는 것이었죠. 스티브 잡스의 "단순한 것이 복잡한 것보다 어렵다"는 말과 일맥상통합니다. 결국은 돌고 돌아 평범한 수가 좋다는 단순한 진리를 다시 한 번 생각하게 합니다.

김주호 9단은 1999년 입단, 2004년 전자랜드배 왕중왕전 준우승을 차지했습니다. 2010년 9단으로 승단하였으며, 2011년 비씨카드배 16강, GS칼텍스배 16강 등의 성적을 거두었습니다.

18장

눈목자 걸침

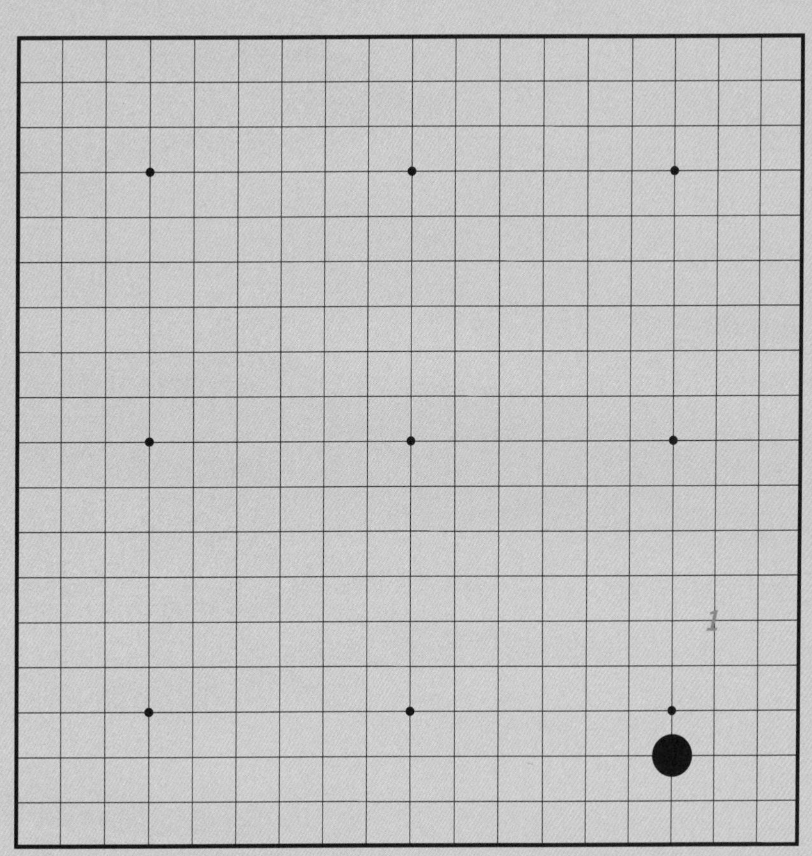

눈목자 걸침

○ △ ×

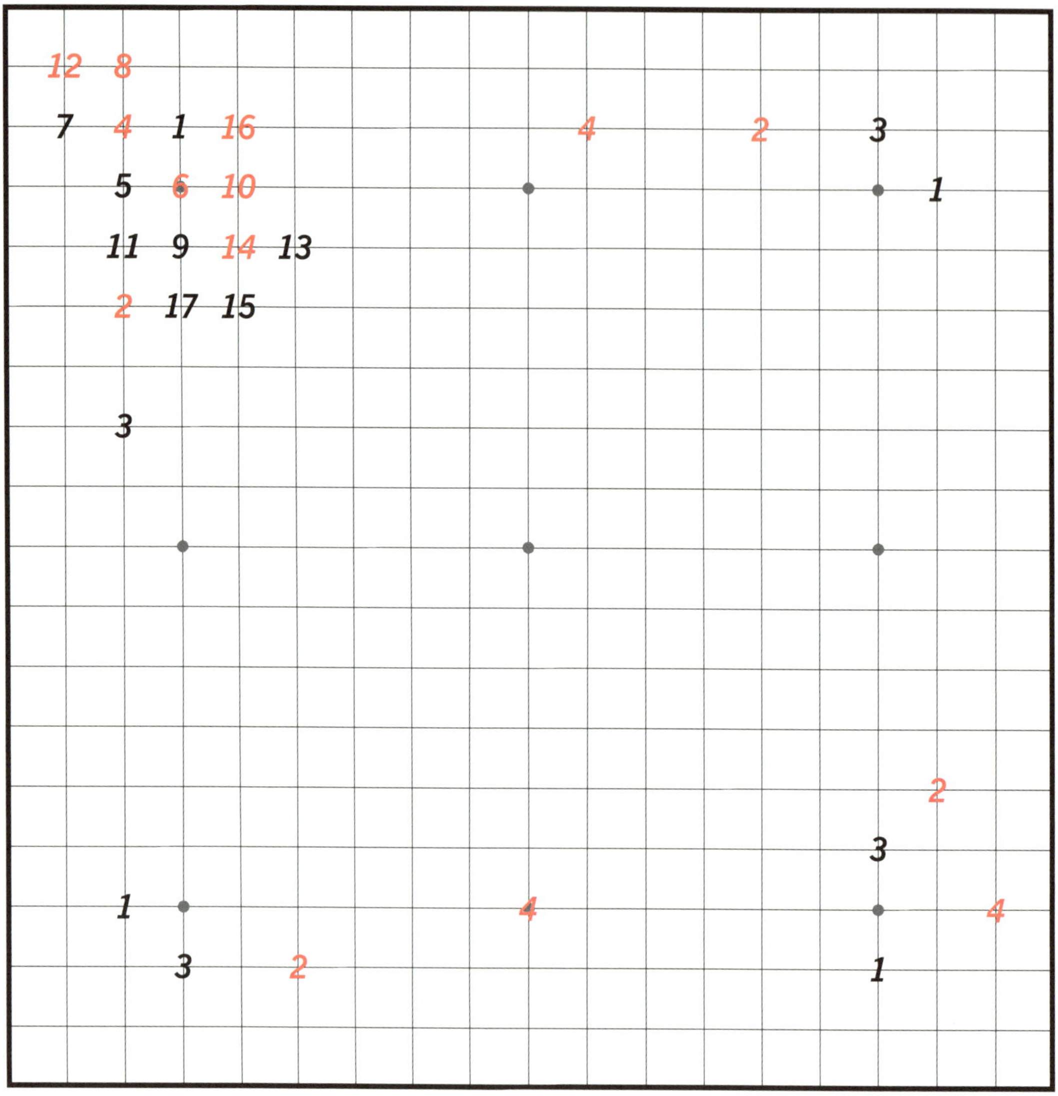

배석에 따라 협공도 유리.

눈목자 걸침은 고바야시 고이치가 처음 시도한 후 즐겨 쓰던 수법.

<흑> 박영훈 vs 이세돌 <백>

KBS바둑왕전 패자 결승 | 2014년 1월

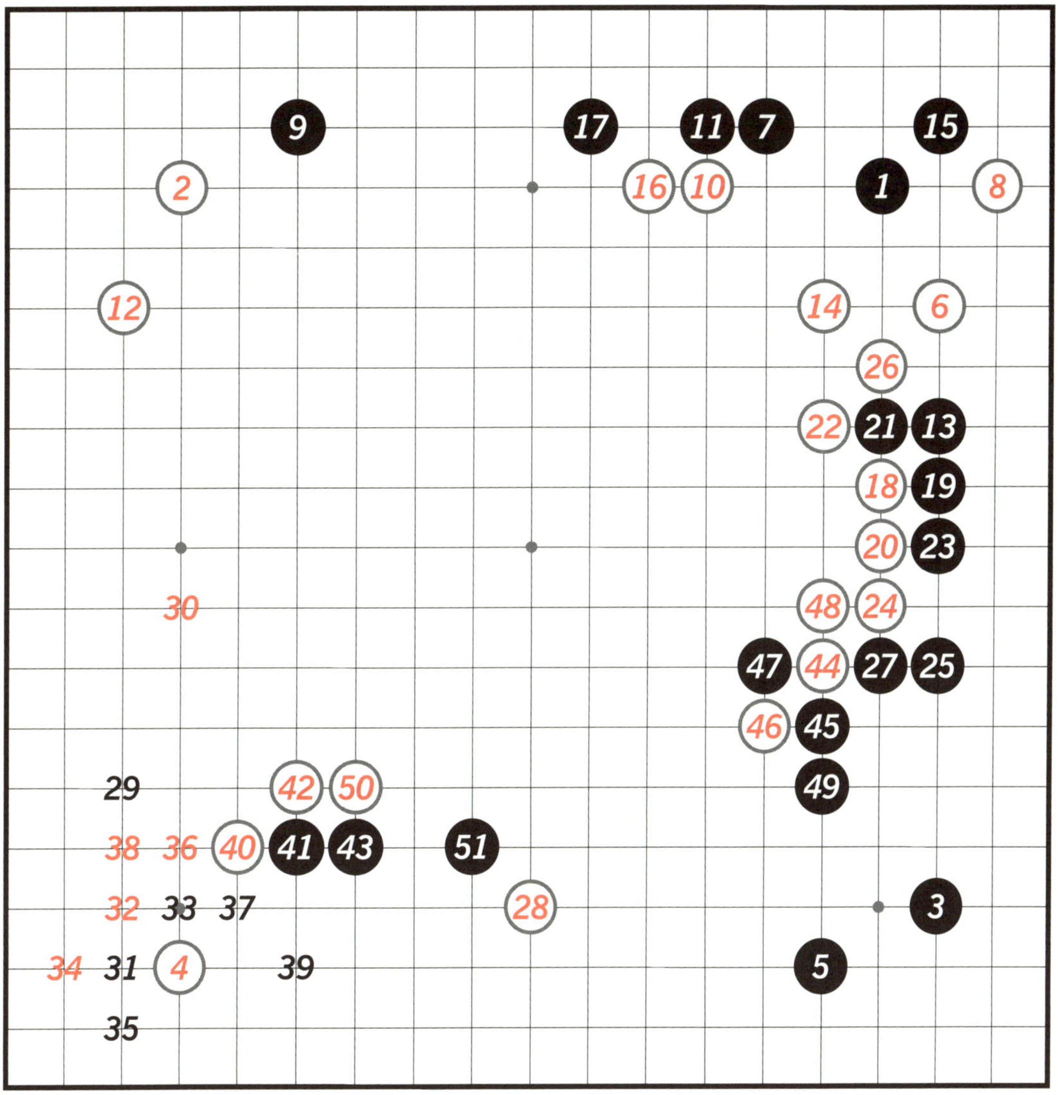

코멘트 백10은 비틀기. 27까지 흑 약간 좋음.

메모

흑 장쉬 vs 목진석 백

LG배 세계기왕전 16강전 | 2004년 5월

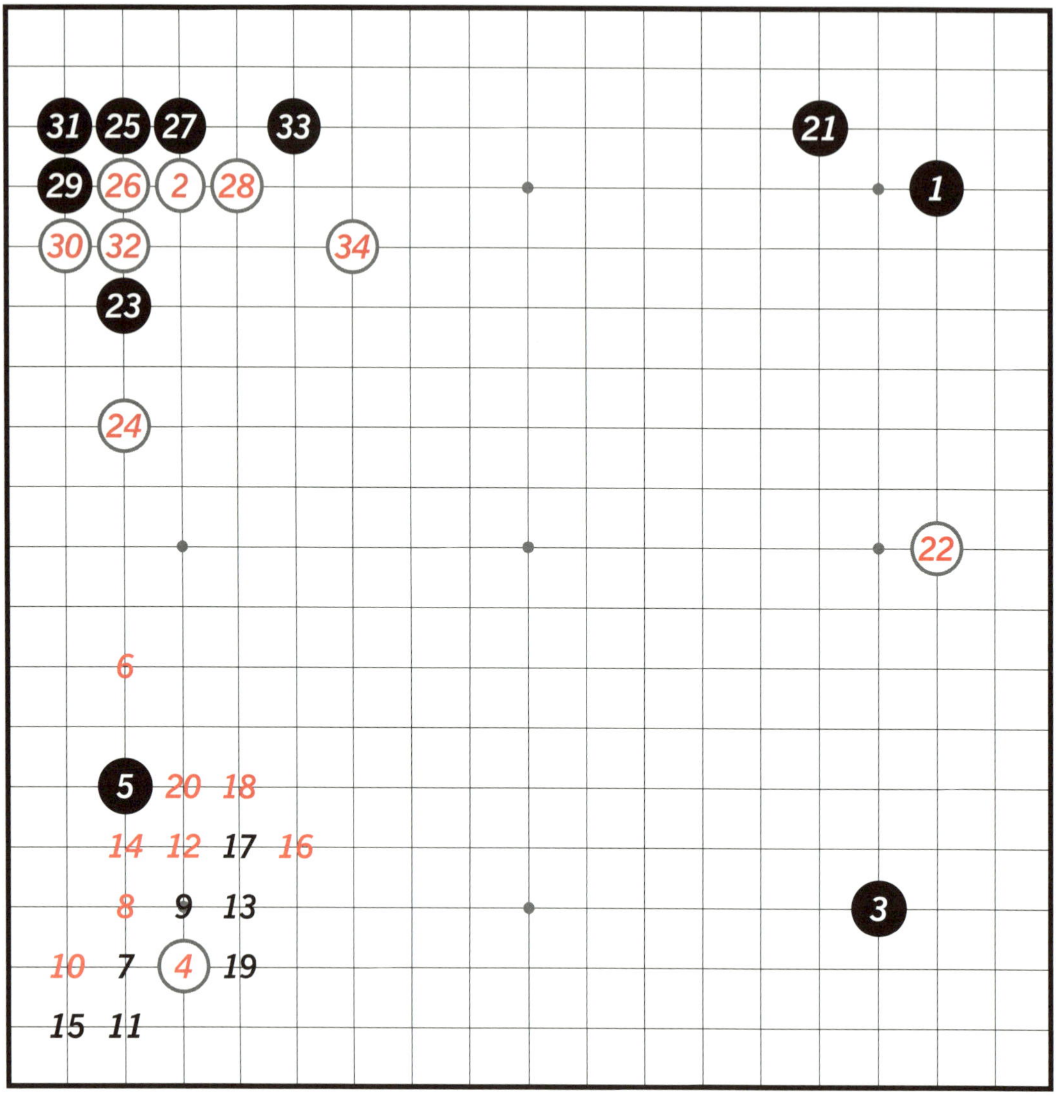

코멘트   당시 유행 포석.

메모

⚫ 흑 조치훈 vs 고바야시 고이치 ⚪ 백

일본명인전 도전6국 | 1986년

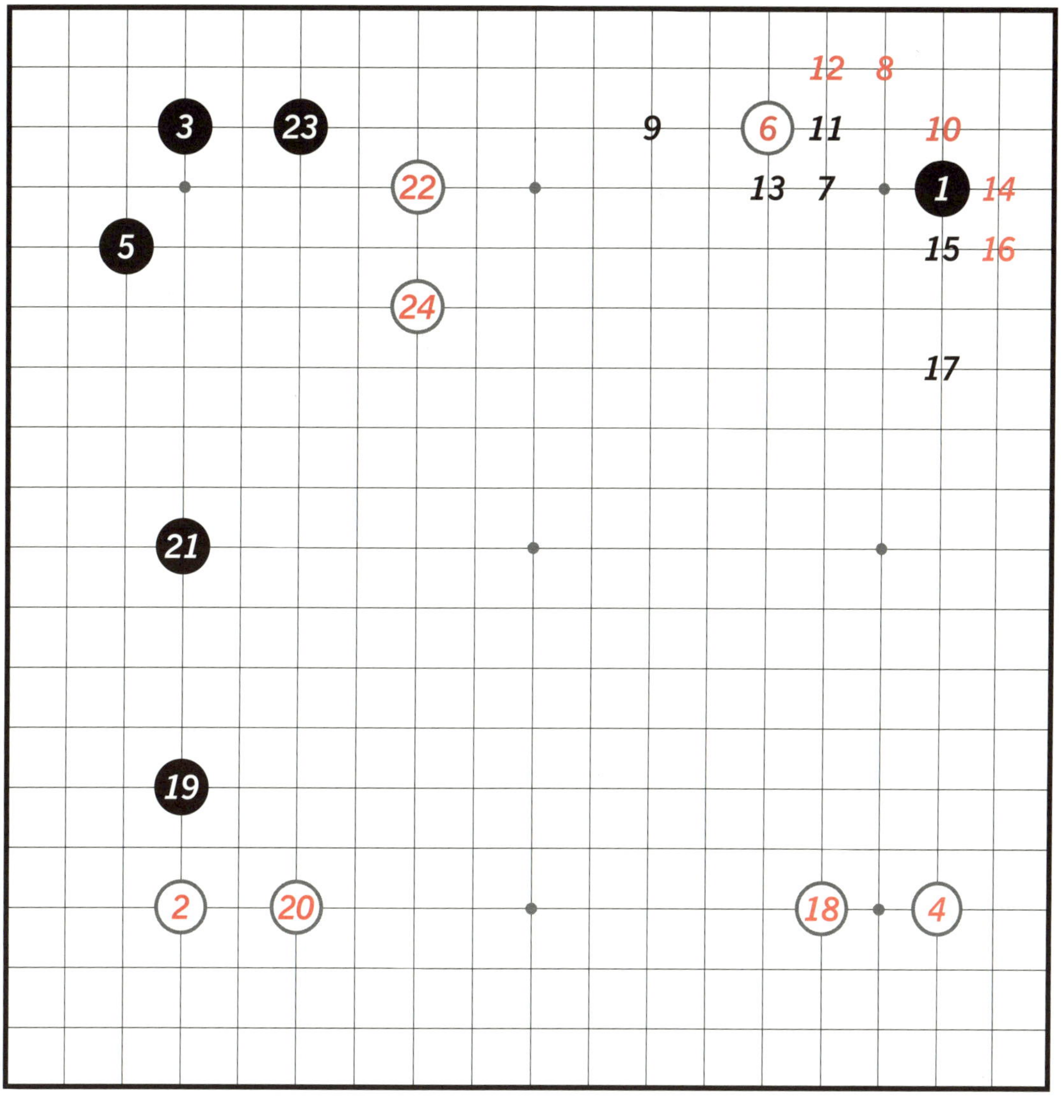

 ⚫ 흑 이세돌 vs 이창호 ⚪ 백

아이티 난민돕기 특별대국 | 2010년 2월

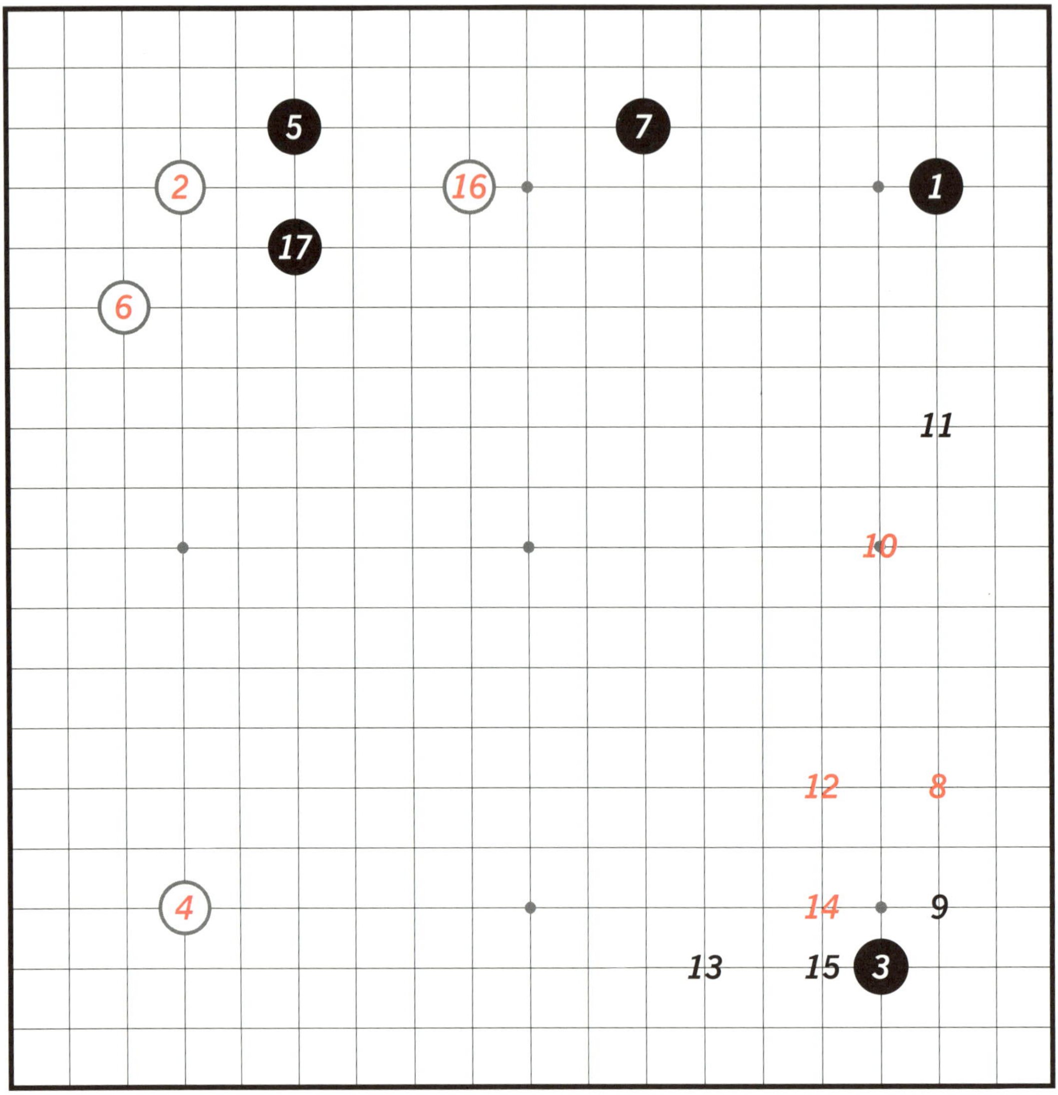

코멘트 수익금 기부한 특별 대국.

메모

⚫ 흑 이창호 vs 박영훈 ⚪ 백

맥심커피배 결승1국 | 2011년 3월

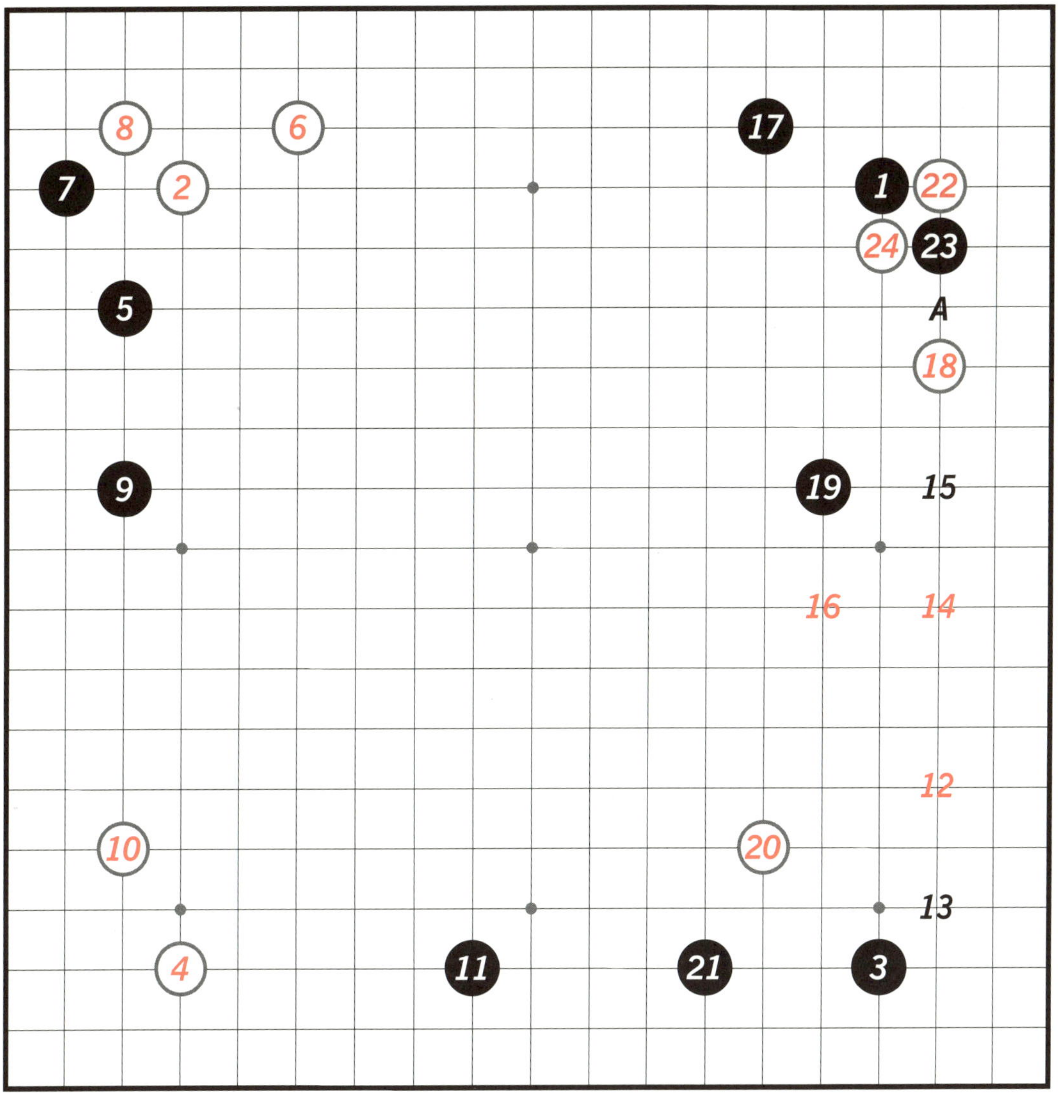

코멘트   17은 A가 보통. 백18로 급전.

메모

⚫ 흑 최명훈 vs 이창호 ⚪ 백

KT배 16강전 | 2002년 1월

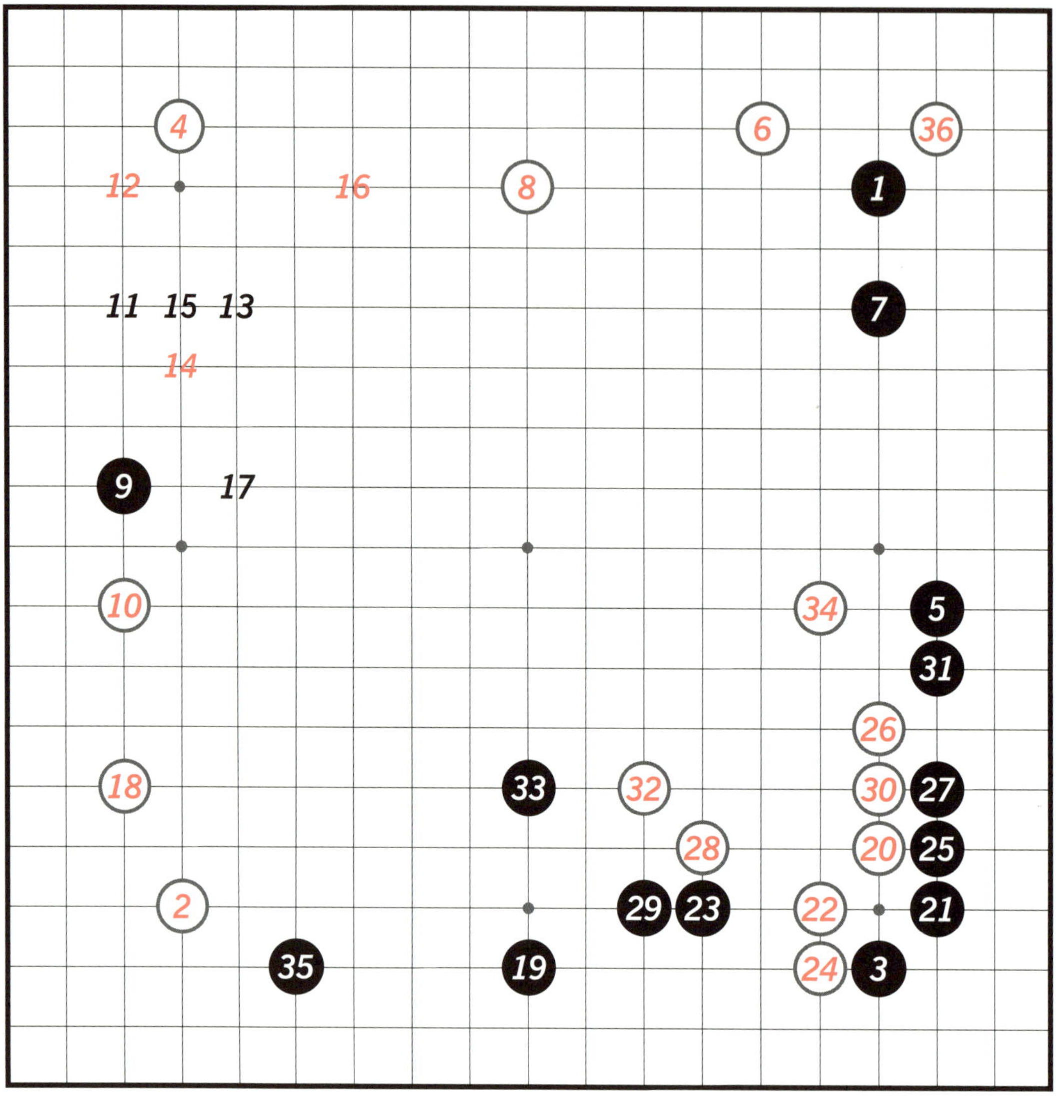

흑 이창호 vs 유창혁 백

한국리그 피더-범양 주장전 | 2004년 10월

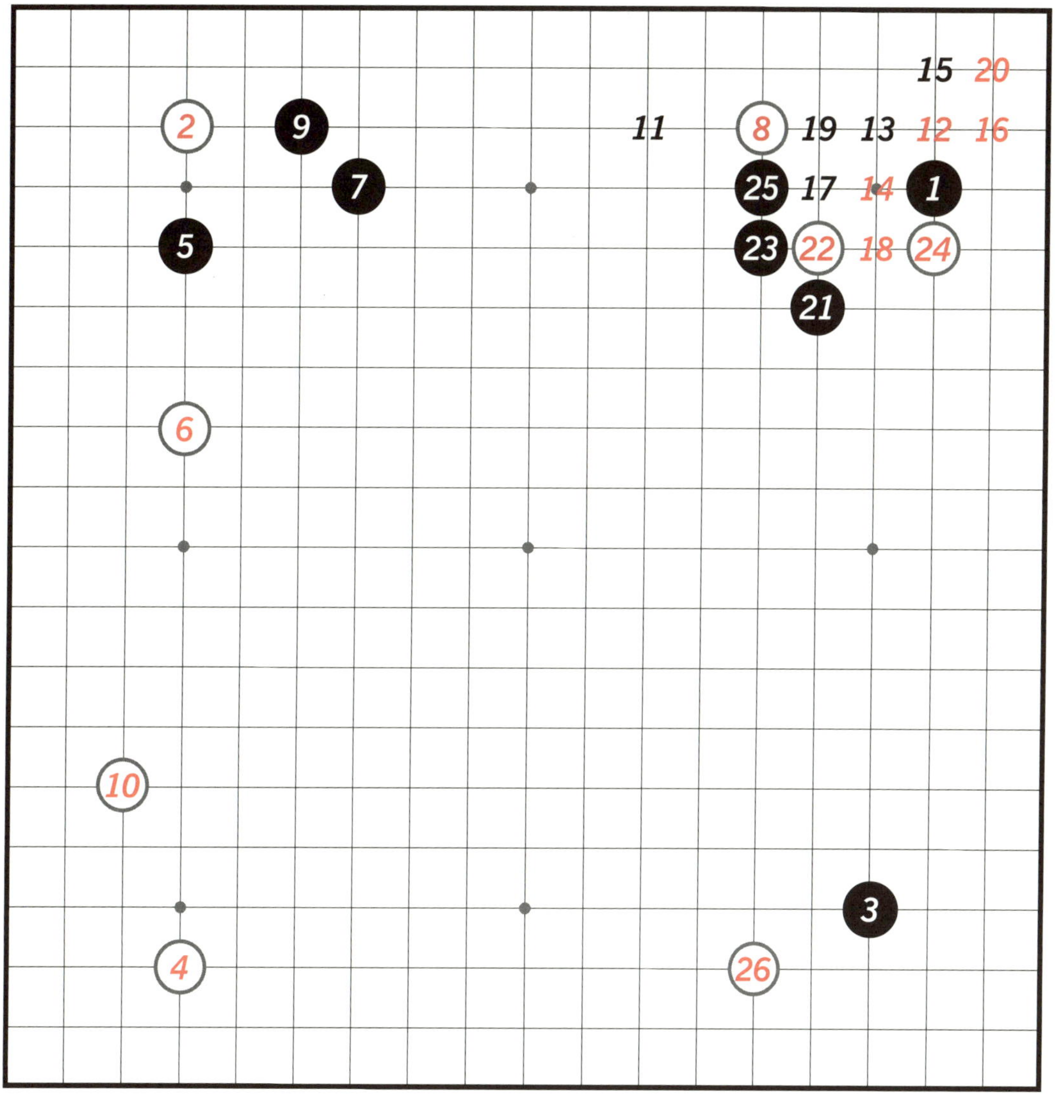

코멘트 흑7에 손 빼는 것은 유창혁 9단 특유의 수법.

메모

⚫ 흑 박영훈 vs 이창호 ⚪ 백

LG정유배 결승2국 | 2004년 11월

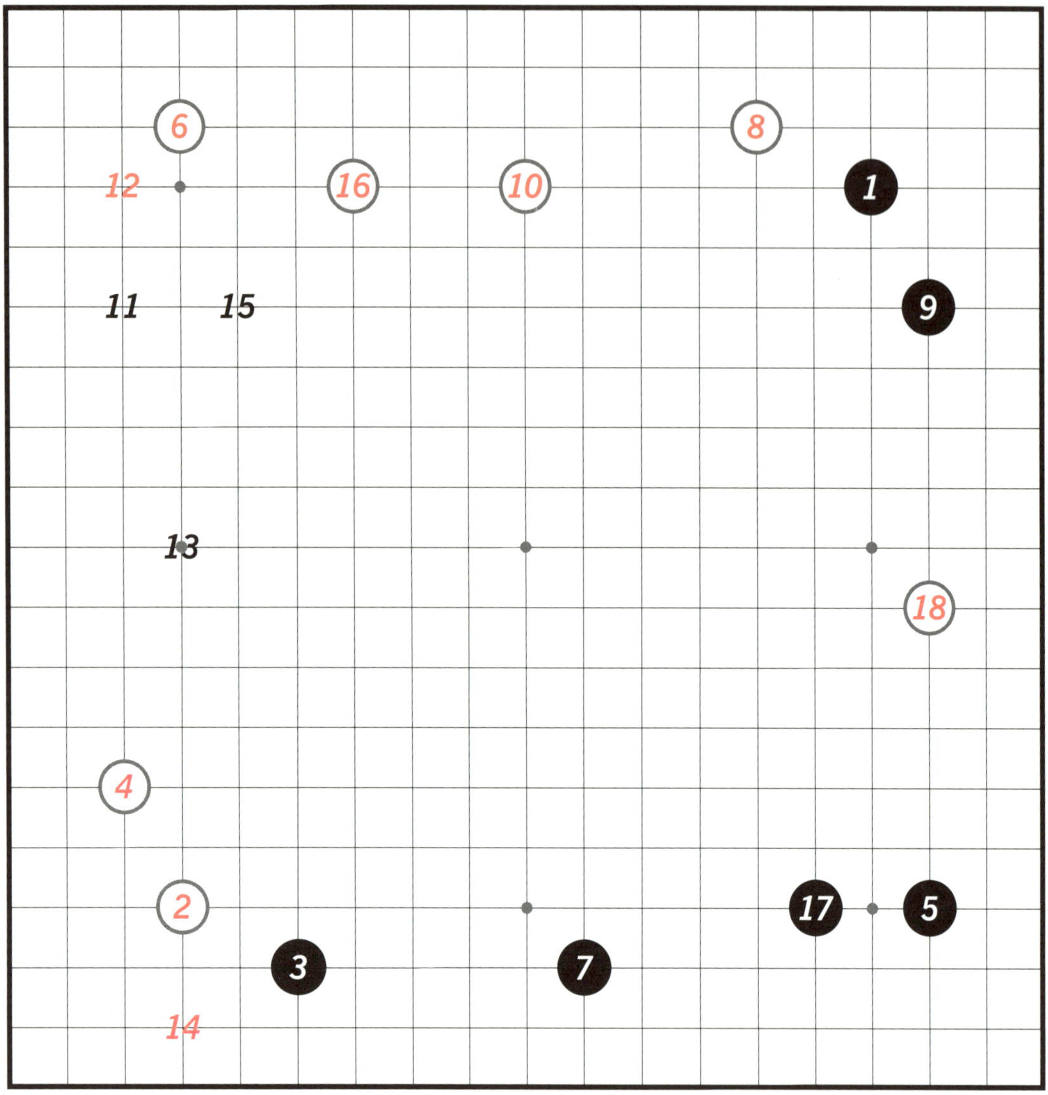

코멘트

메모

⚫흑 고바야시 고이치 vs 조치훈 ⚪백

일본기성전 도전2국 | 1986년

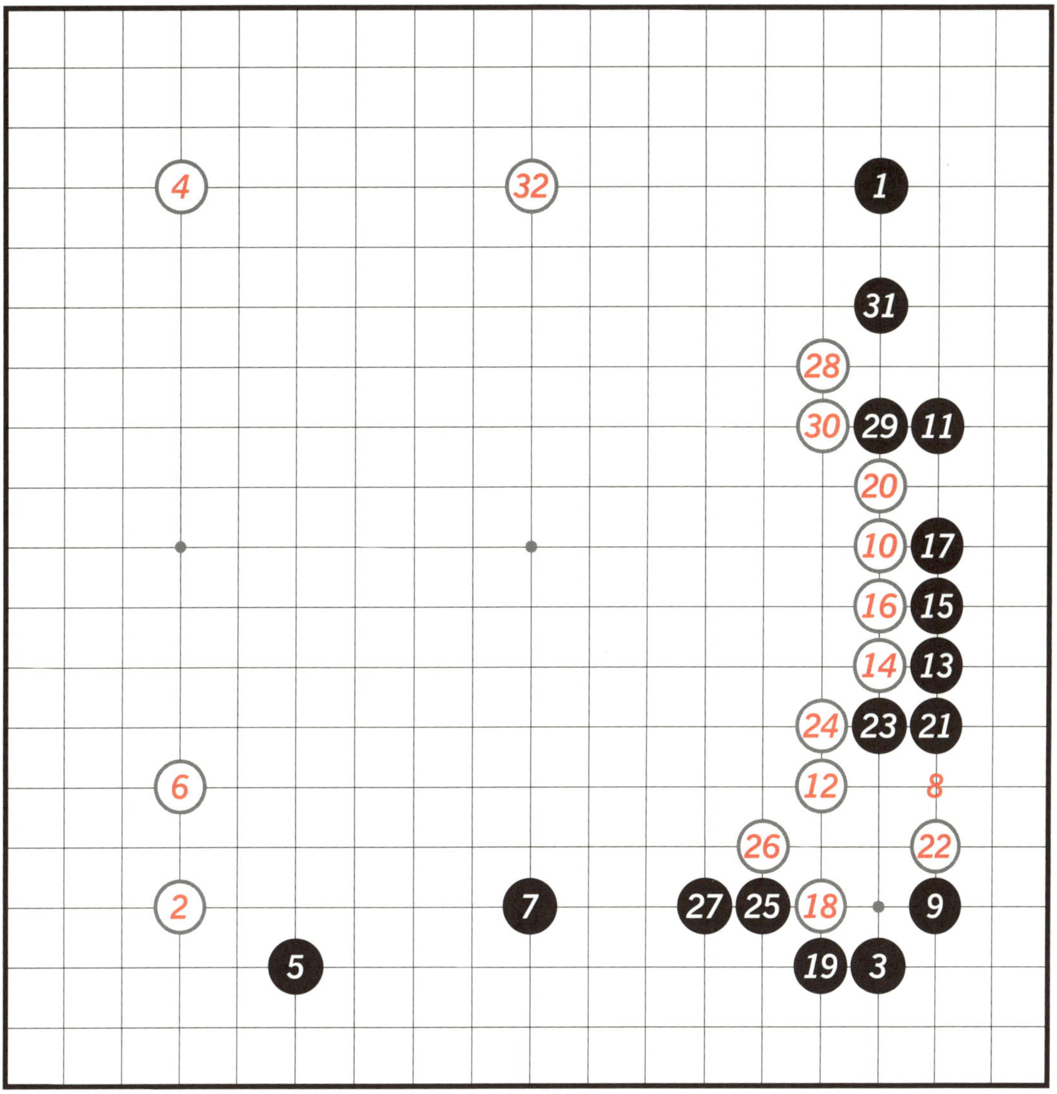

코멘트 그 유명한 휠체어 대국 중 한 판. 지금부터 기보들은 소림류에 속하는 기보들입니다.

메모

흑 이세돌 vs 이창호 백

응씨배 준결승1국 | 2008년 9월

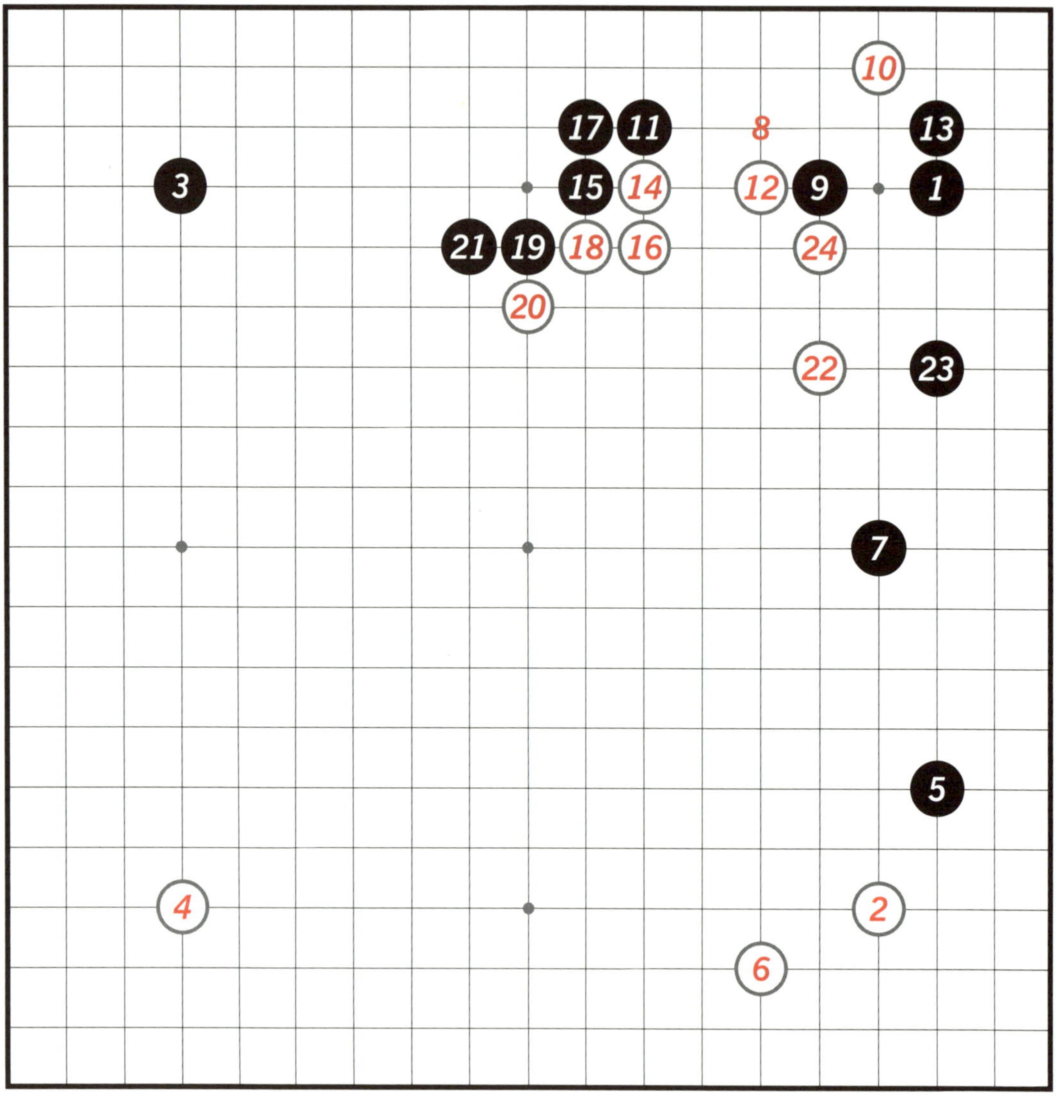

코멘트 22, 24 두터운 수법.

메모

흑 이세돌 vs 박승철 백

SK엔크린배 명인전 24국 | 2002년 8월

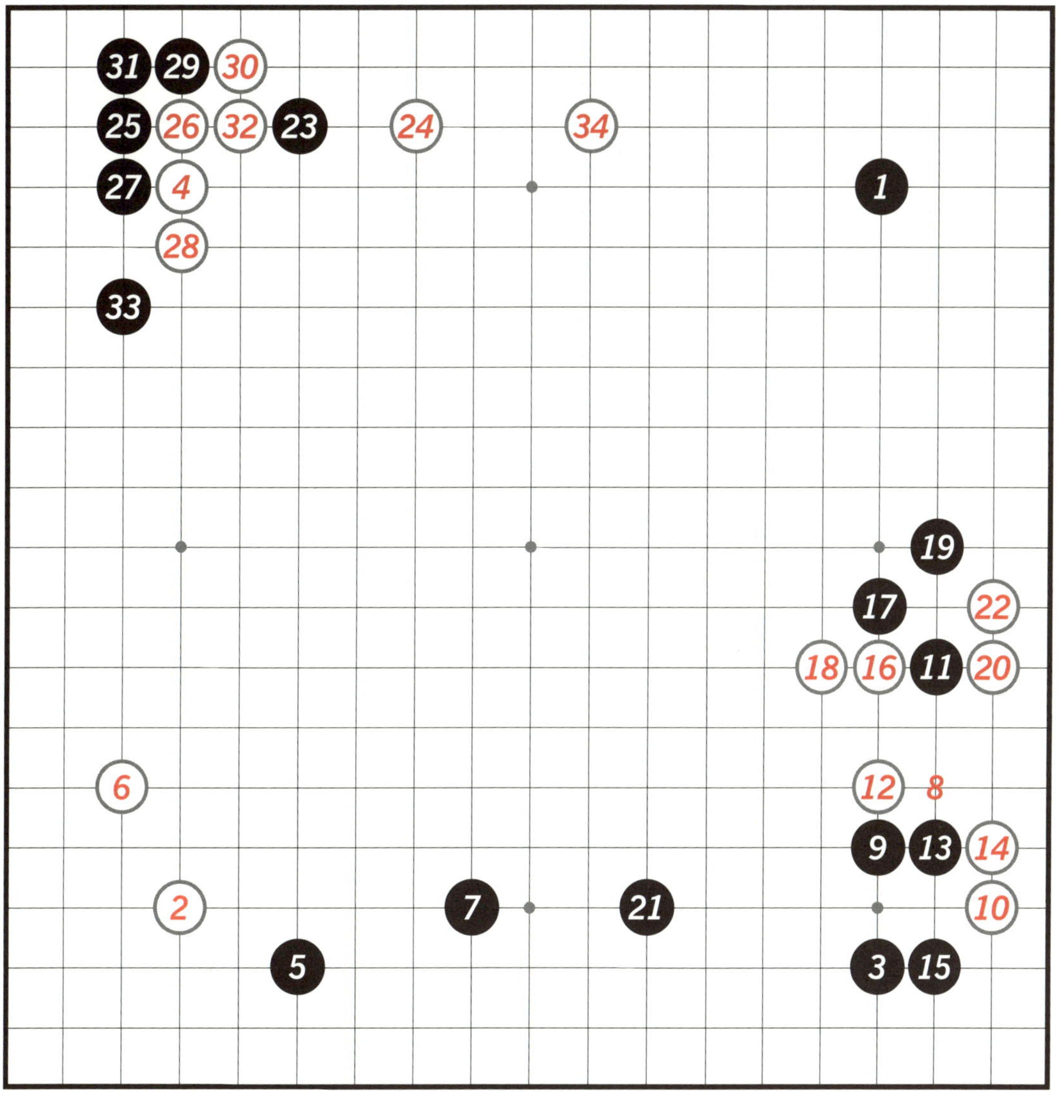

코멘트 명인전 본선리그. 필자 1승 6패로 탈락.

메모

흑 이창호 vs 박영훈 백

한국물가정보배 | 2010년 4월

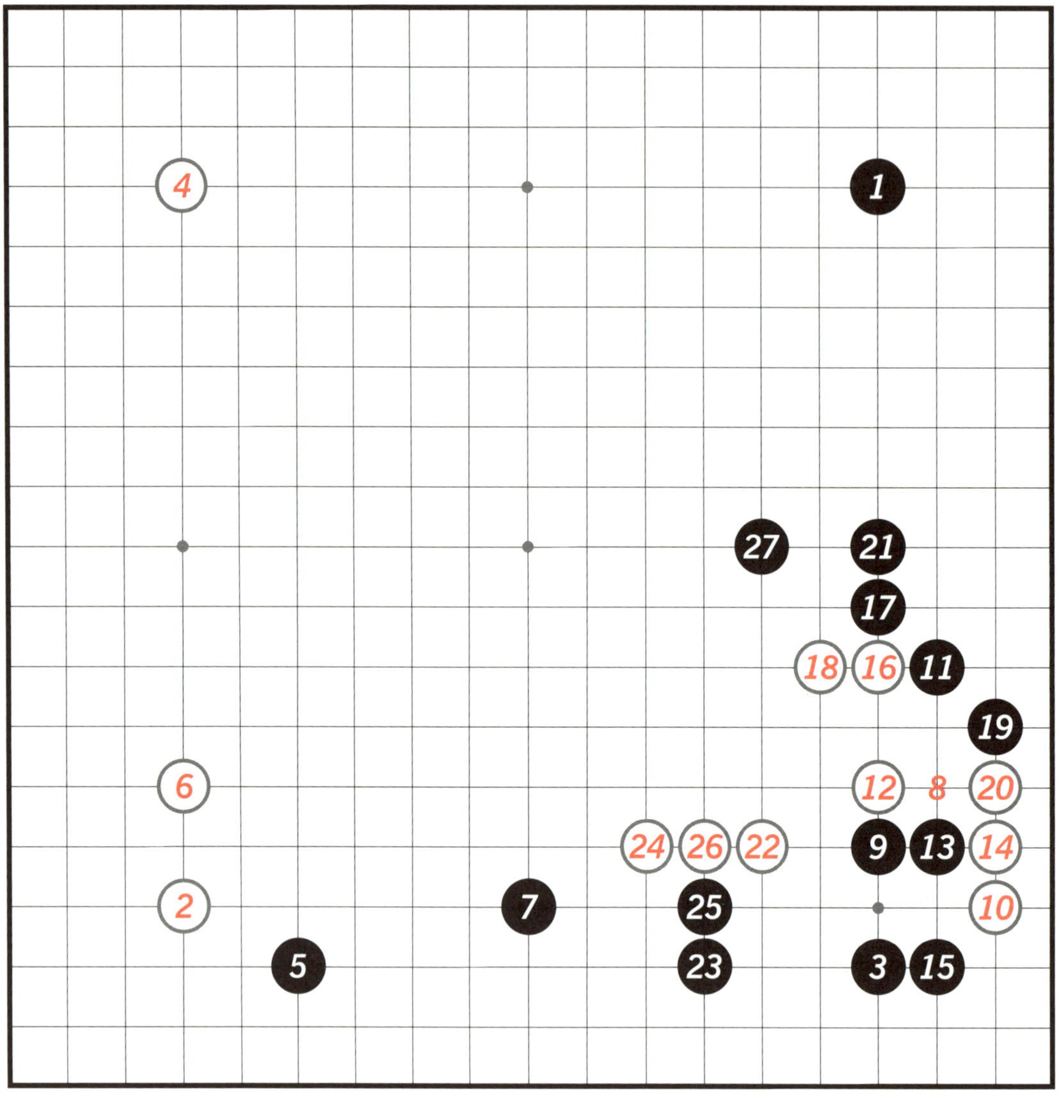

코멘트

메모

흑 이세돌 vs 구리 백

비씨카드배 결승1국 | 2011년 4월

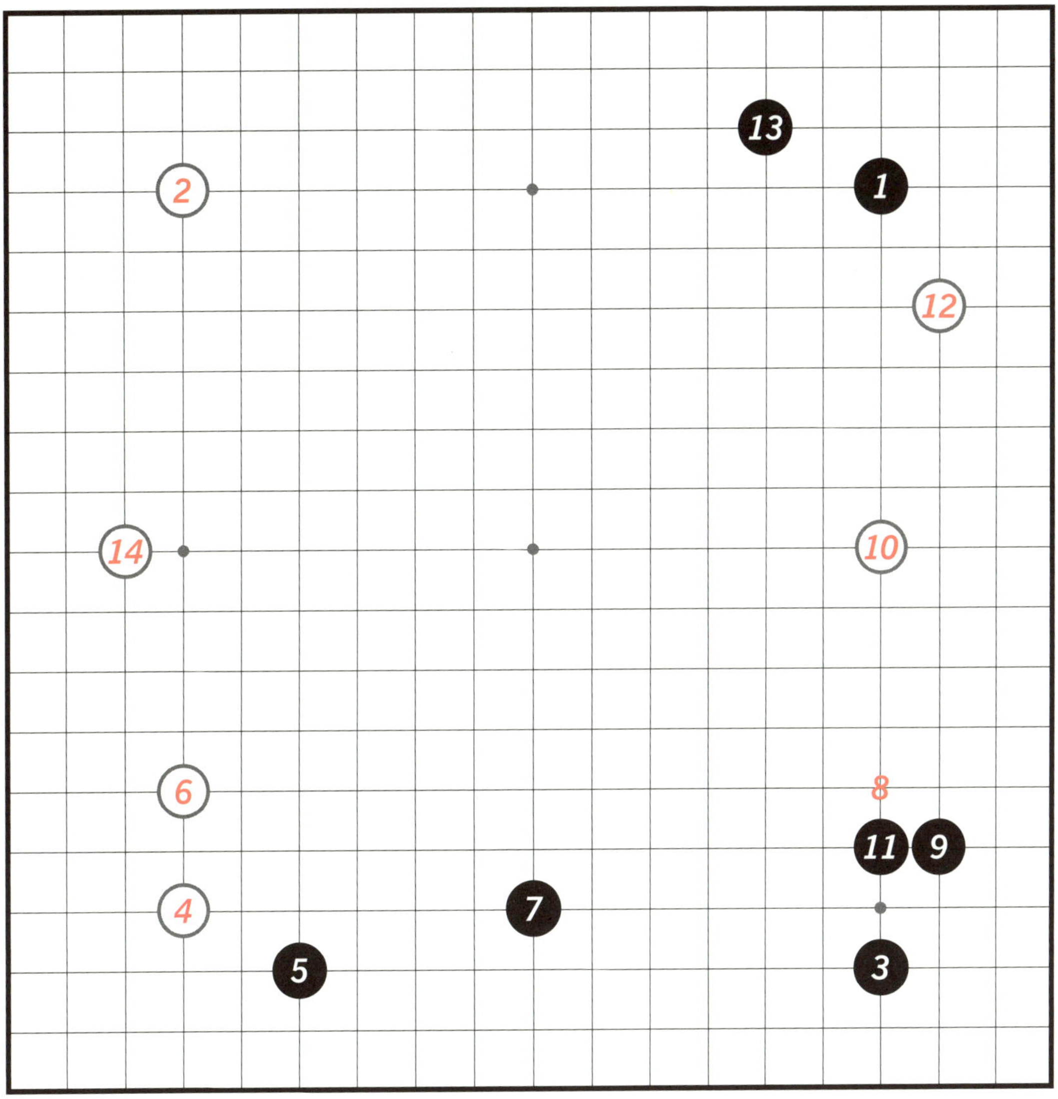

코멘트 6, 14의 간격은 구리가 좋아하는 수법.

메모

● 흑 조훈현 vs 이세돌 ⑭ 백

왕위전 본선28국 | 2001년 7월

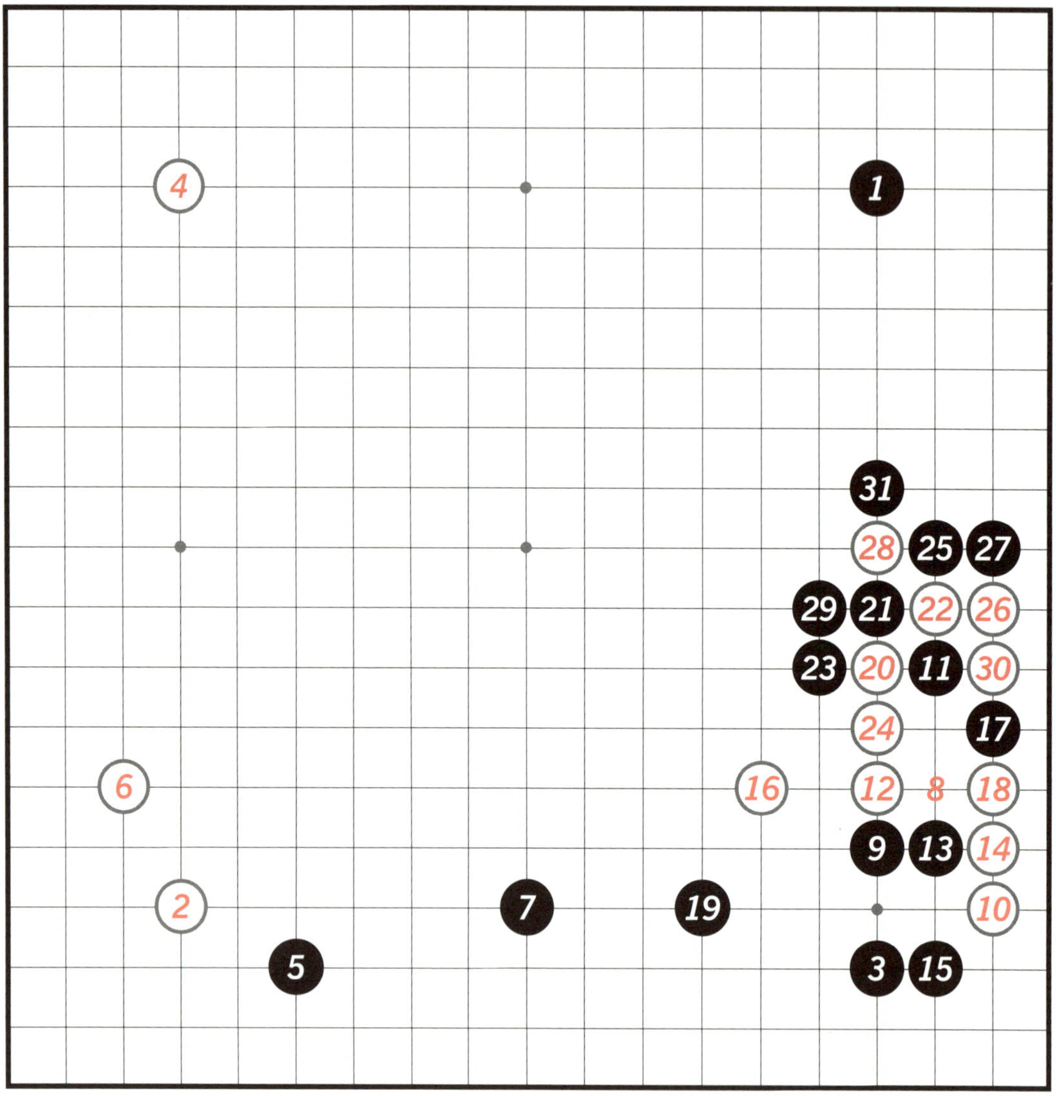

코멘트

메모

소림류 고바야시 고이치 9단

지하철 바둑, 조치훈 9단의 라이벌, 1980년대 일본 바둑계 일인자.

약간은 얄밉죠. 조치훈 9단이 기성, 명인으로 1인자에 올라섰지만, 명인전을 빼앗기고, 기성전 도전기를 앞두고 교통사고, 휠체어 대국, 4국까지 2대 2로 버텼으나, 결국 4대 2로 패배, 이후 고바야시 시대가 열렸죠, 본인방전에서는 3연패 후 4연승으로 고바야시에게 버텼던 기억이 생생합니다. 기타니 동문인 다케미야 9단과의 설전에서 서로 "허망한 바둑", "밑으로만 기는 지하철 바둑"이라며 서로를 힐난하기도 했습니다.

하지만 한 시대를 풍미한 당대 제일이었던 것은 분명합니다. 소림류라는 포석도 유행시켰고, 소목에 눈목자 걸침 또한 유행시켰던 원조 공부벌레 기사입니다. 1997년에는 후지쯔배에서도 우승, 2005년에는 농심배에서 3연승한 적도 있습니다.

바로 2005년 부산으로 참관을 갔었습니다. 그날따라 잠이 일찍 깨서 아침에 밥을 먹으러 나가는데, 아침운동을 끝내고 들어오는 고바야시 9단을 마주친 적이 있습니다. 절로 고개가 숙여지며 존경심이 생기더군요.

고바야시 고이치는 기타니 문하 출신이죠. 부인도 스승님의 딸이었고요. 딸인 고바야시 이즈미도 여류 최강, 사위도 한때 일인자였던 장쉬 9단입니다. 한 마디로 대단한 가문입니다.

외목, 고목, 3·3

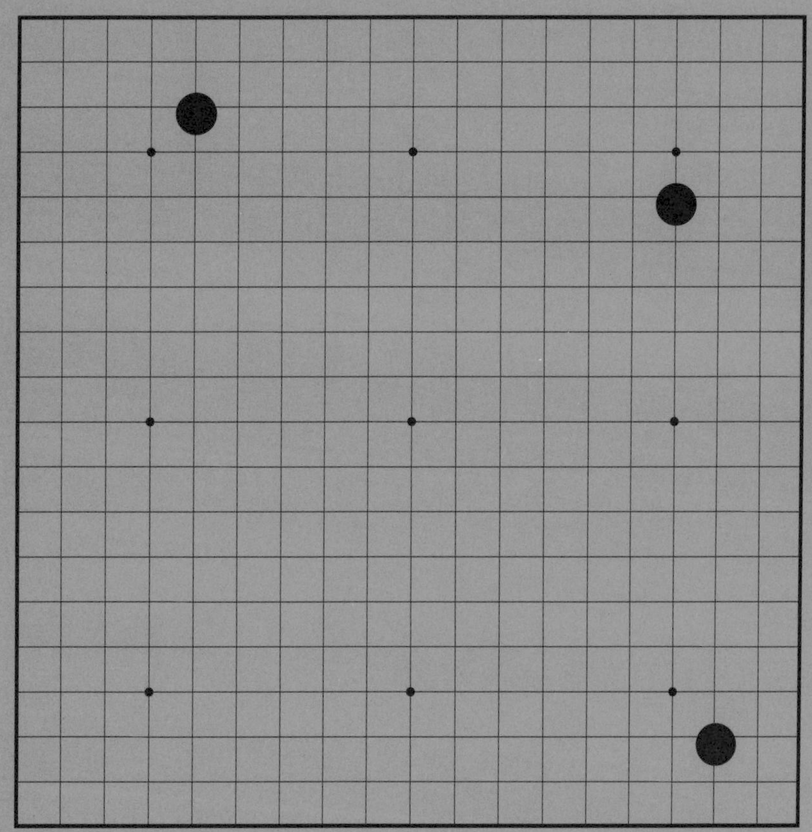

외목(外目)은 각 귀의 3×5의 지점으로 소목에서 변 쪽으로 한 칸 떨어진 곳이다. 총 여덟 개의 외목이 있다. 소목이나 삼삼보다는 변과 중앙으로 발전하는 데 유리하다.

고목(高目)은 각 귀의 4×5의 지점으로 화점에서 변 쪽으로 한 칸 떨어진 곳이다. 총 여덟 개의 고목이 있다. 귀의 착점 중 중앙과 변을 지향하는 특징이 가장 강한 반면, 귀의 실리를 지키는 데는 약하다.

삼삼(三三)은 각 귀의 3×3 위치의 점을 의미하며 총 네 곳이 있다. 이는 한 수 만으로 귀를 자신의 집으로 취할 수 있어 실리에는 밝은 곳이나, 중앙으로의 발전성이 그만큼 취약하다. 이미 상대가 화점에 돌을 놓아 귀를 차지한 경우, 침입하기 위한 수단으로 놓는 경우도 많이 있다.

19장

소목으로 걸침

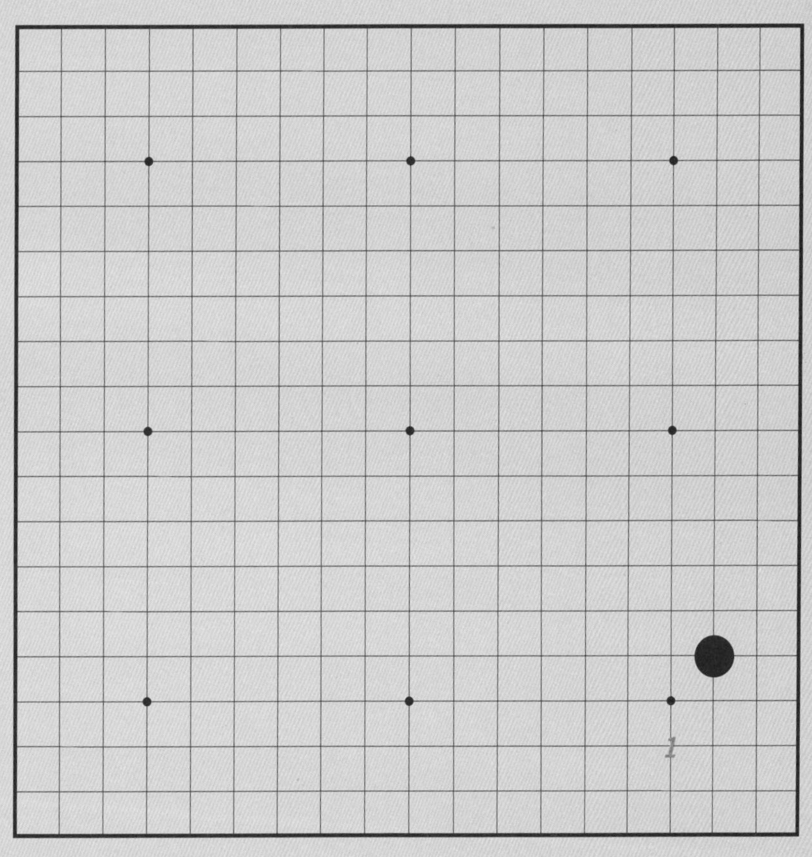

소목으로 걸침

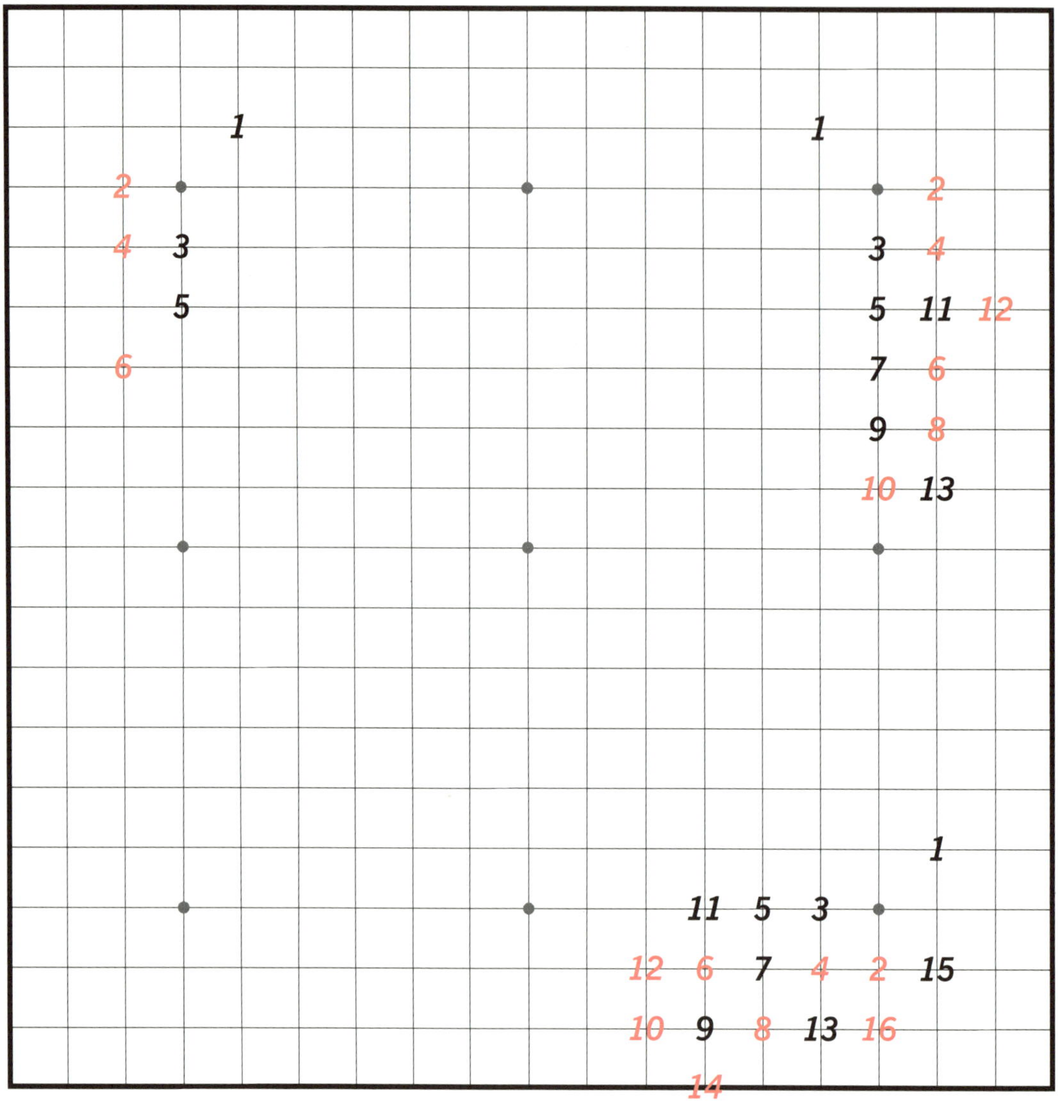

소목으로 걸침

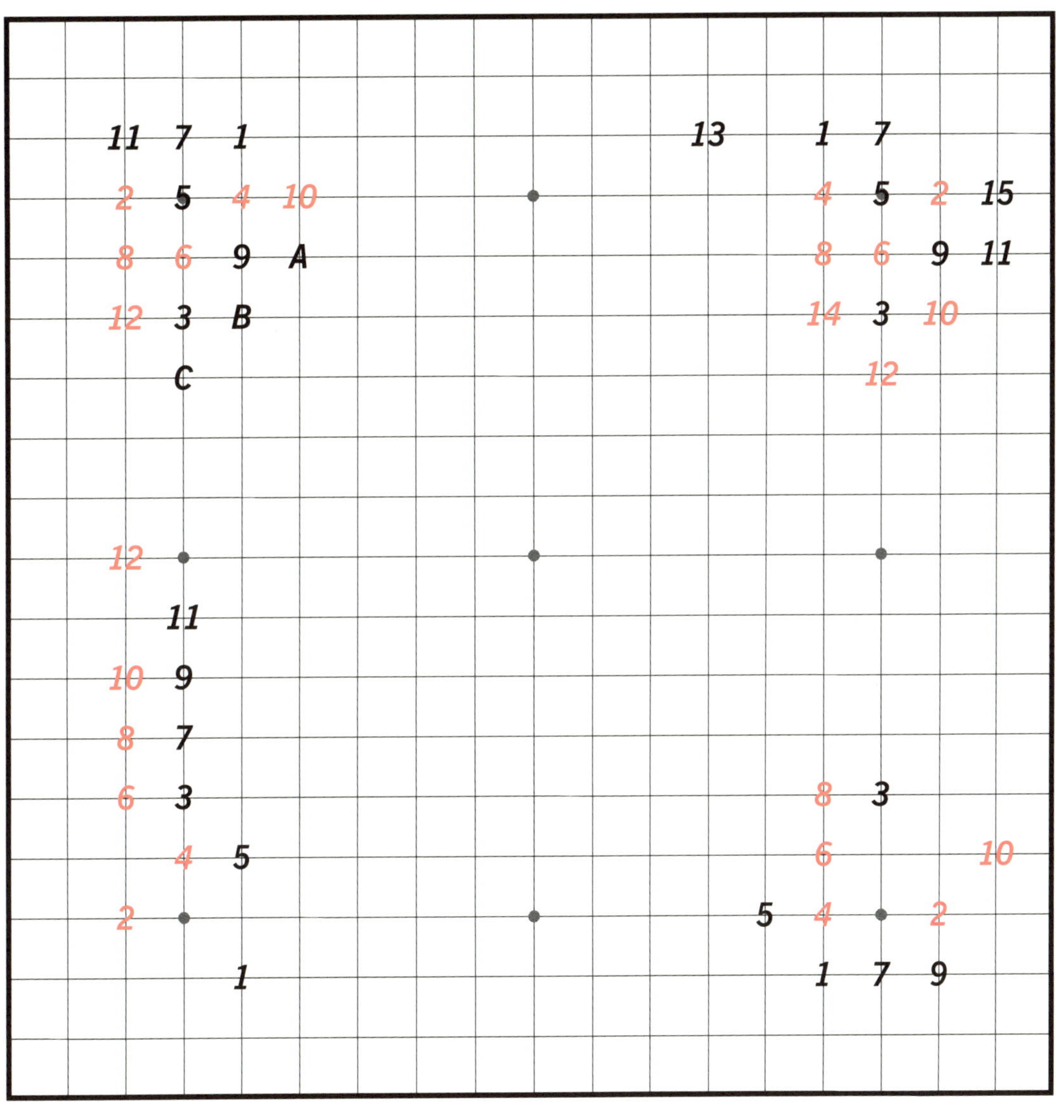

대사 백변. 너무 복잡. 비추천.

백4 간명한 수.

축 유리할 때 백8 간명.

흑 조치훈 vs 조훈현 백

삼성화재배 8강전 | 2003년 10월

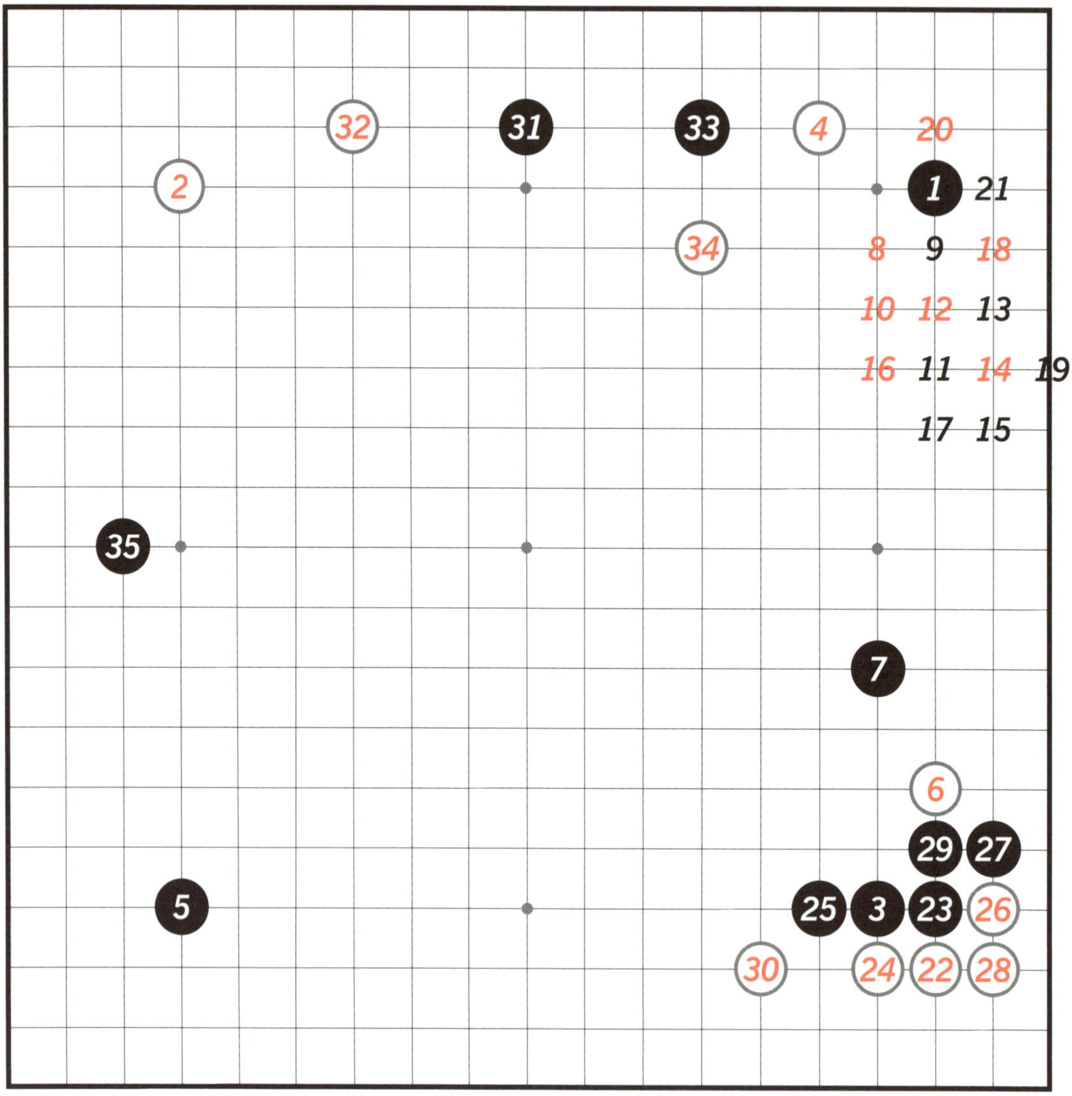

코멘트 12~22 간명한 처리.

메모

● 흑 박정환 vs 스웨 백

삼성화재배 8강전 | 2013년 10월

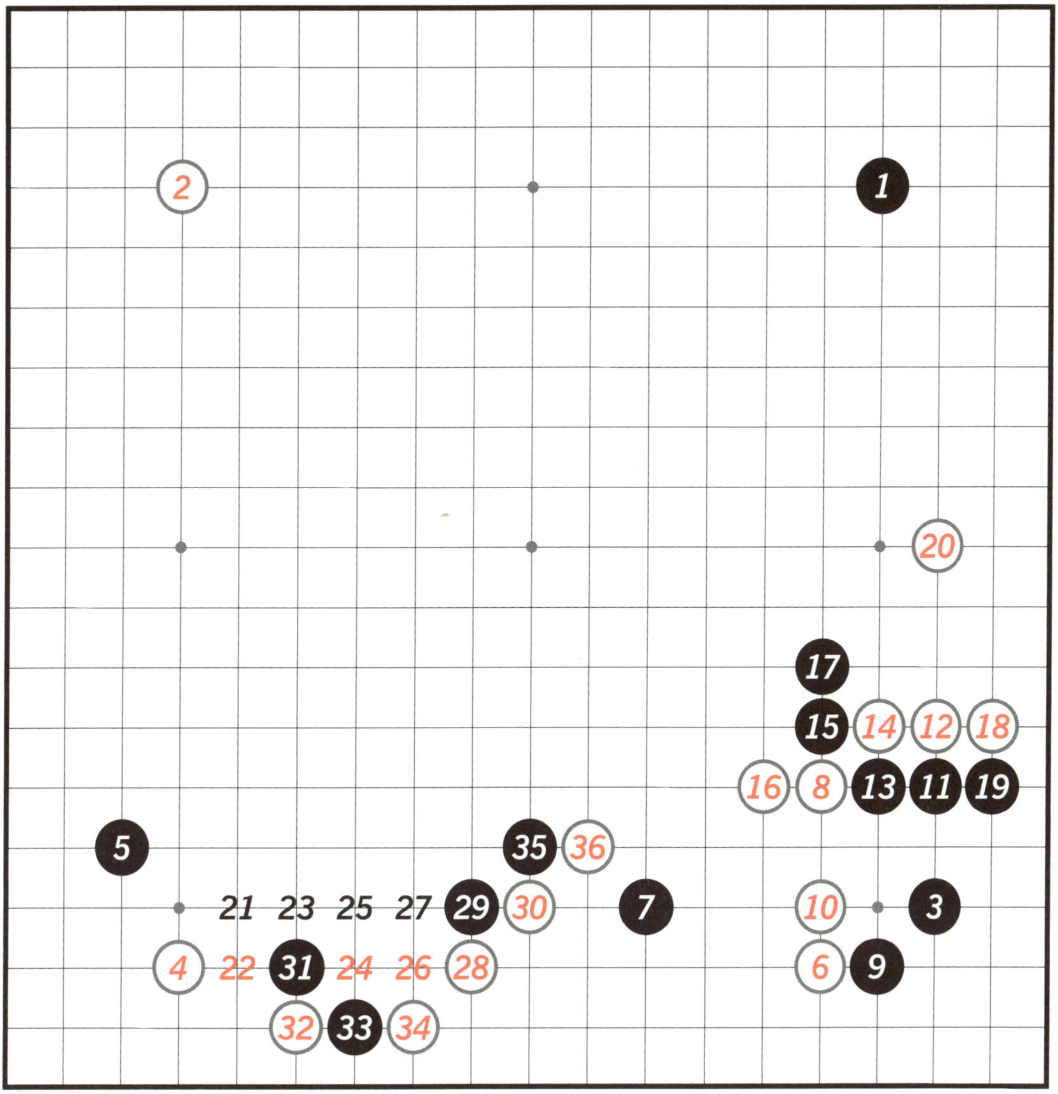

코멘트 9, 11은 요즘 수법.

메모

명인전 도전기 | 1978년 3월

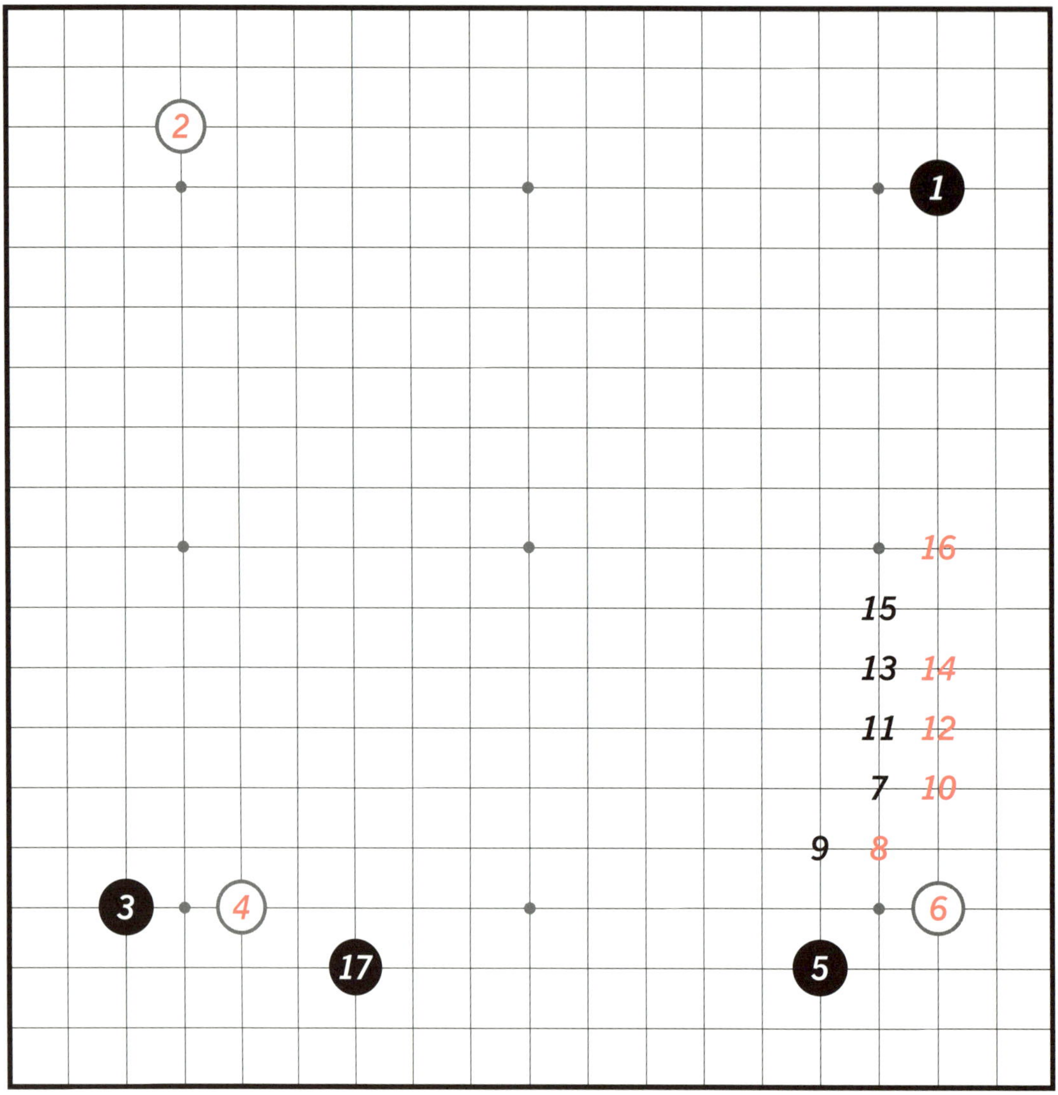

코멘트 8, 10이 최근에도 자주 두어지는 간명한 처리.

메모

흑 신진서 vs 신민준 백

미래포석열전 결승2국 | 2014년 1월

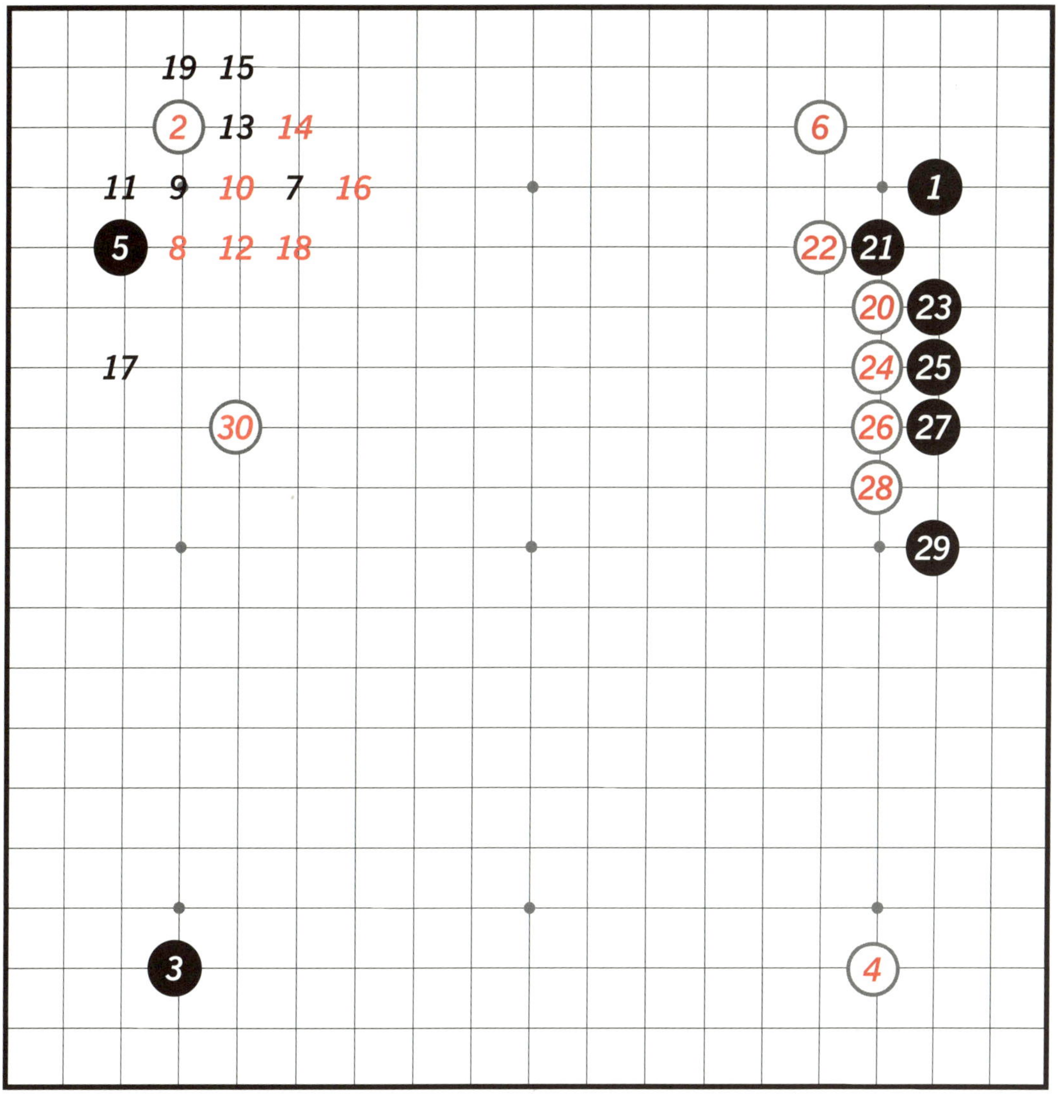

코멘트 영재 라이벌. 1999년생 신민준, 2000년생 신진서, 한국 바둑 기대주. 영재입단대회 1·2호 입단자.

메모

235

송아지 삼총사의 특별한 공부법

최철한, 박영훈, 원성진

최철한, 박영훈, 원성진 기사가 바로 송아지 삼총사로 불리는 기사들입니다. 이들은 서로 앞서거니 뒤서거니 하는, 한국 바둑의 든든한 버팀목들입니다. 입단은 최철한 프로가 가장 빨랐고, 농심배 3연승, 제1회 KT배 준우승 등 두각도 먼저 나타냈죠. 하지만 등용문이라 할 수 있는 본격 기전 첫 타이틀은 박영훈 프로의 몫이었습니다. 그 다음해 천원전은 최철한 대 원성진이 결승에서 만났습니다. 결과는 원성진 프로가 먼저 첫 승을 거뒀지만, 이후 최철한 프로의 3연승. 이후 원성진 프로는 대학 입학 등으로 지독한 슬럼프에 빠졌고, 박영훈 프로와 최철한 프로가 훌쩍 앞서 나갔죠. 충분히 포기할 수도, 주저앉을 수도 있던 상황이지만, 그것을 이겨내고 다시 원성진 프로가 따라잡습니다. 2011년도에는 한국 랭킹 2위까지 올라섰죠. 당시 이세돌 9단이 워낙 강했기 때문에 동료들 사이에서는 사실상 랭킹 1위라는 말도 들었습니다.

이 셋 중 결국 마지막 세계대회 우승자는 원성진 9단입니다. 삼성화재배에서 구리 9단을 2대 1로 이겼습니다. 무엇보다 포기하지 않는 의지가 가장 중요했겠죠. 2013년 초에 LG배 결승에서 패한 후 바로 군 입대, 현재 해군에서 복무중입니다(최철한, 박영훈 세계대회 우승으로 면제).

세 기사는 공부법이 특별합니다. 우선 박영훈 프로는 엄청난 노력파입니다. 기보 공부를 엄청나게 하죠. 연구생 때는 하루에 60~70판을 놓아봤다고 합니다. 박영훈 프로는 "그날 기보는 그날에 본다"라는 말도 있었죠. 최철한 프로는 반대입니다. 기보를 한 번 매우 신중하게 봅니다. 이해를 못해 두 번 세 번 놓아보는 경우가 없습니다. 전형적인 천재 기사 스타일입니다. 대국에 비중이 많습니다. 원성진 프로는 그 중간쯤입니다. 대국도 많이 하고 기보도 많이 보고, 특히 대국 후 복기에 많은 시간을 투자합니다.

정상급 기사들도 공부법이 다 다르죠. 공통점은 하나입니다. 포기하지 않고 정진하는 것.

20장

기타 걸침

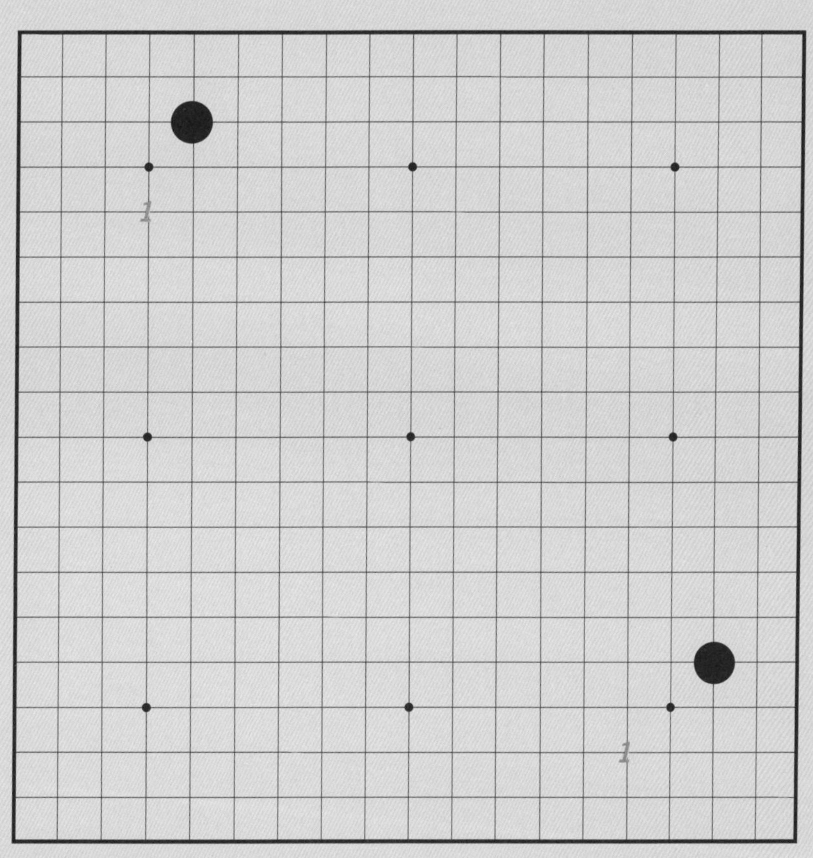

기타 걸침

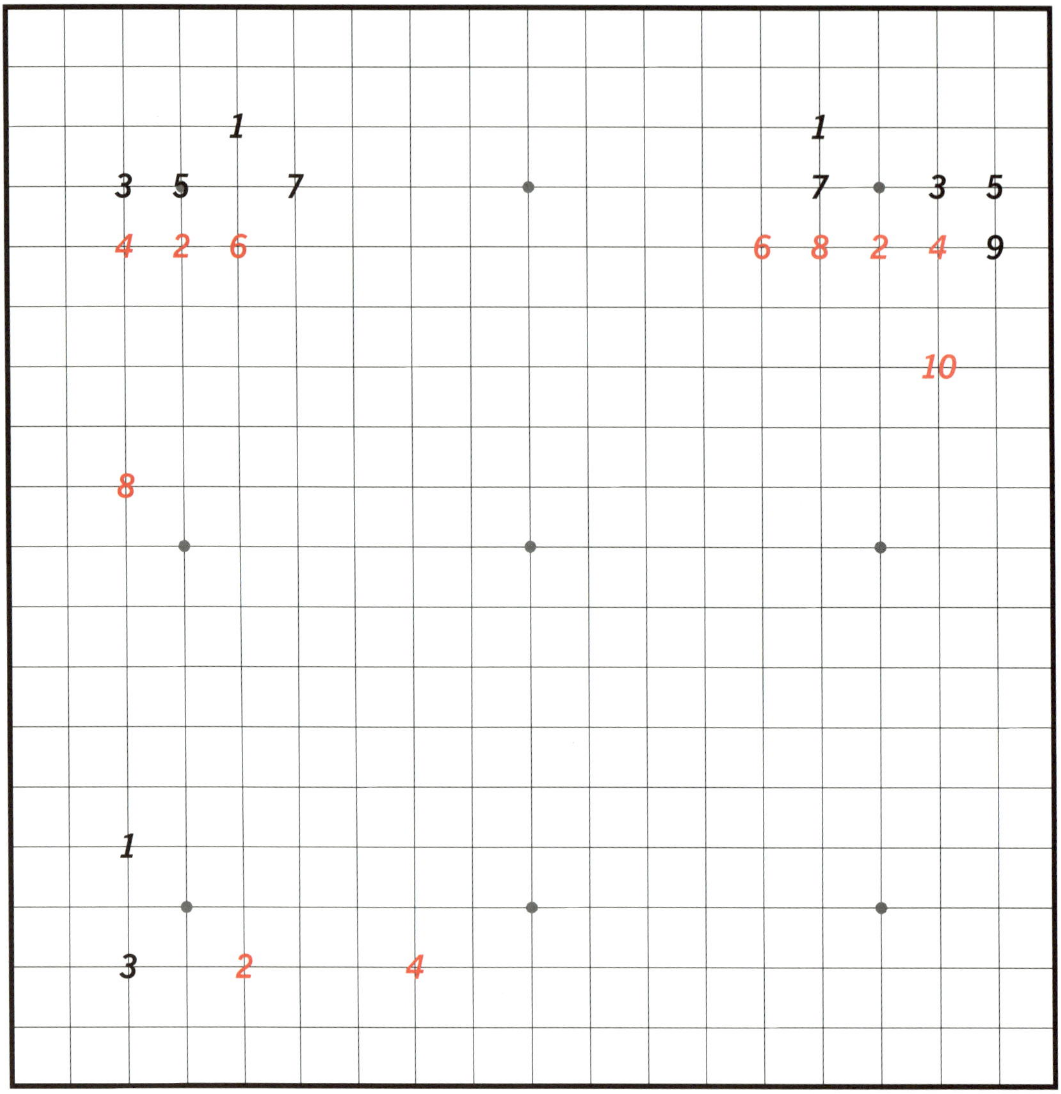

○○○○○○○○○○　○ △ ✕

간명한 걸침.

초간단!

흑 오청원 vs 임해봉 백

명인전 리그 | 1964년 12월

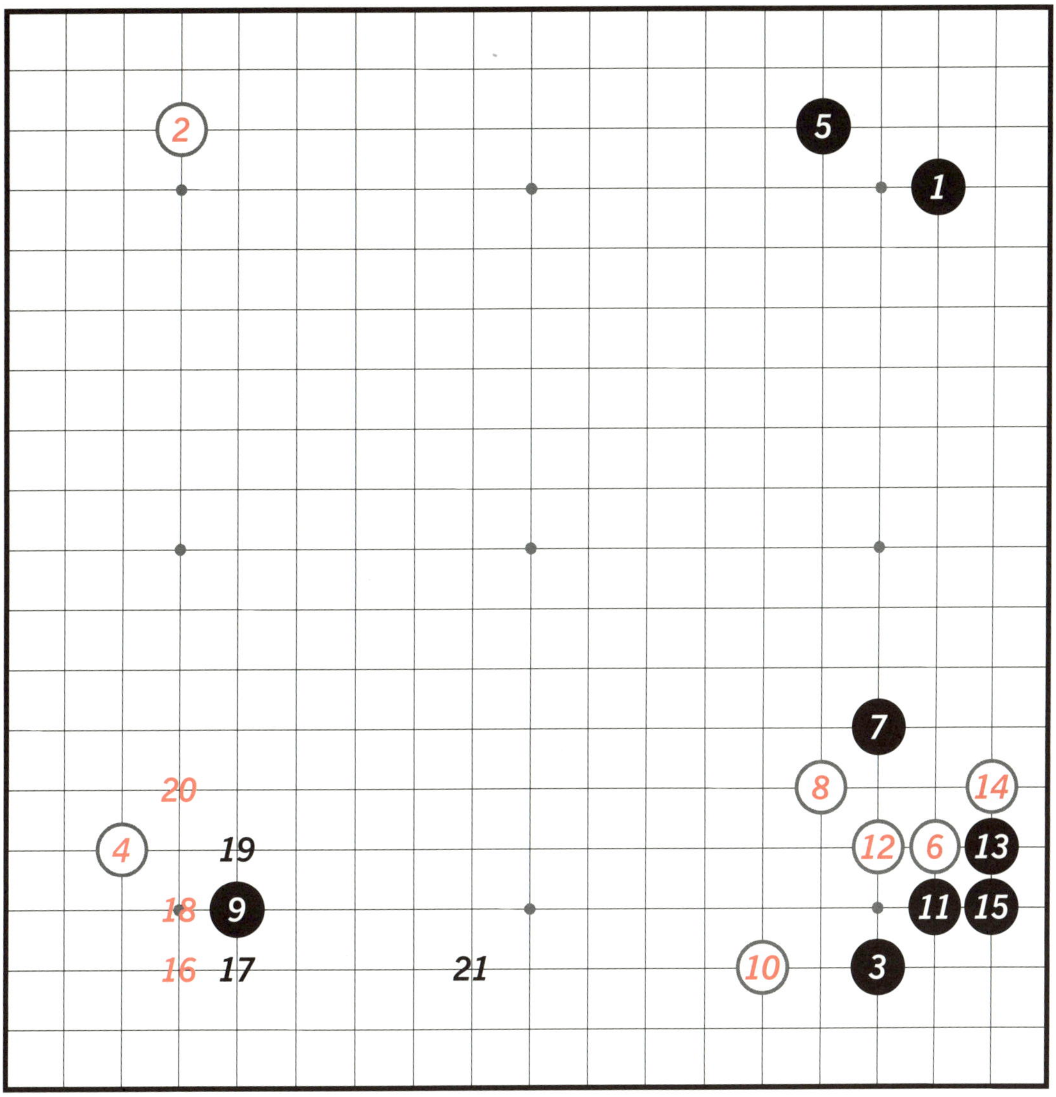

코멘트

메모

괴동 목진석 9단 이야기

괴물 소년에서 진정한 천재로

목진석 9단은 어려서부터 '괴동'이라 불렸었죠. 15세 때 한중 대항전에서 녜웨이핑 9단을 이기면서 천재소년, 괴동이 탄생했습니다. 바둑계 대표적인 팔방미인이죠. 외국어도 잘하고, 노래도 잘하고, 운동도 잘하고, 말 그대로 다재다능입니다. 중국어는 어려서부터 엄청났고, 일본어도 수준급, 영어도 나중에 배웠지만 대단한 수준이고요. 프로기사 6명과 함께 앨범을 낸 적도 있고, 축구, 농구, 테니스 등 못하는 운동이 없죠. 언변도 유창하고 방송도 톱입니다.

하지만 더 대단한 것은, 나이 서른이 넘어서 바둑 성적이 좋아지고 있다는 것입니다! 목진석 9단 첫 타이틀이 KBS 바둑왕전입니다. 그 다음해 흑으로는 첫수에 천원을 두고 전투를 했던 기억이 나네요. 그리고 2013년에는 외목에 대외목으로 굳힘을 들고 나와서 올레KT배 준우승도 했지요. 여전히 승부에 대한 끈을 놓지 않고 있는 모습입니다.

저 개인적으로는 중국리그 처음 갔을 때, 적응하는 데 도움도 많이 받았고, 같이 놀기도 많이 놀았죠. 그런데 어느 순간 사람이 바뀌었어요. 식사 시간에 저희는 짜장면, 짬뽕 시켜 먹는데 운동을 시작했다고 닭가슴살 도시락을 먹는가 하면, 술도 끊고, 신앙 생활 열심히 하면서 아내도 얻었습니다. 이런 성실함이 꾸준히 정진하는 목진석 9단을 만들었다고 생각됩니다. 원래부터 천재였지만, 슬럼프는 딛고, 포기하지 않는 노력으로 다시 정상권에 복귀한 목진석 9단이 진정한 천재라고 생각됩니다.

21장

기타 굳힘

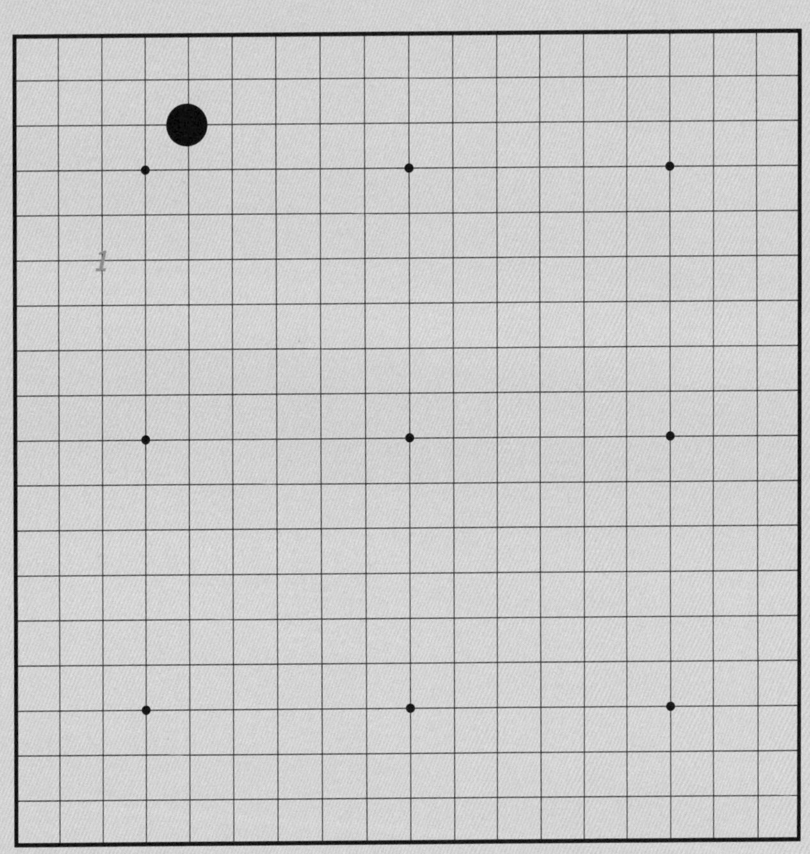

⚫ 흑 목진석 vs 김지석 ⚪ 백

olleh배 결승 2국 | 2013년 11월

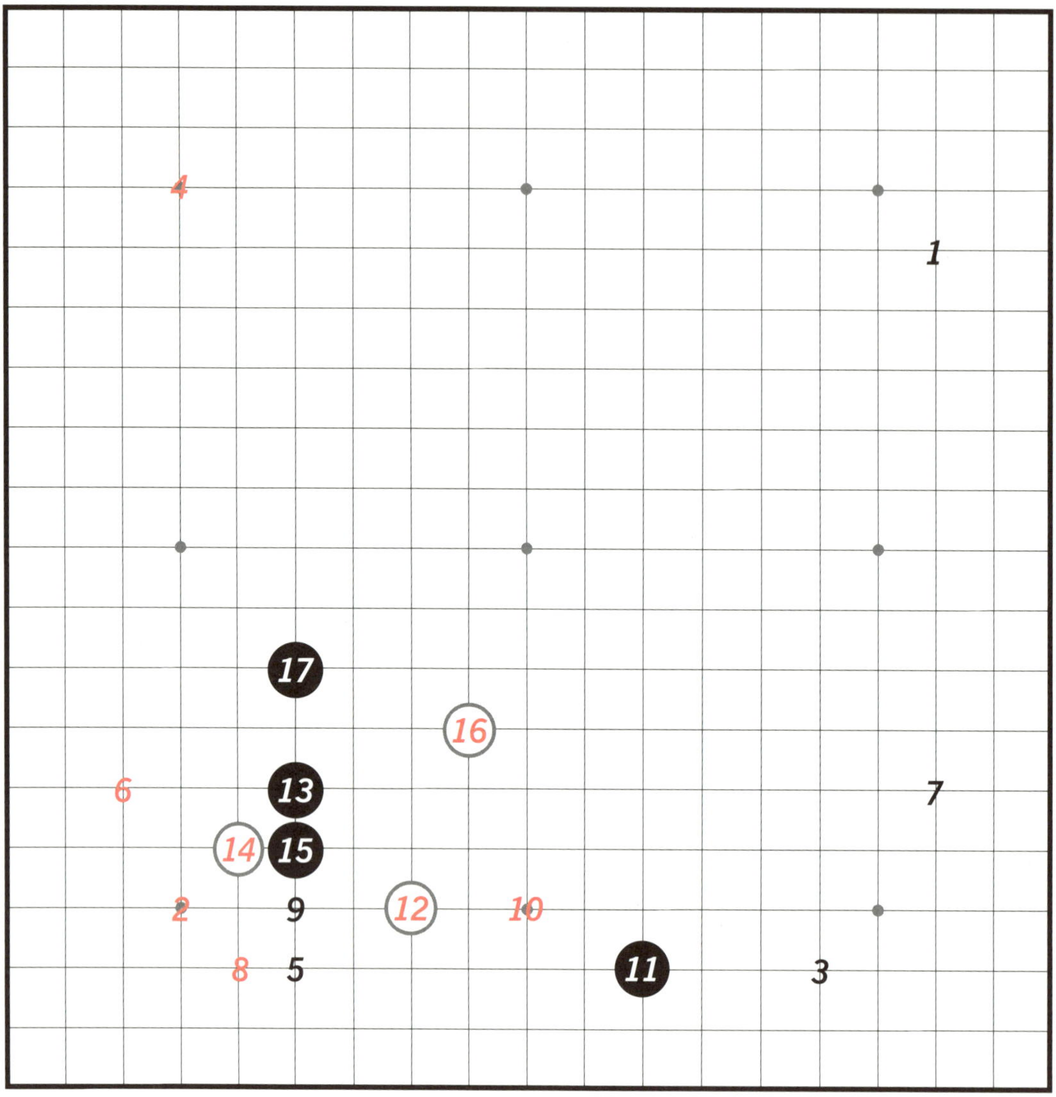

코멘트

메모

흑 목진석 vs 변상일 백

olleh배 4라운드 | 2013년 10월

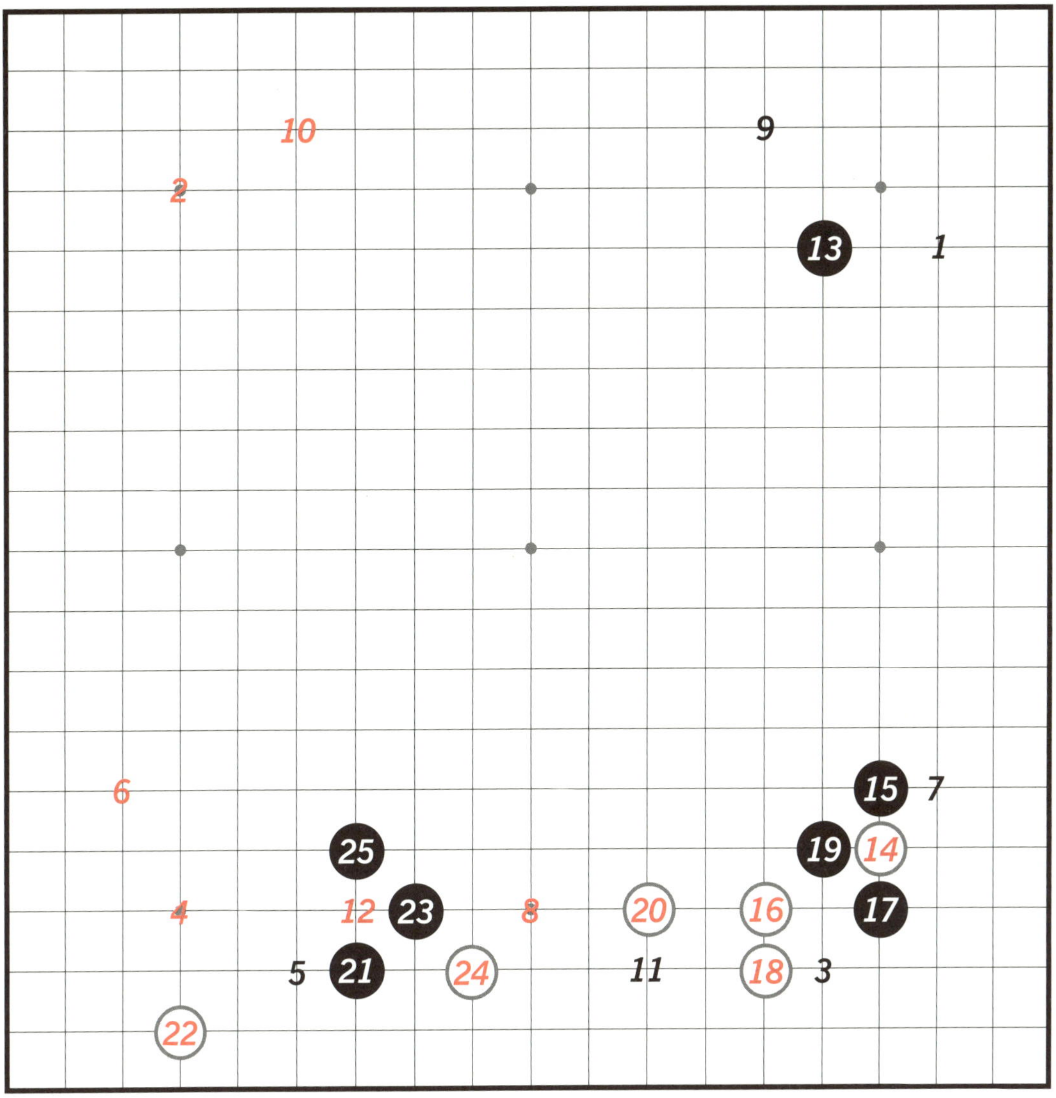

코멘트

메모

실전

흑 최철한 vs 박정환 백

천원전 결승 2국 | 2014년 1월

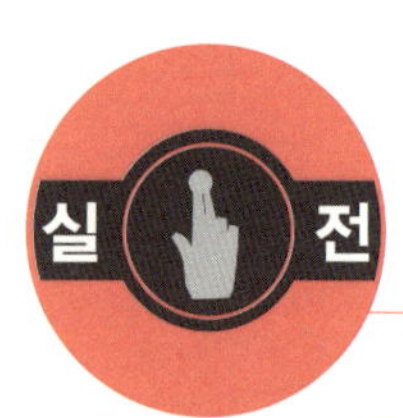

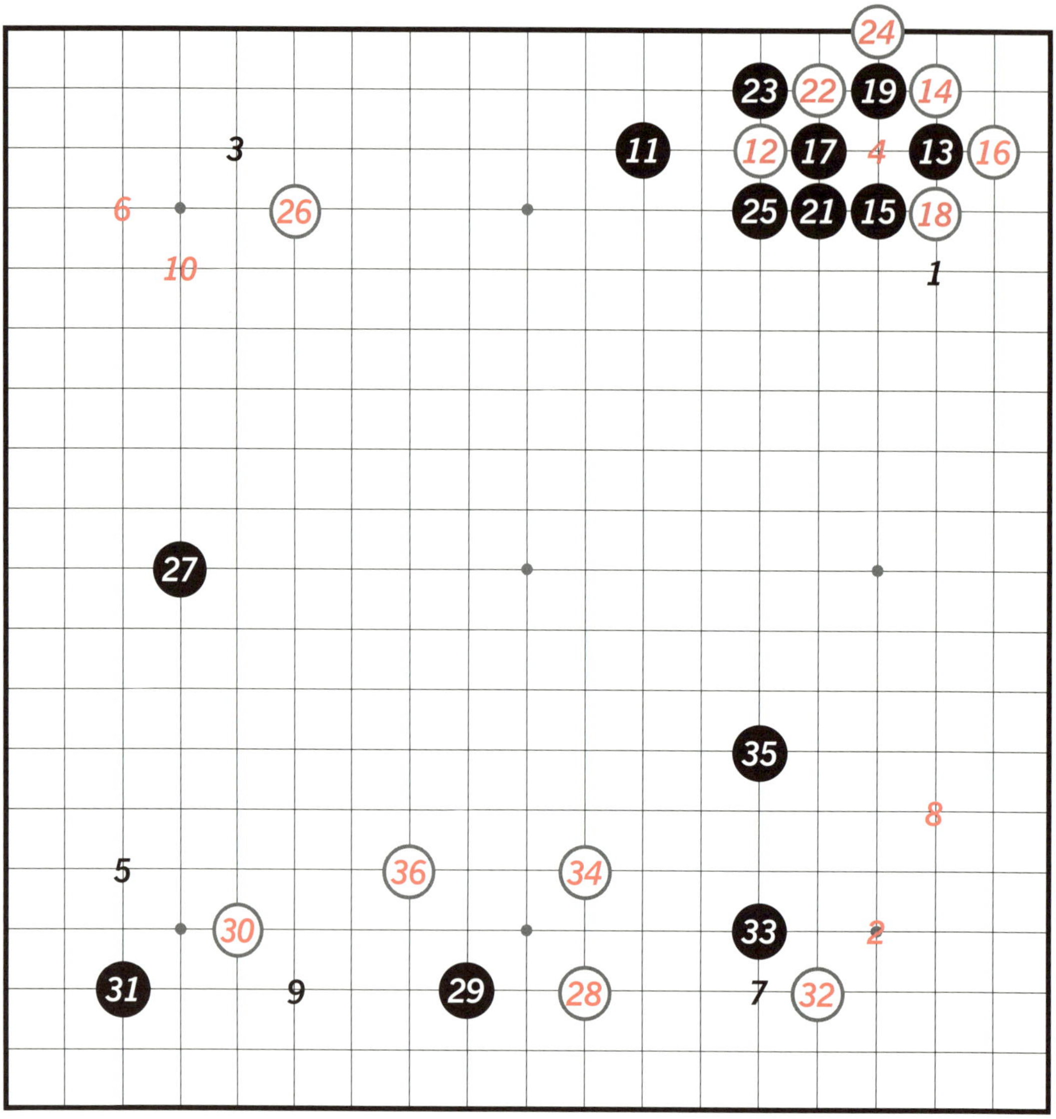

※20=13

코멘트

메모

● 흑 김정현 vs 조한승 백

KB바둑리그 챔프전 | 2013년 12월

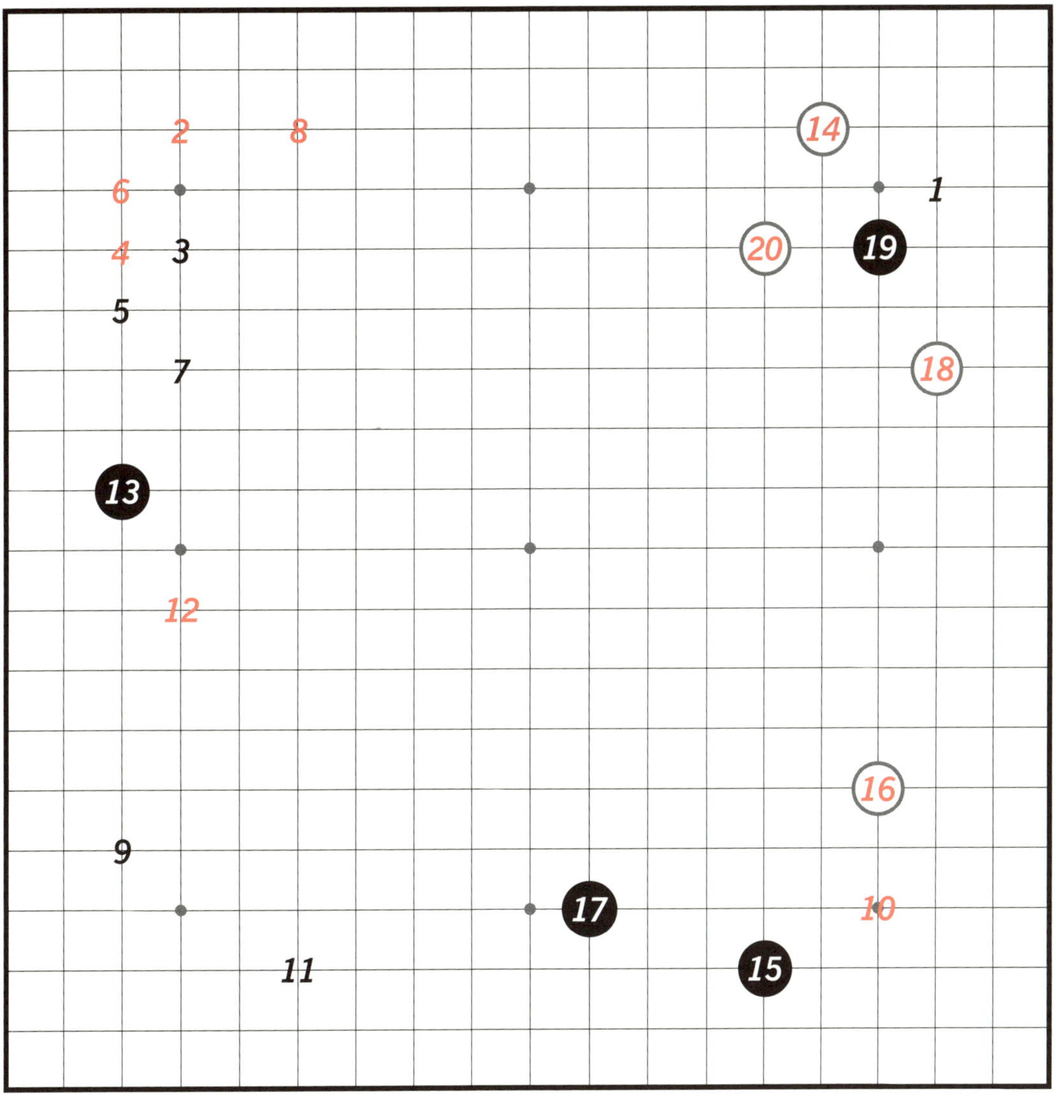

코멘트

메모

⚫ 목진석 vs 박영훈 ⚪

olleh배 5라운드 | 2013년 10월

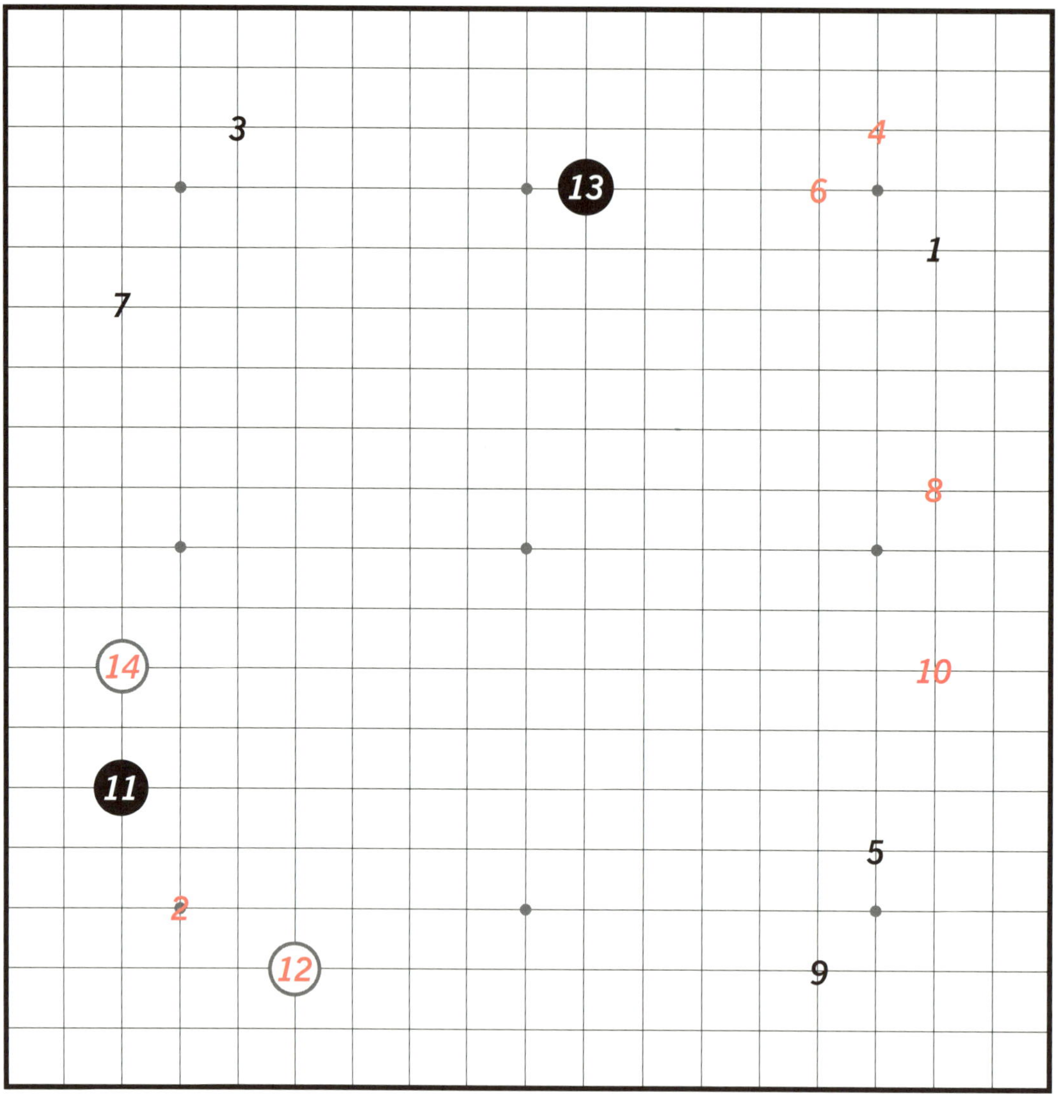

코멘트

메모

실전

흑 목진석 vs 이영구 백

맥심커피배 24강 | 2013년 12월

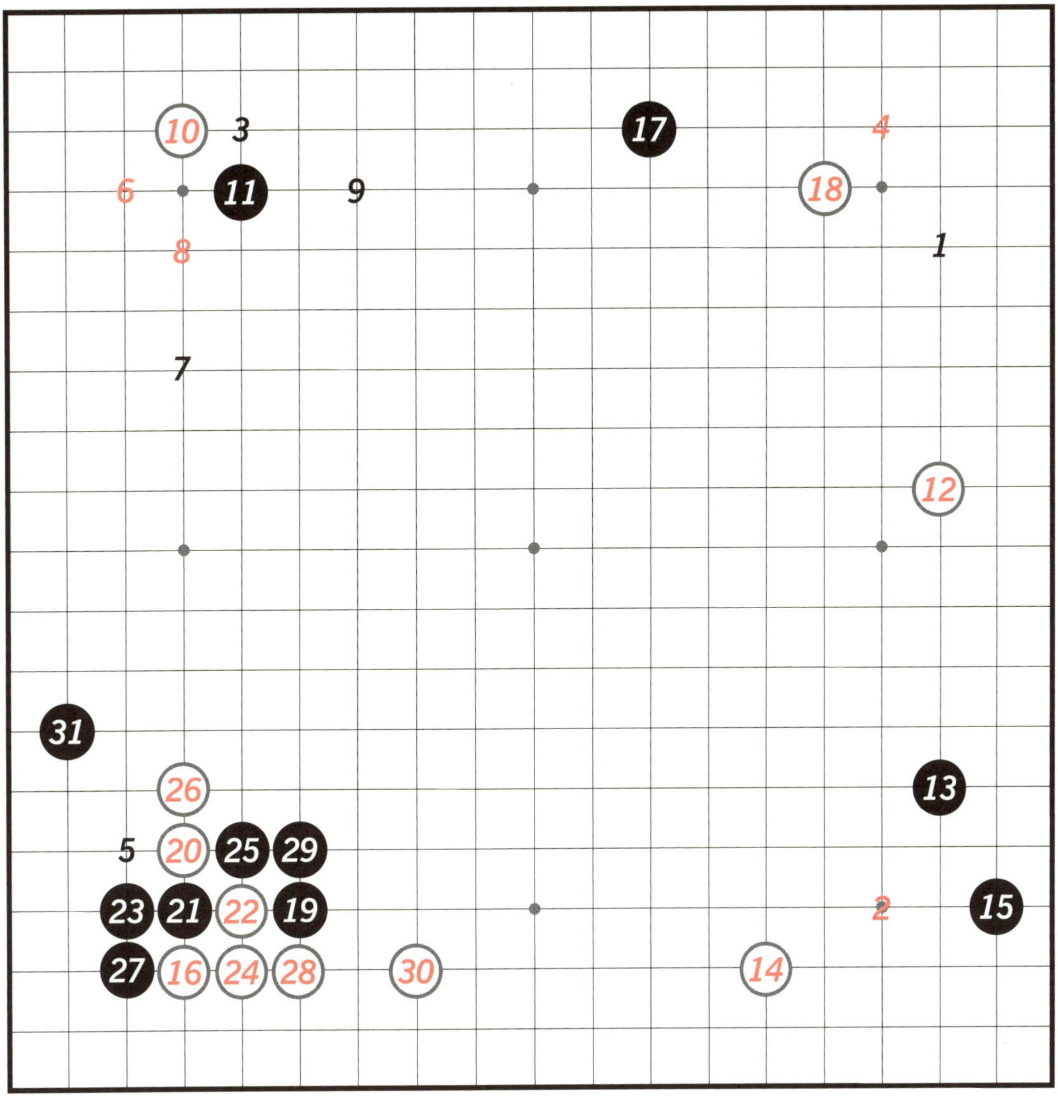

코멘트

메모

인터넷 예선

중국 바둑의 비약적 발전의 원동력

2013년 세계대회에서 보여준 중국 바둑의 힘은 꽤 놀라웠습니다. 개인전은 6개 대회 모두 중국 우승, 단체전은 모두 한국 우승으로 균형은 무너지지 않았지만, 앞으로가 더 걱정입니다.

중국 바둑의 발전이 하루아침에 이루어진 것은 아닙니다. 일단 인터넷 대국의 발달이 큰 힘이 되었습니다. 한국은 거의 모든 기사가 서울에 거주하죠. 한국기원이나 기원 근처 연구실에 모여서 공부할 수밖에 없습니다. 자동적으로 집단 연구가 가능했습니다. 반면 중국은 워낙 큰 나라입니다. 베이징에서 합숙 훈련을 하지만, 지방 인재들은 도태되기 십상이었습니다. 중국은 2004년 처음으로 인터넷 예선을 실시합니다. 그것이 점점 발전하면서, 지금은 아마추어에게도 오픈된 인터넷 예선을 치르고 있습니다. 인터넷 예선은 당연히 대국료가 없습니다. 일반적인 중국 국내 기전의 대회 방식은 인터넷 전체 오픈 예선으로 8명을 선발하고 랭킹 상위 23명, 와일드카드 1명으로 32강 토너먼트를 치릅니다. 물론 32강 중 16장을 예선 티오로 배정한 대회도 있고, 랭킹 상위 비율이 더 많은 대회도 있지요. 64강 본선 중에 62명을 랭킹으로 초청하는 대회도 있습니다.

예선 대국료가 없으니 랭킹 100위 이하의 기사들은 각자 고향으로 돌아가서 바둑 보급 활동을 합니다. 우리나라와 중국의 기사수는 큰 차이가 없는데 바둑을 보급하는 일에 힘을 쏟는 기사의 비율은 중국이 압도적으로 높은 이유입니다. 아무래도 처음부터 프로에게 배운 아이들이 실력도 뛰어나겠지요. 일류기사로 발전할 가능성도 높고요. 10년간의 뼈를 깎는 개혁이 지금의 중국 바둑계를 만들었다고도 할 수 있겠습니다.

재미있는 사실 하나, 처음으로 예선 전체를 인터넷으로 진행한 대회가 기성전입니다. 현재는 전체 기사가 오프라인에서 대국하고, 대국료를 받는 유일한 기전이 바로 기성전이지요.

고목

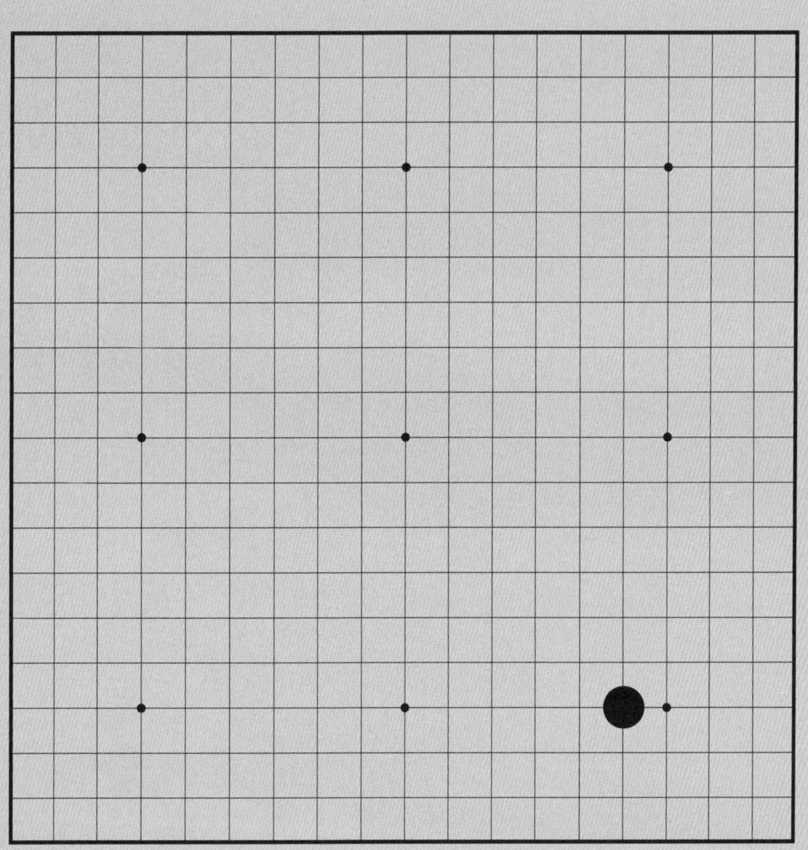

정석

고목

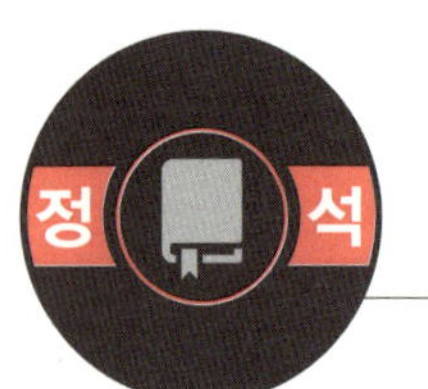

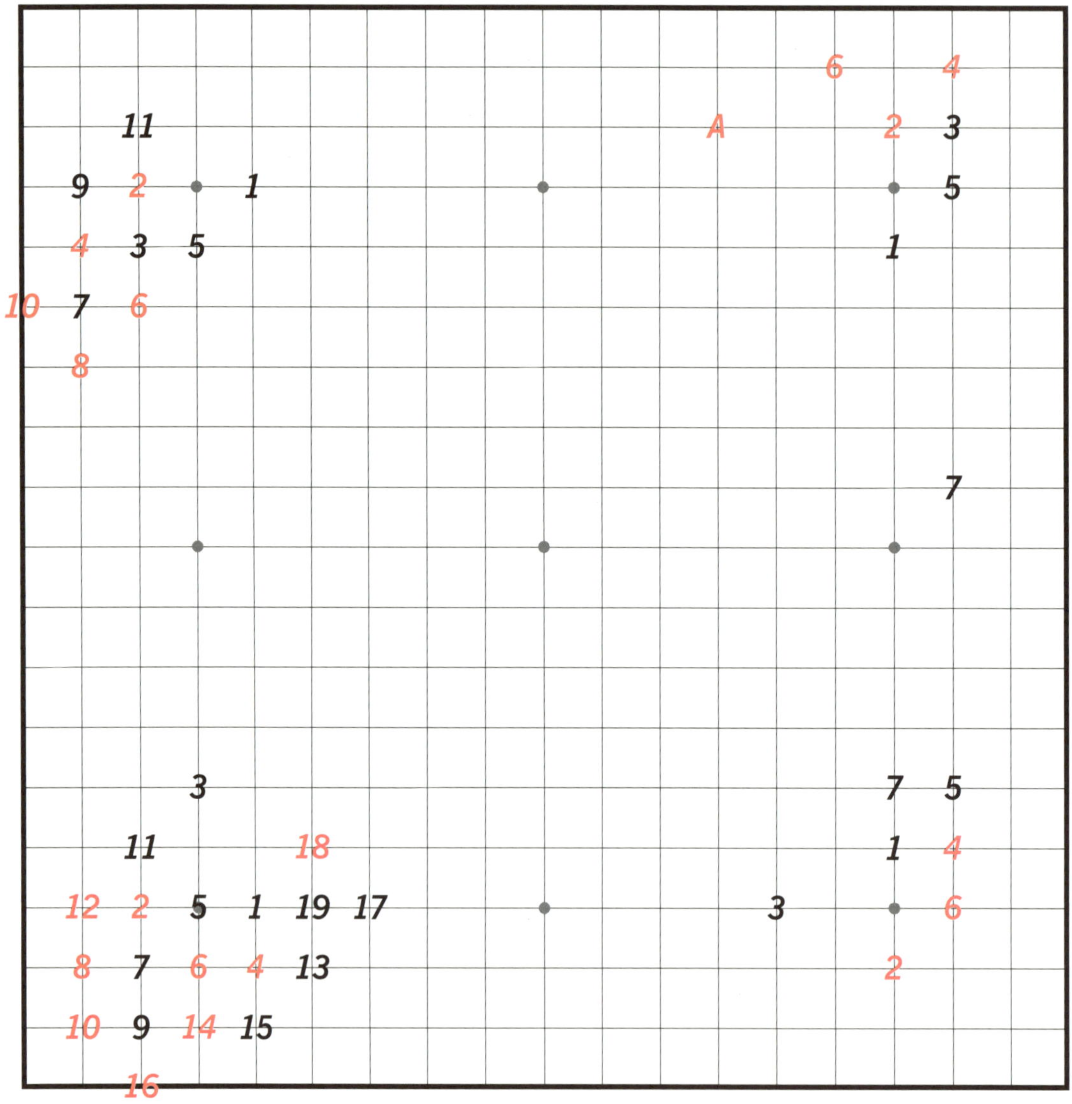

옛 정석.

간명. 6으로 A가 요즘 유행.

실리 VS 세력.

⚫ 흑 후지사와 슈코 vs 이시다 요시오 백

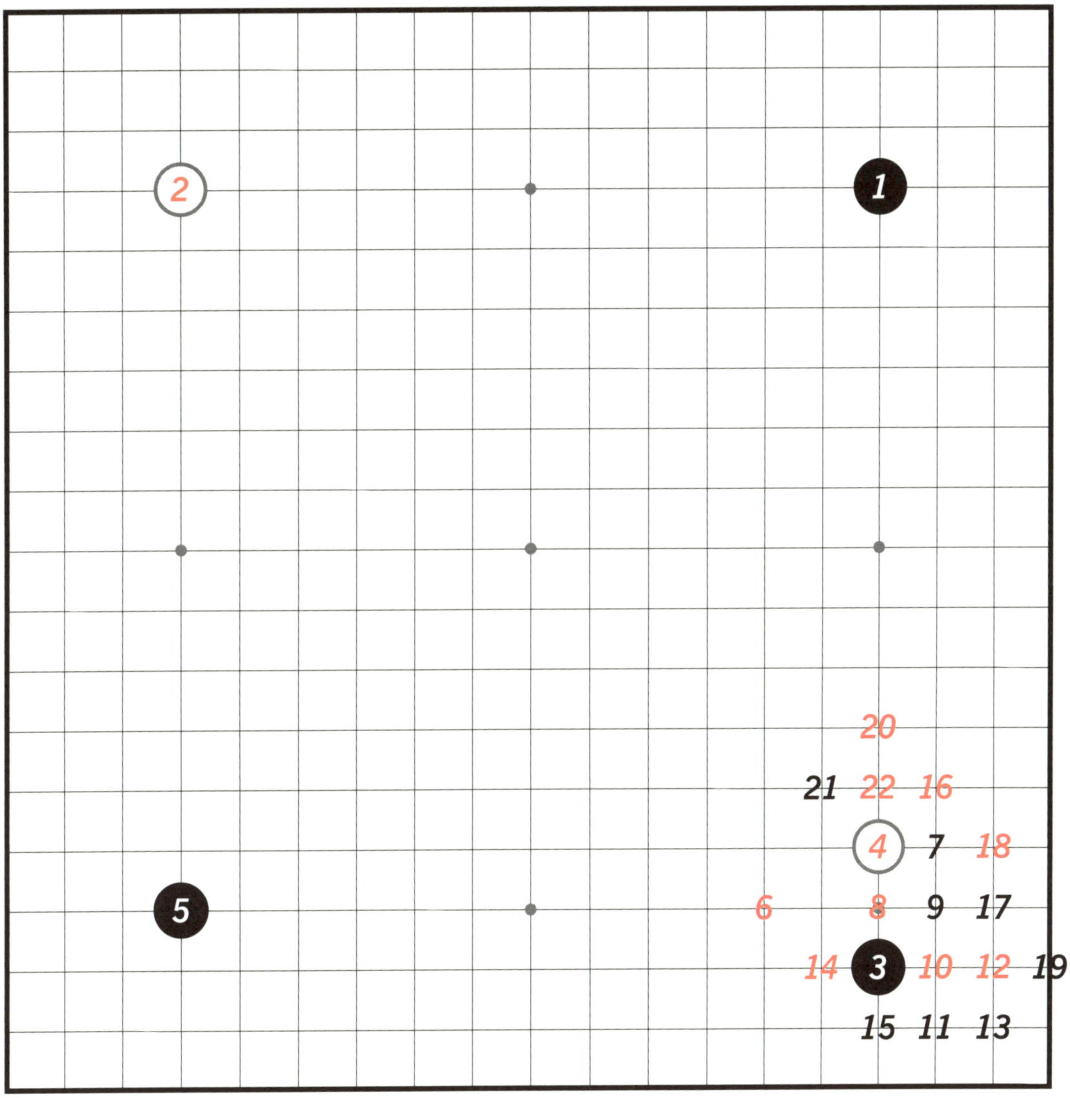

코멘트

메모

● 흑 오다케 히데오 vs 임해봉 ⑨ 백

일본 명인전 도전기 | 1978년 11월

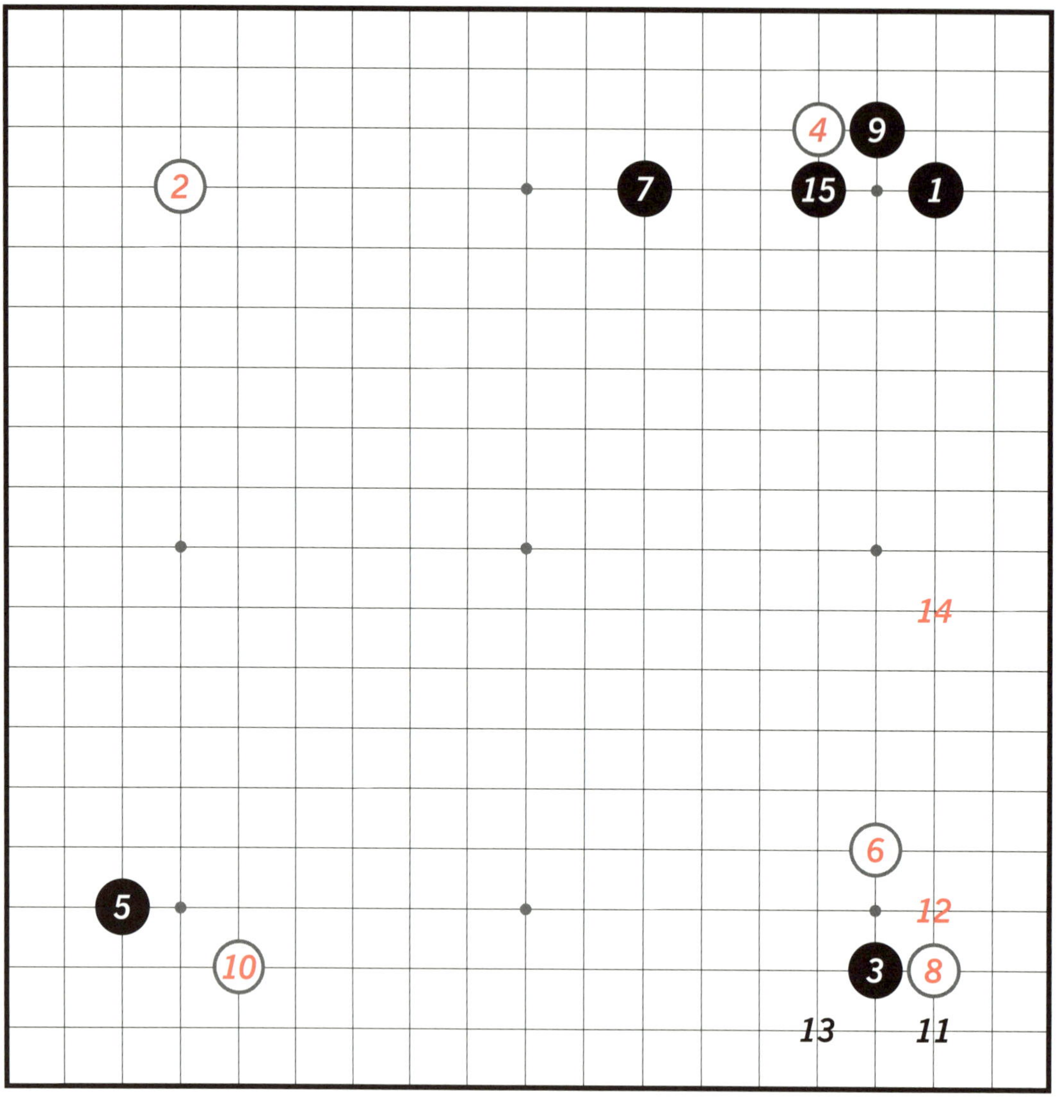

코멘트

메모

⚫흑 후지시와 슈코 vs 임해봉 ⚪백

일본 기성전 도전기 | 1980년 2월

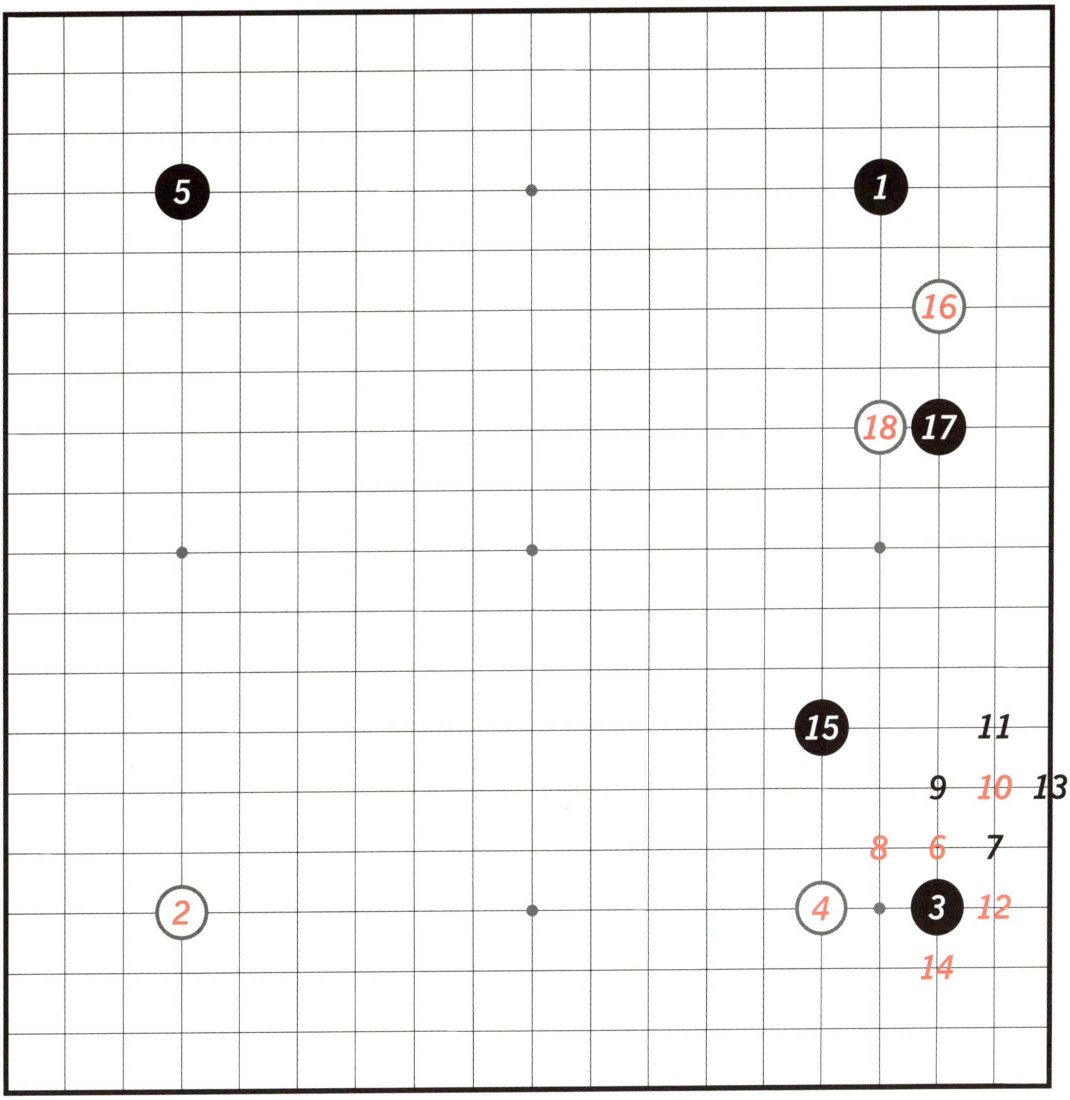

코멘트

메모

중국 바둑의 계보

천주더, 녜웨이핑, 마샤오춘, 그리고 육소룡, 십소호!

중국 바둑의 계보를 말한다면, 천주더, 녜웨이핑, 마샤오춘, 그리고 육소룡, 십소호를 꼽을 수 있겠습니다. 천주더 선생은 현대에도 유행하는 중국식 포석의 창시자입니다. 중국 기원 원장으로 일하신 적도 있지요. 2012년에 돌아가셨습니다. 녜웨이핑 9단은 철의 수문장으로 유명합니다. 중일 슈퍼 대항전에서 3년 연속 중국 우승을 이끌었던 전설입니다. 비록 1회 응씨배에서 조훈현 9단에게 패퇴했지만, 1980년대 중반에는 천하제일이었다고 할 수 있습니다. 마샤오춘 9단은 중국이 배출한 첫 세계대회 우승자. 조훈현 9단에게 이기고, "큰 산을 정복하니 주위 산들이 낮아 보인다"라는 인터뷰는 유명하지요.

육소룡은 1990년대 당시 유망주들은 일컫습니다. 창하오, 리우징, 샤오웨이강, 왕레이, 저우허양, 뤄시허가 그 작은 용들입니다. 창하오는 이창호 9단에게 세계대회에서만 11연패를 당하는 등 저조했으나, 응씨배 우승과 2000년 이후에 성적은 이창호 9단을 앞섭니다. 인간 승리죠. 뤄시허도 삼성화재배 우승의 경력이 있습니다.

십소호는 딱 10명이 아니라 그만큼 유망주가 많다는 중국 바둑계의 자신감 넘치는 수사입니다. 대표적으로 구리, 쿵제, 씨에허, 후야오위, 치우쥔, 왕시, 류싱 등입니다. 하지만 이 세대 기사들은 이창호-이세돌에 막혀서 한국 바둑계를 넘어서지는 못했습니다. 1990년대 이후 세대, 1995년 이후 세대들이 한국 바둑계에는 큰 위협입니다. 2013년에는 세계대회 개인전 싹쓸이라는 위업도 달성했습니다. 하지만 자세히 보면 절대강자가 보이지는 않습니다.

23장

3·3

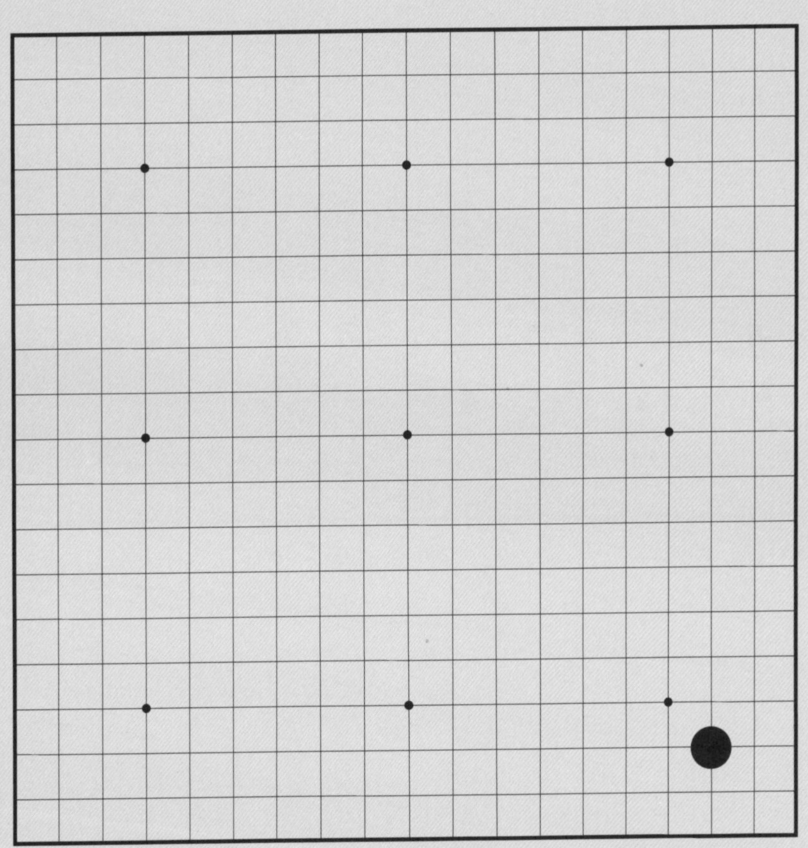

정석

3·3

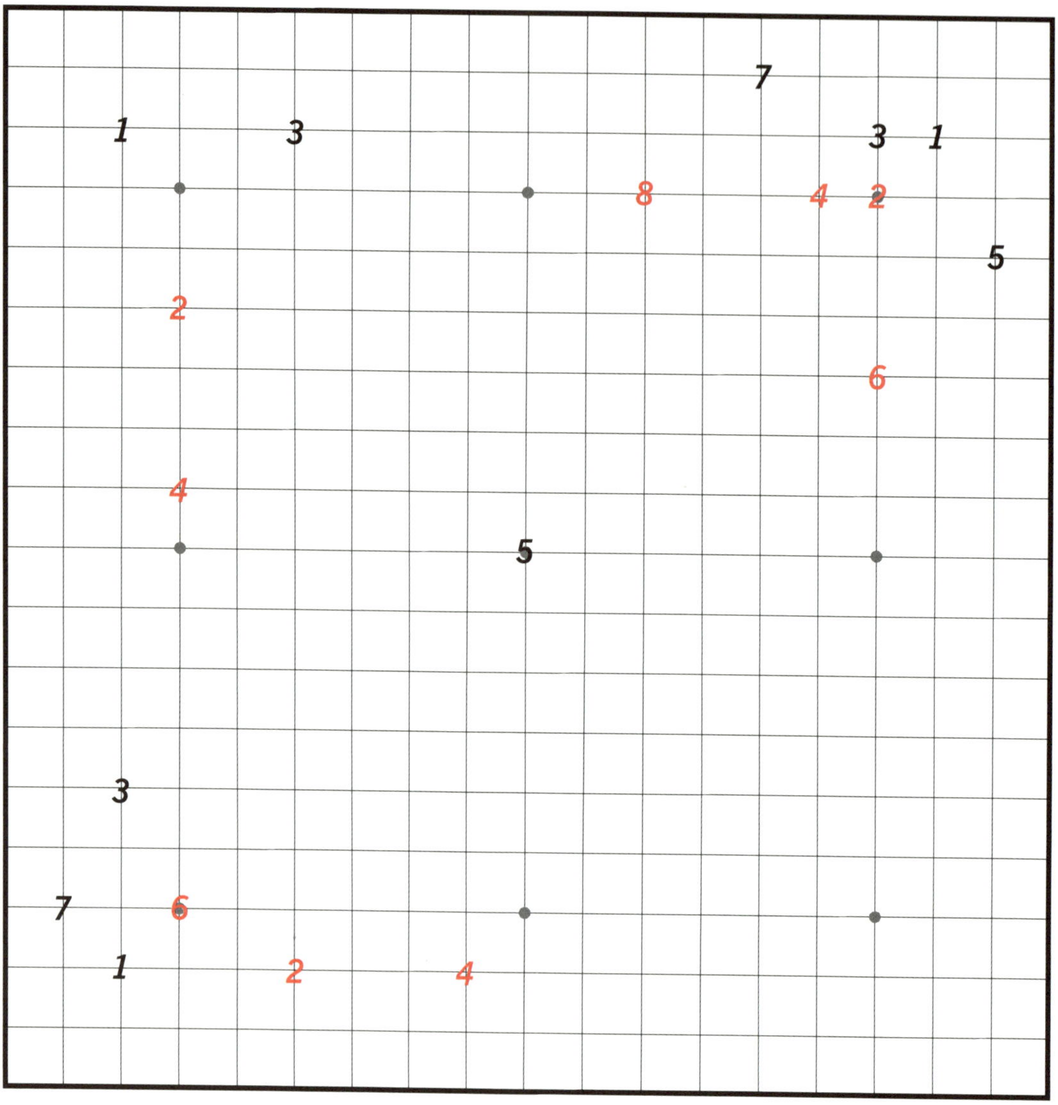

간명한 선택.

3·3 기본형. 전형적인 실리와 세력.

6, 7의 교환이면 화점 정석으로 환원.
귀 선착의 효과.

흑 사카다 에이오 vs 오청원 백

명인전 리그 | 1963년 7월

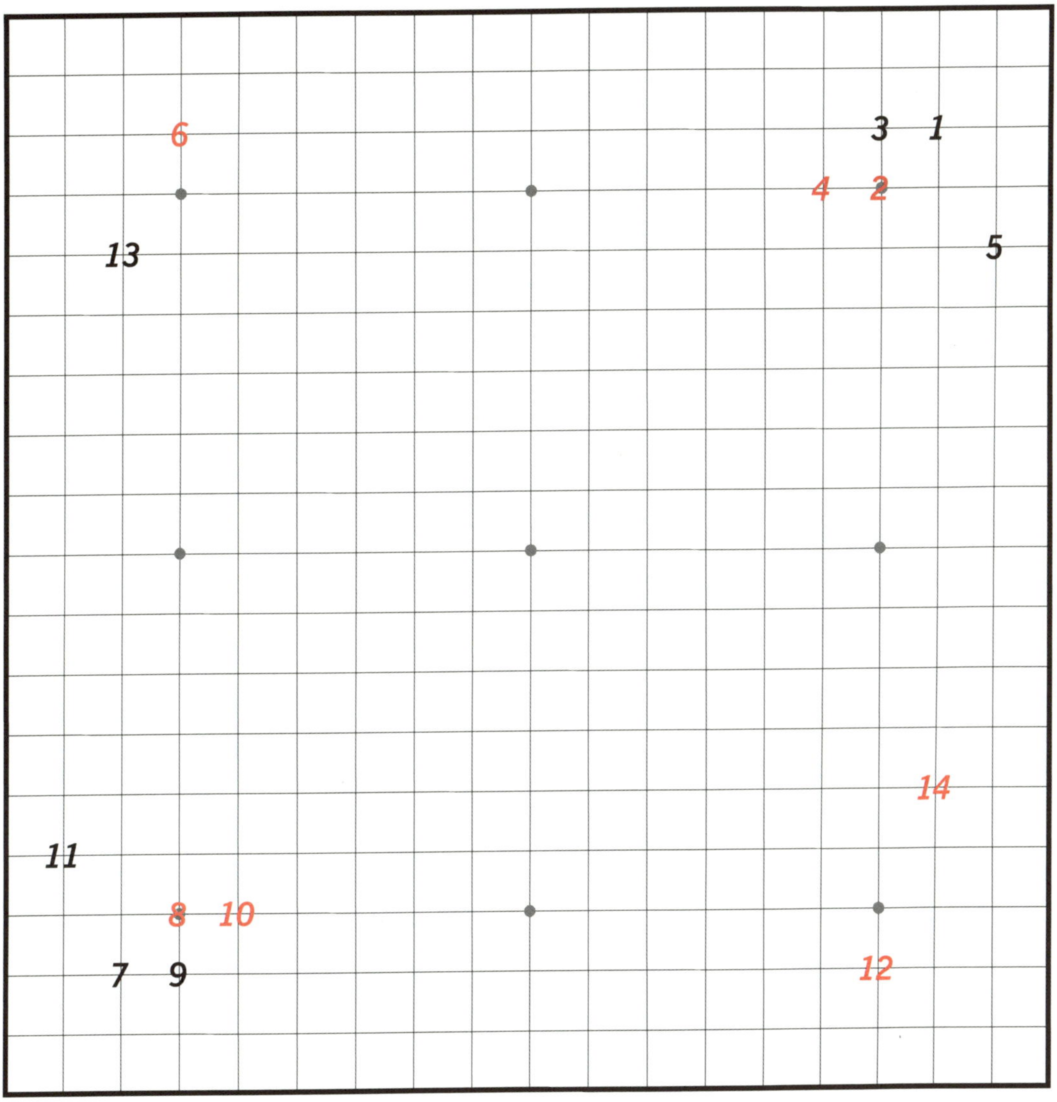

권갑룡 바둑도장 이야기

**이세돌, 최철한, 원성진, 백홍석,
이영구, 윤준상, 김지석, 강동윤, 박정환…….**

위 기사들의 공통점은 무엇일까요? 한국 랭킹? 세계대회 우승자? 국내 타이틀 우승자? 반은 맞지만, 모두 틀렸습니다. 정답은 바로 권갑룡 바둑도장 출신의 유명한 프로기사들입니다. 물론 저처럼 한솥밥을 먹고도 이런 톱기사가 안 된 경우도 있지만 말입니다. 2009년으로 기억합니다. 한번은 랭킹 1위부터 9위까지를 권갑룡 바둑도장 출신 사형제들이 휩쓴 적이 있습니다. 스승님은 1980년도 초반에 우리나라에서 최초로 바둑도장을 만드시고, 어린이 영재교육에 힘쓰셨습니다. 감히 단언컨대, 우리 바둑계의 황금기를 이끄신 분이라고 할 수 있죠. 사모님 박옥주 여사의 헌신도 빼놓을 수 없습니다. 그 많은 제자들을 기숙사에서 보살펴주신 은혜 너무 감사합니다.

그렇다면 권갑룡 바둑도장이 이렇게 성공한 요인이 어디 있을까요? 최초로 도장을 세우시고 영재들을 보는 눈이 남다르셨던 것도 있지만, 가장 큰 요인은 교육법이 아닌가 생각합니다. 돌이켜보면 개개인에 성향에 따라 다른 교육 방법을 쓰셨습니다. 같은 감기라 해도 그 증상이 환자마다 다르듯, 스승님의 교육도 맞춤형이었습니다.

요즈음 연구생들의 기풍이 하나같이 비슷비슷하다는 말이 많습니다. 준재들이 많다 해도, 중국의 인해전술에는 당해낼 수가 없죠. 역사적으로도 우리의 바둑은 수적 우세가 아니라 소수의 천재가 이끌었지 않았나 싶습니다. 좀 더 창의적인 교육이 필요한 이유입니다. 저는 비록 일류 고수는 되지 못했지만, 제가 익힌 무공이 남들보다 약한 것이라고는 생각하지 않습니다. 다만 저의 성취가 부족했을 뿐입니다.

근래 들어서 스승님은 새로운 도전을 하고 있습니다. 바둑과 영어와 중국어 등을 가르치는 바둑학교를 세우셨죠. 언제나 성공하시길 바랍니다. 스승님 건강하십시오.

※ 권갑룡 바둑도장: 02-537-0451

놓아 보는 바둑책

아마추어들은 모르는 프로들의 생각

초판 1쇄 발행 | 2014년 5월 21일
초판 7쇄 발행 | 2019년 8월 1일

지은이 | 박승철
발행인 | 노승권

주 소 | 경기도 파주시 회동길 354
전 화 | 031-839-6800
팩 스 | 031-839-6828

발행처 | (사)한국물가정보
등 록 | 1980년 3월 29일
이메일 | booksonwed@gmail.com

값은 뒤표지에 있습니다.
ISBN 978-89-6260-662-1 (14690)